权威·前沿·原创

皮书系列为
"十二五""十三五""十四五"时期国家重点出版物出版专项规划项目

BLUE BOOK

智库成果出版与传播平台

青年发展蓝皮书

BLUE BOOK OF YOUTH DEVELOPMENT

贵州青年发展报告
（2024）

ANNUAL REPORT ON DEVELOPMENT OF
YOUTH IN GUIZHOU (2024)

主　　编／黄　勇　杨　杨
执行主编／杨　星　邹　雪　刘　琳
副 主 编／罗　凡　陈　讯

社会科学文献出版社
SOCIAL SCIENCES ACADEMIC PRESS (CHINA)

图书在版编目（CIP）数据

贵州青年发展报告.2024/黄勇，杨杨主编.--北京：社会科学文献出版社，2024.5
（青年发展蓝皮书）
ISBN 978-7-5228-3508-2

Ⅰ.①贵… Ⅱ.①黄… ②杨… Ⅲ.①青年工作-研究报告-贵州-2024 Ⅳ.①D432.6

中国国家版本馆 CIP 数据核字（2024）第 073333 号

青年发展蓝皮书
贵州青年发展报告（2024）

主　　编／黄　勇　杨　杨
执行主编／杨　星　邹　雪　刘　琳
副 主 编／罗　凡　陈　讯

出 版 人／冀祥德
责任编辑／桂　芳
责任印制／王京美

出　　版／社会科学文献出版社·皮书分社（010）59367127
　　　　　地址：北京市北三环中路甲29号院华龙大厦　邮编：100029
　　　　　网址：www.ssap.com.cn
发　　行／社会科学文献出版社（010）59367028
印　　装／三河市东方印刷有限公司

规　　格／开本：787mm×1092mm　1/16
　　　　　印张：27.75　字数：418千字
版　　次／2024年5月第1版　2024年5月第1次印刷
书　　号／ISBN 978-7-5228-3508-2
定　　价／168.00元

读者服务电话：4008918866

▲ 版权所有 翻印必究

《贵州青年发展报告（2024）》
编委会

主　　编　黄　勇　杨　杨

执行主编　杨　星　邹　雪　刘　琳

副 主 编　罗　凡　陈　讯

编　　委　黄朝椿　张学立　索晓霞　陈应武　李　剑
　　　　　王跃斌　谢忠文　许　峰　麻　亮　戈　弋
　　　　　胡月军　罗以洪　张　松　刘　鑫　段聿立

作　　者　（以文序排列）
　　　　　黄　勇　杨　杨　邹　雪　陈　讯　刘　琳
　　　　　杨　星　罗　凡　石　琳　李　超　蒋凌霄
　　　　　洪泽宇　陈玲玲　姚　鹏　钟　鑫　张带钺
　　　　　赵燕燕　杨庆麟　郑姝霞　李　林　郑何阳
　　　　　舒兴艳　姚天慧　王　付　张云峰　朱更勇
　　　　　罗先菊　蒋正龙　宋鹏程　周　舟　吴　丹
　　　　　费　娴　李雪艳　齐　亮　廖治伟　才海峰

主要编撰者简介

黄　勇　土家族，贵州铜仁人。贵州省社会科学院党委常委、副院长，研究员，经济学博士，贵州省省管专家，省政府特殊津贴专家，省宣传文化系统"四个一批"人才，省委办公厅"服务决策咨询"专家，省人大财经委咨询专家。先后挂职担任过乡长助理，贵州省铜仁市万山区委常委、副区长，中国社会科学院农村发展研究所研究室主任；曾在国家发展和改革委员会宏观经济研究院做访问学者，在荷兰乌得勒支大学做访问学者。主要研究方向为区域经济、产业经济、发展经济学。先后主持国家社会科学基金项目1项、其他各级各类项目50多项，参与各级各类课题60多项，独立、合作出版专著10多部，公开发表学术论文50余篇。

杨　杨　布依族，贵州惠水人。中国共产主义青年团贵州省委员会副书记，二级教授，经济学博士后，博士生导师，省政府特殊津贴专家。兼任贵州省思想政治工作研究会常务理事、贵安新区区管专家等。以第一作者或通讯作者身份公开发表论文50余篇，出版专著3部，作为核心成员参编中国首批经济学教材。作为首席专家主持国家社会科学基金重大招标项目、国家自然科学基金青年项目、国家社会科学基金项目以及省部级课题20余项。

摘　要

《贵州青年发展报告（2024）》由总报告、分报告、专题篇、实践篇和附录五个部分组成，围绕中国式现代化贵州实践中的青年担当，以青年群体为调查对象，深入分析贵州青年积极投身围绕"四新"主攻"四化"主战略，主动融入建设"四区一高地"主定位，奋力建功新型工业化、新型城镇化、农业现代化、旅游产业化，在高质量发展主战场积极作为，在持续推进"青年友好型成长型省份"建设中发光发彩，在推进中国式现代化贵州实践中挺膺担当。

总报告阐述了在推进高质量发展和中国式现代化实践中，贵州持续推进建设"青年友好型成长型省份"，以项目化实施、品牌化塑造、多层次发力为广大青年成长成才营造良好的环境；青年群体持续强化使命担当，积极投身"四新""四化"和建设"四区一高地"主战场，进一步推动贵州与青年双向奔赴。

分报告以青年群体为中心，重点针对中学生、高校大学生、青年志愿者、青年驻村干部、青年社工人才、青年企业家、新职业青年和外出务工青年等群体开展调查研究，从历史学、政治学、心理学、教育学、社会学、管理学等多学科视角，深入分析贵州青年的身心健康、价值观变动趋势、参与乡村振兴、推动社工事业发展、创新创业、积极就业等方面的现状及面临的问题，并提出相关对策建议。专题篇首先回顾了中华人民共和国成立75周年来贵州青年运动的发展情况，从贵州青年婚育观调查与培育、青年代际鸿沟问题、人工智能赋能青少年思想政治工作、青年全面参与"富矿精开"、青年参与打造六大产业基地和青年推动旅游产业高质量发展等方面进行研究，充分展现了中国式现代化背景下贵州青年敢闯敢试的勇气、善作善为的能力和艰苦奋斗的决心。实践篇围绕贵州共青团引导青年投身社会治理共同体建设和"春晖行动·风筝计划"服务外出务工青年返乡发展两个专题开展了实地调查和问卷调查，针对调查中发现的相关问题提出科学合理的建议，同时以贵阳市和黔西南布依族苗族自治州推进全国青年发展型城市建设试点、铜仁市碧江区建设全国青年发展型县域试点为典型案例，将贵州推进试点建设的主要做法进行呈现。附录部分为2023年度贵州青年发展大事记、第27届"中国青年五四奖章"、第五届"十佳贵州诚实守信好青年"名录。

报告指出，一方面，从青年群体来看，贵州中学生身心健康状况和发展趋势面临复杂形势，应更加重视和做好多方联动；高校大学生价值取向多元化趋势日益显著，价值追求自我化趋势明显提升；青年志愿者专业素质和能力与乡村振兴的岗位要求还有差距，多样化需求与乡村环境的局限性之间存在矛盾；青年驻村干部是推进乡村振兴的主力军，在持续攻坚克难中不断磨炼意志、增长才干；青年社工人才服务领域不断拓展，职业认同感需进一步提升；青年企业家创新创业动力较为单一，创业启动资金与创业经历关联性较强；新职业青年的显著标签是就业形式去组织化和从事行业多样化，在最富有尝试和创新精神的年纪尽情释放就业活力；外出务工青年稳岗就业面临内部和外部双重困境，需进一步探索完善相关制度体系。另一方面，青年婚育观呈现多元化、理性化、平等化等特征，应加强建设新型婚育文化、建立婚育激励机制、营造生育友好环境；青年代际鸿沟问题受技术、观念和时空距离三大因素的影响，呈现比较明显的九大代际差异；人工智能通过数字化、大数据、云计算等智能算法赋能青少年思想政治工作，大幅提升青少年思想政治工作的效能；"富矿精开"为青年参与经济社会发展提供更为广阔的舞台，但青年对"富矿精开"战略部署的认识还不够全面深入、压力感知较大；青年参与与六大产业基地打造的协同发展，是建设青年友好型成长型省份背景下的双向奔赴；青年是推动旅游产业高质量发展的重要力量，应充分发挥青年旅游消费作用，推动旅游产业服务提质增效。

摘 要

总体来看，贵州青年积极投身中国式现代化建设，为推进中国式现代化贵州实践持续输出正能量。引领广大青年在中国式现代化建设中挺膺奋斗，要进一步强化青年政治担当、增强青年信念信心、提升青年技能素质，引导广大青年在高质量发展主战场积极作为，持续奏响中国式现代化贵州实践的青春最强音。

关键词： 青年群体　青年发展　中国式现代化贵州实践

Abstract

Annual Report on Development of Youth in Guizhou (2024) consists of five parts: general report, Sub-reports, special reports, practice reports and appendices. Focusing on the role of youth in the practice of Chinese modernization in Guizhou, and taking the youth group as the object of investigation, this book conducts an in-depth analysis of how Guizhou youth actively participate in the main strategy of focusing on the "four new" and "four modernizations", actively integrate into the main positioning of building "four districts and one highland", and strive to new industrialization, new urbanization, agricultural modernization, and tourism industrialization, actively acted in the main battlefield of high-quality development, shined in the continuous promotion of the construction of a "Youth-friendly Growth-oriented Province", and supported the practice of promoting Chinese modernization in Guizhou.

The general report analyzes that in the practice of promoting high-quality development and Chinese modernization, Guizhou continues to promote the construction of a "Youth-friendly Growth-oriented Province", and creates a good environment for the growth and development of young people through project implementation, branding construction, and multi-level promotion. Youth groups continue to strengthen their responsibilities and actively participate in the "four new" and "four modernizations" and the main battlefield of building "four districts and one highland". Guizhou further works with young people in both directions.

The Sub-reports focuses on youth groups, promoting investigation and research on middle school students, college students, young volunteers, young village cadres, young social work talents, young entrepreneurs, new career youth groups, migrant youth and other groups. Using multidisciplinary perspectives such

Abstract

as history, politics psychology, education, sociology, and management, we conduct an in-depth analysis of the current situation and challenges of Guizhou young people in terms of physical and mental health, trends in value changes, participation in rural revitalization, promotion of social work development, innovation and entrepreneurship, and active employment, and we put forward relevant countermeasures and suggestions.

Special reports firstly looking back at the Guizhou Youth Movement since the 75th anniversary of the founding of the people's republic of China, include the investigation and cultivation of Guizhou youth' views on marriage and childbearing, the issue of youth intergenerational gap, artificial intelligence empowering youth's ideological and political work, youth's participation of "Rich Ore Redefinedly Mining", youth's participation in building six major industrial bases, and youth's promotion of high-quality tourism industry. The study demonstrates the of Guizhou youth to venture and try, their ability to do good deeds and their determination to work hard under the background of Chinese modernization.

In the practice reports, field surveys and questionnaire surveys were carried out around the two topics of the Guizhou Communist Youth League guiding young people to participate in the construction of a social governance community and the "Chunhui Action · Kite Plan" to serve the development of migrant youth returning hometown, and put forward scientific and reasonable suggestions for the relevant issues discovered in the survey. At the same time, taking Guiyang City and Qianxinan Buyi and Miao Autonomous Prefecture to promote the national Youth-friendly Growth-oriented city construction pilot, and Tongren City Bijiang District to build the national Youth-friendly Growth-oriented county pilot as typical cases, the main practices of Guizhou in promoting the pilot construction are presented. The appendices are the Chronicle of Guizhou youth work of 2023, The 27th winners list of China Youth May Fourth Medal in Guizhou and the 5th list of "Top Ten Honest and Trustworthy Young People in Guizhou".

The report points out that, on the one hand, from the perspective of youth groups, the physical and mental health status and development trends of middle school students in Guizhou are facing a complex situation, which should be paid attention to, and multi-lateral cooperation should be strengthened. The trend of diversification of value orientations of college students is increasingly significant, and the trend of self-pursuance of values is obvious improvement. There is still a gap between the comprehensive quality and ability of young volunteers and the job requirements of rural revitalization, and there is a contradiction between the diverse needs and the limitations of the rural environment. Young village cadres are the main force in promoting rural revitalization and continue to overcome difficulties continue to hone their will and grow their talents. The service fields of young social workers continue to expand, and their sense of professional identity needs to be further improved. Young entrepreneurs have a relatively motivation for innovation and entrepreneurship, and there is a strong correlation between entrepreneurial start-up capital and entrepreneurial experience. The distinctive label of new professional youth is deorganized and diversified employment form, and to unleashed the vitality of employment in the most experimental and innovative age. Migrant youth face dual internal and external difficulties in maintaining stable employment, and need to further explore and improve relevant systems. On the other hand, young people's views on marriage and childbearing are characterized by diversity, rationality, and equality. We should strengthen the construction of a new marriage and childbearing culture form, establish an incentive mechanism for marriage and childbearing, and create a childbearing-friendly environment. The intergenerational gap among young people is affected by technology, cognition, and distance of time and space, and it shows that the nine major intergenerational differences . Artificial intelligence empowers young people's ideological and political work through digitalization, big data, cloud computing and other intelligent algorithms, greatly improving the effectiveness of young people's ideological and political work. "Rich Ore Redefinedly Mining" provides a broader space for young people to participate in economic and social development, but young people do not have a comprehensive and in-depth understanding of the strategic deployment of it but feel greater pressure. Youth participation and the coordinated development of the six major industrial bases , is a two-way journey in the context of building a Youth-friendly Growth-oriented Province. Youth are an important force in promoting high-quality development of the tourism industry, and the role of youth tourism consumption should be fully utilized to promote the quality and efficiency of tourism industry services.

Overall, Guizhou youth are actively engaged in Chinese modernization and continue to export positive energy to promote the practice of Chinese modernization in Guizhou. To lead the young people to work hard in the construction of Chinese modernization, we must further strengthen the political responsibility of the youth, enhance the faith and confidence of the youth, improve the skills and quality of the youth, guide the young people to take an active role in the main battlefield of high-quality development, and continue to lead them play an important role in the process.

Keywords: Youth Groups; Youth Development; The Practice of Chinese Modernization in Guizhou

目 录

Ⅰ 总报告

B.1 贵州青年在推进中国式现代化实践中的成长际遇与使命担当
　　………………………………"贵州青年发展报告"课题组 / 001
　　一　贵州青年在推进中国式现代化实践中的成长际遇 ……… / 002
　　二　贵州青年推进中国式现代化实践的使命担当 …………… / 007
　　三　促进贵州青年更好地推进中国式现代化实践的建议 …… / 018

Ⅱ 分报告

B.2 贵州中学生身心健康调研报告………………………… 石　琳 / 023
B.3 贵州高校大学生价值观变动趋势研究报告…………… 李　超 / 051
B.4 青年志愿者参与贵州乡村振兴报告…………………… 蒋凌霄 / 071
B.5 贵州青年驻村干部发展报告…………………………… 洪泽宇 / 094
B.6 贵州青年社工人才发展报告…………………………… 陈玲玲 / 112
B.7 贵州青年企业家创新创业发展报告…………………… 姚　鹏 / 133
B.8 贵州新职业青年发展报告………………… 钟　鑫　张带钺 / 148
B.9 贵州外出务工青年稳岗就业发展报告………………… 赵燕燕 / 170

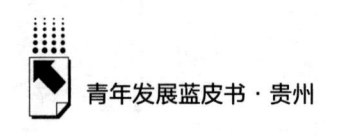

Ⅲ 专题篇

B.10 中华人民共和国成立75周年来贵州青年运动回望 …… 杨庆麟 / 187

B.11 贵州青年婚育观调查与培育路径研究
………………………………… "贵州青年婚育观"课题组 / 205

B.12 贵州青年代际鸿沟问题研究报告 ………………… 王　付 / 229

B.13 人工智能赋能青少年思想政治工作的机遇、挑战与应对
………………………………………… 张云峰　朱更勇 / 246

B.14 贵州促进青年全面参与"富矿精开"发展报告 ……… 罗先菊 / 258

B.15 贵州青年参与打造六大产业基地研究 …………… 蒋正龙 / 278

B.16 贵州青年推动旅游产业高质量发展报告 ………… 宋鹏程 / 295

Ⅳ 实践篇

B.17 贵州共青团引导青年投身社会治理共同体建设调研报告
………………………………………………… 周　舟 / 311

B.18 贵州共青团"春晖行动·风筝计划"服务外出务工青年
返乡发展调研报告 ………… 吴　丹　费　娴　李雪艳 / 330

B.19 贵阳市推进全国青年发展型城市建设试点报告 ……… 罗　凡 / 346

B.20 黔西南布依族苗族自治州推进全国青年发展型
城市建设试点报告 ………………………… 杨　星　齐　亮 / 365

B.21 铜仁市碧江区全国青年发展型县域试点建设报告
………………………………………… 陈　讯　廖治伟 / 379

附录一
2023年度贵州青年发展大事记 ……………………………… 才海峰 / 394

附录二

第27届"中国青年五四奖章"贵州省获奖名录 …………… 才海峰 / 406

附录三

第五届"十佳贵州诚实守信好青年"名录 …………… 才海峰 / 409

致　谢 ………………………………………………………… / 418

皮书数据库阅读**使用指南**

CONTENTS

Ⅰ General Report

B.1　The Growth Opportunities and Missions of Guizhou Youth in Promoting Chinese Modernization Practice
'Guizhou Youth Development Report' Research Group / 001

Ⅱ Sub-reports

B.2　Report on Physical and Mental Health of Middle School Students in Guizhou　　*Shi Lin* / 023

B.3　Report on the Changing Trends of Values among College Students in Guizhou　　*Li Chao* / 051

B.4　Report on Young Volunteers' Participation in Rural Revitalization in Guizhou　　*Jiang Lingxiao* / 071

B.5　Report on the Development of Young Village Cadres in Guizhou
Hong Zeyu / 094

CONTENTS

B.6　Report on the Development of Youth Social Work Talents in Guizhou

Chen Lingling / 112

B.7　Guizhou Young Entrepreneurs Innovation and Entrepreneurship Development Report　　　　　　　　　　　　　*Yao Peng* / 133

B.8　Guizhou New Career Youth Development Report

Zhong Xin, Zhang Daiyue / 148

B.9　Report on Stable Employment Development of Migrant Youth in Guizhou　　　　　　　　　　　　　　*Zhao Yanyan* / 170

Ⅲ　Special Reports

B.10　Looking Back at the Guizhou Youth Movement since the 75th Anniversary of the Founding of the People's Republic of China

Yang Qinglin / 187

B.11　Survey on Guizhou Youth's Views on Marriage and Childbirth and Research on Cultivation Paths

'Guizhou Youth's View on Marriage and Childhood' Research Group / 205

B.12　Research on the Issues of Intergenerational Gap among Youth in Guizhou　　　　　　　　　　　　　　　*Wang Fu* / 229

B.13　Opportunities, Challenges and Responses to Artificial Intelligence Empowering Young People's Ideological and Political Work

Zhang Yunfeng, Zhu Gengyong / 246

B.14　Guizhou Promotes Young People to Fully Participate in the Development of "Rich Ore Redefinedly Mining" Report

Luo Xianju / 258

B.15　Research on the Participation of Guizhou Youth in Building Six Major Industrial Bases　　　　　　　　　*Jiang Zhenglong* / 278

B.16　Report on Guizhou Youth Promoting High-quality Development of Tourism Industry　　　　　　　　　　*Song Pengcheng* / 295

005

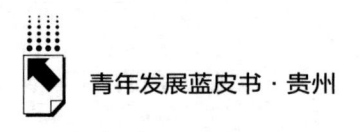

IV　Practice Reports

B.17　Report on the Guizhou Communist Youth League Guiding Young People to Participate in the Construction of a Social Governance Community
　　　　　　　　　　　　　　　　　　　　　　　　　　　Zhou Zhou / 311

B.18　Report on the Development of the Guizhou Communist Youth League's "Chunhui Action · Kite Plan" Serving Migrant Youth Returning Hometown　　　*Wu Dan, Fei Xian and Li Xueyan* / 330

B.19　Pilot Report of Guiyang Promoting the Construction of a National Youth-friendly Growth-oriented City　　　*Luo Fan* / 346

B.20　Pilot Report of Qianxinan Buyi and Miao Autonomous Prefecture Promoting the Construction of a National Youth-friendly Growth-oriented City　　　*Yang Xing, Qi Liang* / 365

B.21　Pilot Report of Bijiang District of Tongren City Promoting the Construction of a National Youth-friendly Growth-oriented County
　　　　　　　　　　　　　　　　　　　　　　　Chen Xun, Liao Zhiwei / 379

Appendix 1
Chronicle of Guizhou Youth Work of 2023　　　*Cai Haifeng* / 394
Appendix 2
The 27th Winners List of China Youth May Fourth Medal in Guizhou
　　　　　　　　　　　　　　　　　　　　　　　　　　　Cai Haifeng / 406
Appendix 3
The 5th List of "Top Ten Honest and Trustworthy Young People in Guizhou"
　　　　　　　　　　　　　　　　　　　　　　　　　　　Cai Haifeng / 409

Acknowledgements　　　　　　　　　　　　　　　　　　　　/ 418

总报告

B.1
贵州青年在推进中国式现代化实践中的成长际遇与使命担当

"贵州青年发展报告"课题组[*]

摘　要： 2023年，贵州继续奋力谱写中国式现代化贵州实践新篇章，以等不起的紧迫感、慢不得的危机感、坐不住的责任感，努力做中国式现代化建设的后发追赶者、西部欠发达地区推进中国式现代化的典型实践者、中国式现代化建设的创新探索者。在推进高质量发展和现代化建设进程中，贵州与青年群体双向奔赴：一方面，贵州持续推进建设"青年友好型成长型省份"，为广大青年的成长成才提供了良好条件；另一方面，青年群体持续强

---

[*] 课题组组长：黄勇，贵州省社会科学院党委常委、副院长、研究员，研究方向为区域经济、产业经济、发展经济学。副组长：杨杨，中国共产主义青年团贵州省委员会副书记，研究方向为财税理论与政策研究。课题组主要成员：邹雪，贵州青年发展研究院研究中心主任，研究方向为新媒体与社会、青少年媒介素养；陈讯，贵州青年发展研究院副院长、研究员，社会学博士，研究方向为农村社会学、政治社会学；刘琳，中国共产主义青年团贵州省委员会办公室主任、社会联络部部长，研究方向为青年发展；杨星，贵州青年发展研究院副院长，研究方向为马克思主义中国化、青年发展；罗凡，贵州青年发展研究院副院长，研究方向为民族社会发展、青年发展。

化使命担当，积极投身"四新""四化"和建设"四区一高地"主战场，在推进中国式现代化的贵州实践中更加有为。进一步引领广大青年在中国式现代化建设中挺膺奋斗，要继续引领青年强化政治担当、增强信念信心、提升技能素质，引领广大青年在高质量发展主战场积极作为，持续奏响中国式现代化贵州实践的青春最强音。

关键词： 贵州青年　中国式现代化贵州实践　成长际遇　使命担当

青年是推进中国式现代化的关键力量、战略要素和根本大计。党的二十大报告指出，"以中国式现代化全面推进中华民族伟大复兴""广大青年要坚定不移听党话、跟党走，怀抱梦想又脚踏实地，敢想敢为又善作善成，立志做有理想、敢担当、能吃苦、肯奋斗的新时代好青年"，并对中国式现代化的中国特色、本质要求、战略安排、重大原则等理论和实践问题作了全面系统的阐释，为新时代新征程中广大青年基于中国式现代化全面推进中华民族伟大复兴指明了前进方向。2023年以来，贵州青年继续在推进中国式现代化中彰显青年担当，加力巩固经济恢复态势，积极投身围绕"四新"主攻"四化"主战略，主动融入建设"四区一高地"主定位，持续奏响中国式现代化贵州实践的青春最强音。

一　贵州青年在推进中国式现代化实践中的成长际遇

2023年6月26日，习近平总书记在同团中央新一届领导班子成员集体谈话时强调，共青团要坚持围绕中心、服务大局，主动对接国家重大战略和重大任务，组织动员广大青年立足本职岗位，积极投身中国式现代化建设，在科技创新、乡村振兴、绿色发展、社会服务、卫国戍边等各领域各方面工作中争当排头兵和生力军，展现青春的朝气锐气。① 随着国发〔2022〕2号文件赋予贵州重大政策红利和战略机遇，省第十三次党代会明确了围绕"四新"主攻"四化"主战略和"四区一高地"主定位，贵州加快高质量发展其时已至、其势已成。2023年5月4日，贵州省委书记、省人大常委会主任徐麟到贵安新区调研青年工作并在与青年代表座谈时指出，广大青年要积极投身"四新""四化"和建设"四区一高地"主战场，在推进中国式现代化的贵州实践中建功立业。在引领广大青年奋发有为推进中国式现代化贵州实践中，贵州共青团也开启紧跟党走新的百年征程，引领贵州青年在中国式现代化建设中挺膺担当，以实事换实效，以政策关照青年，以项目服务青年，以平台带动青年，在青年发展与中国式现代化的双向奔赴中，推动全省青年工作全方位融入中国式现代化壮阔征途，持续提升青年获得感、归属感、幸福感。

（一）项目化实施，青年成长发展环境持续优化

自推动出台省第一个中长期青年发展规划以来，贵州省、市、县三级建立了规划联席会议机制，初步构建了"党委领导、政府主责、共青团协调、各方齐抓共管"的青年发展工作格局，扎实推进试点建设，集成出台青年政策，优化青年成长发展环境取得一定成效。一是积极创造政策支持。瞄准青年在住房、就业、教育等方面的痛点、难点，以"贵州青年卡"综合服务平台为牵引，推动新增出台青年发展政策334项，其中省级27项、市级101项、县级206项，集成青年发展政策467项，搭建政策与青年间的"桥梁"，解决政策零散、政策找不到青年、青年不熟知政策等问题，强化政策转化落地。二是妥善办好青年实事。联动省住建厅、省人社厅、省乡村振兴局、央行贵州分行等12家成员单位，实施开工（筹建）3万套保障性租赁住房、提供10万个青年就业支持岗位等7件2023年度省级青年实事，其中1

---

① 《切实肩负起新时代新征程党赋予的使命任务 充分激发广大青年在中国式现代化建设中挺膺担当》，人民网百家号，2023年6月27日，https：//baijiahao.baidu.com/s？id=1769805474818331258&wfr=spider&for=pc。

件写入省政府工作报告,累计投入资金超过40亿元,服务青年超过329万人次,推动带动市、县两级实施青年实事164件,其中14件被纳入当地政府民生实事,取得良好社会反响。三是有效实施示范项目。聚焦青年急难愁盼问题,连续两年实施"青年梦想市集""预防性侵未成年人"等省级青年发展示范项目95个,推动市、县两级自主实施青年发展项目493个,撬动投入各类资金3343万元,服务青年1310万人次,获得社会广泛关注和青年高度好评。[1]

(二)品牌化塑造,青年工作实效有效提升

贵州省在全国率先提出建设"青年友好型成长型省份"。2024年1月24日,贵州省政府工作报告提出"全力推进青年友好型成长型省份建设",这是继2022年、2023年后,建设青年友好型成长型省份被第三次写入贵州省政府工作报告。近年来,贵州聚力培育更多青年人才、推动贵州高质量发展,为中国式现代化的贵州实践贡献青春力量。全力打造"青春遇见贵州"工作品牌,着力提升"青年友好型成长型省份"的辨识度和影响力。一是建好"青年友好阵地"。狠抓青年友好街区(发展型社区、发展型村寨)、友好单位(企业)、友好场馆(基地)三类"青年友好阵地"建设,目前已建成50个省级青年友好运动场馆(基地)、14个城市"青春公园"、105个青年友好街区、30个青年发展型示范村寨,力争让"青年友好阵地"随处可见。二是用好"青年有为队伍"。充分发挥好青年突击队、农村青年致富带头人、青年志愿者三支"青年有为队伍"的作用。成立3.22万支青年突击队,围绕富矿精开、数字经济等重大战略,充分展现青年在安全生产、创新攻关、抢险救灾等方面的担当作为;组建6.9万支青年志愿服务队,招募1.3万名西部计划大学生志愿者赴基层服务,招募数、派遣数全国第一,创办500所夜校、培训群众86万人次,在各类志愿服务、基层社会治理中发挥作用;培育1.1万名农村青年致富带头人,在巩固拓展脱贫攻坚成果同

---

[1] 本节数据来源于2023年12月省中长期青年发展规划联席会议办公室在省中长期青年发展规划联席会议第五次全体会议暨县域共青团基层组织改革工作会议上的汇报材料。

乡村振兴有效衔接上大展身手，奋力实现有为青年无处不在。三是营造"青年友好氛围"。聚焦"招青引智"举办"青春遇见贵州·感受多彩魅力"全国青少年赴黔研学旅行推介、原创歌曲征集大赛、青年消费季、致敬来黔奋斗青年、金融扶持青年创业等系列活动，吸引超过45万名青年走进贵州、推介贵州，累计关注、参与3.79亿次。制作《贵州省中长期青年发展规划（2019—2025年）》工作宣传片17部，播放量超过2700万次。推出系列文创产品，不断营造更好工作氛围。[①]

（三）多层次发力，青年参与现代化建设基础不断夯实

青年是贵州经济发展、社会进步的重要力量，也是推进中国式现代化贵州实践的关键力量。贵州始终重视广大青年作为中国式现代化建设主力军的作用，持续引领青年强化政治担当、文化担当、社会担当，以昂扬斗志建功新时代。一是坚持"党政抓、抓党政"，高位推动凝聚青年优先发展共识。坚持党对青年工作的领导，把工作重心放在争取党政支持、优化发展环境上，着力汇聚更强合力以推进青年参与现代化建设。88%的市（州）、60%的县（区）将《贵州省中长期青年发展规划（2019—2025年）》工作写入党代会或政府工作报告。92.7%的市县将《贵州省中长期青年发展规划（2019—2025年）》工作纳入党政高质量考核内容。省财政单列515万元作为该规划的实施专项经费。在省委组织部、省委宣传部、省人社厅的大力支持下，《贵州省中长期青年发展规划（2019—2025年）》工作被纳入党政培训体系，贵州省先后为新时代学习大讲堂、省委党校中青班和高级人才班、全省新入职公务员培训班等1.6万人开展专题培训。二是理论与应用研究并行，通过精准画像掌握青年发展需求。团贵州省委联合省社科院在全国率先建立省级青年发展研究院，编制出版省级青年发展蓝皮书，发布实施青年发展研究课题，持续深化青年理论研究。联合省统计局和联席会议单位共

---

① 本节数据来源于2023年12月省中长期青年发展规划联席会议办公室在省中长期青年发展规划联席会议第五次全体会议暨县域共青团基层组织改革工作会议上的汇报材料。

同搭建贵州青年发展指标体系，发布贵州青年发展友好大数据指数，为青年精准画像，切实掌握青年发展需求。在青年思想道德、教育发展、婚恋生育、就业创业、社会参与等方面扎实开展研究，基于科学客观的调研发现青年成长发展存在的问题，并提出促进青年高质量发展的对策建议。三是以试点带动青年工作有效开展。持续加大对7个全国试点指导支持力度，建立厅级干部定点联系督导机制。争取到2个全国青年发展型城市试点（贵州省贵阳市、黔西南布依族苗族自治州）和5个县域试点（六盘水市水城区、安顺市平坝区、铜仁市碧江区、凯里市、都匀市），数量位居中西部第一。其中，铜仁市碧江区以全国青年发展型县域试点建设为契机，围绕全国青年发展型县域试点建设目标，以满足县域青年多样化、多层次成长成才发展需求为导向，大力推动青年发展融入高质量发展大局。建立健全"四大机制"工作机制，积极开展"七大行动"、大力实施"五大工程"，不断提升县域城镇功能品质与青年需求的契合度，持续优化青年发展社会环境，有力有序推动试点工作；着力构建试点工作体系，大力探索青年发展政策，努力搭建青年建功平台，不断优化青年成长成才环境，切实提升青年获得感、幸福感和安全感。贵阳市自被列入首批全国青年发展型城市建设试点以来，始终坚持"党管青年"原则，积极贯彻"青年优先发展"理念，着力打造"五个一"特色亮点，推动"爽爽贵阳"与"有为青年"双向奔赴、共同成长。黔西南州自试点建设启动以来，坚持以推动中长期青年发展规划纵深实施为牵引，积极主动作为，加强组织保障、精细精准分工、汇聚工作合力、抓好政策落地，突出政策成果导向，坚持把政策服务作为促进青年发展的主要方式，新增出台29项青年发展政策，覆盖住房、就业等"7+5"政策领域；印发《黔西南州青年发展型城市建设试点实施方案》，并进行目标任务责任分解，细化部门分工；成立州青年发展型城市建设试点工作领导小组，建立试点统筹协调机制；印发《关于成立黔西南州青年发展型城市建设试点工作领导小组的通知》；出台《黔西南州中长期青年发展规划（2022—2026年）》，提出青年发展十大领域重点工程，在黔西南州人才、就业、科技创新等各专项规划中充分体现青年发展，为新时代青年以青春助力中国式现代化提供良好条件。

二 贵州青年推进中国式现代化实践的使命担当

本蓝皮书多个课题组调研结果显示，中学生身心健康状况良好，高校大学生拥有积极正向的价值观，青年群体对未来国家高质量发展充满信心，关注地区高质量发展，对家乡的情感认同度高，投身中国式现代化建设的信心充足、斗志昂扬。据贵州青年发展研究院《贵州高校大学生价值观变动趋势调查问卷》统计数据，98.88%的高校大学生表示"我会积极投身全面建设社会主义现代化国家的伟大事业，成为中华民族复兴的奋斗者"，98.63%表示"我会树立与时代主题同心同向的伟大理想，脚踏实地奋斗"，98.35%表示"我会主动投身到各种斗争中去，在大是大非面前敢于亮剑，在矛盾冲突面前敢于迎难而上，在危机困难面前敢于挺身而出，在歪风邪气面前敢于坚决斗争"，98.11%表示"我会接下时代的接力棒，拒绝'躺平''佛系'，用担当奉献谱写青春之词，成为时代的奋斗者、奉献者和追梦者"。在推进中国式现代化的实践中，贵州青年积极投身围绕"四新"主攻"四化"主战略，主动融入建设"四区一高地"主定位，奋力建功新型工业化、新型城镇化、农业现代化、旅游产业化，在高质量发展主战场积极作为，持续奏响中国式现代化贵州实践的青春最强音。

（一）围绕把新型工业化作为高质量发展的首要任务，积极参与六大产业基地建设和"富矿精开"

2023年，贵州围绕"3533"奋斗目标（到2027年，形成资源精深加工、新能源电池材料、现代能源3个5000亿元级产业集群，酱香白酒、大数据电子信息、先进装备制造3个3000亿元级产业集群），全力建设"六大产业基地"，规模以上工业增加值增长5.9%，工业经济占比达27.2%。[①]2023年12月6日，贵州省召开全省新型工业化推进大会，明确提出要抓牢抓

[①] 《贵州抓牢抓实新型工业化关键任务》，《人民日报》2024年3月5日，第12版。

实新型工业化这个关键任务,强调要突出重点加快推进新型工业化,狠抓重点产业,围绕重点产业集群,大力推进"六大产业基地"建设,推动资金、资源、人才、技术等向重点产业聚焦,发挥比较优势,大力推进"富矿精开"。① 广大青年抢抓新型工业化带来的发展机遇,积极参与和响应六大产业基地建设和"富矿精开"战略部署,成为推动新型工业化的重要参与主体。

目前,广大青年群体已成为贵州矿产资源开发利用的重要参与主体。根据贵州省第七次人口普查年鉴披露的数据,在12716名采矿人员中,16~34岁人员所占比重为25%,比全国水平高出1.9个百分点;在2592名金属冶炼和压延加工人员中,16~34岁人员所占比重为27.4%,比全国水平低3.5个百分点。与此同时,青年正日益成为打造六大产业基地的主要生力军,16~34岁青年在打造六大产业基地代表性产业中的就业占比均在24%以上。其中,煤炭开采和洗选业所占就业比重达24.84%,计算机、通信和其他电子设备制造业所占就业比重达到68.3%,有色金属冶炼和压延加工业所占就业比重达30.6%,互联网和相关服务业所占就业比重达到70.57%,专用设备制造业所占就业比重达到46.16%。②

近年来,贵州把新型工业化作为高质量发展的首要任务,以"六大产业基地"建设作为引领,强力推进"富矿精开"战略行动,为广大青年提供了难得的发展机遇和创新活力。一方面,不断凸显的政策红利、针对技能提升与知识交流的新型工业化相关培训班的举办、以青年人才培养为目标的产学研活动,为青年参与新型工业化提供了充足动力。另一方面,加快推进新型工业化对作为国家经济社会发展生力军和中坚力量的青年提出了新的要求,为其深化认识、提升职业技能和职业生涯规划提供了发展方向,也为营造青年参与新型工业化的良好环境提出了要求。青年应在理论学习和实践中提升知识和技能、立足省情发展实际树立远大的人生理想,相关方面应增强青年参与新型工业化的信心、提升青年参与能力、建好青年参与平台、健全青年人才培养体系、优化青年发展环境。其中,贵州共青团在引导青年奋力建功新型工业化、

---

① 《抓牢抓实新型工业化这个关键任务 为中国式现代化贵州实践构筑强大物质技术基础》,《贵州日报》2023年12月7日,第1版。
② 资料来源于贵州第七次人口普查年鉴。

培育青年工业人才队伍方面做出了积极探索。通过强化"队号手岗赛"品牌创建，探索设立科技创新专项子基金，高质量承办 2023 年第十八届"挑战杯"全国大学生课外学术实践竞赛，持续激发青年在新型工业化中创新创业的热情。

与此同时，广大青年积极参与，以青春助力新型工业化建设，不仅在其中彰显自身价值，而且逐渐成为全省新型工业化建设重要的人力资源支撑、创新来源和推动力量。在六大产业基地建设中，广大青年在积极投身各产业基地建设中参与创新创业、科技研发、产教融合，为基地建设提供了重要的技术力量和发展活力；在"富矿精开"战略行动中，广大青年积极参与矿产资源开发利用的上、中、下游，为做好矿产资源产业新旧模式之间的衔接和切换贡献了重要力量。

（二）围绕加快推进以人为核心的山地特色新型城镇化，助推青年与城市"双向奔赴"

2023 年 7 月 21 日，贵州省发展和改革委员会发布《贵州省新型城镇化实施方案（2023—2025 年）》，为加快推进以人为核心的山地特色新型城镇化，优化城镇布局、做强城镇经济、提升城镇品质，奋力推进城镇大提升，作出具体筹划。近年来，贵州加快推进以高质量发展为统揽、以城市群为主体、大中小城市和小城镇协调发展、以人为核心的新型城镇化，为青年发展营造了良好环境，也为广大青年投身新型城镇化建设提供了宝贵机遇。

一是城镇化健康有序发展，城市对青年的吸引力不断提升。自 2019 年 4 月贵州省委、省政府出台《贵州省中长期青年发展规划（2019—2025 年）》以来，贵州纵深推进该规划的实施，率先在全国提出建设青年友好型成长型省份，致力于"贵州对青年更友好、青年在贵州更有为、青年在贵州更好成长"。从省级层面来看，围绕友好贵州与有为青年双向奔赴，贵州共青团奋力为青年提供创新创业的舞台、成长成才的空间、发展发力的机会、融入融合的环境、配套配合的政策，贵州对青年的吸引力不断提升，青年留黔意愿持续增强。从市级层面看，以贵州省会城市为例，贵阳充分发挥党总揽全局、协调各方的领导核心作用，不断健全党委领导、政府主责、共青团协调、各方齐抓共管青年事务的机制，确保各领域青年发展政策落实见效。例如，在优化发展政策方面，出台涵盖青年重点关注的落户、就业、创业、住房、教育、医疗等27项具体措施；在优化居住环境方面，推出青年住房"三部曲"；在优化生活配套方面，聚焦普惠托育、便民服务、医疗卫生等青年关切问题，改造普惠性幼儿园、新建（改）扩建幼儿园及中小学、打造"15分钟生活圈"、新建全民健身路径工程、新建（改）扩建社区卫生服务中心；在优化生活环境方面，打造"青年卡"综合服务平台；在优化就业创业环境方面，开展"筑人才·强省会"在黔高校毕业生就业创业行动……一揽子举措取得良好成效。公开数据显示，在过去三年贵阳每年新增的人口中，青年所占比重达到61.15%。①

二是城乡发展同频共振，青年参与城镇化建设水平和质量稳步提升。贵州省第七次全国人口普查公报数据显示，青年正成为推进城镇经济高质量发展的重要主体。以城镇制造业为例，青年参与人数占比达38.24%，其中，在计算机、通信和其他电子设备制造业领域，16～34岁青年从业占比高达67.98%。此外，在信息传输、软件和信息技术服务业，科学研究和技术服务业，卫生和社会工作，以及文化、体育和娱乐业，青年参与人数占比均超过一半，分别为58.75%、55.68%、58.14%和57.20%（见表1）。

表1 城镇青年参与不同行业的人数

单位：人

年龄	制造业	信息传输、软件和信息技术服务业	科学研究和技术服务业	卫生和社会工作	文化、体育和娱乐业
16～19	952	33	27	102	116
20～24	3162	374	226	1575	332
25～29	4317	535	366	2991	394
30～34	5487	602	322	2641	365

资料来源：《贵州省第七次全国人口普查公报》。

---

① 《贵阳市长马宁宇：让"中国数谷"成为青年人的"安心吾乡"!》，2023年11月8日，https://mp.weixin.qq.com/s/-Waf7qF8-aHVQdo-ycOUSw。

从青年参与社会工作的具体情况来看，越来越多的青年加入社工队伍，成为社会工作领域的新兴力量，在城镇社会救助、养老服务、儿童福利、基层治理中发挥了重要作用。贵州青年发展研究院《贵州青年社工人才发展调查问卷》调查结果显示，受访的社会工作者中20.2%长期生活在乡镇，如表2所示，家庭服务、儿童服务、社区服务、老年人服务、青少年服务、残障服务、救助服务、医务服务、妇女服务是其主要工作领域。

表2 被调查者的主要服务领域

单位：人，%

主要服务领域	频数	频数占比
家庭服务	228	25.7
老年人服务	80	9.0
残障服务	55	6.2
妇女服务	28	3.2
儿童服务	132	14.9
青少年服务	69	7.8
社区服务	126	14.2
矫正和戒毒服务	17	1.9
医务服务	47	5.3
救助服务	50	5.6
企业服务	8	0.9
优抚安置	24	2.7
评估或研究	6	0.7
社会组织培育	15	1.7
其他	1	0.1
样本量(N=317)	886	100.0

资料来源：贵州青年发展研究院《贵州青年社工人才发展调查问卷》统计数据。

三是公共基础设施建设不断完善，以人为核心的新型城镇化战略不断提升青年的幸福感、获得感。交通建设方面，贵州大力发展公共交通事业，推进城乡公交一体化，使公交线路网进一步向农村延伸，打通为民服务的"最后一公里"。截至2024年1月，全省累计开通农村客运班线4089条、公共汽电车（城乡公交）线路321条，进一步促进了城乡融合发展，①不仅推进解决了农村群众出行遇到的痛点、难点，而且夯实了城乡青年创业就业的硬件基础。此外，贵州多措并举，持续完善城市住房体系，为青年创造工作与生活的良好环境。《贵州省新型城镇化实施方案（2023—2025年）》强调，要"加快建立多主体供给、多渠道保障、租购并举的住房制度，构建以公租房、保障性租赁住房为主体的住房保障体系，解决好新市民、青年人住房问题"。②

随着贵州新型城镇化持续深入发展、青年发展环境不断优化，"高校毕业生留黔"等行动吸引更多青年人才留在贵州、建设贵州；"强省会"行动吸引大量青年加快构建"一群三带"城镇空间格局；贵州共青团开展的"青年消费季""青春大比武"等活动持续助力做强城镇经济、"社区青春行动"引导青年积极参与城镇建设和社会治理。相关政策项目扶持力度不断加大，城镇内需带动力、发展竞争力持续增强，广大青年参与城镇化建设的积极性持续高涨、奋力提高城镇化质量的效果逐渐凸显。

（三）紧扣加快建设现代山地特色高效农业强省，积极参与建设农业现代化

《关于做好2023年全面推进乡村振兴重点工作的实施意见》（黔党发〔2023〕1号）指出，贵州坚持和加强党对"三农"工作的全面领导，坚持农业农村优先发展，坚持城乡融合发展，强化科技创新和制度创新，深入实施乡村振兴"五大行动"，建设巩固拓展脱贫攻坚成果样板区，推进宜居宜业和美乡村建设，为全面推进乡村振兴、加快农业农村现代化打下坚实基础。2023年，全省农业增加值同比增长4%左右，农村常住居民人均可支配收入增长9%左右。在贵州推进农业现代化、不断绘就现代农业新图景的进

---

① 《贵州：加快推进城镇大提升》，天眼新闻百家号，2024年1月24日，https://baijiahao.baidu.com/s?id=17871669257235 39467&wfr=spider&for=pc。
② 贵州省发展和改革委员会：《贵州省新型城镇化实施方案（2023—2025年）》，2023年7月21日。

程中，青年群体发挥了不可替代的作用。根据贵州省第七次全国人口普查数据，如表3所示，全省有52521名16~34岁青年从事农、林、牧、渔业，在全年龄结构层次中占比13.25%。

表3 贵州省从事农、林、牧、渔业青年人数

单位：人

年龄	小计	农业	林业	畜牧业	渔业	农、林、牧、渔专业及辅助性活动
16~19	3862	3138	42	636	15	31
20~24	12050	9676	153	2019	72	130
25~29	15461	12157	243	2731	125	205
30~34	21148	16261	407	4030	182	268

资料来源：《贵州省第七次全国人口普查公报》。

除直接从事农业相关工作的青年外，青年乡村干部、青年驻村第一书记、服务乡村振兴的青年志愿者等群体也在农业现代化建设中发挥了重要作用。作为推进乡村振兴战略的主力军及建设和美乡村、实现基层善治的重要力量，青年驻村干部是党和国家与广大农村群众联系的重要纽带，承担着党的方针政策在农村的落实落地工作。贵州在推进青年驻村干部工作时持续把握好"选、育、护、评"四个关键点，让青年驻村干部在推进乡村振兴的具体实践中磨炼意志，在分析解决问题中积累经验，在持续攻坚克难中增长才干。贵州青年发展研究院《贵州青年驻村干部现状、问题与对策研究调研问卷》调查结果显示，81.07%的驻村干部派出单位为公务员和企业、事业单位，其中，教师和医生占比分别为7%和4%，其他（包括银行等）占8%。问卷调查结果显示，贵州青年驻村干部能够带来新思想和新方法，64.66%的驻村干部的专业知识技能与农业专业知识完全或有部分联系；驻村干部学历53%为大学本科，18%为硕士研究生；31.19%的驻村干部年龄在30岁及以下，29.52%为31~40岁，选派的驻村干部工作上普遍务实高效，能够创新工作方式方法带动提高工作效率，为农村工作注入活力。此外，作为现代化治理体系的有效构成和现代化治

理能力的有生力量，青年志愿者也在推进贵州乡村振兴中发挥着不可替代的作用，他们大力弘扬"奉献、友爱、互助、进步"的志愿服务精神，在乡村振兴、城市社区建设、环境保护、大型活动、抢险救灾、社会公益等领域大显身手。一个不可忽视的现象是，在贵州广袤的乡村，许许多多创业的有志青年正化身"新农人"，使乡村焕发新活力。例如，出生于铜仁市德江县的丁浪，扎根于德江县共和镇焕河村焕家沟寨，与寨子里的张金秀老奶奶合伙拍摄短视频，演绎古朴与活力并存的乡村故事；遵义市凤冈县永安镇龙山村青年安旭，瞄准"新农人"发展机遇，把木头做成花、高跟鞋、手机壳、背包等各类物品，凭借手工打造的木制"嫦娥五号"火爆全网。

青年在农业现代化建设中出新、出彩，缘于青年群体练就兴农本领、在乡村振兴的大舞台上建功立业的爱农情怀，更得益于贵州为青年参与农村现代化建设提供了良好环境。《关于做好2023年全面推进乡村振兴重点工作的实施意见》（黔党发〔2023〕1号）从顶层设计上指出，要加强乡村人才队伍建设，实施乡村振兴巾帼行动、"领头雁·向黔进"农村青年致富带头人培育行动。具体实施层面，贵州共青团青年发展部以团结引领农村青年投身农业现代化战略，助力乡村振兴，培育农村青年致富带头人、新型职业农民等乡村青年人才，以推进农村经济发展和社会进步为主要职责之一，在助力青年参与农业现代化建设中发挥了重要作用。2023年，青年发展部联合中国慈善联合会、清华大学等持续开展"乡村振兴领头雁计划"，培训乡村青年3435名，组织全省27名优秀农村青年致富带头人参加清华大学"乡村振兴行动者论坛暨领头雁计划精英工作坊"；联合省农业农村厅开展高素质青年农民培育工作，培训农村青年900人；推报14人参选第二届"全国乡村振兴青年先锋"，入选12人，为人才振兴选树了一批先进典型；依托"返家乡"平台，利用家乡资源创造条件，搭建在外学子与家乡常态化联系的桥梁，开发实践岗位，动员2414名大学生参与返乡实践，促进人才"大会聚"；充分发挥共青团组织优势和社会化动员优势，通过各级团组织层层选拔推荐，助力贵州3位青年主播荣获"青耘中国"乡村振兴青年榜样公益主播称号；组织省、市（州）、县（区）三级农村青年致富带头人、电商从业者、新媒体爱好者等80余名乡村青年参加"青耘中国·创在乡土"2023年贵州省青年技能培训省级示范班，有效提升青年助力产业发展能力，为青年参与农业现代化建设营造了良好的环境氛围。[①]

（四）紧扣加快推进旅游产业化高质量发展，在旅游产业化中诠释青春使命担当

党的十八大以来，贵州深入贯彻落实习近平总书记重要指示要求，依托得天独厚的自然与人文优势，把旅游产业化作为重要一环，以文旅融合为根本，以文塑旅、以旅彰文，加快建设多彩贵州旅游强省。《中共贵州省委关于制定贵州省国民经济和社会发展第十四个五年规划和二〇三五年远景目标的建议》提出，要大力推进旅游产业化，加快发展以民族和山地为特色的文化旅游业，持续提升"山地公园省·多彩贵州风"品牌影响力。当前，青年不仅是主导旅游消费的重要群体，而且已成为助力旅游服务质量提升与推动旅游产业转型升级的重要力量，在带动旅游消费、加强旅游品牌宣传及提升旅游服务等方面发挥了积极作用，彰显了新时代贵州青年在实施旅游产业化中的使命担当。

一是发挥青年带动作用，提升旅游市场消费潜能。积极参加旅游消费，参与"青春遇见贵州 青年消费季"、2023年贵州省青少年滑雪体验活动和"贵州青年消费季·四季欢购——爽爽贵阳，青春爽购"活动。在"青春联手·助力振兴"第三届中国青年年货节贵州专场活动中，青年主播通过线上线下售卖本地产品，累计销售额达715.52万元。同时，抓住青少年赴黔研学的热潮，带动旅游消费。共青团贵州省委通过线上+线下形式，依托组织化动员协调研学旅行"客源"，吸引省内外青年赴黔旅游研学交流，拉动刺激经济消费，共964家研学旅行相关企业参与了研学活动，接待研学旅行人员60.42万人次。二是发挥青年传播作用，提升旅游产品的知名度。争当

---

① 数据由贵州共青团青年发展部提供。

家乡推介官，自信踊跃推介贵州，用"有温度"的话语、有"磁性"的声音向全世界的旅游爱好者"种草"贵州，用多种形式讲好贵州故事，传播贵州好声音。三是发挥青年服务作用，构筑旅游体验感新高地。积极参加大学生志愿服务西部计划，服务基层旅游产业发展。13000名大学生志愿者到基层开展志愿服务，发挥专业所长，参与到发掘和保护民族传统文化、自然风光和民族文化宣传推介等服务工作中。在"微笑小屋""微笑小岗"等志愿服务窗口为游客提供旅游推介、信息咨询、便民服务、文明引导等志愿服务，争当"微笑之星""服务之星""文明之星"；积极响应《贵州服务旅游青年志愿者行动倡议书》，争当服务于旅游业的青年志愿者——"小青椒"，在各地景区、"一场三站"以及"村BA""村超"现场，都有"小青椒"服务的身影，让来黔游客感受到"小青椒"的微笑、热情和活力；做优"青清河"保护河湖及"小林长"志愿服务行动品牌，推动保护好黔山秀水。青年志愿者在梵净山、荔波小七孔、马岭河峡谷等景点景区开展巡河护河、巡林护林、环保宣传等志愿服务工作，不断汇聚社会力量、爱护好黔山秀水。截至2023年底，全省各级共招募"青清河"保护河湖志愿者4.64万人，累计开展巡河等保护活动15.70万人次，巡河里程19381.49公里。四是发挥青年创新作用，推动旅游产业转型升级。一方面，通过"打卡"和"种草"行为，在社交媒体上分享交流旅游攻略、旅游短视频等，不断拓展旅游边界；另一方面，积极发挥创新创造优势，深挖家乡旅游资源，用自身的努力提升传统旅游业，推动旅游产品与业态日益丰富多样、旅游目的地建设与发展模式不断创新。

（五）紧扣加快建设数字经济发展创新区，在实施数字经济战略抢新机上汇聚青春动能

贵州省以高标准贯彻落实国家有关数字中国建设要求，坚持大力发展数字经济。随着构建数字经济新产业、新业态、新场景发展格局持续推进，提升数字经济治理话语权和坚持数字强省思维不断强化，数字经济增加值占全省GDP比例、数字经济人才数量持续增长，贵州数字经济核心产业发展逐

步进入快车道。新型数字产业化人才需求将日益增长，贵州为数字经济人才队伍建设提供了更加广阔的发展空间。

据贵州省大数据发展管理局数据，贵州数字经济依托人才资源底座，整体呈稳定增长态势。截至2022年，贵州数字经济人才达到42.43万人的规模，全省数字经济人才中35岁及以下的青年人数占比为53.94%，如图1所示。数字化科研人才年龄分布有所不同，55岁及以上人才占比32.79%，46岁及以下人才占比为50.86%，在贵州省数字经济产业市场化蓬勃发展的前提下，人才呈现年轻化状态。[1]

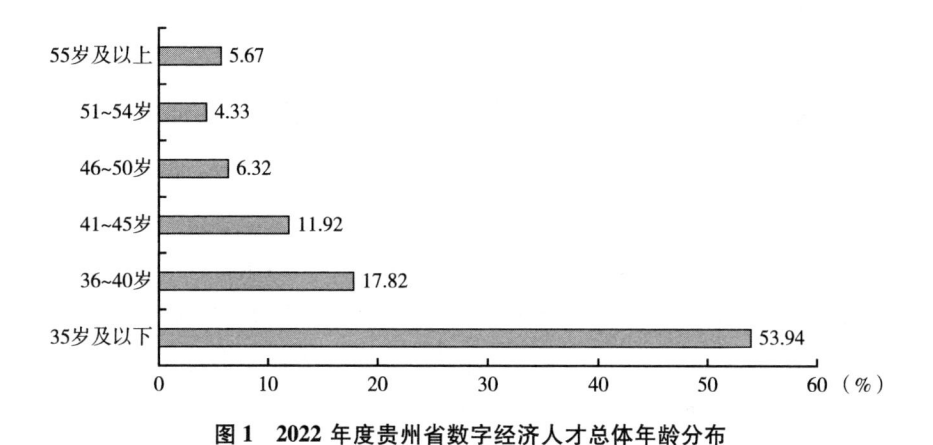

年龄段	占比（%）
55岁及以上	5.67
51~54岁	4.33
46~50岁	6.32
41~45岁	11.92
36~40岁	17.82
35岁及以下	53.94

图1　2022年度贵州省数字经济人才总体年龄分布

用好作为全国首个国家大数据综合试验区和数字经济发展创新区的政策红利，贵州持续发挥青年在大数据领域的独特作用。持续实施"青数聚"。推进"青数聚·贵州青年大数据创新创业行动计划"，在中国国际大数据产业博览会期间，持续办好"青数聚·青年大数据创新创业高峰论坛"。积极宣传全省大数据战略部署、政策规划、发展前景，为"数字贵州"建设吸引凝聚更多青年人才。将"青数聚"打造成为全国知名的大数据双创服务品牌，力争培育2家贵州青年大数据"独角兽企业"。发挥优势"青赋能"。汇聚大数据青年人才资源，建好用好"青数聚"导师库、青年人才库和创

---

[1] 数据来源于贵州省大数据发展管理局《贵州省数字经济人才发展白皮书（2022）》。

新创业资金池，不断增强"青数聚"的服务力、精准力和影响力。定期发布贵州省青年创业、就业、安居等大数据指数，对青年精准画像，为党政决策提供参考。打造一批低成本运营的众创空间，积极融入大数据科创城建设，为大数据创新创业青年提供一站式服务。全力打造"青年云"。强化信息化赋能，推进数据上行、力量下沉，确保"青年云"项目取得应用性、实效性突破。加快建设省、市、县、乡四级团组织互通互联的业务应用系统、动态监测分析挖掘系统和OA办公系统，统筹建好用好"风筝计划"App、"黔志云"等大数据平台。全面提升贵州共青团数据融合共享应用水平，打造直接联系青年、精准服务青年的工作数字化生态系统。

三 促进贵州青年更好地推进中国式现代化实践的建议

作为中国式现代化建设的主力军，青年一代肩负着新时代新征程党赋予的使命任务。近年来，贵州青年积极投身中国式现代化建设，为推进中国式现代化建设持续输出正能量，但受制于经济社会发展的复杂性和阶段性，贵州在引领青年参与中国式现代化实践中还存在一些短板和不足。进一步激励贵州青年在中国式现代化建设中挺膺担当，要始终坚持党的全面领导，优化青年成长就业环境，着力提升青年技能素质，持续建设青年发展平台，让广大贵州青年更好地在推进中国式现代化的道路上施展抱负、建功立业。

（一）始终坚持党的全面领导，引领青年在中国式现代化建设中强化政治担当

作为党的青年工作的重要力量之一，共青团肩负着培养社会主义建设者和接班人的重任。在带领广大青年全面推进中国式现代化实践中，要牢牢把握共青团是政治组织的根本定位，自觉坚持为党育人的根本任务，更加注重有序政治参与，引领青年听党话、跟党走，更加有效地动员广大青年投身中国式现代化建设。

要引领广大青年在中国式现代化建设中强化政治担当，要加强党对青年

工作的领导，通过共青团、青联、学联等群团组织更好地把青年团结、组织和动员起来，围绕"中国式现代化"开展主题活动，让青年正确理解和看待中国式现代化。一是要把思想政治工作做到青年心坎上，依托"青年马克思主义者培养工程"培养坚定的青年马克思主义者，把引领青年听党话跟党走做深做实，筑牢青年信仰之基、把稳青年思想之舵。要完善覆盖高校、国企、农村、社会组织等各领域优秀青年的培养体系，加强思想淬炼、政治历练、实践锻炼和专业训练。要强化团校政治培训主阵地功能，锻造一批信仰坚定、能力突出、素质优良、作风过硬的青年政治骨干。二是要用党的科学理论加强对青年的政治引领，要以为青年办实事、解难事、促发展为抓手，把引领青年知党情感党恩落细落小。三是要引领广大青年学懂弄通中国式现代化理论，深刻理解中国式现代化的中国特色、本质要求和推进中国式现代化建设的重大原则，坚定中国共产党领导社会主义现代化是历史选择、时代选择、人民选择的政治自觉。要加强对广大青年的理想信念教育，引导广大青年树立共产主义远大理想，坚定中国特色社会主义共同理想，坚定听党话、跟党走的政治信念，在强国建设、民族复兴的历史潮流中确立正确的人生目标。

（二）优化青年成长就业环境，增强青年参与中国式现代化实践的信念与信心

在全力推进青年友好型成长型省份建设中，贵州聚焦就业、住房、教育、婚恋等青年急难愁盼问题，集成出台了一批含金量高的普惠性特惠性青年发展政策，并通过建好用好"贵州青年卡"综合服务平台，让贵州对青年更友好。

进一步优化青年就业环境，还需将建设青年友好型成长型省份与省市规划建设相结合，强化顶层设计，将助力青年人才施展才华与青年发展计划相结合，形成青年高质量发展的规划引领体系。一是要大力实施激励青年施展才华的就业环境提升工程，实施更加积极的就业政策，结合省情推动经济高质量发展，不断拓展就业容量、提升就业质量，保障青年劳动者待遇和权益。二是要支持灵活就业和新就业形态，让不同个性、不同就业倾向、不同

就业情况的青年在贵州都能找到适合自身发展的空间，大兴爱才用才识才之风，通过经济社会发展和城市文化宣传，让更多青年切身感受到贵州的发展优势。三是要继续抓细抓实"社区青春行动"，引领青年积极参与城镇建设和社会治理，常态化实施基层治理服务项目，加大政策项目扶持力度，增强城镇内需带动力、发展竞争力，开发就业岗位；扎实做好大学毕业生特别是一般院校低收入家庭毕业生就业服务工作，抓实实习见习、社区实践、"三下乡"等载体，开展好"就业起跑线"等职业生涯规划活动，促进青年树立正确的择业观、就业观和劳动观、奋斗观，有效提升青年就业创业竞争力；继续实施春晖行动建功项目，紧盯教育、医疗等民生关切，开展慈善公益和服务基层活动，联合人社部门开展直播带岗、现场招聘等活动，服务乡友就业。

（三）着力打造青年人才队伍，提升青年参与中国式现代化实践的技能与素质

青年兴则国家兴，青年强则国家强。为中国式现代化建设提供坚强的人才保障和智力支撑，要将加强青年人才队伍建设作为落实"后继有人"这个根本大计的有力抓手，通过强思想、建平台、强凝聚等方式，为青年发展提供政策和平台保障。

一是要聚焦贵州经济社会高质量发展需求，着眼青年人才队伍建设短板弱项，"点对点"细化培育举措，让优秀青年人才在中国式现代化贵州实践中各展所长。要抓实"青年之家"重要载体，组织开展教育培训、工作交流、娱乐、心理辅导等活动，继续深入实施"青春闪光培训工程"，覆盖广大新兴青年、职业青年。把重点放在普通青年上，以理想信念教育为中心，帮助他们实现从职业到事业的跨越，达成个人价值与使命担当的有机统一。二是要结合新兴青年、职业青年群体圈层化特点，构建完善省、市、县三级培训动员体系，办好快递小哥、网络主播、街舞青年、青年律师等群体的培训班。深入推进青年乡村振兴夜校，聚焦扫盲、推广普通话、生产生活技能培训等，培育青年新型职业农民，持续助力乡村振兴。三是要注重拓展职业

人才培养、先进典型选树等路径，做好团建引领、技能培训、就业扶持、政策服务，推动创新创效。要强化"队号手岗赛"品牌创建，组织开展岗位练兵、技能竞赛，培育青年工业人才队伍。针对新职业青年发展，要强化就业指导和服务力度，发挥政府在新职业发展前期起到的重要作用，聚焦"四新""四化"主战略和各市（州）县（区）发展重点。要探索新职业产教融合创新路径，引导高校积极参与新职业发展，优化相关专业设置和培养方案，借鉴现有混合制、订单式办学的经验，支持与新业态企业、平台联合打造多层次、多渠道、多形式的办学方式，鼓励更多学生参与其中。要确保新职业青年技能提升渠道通畅，加大省级和市级补贴性职业技能培训评价对新职业的关注力度，支持本省相关企业建立或引进成熟的专业交流平台，推动现有新职业培育大数据平台的开发整合，促进培训机构、用人单位和新职业青年之间信息互联互通，降低新职业青年培训资源的获取成本。

（四）持续建设青年发展平台，完善青年参与中国式现代化实践的平台与通道

一是要持续探索青年成长综合服务云平台建设，继续建好用好"贵州青年卡"综合服务平台，不断优化综合服务云平台开发、推广、应用模式，完善各项服务内容，加大青年政策、项目、福利、活动的集成融合力度，广泛引入更多社会主体为青年提供多元化服务。二是要常态化开展"我为青年办实事"，用心用情用力帮助青年解决难点、痛点问题，促进青年更好成长、更快发展。以公共服务基础设施建设丰富青年休闲娱乐生活，发展以青年为主体的经济新业态，打造符合青年诉求的社交场景、消费场景、文娱场景，加快推进新型城镇公共文化空间建设，打造图书馆、健身场等公共服务设施，持续开展人才保障性租赁住房建设及青年驿站建设，切实为青年提供就业、住房、子女教育等各类配套服务。三是要积极为青年在中国式现代化贵州实践中建功立业创造条件、搭建舞台，建好"黔青梦工场""创在乡土"等平台，用好青年突击队、农村青年致富带头人、青年志愿者三支"有为队伍"，在贵州高质量发展中发挥更大作用。积极搭建青年志愿者服

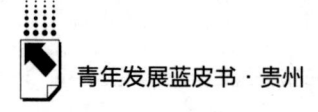

务平台，推进思想观念社会化、工作开展制度化、服务内容组织化、队伍建设专业化、活动形式多样化，建成线上一体化工作平台。

参考文献

吴大华、史麒麟主编《贵州青年发展报告（2023）》，社会科学文献出版社，2023。

李美玲：《习近平总书记关于新时代青年工作的重要论述研究》，《湘潭大学学报》（哲学社会科学版）2023年第1期。

谭杰：《人的现代化：中国式现代化视域下的青年在场》，《中国青年研究》2023年第1期。

贵州省大数据发展管理局：《贵州省数字经济人才发展白皮书（2022）》，2023。

张翼、谢茂松、陆杰华等：《中国式现代化与青年高质量发展（笔谈）》，《青年探索》2023年第1期。

廉思：《展现中国式现代化的青年担当》，《人民论坛》2023年第9期。

罗哲：《青年人才：中国式现代化建设的重要动能》，《人民论坛》2022年第23期。

陆玉林：《论国家治理现代化框架下青年工作理论的构建》，《中国青年研究》2020年第10期。

分报告

B.2 贵州中学生身心健康调研报告[*]

石琳[**]

摘　要： 本报告以贵州省为研究地域，以贵州中学生为研究对象，以问卷调查为研究方法，采用分层整群随机抽样的方式，较为详细地分析了贵州中学生的身心健康状况。报告一方面对贵州中学生从身心健康的总体状况、性别差异、年级差异、地域差异等多个维度进行了较为全面的调查和分析，概括和揭示了贵州中学生身心健康的基本状况和面临的问题；另一方面从贵州中学生身心健康发展环境现状及面临的困境方面系统性分析了贵州中学生身心健康的影响因素和面临的形势，认为当前贵州中学生身心健康问题逐渐加剧。报告指出，针对贵州中学生身心健康所遇到的问题，应帮助中学生强化稳定内核，促进其个体成长，还应控制家庭变量，为中学生营造良好环境，学校也应制定有效策略，重视身心健康教育，而社会方面应做好多方联动，

---

[*] 本文为基金项目：2023～2024年贵州省青年发展研究课题"抗逆力视角下贵州青少年心理压力的因素与对策研究"（项目编号：QNYB2318）的阶段性成果。

[**] 石琳，贵阳信息科技学院心理中心副主任、讲师，研究方向为青少年心理健康。

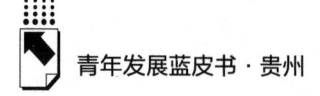

共同促进贵州中学生健康成长。

关键词： 贵州　中学生　身心健康

一　引言

中学阶段是青少年生长发育的必经阶段，中学生的心理发展会经历很多矛盾。对于中学生来说，心理发展的主要矛盾表现为自我意识迅猛增长与社会成熟相对迟缓的矛盾，或情感激荡要求释放与外部表露趋向内隐的矛盾[1]。鉴于中学生身心发展的矛盾性和特殊性，党中央、国务院高度重视学生心理健康工作。2023年5月15日，在教育部召开的全国学生心理健康工作视频会议上，习近平总书记作出一系列重要指示批示。要切实提高思想认识，以对国家和民族未来高度负责的使命感，以"时时放心不下"的责任感，紧密结合当前学生心理健康现状和发展趋势，全面加强和改进新时代学生心理健康工作[2]。

为了提高中学生身心健康素养，国家及地方从法律和政策层面先后颁布及修订了不少法规制度。教育部等十七部门印发《全面加强和改进新时代学生心理健康工作专项行动计划（2023—2025年）》的通知中指出，把解决学生心理问题与解决学生成才发展的实际问题相结合，加强学生心理健康教育[3]。《中共中央关于进一步加强和改进学校德育工作的若干意见》中指出："通过多种方式对不同年龄层次的学生进行心理健康教育和指导，帮助学生提高心理素质，健全人格，增强承受挫折、适应环境的能力。"[4] 国家

---

[1] 徐勇：《儿童青少年心理健康的影响因素》，《中国学校卫生》2006年第6期。
[2] 《教育部等十七部门关于印发〈全面加强和改进新时代学生心理健康工作专项行动计划（2023—2025年）〉的通知》（教体艺〔2023〕1号），2023。
[3] 《教育部等十七部门关于印发〈全面加强和改进新时代学生心理健康工作专项行动计划（2023—2025年）〉的通知》（教体艺〔2023〕1号），2023。
[4] 《中共中央关于进一步加强和改进学校德育工作的若干意见》。

卫健委和中宣部等联合制定与印发的《健康中国行动——儿童青少年心理健康行动方案（2019—2022年）》明确指出，儿童青少年心理健康工作是健康中国建设的重要内容[①]。《国家中长期教育改革和发展规划纲要（2010—2020年）》提出，针对中学生成长过程中普遍存在的心理健康问题，应着重培养学生健全的人格、良好的社会适应能力、坚强的意志品质和乐观向上的生活态度[②]。贵州省教育厅办公室印发《贵州省中小学心理健康教育指导纲要（试行）》，引导学生形成良好的心理素质和心理行为习惯，提高学生心理健康水平，促进学生全面发展[③]。

为进一步提高贵州中学生身心健康水平，应当依托身心健康的标准全面进行工作安排。首先，第三届国际心理卫生大会上把心理健康界定为，在身体、智能以及情感上与他人的心理健康不相矛盾的范围内将个人心境发展成最佳状态。心理健康的标志是：（1）身体、智力、情绪十分调和；（2）适应环境，在人际关系中能彼此谦让；（3）有幸福感；（4）在工作和职业中能充分发挥自己的能力，过高效的生活。然而，2022年我国学术界对中学生为主的青少年的心理健康状况研究成果表明，中学生目前面临的身心健康问题愈来愈严峻。2022年3月至6月，中国科学院心理研究所国民心理健康评估发展中心对我国29个省（自治区、直辖市）3万多名10~16岁的中小学生进行了调查，发现我国西部、农村地区青少年心理健康风险较高，睡眠和运动与心理健康密切相关[④]。以上都在表明我国青少年身心健康问题已逐渐变成社会问题，而中学生这一特殊人群的身心健康问题应日益受到社会各界的关注和重视。鉴于此，本报告以贵州为地域，以贵州中学生身心健康为调查对象，于2023年12月至2024年2月面向全省九个市（州）采集了45445份有效问卷，综合运用多种量化研究的方法，结合贵州中学生特点，

[①] 《健康中国行动——儿童青少年心理健康行动方案（2019—2022年）》。
[②] 《国家中长期教育改革和发展规划纲要（2010—2020年）》。
[③] 贵州省教育厅办公室：《贵州省中小学心理健康教育指导纲要（试行）》。
[④] 中国科学院心理研究所国民心理健康评估发展中心：《2022年青少年心理健康状况调查报告》，傅小兰等主编《中国国民心理健康发展报告（2021—2022）》，社会科学文献出版社，2023。

多元化地对贵州中学生身心发展的状况进行全面分析，总结和反思贵州中学生身心健康发展现状和成因，最终形成贵州中学生身心健康调适的方法和对策，为进一步提高贵州中学生身心健康水平、促进贵州中学生健康成长发展提供参考，最终达到优化贵州中学生身心健康的整体效果。

二 贵州中学生身心健康的现状与特征

（一）贵州中学生身心健康调查基本情况

1. 调查对象基本情况

本报告的问卷调查资料来源于贵州九个市（州），具体包括安顺、毕节、六盘水、黔东南、黔南、黔西南、铜仁、遵义、贵阳。有效样本量为45445份，调查对象集中为初一到高三的中学生，其中，本研究报告样本人口统计学变量分布情况如表1所示。本报告以此为数据支撑进行统计分析。

表1 被试基本情况数据

单位：人，%

变量	选项	人数	占比
性别	男	20859	45.90
	女	24586	54.10
年级	初中	26616	58.57
	高中	18829	41.43
地域	农村	15412	33.91
	城镇	30033	66.09
家庭所在地	安顺	1211	2.66
	毕节	5409	11.90
	六盘水	2440	5.37
	黔东南	2751	6.05
	黔南	6926	15.24

续表

变量	选项	人数	占比
家庭所在地	黔西南	4057	8.93
	铜仁	3900	8.59
	遵义	18322	40.32
	贵阳	429	0.94

资料来源：贵州青年发展研究院《贵州中学生身心健康状况调查问卷》统计数据。

2. 研究工具

本研究使用王极盛等人编制的《中学生心理健康量表》（MSSMHS）对贵州中学生的身心健康状况进行调查分析，为了研究的需要，问卷的人口统计学变量包括性别、年级、地域（城镇或农村）、身体素质（好/一般/差）、是否谈恋爱、性格特征（外向型/内向型）、平均一天使用手机频率（8小时及以上/4~8小时/1~4小时/没有手机）、家庭情况（正常/单亲离异/单亲病故/孤儿）、是否独生子女、家庭教养方式（父亲为主/母亲为主/爷爷奶奶或外公外婆为主）、和父母关系（好/一般/差）、学业成绩（好/一般/差）、是否住校、好朋友数量（3个以上/1~3个/没有）等。

《中学生心理健康量表》（MSSMHS）是一套能够准确且有效地测量中学生身心健康状况的工具，包括强迫症状、偏执、敌对、人际关系紧张敏感、抑郁、焦虑、学习压力、适应不良、情绪不平衡、心理不平衡共十个维度。此量表由60个项目构成，学生根据其近期的真实情况进行自主评分，采用里克特五级评分制进行1~5级评分，一次评定用时约20分钟。

该量表中10个分量表的重测信度在0.7160~0.9050，同质性信度在0.6010~0.8577，分半信度在0.6341~0.8726；分量表与总量表的相关性在0.7652~0.8726，内容效度也比较理想，是一份信效度均达标准的心理健康测验量表。

（二）贵州中学生身心健康的现状呈现

1. 身心健康情况整体良好

为了判断学生的心理健康程度，在大量使用该测量工具的研究中，研究者均以2分作为判断学生是否存在心理问题的标准分数线。如心理健康的总均分或其维度的平均得分低于2分，则表明心理健康状况总体上是良好的；如超过2分，则表示存在一定心理问题，其中，平均分在2~2.9表示存在轻度的心理健康问题，平均分在3~3.9表示存在中等程度的心理健康问题，平均分在4~4.9表示存在较重的心理健康问题。

调查结果显示，贵州中学生总体心理健康状况结果如表2所示，贵州中学生总体心理健康状况略高于一般水平（2.01±1.00），可见贵州中学生目前心理健康状况良好，但仍存在一些压力、情绪困扰等问题。

表2 不同性别贵州中学生心理健康状况的ANOVA分析结果（M±SD）

类别	人数	平均值	标准差	F值	事后比较(LSD)
男	20859	1.93	1.21	169.87**	2>1
女	24586	2.37	0.97		
总计	45445	2.01	1.00		

注：*表示男生，**表示女生。
资料来源：贵州青年发展研究院《贵州中学生身心健康状况调查问卷》统计数据。

2. 从性别上看，受访男生的心理调节能力优于女生

调查结果显示，贵州男女中学生的心理健康状况在总体上存在显著差异（具体见表3）。从性别角度分析，女生出现心理问题的风险要高于男生，尤其女生在人际关系紧张敏感、抑郁和情绪不平衡等方面表现出显著的性别差异。这可能是由青春期男女生的生理特征和成长规律导致的。

表3 贵州中学生身心健康状况各维度在性别上的差异情况

维度	性别	个案数(N)	平均值(M)	标准差(SD)
强迫症状	男	20859	7.89	2.899
	女	24586	8.31	3.019
偏执	男	20859	5.82	2.528
	女	24586	6.33	2.761
敌对	男	20859	4.17	1.888
	女	24586	4.53	2.123
人际关系紧张敏感	男	20859	4.65	2.241
	女	24586	5.31	2.542
抑郁	男	20859	6.04	2.750
	女	24586	7.11	3.329
焦虑	男	20859	4.52	2.142
	女	24586	5.04	2.396
学习压力	男	20859	7.89	3.593
	女	24586	8.70	3.878
适应不良	男	20859	8.73	3.559
	女	24586	9.34	3.758
情绪不平衡	男	20859	8.13	3.371
	女	24586	8.88	3.602
心理不平衡	男	20859	5.12	2.003
	女	24586	5.46	2.145

资料来源：贵州青年发展研究院《贵州中学生身心健康状况调查问卷》统计数据。

3. 从学段上看，受访初中生的心理状态优于高中生

调查结果显示，贵州初中生和高中生身心健康状况水平不同（具体见表4），问卷各维度的总体结果表明初中生在心理健康方面优于高中生。在贵州中学的不同阶段，学生的心理发展状态和所处的环境不同可能会影响身心健康状态，这可能是因为高中阶段学生面临着高考压力等，且高中阶段又是青春期的关键期，面对学业上的竞争和压力容易产生心理问题。

表 4　贵州中学生身心健康状况各维度在初中、高中阶段上的差异情况

维度	学段	个案数（N）	平均值（M）	标准差（SD）
强迫症状	初中	26616	7.84	2.755
	高中	18829	8.51	3.212
偏执	初中	26616	5.84	2.517
	高中	18829	6.45	2.831
敌对	初中	26616	4.27	1.972
	高中	18829	4.50	2.093
人际关系紧张敏感	初中	26616	4.83	2.381
	高中	18829	5.26	2.476
抑郁	初中	26616	6.28	2.954
	高中	18829	7.08	3.290
焦虑	初中	26616	4.57	2.173
	高中	18829	5.12	2.427
学习压力	初中	26616	8.09	3.639
	高中	18829	8.66	3.927
适应不良	初中	26616	8.53	3.370
	高中	18829	9.80	3.962
情绪不平衡	初中	26616	8.25	3.396
	高中	18829	8.94	3.643
心理不平衡	初中	26616	5.14	1.888
	高中	18829	5.53	2.324
总分	初中	26616	66.65	24.515
	高中	18829	73.21	28.196

资料来源：贵州青年发展研究院《贵州中学生身心健康状况调查问卷》统计数据。

就初中学段而言，初一学生整体身心健康状况优于其他两个年级，初二学生的身心健康状况最差（具体见表5）。调查结果显示贵州中学生在初二阶段相对容易出现敌对、人际关系紧张敏感、抑郁、焦虑、学习压力、情绪不平衡、心理不平衡的问题，因此在初中阶段尤其应该多关注初二学生的身心健康问题。另外，对于初中生而言，正处于"心理断乳期"的最高峰，身体的快速发展以及心理的社会性发展常常容易使初中生出现"叛逆"的表现，这也是在研究贵州不同年级初中生身心健康状况时需要重要关注的因素。

表5 贵州初中生身心健康状况各维度在不同年级的差异情况

维度	年级	个案数(N)	平均值(M)	标准差(SD)
强迫症状	初一	10527	7.83	2.72
	初二	10953	7.90	2.78
	初三	5136	7.73	2.75
偏执	初一	10527	5.77	2.44
	初二	10953	5.92	2.56
	初三	5136	5.84	2.54
敌对	初一	10527	4.23	1.93
	初二	10953	4.33	2.01
	初三	5136	4.24	1.94
人际关系紧张敏感	初一	10527	4.70	2.30
	初二	10953	4.96	2.45
	初三	5136	4.80	2.36
抑郁	初一	10527	6.10	2.81
	初二	10953	6.43	3.05
	初三	5136	6.36	2.98
焦虑	初一	10527	4.49	2.10
	初二	10953	4.64	2.23
	初三	5136	4.60	2.18
学习压力	初一	10527	7.83	3.45
	初二	10953	8.31	3.76
	初三	5136	8.14	3.69
适应不良	初一	10527	8.26	3.16
	初二	10953	8.71	3.46
	初三	5136	8.73	3.53
情绪不平衡	初一	10527	8.05	3.27
	初二	10953	8.44	3.49
	初三	5136	8.25	3.41
心理不平衡	初一	10527	5.06	1.82
	初二	10953	5.22	1.92
	初三	5136	5.16	1.92
总分	初一	10527	62.31	22.10
	初二	10953	64.86	23.81
	初三	5136	63.83	23.69

资料来源：贵州青年发展研究院《贵州中学生身心健康状况调查问卷》统计数据。

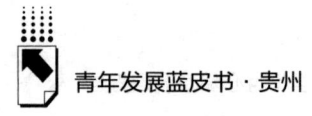

而就高中学段而言，高二学生身心健康状况整体差于其他两个年级，高一学生的身心健康状况最好（具体见表6）。由调查结果可知，贵州高三学生相对其他年级更容易出现强迫症状、心理不平衡问题。在贵州，高中阶段处于学习冲刺阶段，大部分学生为了高考努力冲刺，尤其是乡镇地方的学生，更是殚精竭虑，在此情况下，学习压力成了影响贵州高中生身心健康的首要因素。

表6　贵州高中生身心健康状况各维度在不同年级的差异情况

维度	年级	个案数(N)	平均值(M)	标准差(SD)
强迫症状	高一	4182	8.07	2.96
	高二	4323	8.61	3.21
	高三	10324	8.65	3.29
偏执	高一	4182	6.26	2.72
	高二	4323	6.65	2.91
	高三	10324	6.45	2.83
敌对	高一	4182	4.42	2.08
	高二	4323	4.63	2.16
	高三	10324	4.48	2.06
人际关系紧张敏感	高一	4182	5.12	2.44
	高二	4323	5.50	2.62
	高三	10324	5.22	2.42
抑郁	高一	4182	6.81	3.22
	高二	4323	7.36	3.42
	高三	10324	7.08	3.24
焦虑	高一	4182	4.95	2.38
	高二	4323	5.30	2.54
	高三	10324	5.12	2.38
学习压力	高一	4182	8.52	3.91
	高二	4323	9.06	4.04
	高三	10324	8.56	3.87
适应不良	高一	4182	9.42	3.76
	高二	4323	10.13	4.05
	高三	10324	9.82	3.98

续表

维度	年级	个案数(N)	平均值(M)	标准差(SD)
情绪不平衡	高一	4182	8.63	3.55
	高二	4323	9.37	3.78
	高三	10324	8.89	3.60
心理不平衡	高一	4182	5.21	2.00
	高二	4323	5.53	2.21
	高三	10324	5.66	2.47
总分	高一	4182	67.42	25.18
	高二	4323	72.15	26.87
	高三	10324	69.92	27.07

资料来源：贵州青年发展研究院《贵州中学生身心健康状况调查问卷》统计数据。

4. 从地域上看，农村学生身心健康状况优于城市学生

对比发现农村学生身心健康状况略优于城市学生，城市学生更容易出现敌对、学习压力等问题，贵州整体教育资源分配不均，大部分城市学生除了在学校学习之外，家长们也会给其报名很多课外补习班，这也增大了很多城市学生的学习压力。另外，在贵州不同市（州）的中学生之间其身心健康状况水平也存在显著差异（具体见表7）。其中贵阳、遵义、毕节、黔南、铜仁等地区学生的心理健康状况要优于安顺、六盘水、黔东南、黔西南等地区。

表7 贵州中学生身心健康状况各维度在不同地域的对比差异情况

家庭所在地(市、州)	个案数(N)	平均值(M)	标准差(SD)
安顺	1211	72.02	26.71
毕节	5409	63.56	23.69
六盘水	2440	69.95	28.11
黔东南	2751	71.37	26.93
黔南	6926	65.11	23.66
黔西南	4057	69.32	25.16
铜仁	3900	68.37	27.29

续表

家庭所在地(市、州)	个案数(N)	平均值(M)	标准差(SD)
遵义	18322	64.63	23.71
贵阳	429	67.13	27.19

资料来源：贵州青年发展研究院《贵州中学生身心健康状况调查问卷》统计数据。

5. 从个体变量上看，身心健康状况受内在因素影响较大

本研究从身体素质、性格特征、恋爱意识及手机依赖等几个方面对贵州中学生身心健康状况的个体差异进行变量分析（具体见表8）。调查结果显示，贵州中学生中身体素质好的学生心理健康状况要优于身体素质较差的学生；性格外向的学生心理健康状况优于内向的学生；总体上没有谈过恋爱的学生心理健康状况更好；而在手机使用上，合理使用手机对学生心理健康状况没有明显影响，但是使用手机时间越长对中学生身心健康影响越大。由此可见，贵州中学生的身心健康状况受个体内在不同因素影响较大。

表8 贵州中学生身心健康状况各维度的个体差异情况

个体变量	选择	个案数(N)	平均值(M)	标准差(SD)
身体素质	好	24891	60.15	20.78
	一般	19629	72.60	26.18
	差	925	94.99	38.98
性格特征	外向	24213	62.49	22.49
	内向	21232	70.50	26.68
恋爱意识	正在谈	3388	72.36	30.41
	谈过(目前没有)	8959	72.53	26.99
	没有	33098	63.90	23.17
手机依赖	8小时及以上	5168	78.93	31.40
	4~8小时	12749	25.03	25.03
	1~4小时	18904	62.79	21.86
	没有手机	8624	59.90	22.43

资料来源：贵州青年发展研究院《贵州中学生身心健康状况调查问卷》统计数据。

6. 从家庭变量上看，父母是影响身心健康状况的首要因素

本研究从家庭教养方式、是否独生子女、亲子关系及家庭情况等几个方面对贵州中学生身心健康状况的家庭变量进行了对比分析（具体见表9）。调查结果显示，在家庭教养方式上，由父母亲自教养的中学生心理健康状况更好，优于隔代教养方式；而亲子关系较好的中学生心理健康状态比亲子关系一般的学生更好；家庭情况正常的中学生心理健康状态要优于单亲和孤儿；另外，调查还发现贵州中学生身心健康状况受独生子女或多子女家庭影响较小。由此可见，在贵州中学生所处的家庭当中，父母是影响其身心健康状况的主要因素。

表9 贵州中学生身心健康状况各维度在家庭变量上的对比情况

家庭变量	选择	个案数（N）	平均值（M）	标准差（SD）
家庭教养方式	父亲	18374	64.86	24.08
	母亲	21340	66.29	24.56
	爷爷奶奶或外公外婆	5731	70.41	27.79
是否独生子女	是	5408	66.19	25.94
	否	40037	66.24	24.71
亲子关系	好	30172	60.57	20.42
	一般	14447	76.18	27.56
	差	827	98.99	39.04
家庭情况	正常	38537	65.26	24.15
	单亲（离异）	5497	71.30	27.44
	单亲（病故）	1201	71.09	24.15
	孤儿	210	84.67	44.40

资料来源：贵州青年发展研究院《贵州中学生身心健康状况调查问卷》统计数据。

7. 从学校变量上看，身心健康状况受学业成绩、人际关系影响较大

本研究主要从学业成绩、是否住校及人际关系等几个方面对贵州中学生身心健康状况在学校适应方面进行对比分析（具体见表10）。调查结果显示，学业成绩好的学生身心健康状况优于学业成绩一般和学业成绩差的学生，三者之间学业成绩差的学生身心健康状况最差，由此可见，学习压力已

经成为影响贵州中学生身心健康状况的主要因素之一；另外，在住宿方式的选择上，住校的学生心理健康状况优于走读学生；人际关系好（朋友多）的学生心理健康状况更好。由此可见，在学校环境中，贵州中学生身心健康状况主要容易受学习压力、人际关系等因素影响。

表10　贵州中学生身心健康状况各维度在学校适应方面的对比情况

学校适应	选择	个案数(N)	平均值(M)	标准差(SD)
学业成绩	好	5559	59.36	0.31
	一般	35179	66.13	24.01
	差	4707	75.11	30.04
是否住校	住校	24213	62.49	22.49
	走读	21232	70.50	26.68
人际关系	3个以上	34916	63.46	22.42
	1~3个	9474	73.85	28.03
	没有	1055	89.61	40.19

资料来源：贵州青年发展研究院《贵州中学生身心健康状况调查问卷》统计数据。

三　影响贵州中学生身心健康的原因分析

从调查结果来看，贵州中学生的身心健康状况整体良好，但仍存在一些问题，而影响贵州中学生身心健康的因素不是单一的，贵州中学生身心健康状况是多种因素综合作用的结果。比如体质明显下降、亲子关系恶劣、网络成瘾等，对其不及时干预则可能会造成严重不良影响，因此，加强贵州中学生心理健康教育是当今贵州省整体教育的重要内容之一。

（一）贵州中学生身心健康发展环境现状

《国家中长期教育改革和发展规划纲要（2010—2020年）》明确指出，要加强青少年心理健康教育，建立学校、家庭、社会心理健康教育体系，促进学生心理素质的全面提高①。党的二十大报告指出,要加强社会心理服务体系建设,培育自尊自信、理性平和、积极向上的社会心态。2018年,国家卫生健康委等10部委印发了《全国社会心理服务体系建设试点工作方案》,其中也具体提到了要健全服务网络,特别要为在校学生提供心理健康服务②。同时,为了切实加强学校心理健康教育、促进学生心理健康发展,贵州在近年颁布了大量相关文件,其中2011年省教育厅印发的《贵州省校园学生心理健康教育工作管理制度(试行)通知》③进一步强调了校园学生心理健康教育;2013年颁布的《贵州省教育厅关于进一步加强学生心理健康教育及心理危机干预工作的通知》提到各级教育行政部门和各级各类学校应深入开展学生心理健康教育;2021年,《黔南州学生心理健康管理工作规则(试行)》的出台进一步表明了贵州省各市(州)对加强和改进学生心理健康管理工作的迫切需要;2023年贵阳市教育局下发《加强和深化中小学心理健康工作专项行动方案(2023-2025年)》,表示应坚持"五育"并举、全面建立中小学生心理健康教育指导中心,以促进青少年学子身心全面和谐发展。以上文件的出台表明贵州省在青少年心理健康工作方面开展了很多工作,进行了探索,也取得了一定成绩。

另外,按照《关于加强中小学心理健康教育工作的意见》和《关于印发〈贵州省中小学心理健康教育工作评估方案〉的通知》等文件精神,贵州省教育厅于2016年和2017年分两次对全省包括县级市的12个市(州)的部分中学进行了中学生心理健康发展环境现状评估。评估结果显示,贵州12个市(州)的学生心理健康状况均有不同程度的提升,其中贵阳、遵义、安顺等3个市(州)得分较高,均达到良好以上水平。多数学校在心理健康教育工作中能做到有制度保障、有专职人员、有经费保障、有专门场所等。但也有部分学校在学生心理健康发展环境建设方面还存在不足:有的学校虽然建立了学生心理健康教育机构,但在师资队伍建设、活动开展、资金

---

① 《国家中长期教育改革和发展规划纲要(2010—2020年)》。
② 《全国社会心理服务体系建设试点工作方案》。
③ 《贵州省校园学生心理健康教育工作管理制度(试行)通知》。

投入等方面存在较大缺口；有的学校虽然制定了学生心理健康发展环境建设方案，但缺乏有效的组织实施手段和经费支持，导致方案难以有效落地。

然而，本次对贵州9个市（州）中学生的身心调查研究发现，贵州不同市（州）的中学生的身心健康状况水平存在显著差异。其中贵阳、遵义、毕节、黔南、铜仁等地区学生的心理健康状况要优于安顺、六盘水、黔东南、黔西南等地区。由此可见，在过去数年里，贵州各个市（州）在促进中学生身心健康方面均做出了相应努力，全省中学开展心理健康教育工作的积极性较高，能够充分认识到心理健康教育工作的重要性和必要性，重视学生心理健康教育，不断完善心理健康教育课程体系，开展形式多样的心理健康教育活动，学校的心理健康教育工作得到了较好的发展，但部分中学存在对学生心理健康状况重视不够、校园环境建设不到位、学校管理制度不健全、师资配备不足等问题，导致部分学校未能真正做到将心理健康教育落到实处。与过去6年相比，毕节、黔南、铜仁在后来居上，安顺地区学生心理健康水平有所下降，因此，各个市（州）还应进一步加强促进中学生心理健康的相关举措。

（二）贵州中学生身心健康发展面临的困境

随着贵州经济社会的不断发展，加之经受前几年疫情的冲击后，贵州中学生心理健康教育成为急需关注的热点。而如何通过有效的方式来帮助青少年形成良好的心理状态，也成为贵州教育部门关注和研究的重点。为了解决贵州中学生身心健康问题，我们要深入贯彻落实《中共中央国务院关于进一步加强和改进未成年人思想道德建设的若干意见》和《教育部关于加强中小学心理健康教育的若干意见》等文件精神，充分认识到加强青少年心理健康教育的重要性和紧迫性，要针对中学生中存在的心理健康问题，采取积极有效的措施来促进其身心健康发展。贵州省教育厅印发的《贵州省儿童青少年心理健康教育发展实施方案》（以下简称《方案》）提出，到2025年，贵州将全面建立起全省青少年心理健康教育工作体系，建立健全全省青少年心理健康教育工作机制，在全省范围内全面形成家校社协同的育人机制。

从本研究调查结果来看,在新的历史时期,贵州中学生身心健康发展仍面临着一些新的问题和挑战。

1. 中学生自我认知与心理调节能力较弱

根据调查结果,贵州中学生身心健康状况受个体生理素质及认知因素影响。比如,身体素质差的贵州中学生较身体素质好的贵州中学生更容易出现焦虑、抑郁、情绪不良等心理问题,身体素质好的中学生整体身心健康状况较好;性格外向的中学生较性格内向的中学生整体身心状况也较好,内向的中学生容易出现人际关系紧张敏感、适应不良、焦虑抑郁等心理问题;而谈过恋爱的学生较没有谈过恋爱的学生更容易出现情绪不平衡的问题;在手机依赖方面,每天使用手机4~8小时的中学生较每天使用8小时以上的中学生身心状况更好。

鉴于调查结果,贵州中学生正处于学习、生活等各方面压力都较大的时期,所以也容易出现情绪波动较大、心理承受能力差等问题。如果学生心理素质不够强,遇到一些挫折时就很容易产生悲观、自卑等负面情绪。当学生遇到生活或学习上的压力时,就会表现出消极情绪,甚至可能会自暴自弃,这就容易造成不良后果。同时,中学生在学习、生活等方面也缺乏自我控制能力,遇到一些问题时往往不能很好地控制自己的情绪和行为。如果贵州中学生能充分认识到自身存在的问题,并努力改正和调整自己的行为和心理状态,那么这种影响就会有所减轻,反之,就会加重。

2. 家长容易忽视对孩子心理健康的教育

家庭是贵州中学生身心健康发展的重要环境因素,良好的家庭环境对贵州中学生的身心健康起着重要的正向作用。家庭若存在沟通不畅、教育方式不当等问题,也会导致中学生在家庭中无法获得足够的支持和帮助,从而产生心理问题。贵州在我国属于较偏远落后的省份,人员流出较多,很多学生家长常年在外打工而忽视对孩子的教育。尤其在贵州的一些农村地区,家庭教育观念相对落后,父母往往对子女的心理健康问题缺乏认识和重视,许多中学生作为留守青少年,常常面临着与父母沟通不畅、无法得到支持和理解的困境。常年在外的父母往往与孩子沟通时就只问成绩，忽视了孩子的情感需求，这种沟通方式会使孩子形成错误的认知和不良的心理，进而影响其身心健康。调查结果表明，家庭教养的不同会对贵州中学生的身心健康产生不同的影响。比如，与父母教养相比，爷爷奶奶（外公外婆）教养的中学生更容易出现抑郁情绪和焦虑情绪；又比如，亲子关系不良的中学生比亲子关系和谐的中学生更容易出现抑郁、焦虑、人际关系紧张、敌对情绪等；另外，家庭结构变化也会影响青少年心理发展。单亲家庭和成为孤儿的中学生与正常家庭的中学生相比也更容易出现身心问题。

另外，现代社会生活节奏快，家长忙于工作和赚钱，忽视了对孩子的教育。有些家长溺爱孩子，让孩子养成了任性、自私自利等不良品格，这样的家庭环境不仅会影响他们中学阶段身心健康发展，还会影响他们今后的成长。

3. 中学心理健康教育的资源和认识稍不足

学校是中学生学习和生活的主要场所之一，学校教育也是影响贵州中学生身心健康的重要因素之一。但有些学校不注重学生心理健康教育，忽视对学生心理素质和心理健康状况的调查和监测，导致一些学生出现严重心理问题。长期以来，贵州省各级学校的心理健康教育资源存在配置不到位、人员不足等问题。贵州省由于地理位置偏远和教育资源分配不均衡，贵州省的学校往往面临师资不足的问题，一些学校心理咨询室配备不到位，很多学校没有配备专职的心理咨询师。在资源配置上，不同学校对心理咨询室的重视程度和投入力度也有所不同。很多学校只重视开展心理健康教育活动，但是没有配套相应的资源和人员，心理健康教育工作的开展受到了一定程度的制约。

另外，在我国现行的教育体制下，中学阶段是人生学习生涯中重要的阶段。贵州学校在对中学生进行心理健康教育时，如果缺乏科学的方法，就不能使学生养成良好的心理品质和行为习惯，这一点在初中和高中阶段表现得尤为突出。初中生正值青春期，身体发育迅速，对异性有好感，但由于年龄小、自我控制能力较弱，所以容易产生早恋问题。另外，很多中学是封闭式管理，这导致中学生和社会接触比较少，一些不良行为得不到及时的纠正。特别是进入高中阶段后，学生自我意识不断增强，希望得到老师和同学的认同，如果得不到正确的引导和帮助，就可能出现心理问题。此外，一些学校片面追求升学率，过于注重对学生成绩的考查，而忽略了对学生的心理健康教育。有一些教师没有充分认识到心理健康教育的重要性，忽视了对中学生的心理辅导。有些学校没有开设相关的心理辅导课程，致使中学生不能有效地缓解自己的压力，容易出现心理健康问题。

4. 社会整体教育环境受文化背景制约

社会环境对中学生的成长起着重要的引导作用。然而，贵州省作为我国西南地区的重要省份，地处偏远，山地较多，资源相对匮乏，社会压力集中，这也给中学生的心理健康发展带来负面影响。另外，贵州省的经济发展水平相对较低，农村地区尤其如此。受家庭经济条件的限制，很多中学生的家庭并不能提供良好的物质条件和教育资源，这直接影响了学生的心理健康发展，由于物质条件匮乏，学生可能会感到自卑、焦虑，甚至厌学。缺乏物质条件也会导致学生在学习和生活上的压力更大。

贵州省的文化传统和社会风气也对中学生的心理健康产生了一定的影响。贵州省是一个少数民族聚集的地区，不同的文化背景和价值观之间的碰撞和冲突使得中学生在成长过程中面临更多的认同困境。传统的封建思想和社会风气也会影响中学生的自我认知和自我发展，使得他们在心理上更加焦虑和困扰。另外，目前正处于社会转型时期，人们价值观念多元、文化冲突加剧、人际关系紧张等社会因素也是影响贵州中学生心理健康的重要因素。此外，有些中学生在平时的生活中缺乏朋友交流，心理压力大，从而出现一些不良行为，这也会影响中学生的身心健康发展。

四 提高贵州中学生身心健康水平的应对策略

"青少年身心健康是事关祖国前途和民族命运的大事。"充分认识贵州中学生心理健康对于贵州发展的重要意义，采取积极有效的措施，帮助贵州中学生摆脱成长中面临的各种心理困惑和障碍，促进其健康成长是当前摆在我们面前的一个重要课题。贵州中学生身心健康状况仍有许多需要改善的地方，提高中学生身心健康水平刻不容缓。贵州应关注中学生心理健康问题，加强中学生心理健康教育，提高家庭教育质量，降低中学生心理问题发生比例，促进贵州中学生健康成长。

（一）内在强大是贵州中学生身心健康的基础

为进一步提高贵州中学生身心健康水平，贵州省教育厅于2019年3月在全省范围内启动了"提高中学生身心健康的个体策略"的研究，希望通过这种方式让全省广大中学生学会自我评估和积极调适，帮助他们养成良好的生活习惯和行为方式，建立良好的人际关系，预防和减少心理问题的发生。

1. 养好生活习惯，提高身体素质

中学生身体进入快速发育阶段，处于生长发育的重要时期，同时也处于心理健康问题易发时期。中学生的身心健康状况与其身体素质水平呈正相关，如果在学习和生活中不注意劳逸结合，贵州中学生容易身体疲劳、睡眠不足，进而产生情绪问题。因此，良好的生活习惯对于贵州中学生来说必不可缺。首先，合理作息，避免熬夜，保持充足睡眠。贵州中学生正处于学习、生活等各方面压力都较大的时期，为了提高成绩争分夺秒学习，恨不得一天学习24个小时，但是长期睡眠不足会导致注意力不集中，影响学习效率，长时间的过度劳累则容易导致失眠和神经衰弱等问题。其次，加强体育锻炼，提高身体素质。体育锻炼作为一种积极的生活方式，不仅能够帮助贵州中学生保持良好的身体形态和功能，而且可以提高他们对环境的适应能力。对于贵州中学生来说，在日常生活中要注意避免久坐，课间休息时应该站起来活动一下身体。另外，要选择适合自己的锻炼方式。中学生正处于生长发育阶段，运动量不宜过大，所以应该选择适合自己的锻炼方式，如慢跑、快走、跳绳等运动。最后，要注意劳逸结合。在体育活动中，贵州中学生应选择自己喜欢并适合自己的运动项目,在运动过程中要注意循序渐进,从易到难、由简到繁地进行运动训练,以达到增强体质、增进心理健康和预防疾病之目的。

2. 积极心理调节,提高自我评价

积极情绪是人们在适应环境过程中形成的一种复杂的高级心理活动,对人们的生理和心理健康都有重要影响。中学生具有活跃的思维、较高的自我评价、较强的成就动机,这些特征有利于中学生积极情绪的培养。贵州中学生应该学会正确认识自己,客观分析自己与他人在社会地位、知识水平、性格特征、能力爱好等方面的差异,发现自己身上的闪光点,并培养自己积极的心理品质。当出现消极情绪时,可采用自我暗示、转移注意、宣泄情绪等方法进行调节;可以通过跑步、听音乐、看书等方式转移注意力;也可以通过与人交流沟通或向他人倾诉来发泄情绪。如果学生的情绪已经影响到学习和生活,可向班主任老师或学校心理咨询机构寻求帮助。对贵州中学生而言,心理健康是成长的基础,应该努力提高自身心理素质,学会调适、消解自己的负面情绪。

另外,贵州中学生应学会客观评价自己,提高自我评价能力,并在此基础上不断完善自我。每个人都是独一无二的,每个人都有自己的长处和不足之处。贵州中学生要善于发现自身的优势,扬长避短,不过于苛求自己,要发挥出最大的潜能。如果总是对自己要求过高、过严、过急,那么很容易产生挫折感、失望感甚至是焦虑情绪。例如,有的中学生平时学习成绩很好,但一旦考试成绩不如意就会产生很大的心理压力。这时应鼓励自己:"我虽然不是最好的学生,但我一定是最努力的学生。"也可以采用自我激励法:"我一定能做到!""我一定要成功!"这种自我激励法可以使自己逐渐摆脱内心紧张和焦虑情绪,使心情舒畅。要善于发现自身的闪光点,肯定自己、鼓励自己。当努力达到自己的理想目标时,就会产生极大的成就感和自信心。

3. 学会放松技巧,培养健康兴趣

中学生正处在青春期,对新事物、新知识、新技能很感兴趣,而培养健康的兴趣爱好正是提高中学生身心健康水平的重要途径。基于中学阶段的生理特性，贵州中学生在学习和生活中，除了要有学习的兴趣和热情之外，还需要有广泛的兴趣爱好，比如阅读、音乐、美术、体育等。阅读能丰富学生的知识、陶冶情操，并能提高学生的语言表达能力；音乐可以陶冶学生的情操，培养学生良好的性格；体育可以锻炼学生身体素质，增强其体质；美术可以培养学生美感和创造能力。另外，不同类型的兴趣爱好还能起到调节情绪、缓解压力、排解孤独和寂寞等作用。比如：音乐放松法，当压力大的时候听些轻音乐能够使人在获得愉悦感的同时获得放松；心理绘画疗法，创作者在绘画过程中能够反映出自己对自然世界和社会生活的理解与认识；健身运动、体育活动能够调节人的神经活动，使人产生愉悦感。

4. 参加社会实践，拓宽交往途径

中学生心理发展的特点是往往以自我为中心，不容易客观地认识自己，常常会高估自己的能力，因为一点小事而烦恼，这就容易造成心理负担。此外，中学生社会经验不足，容易受不良情绪影响。调查显示，平时较外向的贵州中学生整体身心健康状况比内向型的中学生好，而社会实践可以成为贵州中学生拓宽自身交往途径的方法，帮助平时不敢交往的学生提高社交能力。在社会实践中，贵州中学生不仅可以观察社会，学会与人相处，并可尝试通过各种途径去了解社会。这对贵州中学生的心理发展和健康成长都有重要意义。

另外，在社会实践中，应注意对学生进行积极的引导，帮助他们培养良好的心理素质和人格品质。每个人都有自己的特点和优势，也有自己需要学习和改进的地方。每个人只有认识到自己的优势，才能更好地发挥自己的优势，才能提高身心健康水平。

（二）家庭和谐是贵州中学生身心健康的核心

从家庭方面来说，家庭教育是孩子教育中重要的一环。父母对孩子的教育方式会影响孩子一生的发展。然而，贵州人员流出情况较多，留守儿童较多，许多家庭忽视了对孩子的心理健康教育，孩子在学校受到同学的欺负或不公平待遇时不敢诉说,而家长也不能及时帮助孩子解决问题。因此,在家庭中开展心理健康教育是非常有必要的。

1. 加强亲子沟通,关注孩子内心

随着社会的发展,家长对孩子的期望越来越高,要求过严,则容易使孩子产生一种被父母控制、束缚、捆绑的感觉,从而产生强烈的逆反心理,甚至严重心理问题。因此,家长应多关注孩子的家庭表现。首先,多和孩子沟通。沟通是相互理解、相互信任、相互尊重的桥梁。家长应多关心孩子生活中的细节,多和孩子交流沟通,从孩子的日常生活中发现他们内心真实的想法与感受。当家长发现孩子有可能产生厌学情绪时,应及时找老师或其他学生交流沟通,了解他们对孩子学习及其他方面的看法和感受,才能帮助孩子解决学习和生活中遇到的困难和问题。其次,多关注孩子内心世界。在日常生活中家长可以从以下几方面去关注孩子的内心世界:(1)鼓励孩子参加各种体育运动或户外活动;(2)鼓励孩子参加各种社团活动;(3)鼓励孩子参加各种集体活动;(4)鼓励孩子多与同学和老师交流;(5)鼓励孩子多与朋友玩耍、聊天;(6)鼓励孩子多参加文艺活动、体育活动;(7)鼓励孩子多读课外书,培养其读书兴趣。家长要为子女提供一个宽松、自由和谐的成长环境。如果一个人长期生活在紧张和压抑中,就容易出现情绪上的问题,从而影响身心健康。最后,做好心理健康教育工作。父母应该尊重子女提出的一些意见和建议,学会换位思考和理解子女所处环境、所面临的各种问题和压力;在教育孩子时不要采取"专制"或"溺爱"等极端手段,不要把自己没有实现过或者没有实现好的愿望强加到子女身上去实现,不要给孩子过多压力。

2. 营造温馨氛围,正面引导教育

温馨和谐、民主的家庭氛围有利于孩子心理健康发展。中学生正处于青春期,具有强烈的自尊心和独立意识,在这一时期会渴望得到父母的尊重、理解和信任。在家庭中,父母应尊重孩子的人格,理解他们的内心感受,支持他们的正确选择。要建立良好的亲子关系,就需要父母付出更多努力和时间与孩子进行情感交流和沟通。而父母对孩子最好的爱就是陪伴。当家长放下手机、放下工作,全心全意陪伴孩子时,孩子会感受到家庭给予自己的温暖和关爱。因此,家长在平时应注意自己的言行举止和沟通方式,努力营造一个和谐、温馨、向上的家庭氛围。

中学生在成长过程中,难免会遇到一些挫折和困难。家长在教育孩子时只有对孩子进行正面引导,才能让孩子树立正确的人生观、价值观和世界观。当孩子有负面情绪时,父母应耐心倾听,而不是一味指责或批评,要让孩子真正意识到自己的问题所在。另外,在面对孩子的负面情绪时,父母应给予积极的引导,让孩子将不良情绪发泄出来、不要闷在心里等。总之,父母要尊重和理解孩子的感受和需求,对孩子进行正面引导,为孩子提供一个和谐、安全、温馨的成长环境。

(三)学校教育是影响贵州中学生身心健康发展的关键

学校心理健康教育是指学校有目的、有计划地运用心理学基本原理和方法,针对学生身心发展特点和需要而进行的宣传教育和咨询服务活动。它是提高中学生身心健康素质的重要途径之一。在对贵州中学生身心健康现状进行调研与分析时,发现贵州中学生普遍面临学业压力大、思想负担重、与人相处能力差等困境,这对他们的身心健康造成了严重影响。因此,学校方面也需要制定有效策略,关注学生的身心健康,为其提供良好的成长环境与全面支持。

1. 重视心理健康,加强师生联动

学校在提升贵州中学生身心健康水平方面扮演着至关重要的角色。为了有效实施促进学生身心健康的策略,学校应该重视心理健康教育。一方面,贵州各学校可以通过邀请心理专家进行心理辅导、开展心理健康课堂和讲座等多种形式开展心理健康教育,使学生掌握一些基本的应对压力、情绪管理的知识,懂得一些基本的心理保健常识,形成正确的人生观、价值观、世界观。另一方面,要针对不同年龄段学生的心理特征,有针对性地开展教育和辅导工作。特别要注意加强对学习困难学生、留守学生、单亲家庭学生、随迁子女等特殊群体的心理健康教育,防止其出现严重的心理问题。对特殊群体应深入调查，摸清情况和特点，有针对性地开展心理健康教育与辅导，同时要建立健全特殊群体学生心理档案，实行动态管理，及时发现心理健康问题，为学生提供必要的帮助和支持。另外，学校可以在开学、期中、5·25心理健康日等重要时间点举办丰富多彩的心理健康教育活动、开展健康教育宣传等，引导学生形成正确的身心健康观念和生活方式，保持良好的心理状态。

此外，贵州各学校还需要加强师生之间的沟通与互动。良好的师生关系是学生身心健康的重要保障之一，教师的行为和品德会对学生产生潜移默化的影响。学校可以通过召开家长会、班级活动等方式，加强师生之间的交流，增进彼此之间的了解和信任，及时发现学生身心健康问题，并给予适当的帮助和支持，使其顺利渡过难关。

2. 关注学生发展，开展丰富的活动

首先，中学生的身心健康状况可以反映出他们的心理需求，因此在各学校的管理过程中，教师要及时了解学生的需求，为他们提供各种帮助和支持，以创造良好的成长环境。教师也应该从学生的心理需求出发，了解他们在学习、生活、交往等方面遇到的各种问题和困难，根据他们的需要给他们提供相应的帮助和支持。其次，学校要关注学生的身心发展。可以以丰富多彩的活动为载体，积极开展各种有意义的校园文化活动，让学生在活动中体验成功、得到锻炼和发展，增强自信心、自尊心和自强心。如学校可开展心理情景剧表演、心理绘画比赛、心理健康知识讲座等活动，让学生通过这些活动学习心理知识，提高心理自救能力和挫折应对技巧。同时也可以开展丰富多彩的文体活动，如文艺晚会、体育比赛等，让学生在集体活动中增进友谊，培养团队精神。另外，学校还可以定期组织学生外出郊游、参观学习等活动，让学生感受大自然的美好，培养他们的生活情趣和良好的心境。

3. 制定有效策略，促进身心健康

为了提高贵州中学生身心健康水平，学校方面还应制定有效策略，确保学生在每个年级段都能得到有效关注。首先，在学生入学之际就可以建立健康档案，定期进行健康评估。评估过程中需要综合考虑多个方面，包括学生的整体健康状况、心理健康水平、学业成绩以及社交关系等因素。通过定期的问卷调查、心理测试、体能测评以及学业表现分析，可以全面了解学生的身心健康情况，及时发现存在的问题和不足之处。而对评估结果的分析和解读是进一步优化策略的基础。针对评估中发现的问题，需要制定相应的改进措施，并及时跟进实施效果。比如，如果评估显示学生在学业方面压力普遍较大，学校可以加强心理健康教育，开展减压活动，以提升学生的心理韧性和抗压能力。

持续优化贵州中学生身心健康策略是一个动态的过程。学校需要建立健全监测机制，定期对策略的执行效果进行评估和反馈，不断调整和改进措施，以确保其始终与学生的实际需求和社会的发展变化保持一致。同时，还需要积极倡导家校合作，鼓励家长参与到学生身心健康工作中来，形成全社会共同关注、共同促进学生身心健康的良好氛围。

（四）社会支持是贵州中学生身心健康的保障

贵州中学生是社会的未来之花，其身心健康不仅关乎个人成长，更关乎社会的整体进步。社会应积极采取有效策略，助力提高中学生的身心健康水平。

1. 家校社强联动，提高各界参与度

首先，建设一个支持性的校园环境。贵州各学校应提供定期的健康教育课程，内容应涵盖心理健康、营养饮食、体育锻炼、压力管理等方面。通过专业教师的引导，使学生了解身心健康的科学知识，学会自我调节和管理。此外，学校还应设立心理咨询中心，为学生提供专业的心理支持和咨询服务。其次，加强家庭和社区的支持。家庭是学生成长的重要环境，家长应该关注孩子的身心健康，并与学校保持密切联系。学校可以组织家长会议，提供有关如何支持孩子身心健康的指导。社区也可以发挥重要作用，通过组织各种活动，提供心理咨询、危机干预等服务，增加中学生与社区的联系和互动，为他们提供更多的支持和关爱，帮助他们顺利走出心理困境。此外，政府、共青团组织及社会各界也应该加大对贵州中学生身心健康的支持力度。

政府可以增加投入，建立完善的心理健康服务中心，提供更多的心理健康教育和培训资源，为中学生提供更好的心理健康服务。另外，政府还可以通过政策引导，鼓励企业和社会组织为中学生提供志愿者服务、心理咨询服务等，增强学生的社会责任感和自我价值感；共青团贵州省委员会可以依托"12355"青少年服务台、全省各地的未成年人心理辅导中心和各方力量，会集专业人员和志愿者为青少年提供心理咨询、危机干预等服务，进一步发挥全省共青团组织的积极作用；社会各界可以积极参与和支持学生身心健康活动，例如企业可以提供实习机会和职业指导，帮助学生更好地规划未来。

综上所述，通过建设支持性的校园环境、加强家庭和社区的支持，以及政府、共青团组织及社会各界的参与，可以有效提高贵州中学生的身心健康水平。这不仅有助于学生身心健康发展，也有利于社会的繁荣和进步。

2. 依托社会经济，合理资源分配

贵州是经济较落后的西南省份之一，也是我国的教育大省之一，中学生数量众多。然而，贵州省内的整体经济分配也存在不均，城镇地区的教育资源明显优于乡村地区，在这种情况下为了提高贵州中学生身心健康水平应解决教育资源分配的问题。教育资源是影响中学生身心健康成长的重要因素之一，通过优化教育资源的分配，可以提高贵州中学生的学习条件，而政府也应加大对落后乡镇地区教育的投入，提高教育设施的质量，增强师资力量，提供更多的教育机会，让更多的学生能够接受更高质量的教育，这在一定程度上能提高贵州中学生身心健康水平，促进其健康发展。

3. 加强宣传教育，提高重视程度

首先，利用社交媒体和网络平台进行身心健康宣传，提升贵州中学生及其家长对身心健康的重视程度。可以建立针对贵州中学生身心健康的教育网站或公众号、微博账号、抖音账号等，结合贵州中学生身心状况，定期发布关于心理健康及身体保健的知识、技巧和故事等，引导贵州中学生正确认识自己，学会调节身心平衡。其次，可以通过社区开展各种身心健康主题活动，如运动会、文艺比赛、志愿者活动等，让贵州中学生在参与中提升身体素质，培养团队协作精神，同时也缓解其学习压力。另外，应做好家庭教育宣传。加强与家长的沟通，向家长宣传正确的家庭教育理念和方法，鼓励家长关注孩子的身心健康，给予孩子足够的关爱和支持。最后，媒体应加大对中学生身心健康的宣传力度，利用电视、广播、报纸、网络等各种媒体渠道，宣传中学生身心健康的重要性，引导社会各界关注中学生的身心健康问题。

B.3
贵州高校大学生价值观变动趋势研究报告

李 超*

摘　要： 本报告以贵州高校大学生为调查对象，以问卷调查为主要研究方法，对贵州高校大学生的国家认同感、政治价值观、职业价值观以及道德价值观等方面进行深入和全面的调查，概括和揭示了贵州高校大学生价值观的基本特征和变动趋势。报告指出，贵州高校大学生价值取向多元化趋势日益显著、价值追求自我化趋势明显提升、自我评价理性化趋势逐步增强。基于此，本报告建议从增强国家认同在价值引导中的支撑作用、发挥"课程思政"在价值引导中的重大功能、提升实践活动在价值引导中的现实历练等方面进一步加强贵州高校大学生的价值观引导。

关键词： 高校大学生　价值观　贵州

一　前言

伴随着中国在国际社会中跻身世界舞台中央的进程，当代中国社会生活各个方面都发生着深刻的变革。这些广泛的社会变革和挑战深刻地影响着每一位社会成员的价值观，尤其是对当代大学生影响深远。大学生作为未来社会发展的重要成员，其价值取向与行为选择直接影响社会的进步与发展，对

---

* 李超，海南师范大学博士研究生，贵州医科大学教师，研究方向为思想政治教育、青年思想观。

其来说，百年未有之大变局既是时代发展的机遇和挑战，也是个人成长成才路上的机遇和挑战。引导大学生树立正确的价值观，能够促使其正确地将个人价值与社会价值有机地统一起来，有助于其快速健康地成长成才。

价值观引导是思想政治教育工作中的重要内容。以习近平同志为核心的党中央高度重视加强大学生思想政治教育工作，习近平总书记多次强调思想政治教育的重要性，在全国高校思想政治工作会议、学校思想政治理论课教师座谈会上发表重要讲话，将思想政治教育工作提升至事关党的事业发展和社会主义现代化强国建设的更高战略位置，加强大学生思想政治教育全面贯彻到人才教育和培养体系的全过程。

党的二十大报告中强调，让青春在全面建设社会主义现代化国家的火热实践中绽放绚丽之花。① 新时代大学生是广大青年的中坚力量，是促进社会和谐稳定发展的重要力量，大学生的价值取向影响着未来国家的价值取向。当前，大学生价值观多元多变、各种社会思潮交流交融交锋，对大学生的价值观念、价值意识、价值判断、价值选择等方面产生了潜移默化的影响。因此，对大学生这一群体的价值观研究显得更为重要。鉴于此，本报告以贵州高校大学生为调查对象，从社会价值观和人生价值观两个角度出发，全面系统地分析当代贵州高校大学生价值观的现状，从发展的视角提出引导大学生价值观和增强大学生价值观教育的路径。

二　贵州高校大学生价值观的现状与特征

大学生价值观是大学生这一群体对周围事物进行判断的观念体系，是其认识世界的基本观点，通常国内学者对价值观从目标价值、手段价值、评价价值等结构进行分类。为了更好地考察贵州高校大学生价值观的现状特征，本报告主要围绕贵州高校大学生社会价值观和人生价值观两个方面进行调

---

① 《习近平：高举中国特色社会主义伟大旗帜　为全面建设社会主义现代化国家而团结奋斗——在中国共产党第二十次全国代表大会上的报告》，中国政府网，2022 年 10 月 25 日，https：//www.gov.cn/xinwen/2022-10/25/content_5721685.htm。

查。社会价值观主要指对社会现象和事物作价值判断、评价时所秉持的基本观点和态度，具体来说包括国家认同、政治价值观、文化价值观、道德价值观等方面。人生价值观主要指对日常生活中人与事、人生的意义进行认识、评价、探索时秉持的基本观点、态度，具体来说包括幸福价值观、职业价值观、婚恋价值观等方面。

为了考察贵州高校大学生价值观的现状及其变动趋势，课题组结合贵州省高校的性质和特点，选取部分职能部门和高校进行实地调研，并围绕贵州高校大学生社会价值观和人生价值观两个维度设计了调查问卷，通过统计样本呈现贵州高校大学生国家认同感、政治价值观、幸福价值观、职业价值观等基本状况，为掌握贵州高校大学生价值观基本情况提供参考。

课题组（调研时间从2024年1月至2024年2月）面向贵州省九个市（州）所在高校采集到了1688份有效问卷，调查对象的年龄在18~35岁，其中，男性为637人、占37.74%，女性为1051人、占62.26%；汉族为653人、占38.68%，少数民族为1035人、占61.32%；共青团员为971人、占57.52%，中共党员（含预备党员）为108人、占6.40%，民主党派为4人、占0.24%，群众为605人、占35.84%；在被调查者学习专业方面，工学专业的大学生是占比最高的专业、达到26.54%，其次是其他专业、占比23.16%，法学、管理学、经济学、理学、历史学、文学、教育学、农学、医学、艺术学、哲学和军事学分别占比6.34%、6.28%、0.18%、14.57%、9.18%、11.49%、1.13%、0.24%、0.53%、0.12%、0.12%、0.12%；独生子女为182人、占10.78%，非独生子女为1506人、占89.22%。课题组以此为数据支撑，进行统计分析并形成了本调查报告。

（一）社会价值观现状

1. 多数贵州高校大学生国家认同感较强

国家认同是全面推进中国式现代化的一个重要维度，是国民在各国存在的条件下，构建出来属于自己国家的身份感，即在心理层面确立自己的身份、将自己归属于国家的认知环节。高校大学生未来的发展与祖国的前途和命运息息相关，对高校大学生开展国家认同感的考察关系党的教育方针的贯彻实施、关系中国特色社会主义道路的坚持和发展，关系国家未来的发展走向。从调查结果来看，主要呈现以下三个方面特点。

第一，绝大多数高校大学生对未来国家高质量发展充满信心。从我们对贵州高校青年对国家未来发展调查统计来看（见表1），只有1.19%的受访者对"我对未来国家高质量发展很有信心"持反对态度，选择"比较符合"和"非常符合"的比例合计达到了81.1%，说明大多数贵州高校青年对国家未来发展充满信心，即便当前国内外风险与挑战不断增多，贵州高校大学生对国家高质量发展的信心也比较高。在访谈中了解到，大家的信心主要是因为近年来在贵州本地的生活条件得到了极大改善，生活方式逐步智能化，甚至在科技领域，我国多项创新技术领先全球让大家对于国家高质量发展充满了信心。

表1 贵州高校大学生价值观调查统计

单位：人，%

我对未来国家高质量发展很有信心	样本	占比
不符合	5	0.3
比较不符合	15	0.89
一般	299	17.71
比较符合	487	28.85
非常符合	882	52.25
总计	1688	100

资料来源：贵州青年发展研究院2024年《贵州高校大学生价值观变动趋势调查问卷》统计数据。

第二，贵州高校大学生普遍对为国家作出杰出贡献的人物很关注。从课题组对贵州高校青年对国家作出杰出贡献的人物感兴趣程度的调查统计来看（见表2），只有2.08%的受访者对"我对为国家作出杰出贡献的人物（例如钱学森、钟南山、黄大发等）很感兴趣"的说法不认同，但选择"比较符合"和"非常符合"的比例合计达到了74.83%，说明超过七成的贵州高校大学生对为国家作出杰出贡献的人物进行过了解和关注，对国家的了解不仅仅停留于事件上,也更加关注推动国家发展的人物。在实地访谈中,受访大学生就表示,在日常的大学生活中,能够经常接收到这类榜样人物和事迹的相关宣传,特别是对于贵州本土有杰出贡献的科学家、党员,通过青年大学习、政治理论课等途径进行过系统的了解。

表2 贵州高校大学生价值观调查统计

单位：人,%

我对为国家作出杰出贡献的人物(例如钱学森、钟南山、黄大发等)很感兴趣	样本	占比
不符合	5	0.30
比较不符合	30	1.78
一般	390	23.10
比较符合	663	39.28
非常符合	600	35.55
总计	1688	100

资料来源:贵州青年发展研究院2024年《贵州高校大学生价值观变动趋势调查问卷》统计数据。

第三,超八成高校大学生愿意将个人利益与民族、国家利益相结合。从贵州高校大学生对个人利益与民族、国家利益相结合的调查统计来看(见表3),对"在保障个人利益的同时可以将其与民族、国家利益相结合"的说法选择中"比较符合"和"非常符合"的比例合计达到了81.99%,选择"一般"选项也达到了16.23%,说明了贵州高校大学生对民族、国家利益具有较高的认同感,将其同个人利益紧密绑在一起。但是在调查中也发现仍有小部分大学生对于民族、国家利益存在不重视、自身不想奉献的情况。

表3 贵州高校大学生价值观调查统计

单位：人,%

在保障个人利益的同时可以将其与民族、国家利益相结合	样本	占比
不符合	6	0.36
比较不符合	24	1.42
一般	274	16.23

续表

在保障个人利益的同时可以将其与民族、国家利益相结合	样本	占比
比较符合	567	33.59
非常符合	817	48.40
总计	1688	100

资料来源：贵州青年发展研究院2024年《贵州高校大学生价值观变动趋势调查问卷》统计数据。

2. 贵州高校大学生拥有坚定、主动、自豪的政治价值观

政治价值观是个体对于政府和社会事物、现象、行为等的基本评价、态度的基本准则。在问卷设计中，课题组从政治认知、政治认同、政治参与等方面进行了调查。

第一，贵州高校大学生对党的最新理论知晓度较高，能够客观反映其掌握程度。从课题组对贵州高校大学生对习近平新时代中国特色社会主义思想掌握程度的调查统计来看（见表4），关于"我对习近平新时代中国特色社会主义思想很了解"这个说法，选择"比较符合"和"非常符合"的比例在60.01%，选择"一般"的占35.78%，说明高校大学生对党的最新理论知晓度超过九成；在理论掌握程度评价方面，部分大学生选择了对理论还没有熟练掌握，可以看出大部分贵州高校大学生能够客观地评价自身对理论的掌握程度。

表4 贵州高校大学生价值观调查统计

单位：人，%

我对习近平新时代中国特色社会主义思想很了解	样本	占比
不符合	12	0.71
比较不符合	59	3.50
一般	604	35.78
比较符合	687	40.70
非常符合	326	19.31
总计	1688	100

资料来源：贵州青年发展研究院2024年《贵州高校大学生价值观变动趋势调查问卷》统计数据。

第二,贵州高校大学生对党的先进典型和基层工作认可度较高。从贵州高校大学生对先进典型和先进事例的调查统计来看(见表5),对"我对投身基层的先进人物(例如焦裕禄、孔繁森等)做到的事情很认可"说法选择"不符合""比较不符合"的比例仅有1.48%。由此可见,贵州高校大学生不仅了解党的先进典型,同时对其事迹也有很高的知晓度。

表5 贵州高校大学生价值观调查统计

单位:人,%

我对投身基层的先进人物(例如焦裕禄、孔繁森等)做到的事情很认可	样本	占比
不符合	5	0.3
比较不符合	20	1.18
一般	280	16.59
比较符合	504	29.86
非常符合	879	52.07
总计	1688	100

资料来源:贵州青年发展研究院2024年《贵州高校大学生价值观变动趋势调查问卷》统计数据。

第三,贵州高校大学生对家乡的情感认同度较高。近年来,村超、村BA诠释了贵州乡土文化的新魅力,因此课题组在调查中考察了贵州高校大学生对村超、村BA的考察,从调查统计来看(见表6),对"村超、村BA的爆火是贵州的日常生活的网络体现,我引以为豪"说法选择"非常符合"的占比达到45.26%,是所有选项中选择率最高的,而选择"不符合""比较不符合"的比例仅有1.9%。由此可见,贵州高校大学生对于家乡有很高的关注度,荣誉感很强。

表6 贵州高校大学生价值观调查统计

单位:人,%

村超、村BA的爆火是贵州的日常生活的网络体现,我引以为豪	样本	占比
不符合	12	0.71
比较不符合	20	1.19

续表

村超、村BA的爆火是贵州的日常生活的网络体现，我引以为豪	样本	占比
一般	357	21.15
比较符合	535	31.69
非常符合	764	45.26
总计	1688	100

资料来源：贵州青年发展研究院2024年《贵州高校大学生价值观变动趋势调查问卷》统计数据。

第四，贵州高校大学生投身社会主义建设的意识进一步增强。从课题组对贵州高校大学生投身党的事业方面的调查统计来看（见表7），对"我会积极投身全面建设社会主义现代化国家的伟大事业，成为中华民族复兴的奋斗者"说法选择"非常不同意""比较不同意"的比例仅有1.12%，选择"一般""比较同意""非常同意"的比例高达98.88%。在个人价值观调查中，同样有超过98%的大学生表示会对国家发展有贡献。这表明，贵州高校大学生在自己的社会价值实现上会选择更加积极主动地参与到社会主义建设当中。在实地访谈中，多数大学生表达了自己在社区、农村担当志愿者，参与文明实践等活动，这说明贵州高校大学生不仅在参与意识方面有了很大提升，在参与方式上通过团委组织、基层组织动员、社团带动等渠道积极参与社会治理。

表7 贵州高校大学生价值观调查统计

单位：人，%

我会积极投身全面建设社会主义现代化国家的伟大事业，成为中华民族复兴的奋斗者	样本	占比
非常不同意	4	0.23
比较不同意	15	0.89
一般	396	23.46
比较同意	649	38.45
非常同意	624	36.97
总计	1688	100

资料来源：贵州青年发展研究院2024年《贵州高校大学生价值观变动趋势调查问卷》统计数据。

3. 贵州高校大学生道德意识和道德责任感较强

第一，大多数的贵州高校大学生愿意为民族、国家无私奉献。对民族和国家的情感认同需要反映到具体实践当中，为进一步考察贵州高校大学生对民族、国家的奉献意识，课题组设计了反向问题进行考察，从调查统计来看（见表8），对"个人利益不应让位于民族、国家利益"说法选择"不符合""比较不符合"的比例高达63.63%，这表明大部分大学生能够坚定地维护民族、国家利益。

表8 贵州高校大学生价值观调查统计

单位：人，%

个人利益不应让位于民族、国家利益	样本	占比
不符合	691	40.94
比较不符合	383	22.69
一般	330	19.55
比较符合	172	10.19
非常符合	112	6.63
总计	1688	100

资料来源：贵州青年发展研究院2024年《贵州高校大学生价值观变动趋势调查问卷》统计数据。

第二，团结、奉献的集体意识深入人心。从课题组对贵州高校大学生看待集体意识的调查统计来看（见表9），对"为了集体利益，必要时可以牺牲个人利益"说法选择"不符合"和"比较不符合"的比例仅有3.97%，这说明，超过96%的贵州高校大学生愿意为集体做出贡献。从课题组对贵州高校大学生选择工作角度的调查统计来看（见表10），对"对他人、社会有帮助、有意义是我选择工作时看重的"说法选择"不符合"和"比较不符合"的比例仅有1.48%。综上可以看出，大多数贵州高校大学生愿意为集体做出贡献，在工作选择中也乐于选择对他人、社会有帮助、有意义的工作，具有很强的道德意识。

表9　贵州高校大学生价值观调查统计

单位：人，%

为了集体利益,必要时可以牺牲个人利益	样本	占比
不符合	22	1.30
比较不符合	45	2.67
一般	494	29.27
比较符合	700	41.47
非常符合	427	25.30
总计	1688	100

资料来源：贵州青年发展研究院2024年《贵州高校大学生价值观变动趋势调查问卷》统计数据。

表10　贵州高校大学生价值观调查统计

单位：人，%

对他人、社会有帮助、有意义是我选择工作时看重的	样本	占比
不符合	9	0.53
比较不符合	16	0.95
一般	471	27.90
比较符合	740	43.84
非常符合	452	26.78
总计	1688	100

资料来源：贵州青年发展研究院2024年《贵州高校大学生价值观变动趋势调查问卷》统计数据。

第三，勇于担当已成为贵州高校大学生的鲜亮名片。从课题组对贵州高校大学生责任担当的调查统计来看（见表11），对"我会接下时代的接力棒，拒绝'躺平''佛系'，用担当奉献谱写青春之词，成为时代的奋斗者、奉献者和追梦者"说法选择"非常不同意""比较不同意"的比例仅有1.89%，选择"一般""比较同意""非常同意"的比例超过了98%。在实地访谈中，多数大学生表明，"躺平""佛系"仅仅是大家日常交流中的调侃用语，在日常学习生活和参与社会实践中，会认真谋划自己的实践目标和实现途径，用行动验证学习的成果，更希望用自身奋斗的成果改善家庭的生活,同时最好也能为社会做出贡献。这表明,担当奉献已经成为当代贵州高校大学生的青春格言,他们更愿意用实际行动去实现自身价值。

表11 贵州高校大学生价值观调查统计

单位:人,%

我会接下时代的接力棒,拒绝"躺平""佛系", 用担当奉献谱写青春之词,成为时代的奋斗者、奉献者和追梦者	样本	占比
非常不同意	7	0.41
比较不同意	25	1.48
一般	432	25.59
比较同意	640	37.91
非常同意	584	34.60
总计	1688	100

资料来源:贵州青年发展研究院2024年《贵州高校大学生价值观变动趋势调查问卷》统计数据。

(二)人生价值观现状

1.贵州高校大学生拥有清晰、明确的职业价值观

大学生职业价值观是个人价值观在职业选择方面的具体体现,既能客观反映大学生在高校生活中的具体思想,也能预测其未来的发展方向。因此,课题组重点考察了大学生的职业价值观,以便更深入地剖析其人生价值观。

第一,对个人能力评价具有客观性。从课题组对贵州高校大学生职业价值观的调查统计来看(见表12),对"我现在的能力足够应聘我想从事的行业"说法选择"不符合""比较不符合""一般""比较符合""非常符合"的比例分别是3.38%、15.88%、43.72%、25.47%和11.55%,选项分布相对平均,绝大部分大学生认为自身能力足够,但是也有接近两成的大学生认为自身能力还不足以应对未来从事的行业。

表12　贵州高校大学生价值观调查统计

单位：人，%

我现在的能力足够应聘我想从事的行业	样本	占比
不符合	57	3.38
比较不符合	268	15.88
一般	738	43.72
比较符合	430	25.47
非常符合	195	11.55
总计	1688	100

资料来源：贵州青年发展研究院2024年《贵州高校大学生价值观变动趋势调查问卷》统计数据。

第二，职业需求和职业方向选择具有更清晰的方向性。在选择工作时比较看重的方面，贵州高校大学生选择"比较符合"和"非常符合"合计占比最高的五种说法分别是"对他人、社会有帮助、有意义是我选择工作时看重的""工作让我不断成长是我选择工作时看重的""对工作有兴趣是我选择工作时看重的""工作环境是我选择工作时看重的""能够有发展前景、职务提升和奖金提升的工作是我选择时看重的"，合计占比分别是70.62%、70.08%、69.73%、68.96%、68.12%。选择占比最低的三种说法分别是"专业对口是我选择工作时看重的""人际关系是我选择工作时看重的""公司知名度是我选择工作时看重的"，合计占比分别是53.56%、53.5%、40.05%。由此可见，专业对口、人际关系和公司知名度不是大学生就业选择中所注重的。

第三，对更稳定的就业岗位具有较强倾向性。从调查统计来看（见表13），对"相比较创业、去企业就业，我更愿意选择公务员或事业单位这类更稳定的岗位"说法选择"非常符合""比较符合"的比例超过了五成，而"不符合"和"比较不符合"的选择只占4.26%，这表明对于贵州高校大学生而言，相比创业和去企业就业，他们更倾向于选择更稳定的岗位。

表13 贵州高校大学生价值观调查统计

单位：人，%

相比较创业、去企业就业,我更愿意选择公务员或事业单位这类更稳定的岗位	样本	占比
不符合	11	0.65
比较不符合	61	3.61
一般	669	39.63
比较符合	613	36.32
非常符合	334	19.79
总计	1688	100

资料来源：贵州青年发展研究院2024年《贵州高校大学生价值观变动趋势调查问卷》统计数据。

2. 贵州高校大学生拥有积极、自信、方向性强的生活目标

围绕人生价值观，课题组从理想、态度、目标、大学生活体验和生活感受等方面进行了考察，以期充分了解大学生的认知和行为。从调查统计来看，对"人应该有自己的理想，不断追求"说法选择"非常符合""比较符合"的比例达到了76.9%，而选择"不符合"和"比较不符合"的比例仅有3.08%（见表14）；对"人生活着就应该奋斗终生"说法选择"非常符合""比较符合"的比例达到了62.68%，而选择"不符合"和"比较不符合"的比例仅有3.02%（见表15）；对"我现在的人生很有规划"说法选择"非常符合""比较符合"的比例有37.91%（见表16）；对"我对未来国家发展会有贡献"说法选择"非常符合""比较符合"的比例达到了64.75%，而选择"不符合"和"比较不符合"的比例仅有2.37%（见表17）。综合来看，贵州高校大学生具有积极正面的人生态度，愿意积极投身于国家建设当中，对于自己的人生也有明确的规划和目标。

表14 贵州高校大学生价值观调查统计

单位：人，%

人应该有自己的理想,不断追求	样本	占比
不符合	19	1.13
比较不符合	33	1.95

续表

人应该有自己的理想,不断追求	样本	占比
一般	338	20.02
比较符合	657	38.93
非常符合	641	37.97
总计	1688	100

资料来源：贵州青年发展研究院2024年《贵州高校大学生价值观变动趋势调查问卷》统计数据。

表15　贵州高校大学生价值观调查统计

单位：人，%

人生活着就应该奋斗终生	样本	占比
不符合	12	0.71
比较不符合	39	2.31
一般	579	34.30
比较符合	626	37.09
非常符合	432	25.59
总计	1688	100

资料来源：贵州青年发展研究院2024年《贵州高校大学生价值观变动趋势调查问卷》统计数据。

表16　贵州高校大学生价值观调查统计

单位：人，%

我现在的人生很有规划	样本	占比
不符合	38	2.25
比较不符合	143	8.47
一般	867	51.36
比较符合	458	27.13
非常符合	182	10.78
总计	1688	100

资料来源：贵州青年发展研究院2024年《贵州高校大学生价值观变动趋势调查问卷》统计数据。

表 17　贵州高校大学生价值观调查统计

单位：人，%

我对未来国家发展会有贡献	样本	占比
不符合	11	0.65
比较不符合	29	1.72
一般	555	32.88
比较符合	598	35.43
非常符合	495	29.32
总计	1688	100

资料来源：贵州青年发展研究院 2024 年《贵州高校大学生价值观变动趋势调查问卷》统计数据。

校园活动是高校大学生培养兴趣、增强交流、提升能力的重要载体，因此课题组围绕学校开展的活动［包括党或团组织活动、社会实践活动、军训、形势政策报告或课程、创先争优（包括奖学金评选）、马克思主义理论教育或政治理论课、学术讲座、课外科技活动、校园文化活动（社团、文体等一系列活动）、青年大学习等十大类型］进行了调查，结果显示，选择"对我有帮助、喜欢参加""对我非常有帮助、喜欢参加"综合占比前五的活动分别是社会实践活动、校园文化活动（社团、文体等一系列活动）、青年大学习、学术讲座、马克思主义理论教育或政治理论课，综合占比分别是 77.07%、75.89%、75.77%、75.77%、75.59%。

最后，课题组围绕高校大学生的大学生活设计了一组评分问卷。本组问题中，课题组根据大学生对大学生活的积极程度逐步递增，从左至右，每组形容词的积极程度递增，描绘了大学生对大学生活的感受从枯燥到有趣、苦恼到愉快、艰难到顺利、人生无意义到有价值、空虚到充实、孤独到有爱、未来没信心到充满希望、压抑到自由、人生无机会到充满机会、人生没目标到满怀理想、处事紧张到轻松、生活疲倦到精力充沛（见表 18）。

表18　贵州高校大学生价值观调查统计

单位：%，分

题目	1	2	3	4	5	平均分
F1 枯燥——有趣	2.85	4.21	39.48	36.16	17.31	3.61
F2 苦恼——愉快	2.19	4.98	38.77	36.46	17.61	3.62
F3 艰难——顺利	2.19	5.87	43.81	32.96	15.17	3.53
F4 人生无意义——有价值	1.78	3.44	35.74	37.76	21.28	3.73
F5 空虚——充实	1.78	4.98	39.72	35.86	17.66	3.63
F6 孤独——有爱	2.07	5.1	35.92	38.23	18.67	3.66
F7 未来没信心——充满希望	1.9	4.74	38.17	35.09	20.09	3.67
F8 压抑——自由	1.72	4.68	36.87	37.88	18.85	3.67
F9 人生无机会——充满机会	1.36	3.97	40.25	34.62	19.8	3.68
F10 人生没目标——满怀理想	1.42	4.27	38.89	35.57	19.86	3.68
F11 处事紧张——轻松	1.36	5.45	41.02	35.27	16.89	3.61
F12 生活疲倦——精力充沛	1.54	4.21	40.78	35.15	18.32	3.64
总计	1.85	4.66	39.12	35.92	18.46	3.64

资料来源：贵州青年发展研究院2024年《贵州高校大学生价值观变动趋势调查问卷》统计数据。

调查结果显示，贵州大学生对于大学生活感受的评价整体上呈现中等水平，平均分为3.64，接近于中等偏上的积极评价。在所有选项中，被选最多的是，3分选项（7919人次，39.12%）其次是4分选项（7271人次，35.92%），这表明贵州大学生普遍认为大学生活在感受积极程度上是属于中等偏上的。在1分选项中，排名前五的感受分别是枯燥、苦恼、艰难、孤独和未来没信心；在2分选项中，排名前五的感受分别是艰难、处事紧张、孤独、空虚和苦恼；在3分选项中，排名前五的感受分别是艰难、处事紧张、生活疲倦、人生无机会和空虚。综上所述，贵州大学生对于大学生活感受的整体评价较为积极，认为大学生活相对有趣、愉快、顺利、有价值、充实、有爱、充满希望、自由、充满机会、满怀理想、轻松、精力充沛，但是也要关注到还是有6%左右的学生会有困境和消极情绪，需要注意强化引导。

三 贵州高校大学生价值观变化趋势分析

（一）价值取向多元化趋势日益显著

高校大学生的价值取向受到自身条件（个体内部需求）和社会历史条件（外部环境驱动）的影响。随着新时代的快速发展，复杂的国际形势、多元发展的国内环境、贵州高速发展的"黄金十年"对贵州高校大学生产生了深远的影响。一方面，调查结果显示，贵州高校大学生的国家认同感、民族自豪感、家乡荣誉感进一步提升，更加成熟的思想意识能够促使其尽早地将个人命运同祖国和民族的命运紧紧相连，并且目标明确、能够为之而努力奋斗。另一方面，对于个人追求的价值，自由的社会环境促使其有更宽阔的选择方向。例如，在职业价值观考察方面，被考察者在工作环境、工作内容、发展条件、平台环境等方面选择比重几乎相当；在个人价值观考察的部分问题上，选项比例分布均匀，可以看到当代贵州高校大学生在个人追求方面更加表现出自己偏好的方向，他们的价值观呈现多样化的状态。这种状态是大学生个人在认同贵州十多年以来高质量发展的基础上表现出的自我行为和时代发展的必然结果，也是贵州经济社会高质量发展对大学生产生深远影响的具体表现。

（二）价值追求自我化趋势明显提升

当前，我国已进入高质量发展阶段，贯彻新发展理念、构建新发展格局是客观要求。因此社会发展需求带动了个人思想的不断解放，自我意识倾向更加明显。部分高校大学生在价值追求上也会肯定集体利益，但个性化、自我化的追求也充斥其中。对"自己的选择都应该优先考虑自己"的说法，表示"不符合""比较不符合""一般""比较符合""非常符合"的占比分别达到6.22%、12.26%、50.71%、22.75%、8.06%；对"今朝有酒今朝醉，要趁年轻多享受"的说法，表示"不符合""比较不符合"

"一般""比较符合""非常符合"的占比分别达到 10.07%、17.12%、45.68%、19.49%、7.64%；对"人生最重要的是追求物质生活享受"的说法，表示"不符合""比较不符合""一般""比较符合""非常符合"的占比分别达到 12.03%、22.51%、45.5%、14.57%、5.39%；这些表达了当代贵州高校大学生崇尚自我，积极追求个人利益，更加注重个人的优质生活和理想目标的实现。由于独立性和创新性逐步增强，他们对自身的利益、价值和生活目标等的需求也都在不断增加，考虑问题时也会适当结合自己的考量，作出合适的选择，就如同对"个人利益不应让位于民族、国家利益"说法选择"比较符合""非常符合"的合计比例达到了 16.83%，与表 3 中选择"不符合""比较不符合"的合计比例 1.78% 相比，有了较大幅度提升。

（三）自我评价理性化趋势逐步增强

通过分析本次问卷结果和实地调研，课题组认为贵州高校大学生能够客观地开展自我评价，在回答问卷和实地访谈中能够真实地反映自身感受。例如，在面对"我现在的能力足够应聘我想从事的行业"的说法中，部分学生表达了对自身能力的担忧，在实地调研中也表达了自我能力的短缺之处，提出了希望增加实践锻炼和多学一些实用知识帮助自己找到工作的未来期望。又如，在实地访谈中，接受访谈的学生能够客观分析自身优势和不足，清晰地表达自己对身边人、校园生活、社会发展的想法、见解，也能指出自己的想法、见解中的错误和不足，对未来规划和需求都能结合自身实际情况进行分析。这都表明当代贵州高校大学生在自我评价中更加偏向理性、客观、实际地评价自我的感受和生活状态，能更多地呈现现实的一面。

四 对策建议

大学生是青年的核心，大学生的价值观状况不仅影响社会主流价值观的未来发展趋势，也深刻影响党和国家的发展。习近平总书记向来重视青年特别是大学生的发展，习近平总书记在中国科学技术大学考察时就曾寄语大学生们，希望他们肩负时代责任，高扬理想风帆，静下心来刻苦学习，努力练好人生和事业的基本功，做有理想、有追求的大学生，做有担当、有作为的大学生，做有品质、有修养的大学生。① 这为将贵州高校大学生培养成为担当民族复兴大任的时代新人指出了明确方向。

（一）增强国家认同在价值引导中的支撑作用

一是坚持以爱国主义教育为核心，提升国家认同感。贯彻落实《中华人民共和国爱国主义教育法》，注重营造爱国主义氛围，积极创新活动载体，除了在课堂上开设相关的课程外，还需延伸到课余生活，使贵州高校大学生深受爱国主义思想的感染进而激发其学习兴趣，提高文化素养。二是持续抓好马克思主义理论教育，巩固国家认同感。坚持以人为本的思想，针对学生的思想、心理、情感等实际情况，培养贵州高校大学生学会运用马克思主义理论来观察人生与社会、思考中国与世界，切实推动马克思主义理论教育与大学生价值观引导相结合，进一步提升大学生的理论水平。三是全力推动国情、省情、党史教育和文化育人同步开展，提升国家认同感。中华优秀传统文化是中国式现代化的思想沃土，贵州高校要持续开展文化系列活动，加强贵州高校大学生对祖国优秀文化的了解。要强化宣传中国式现代化进程中的机遇与挑战，反映贵州近几十年来取得的巨大成就，讲好中国故事、讲好党的故事、讲好贵州故事，不断增强贵州高校大学生对中国特色社会主义的道路信心、理论自信、制度自信和文化自信。

（二）发挥"课程思政"在价值引导中的重大功能

一是夯实思政育人的教育基础。通过"课程思政"中人文和价值元素的融入，深化知识教育的内涵，推动所有课程达成育人共识，使所有课堂既

---

① 《总书记送给新时代中国青年的"学习指南"》，求是网，2022年5月6日，http://www.qstheory.cn/zhuanqu/2022-05/06/c_1128624311.htm。

有专业知识传授，也有人文元素渗透与融合的育人基础，为促进贵州高校"三全育人"奠定坚实基础。二是创新授课模式。通过应用新媒体、大数据等技术创新思想政治教育的手段和方法，不断增强价值观教育的时代感和吸引力，推动贵州高校大学生真知、真懂、真信，不断提升其个人价值观的客观性。① 三是强化立体培育。通过"课程思政"知识教育和价值教育有机统一，持续推动贵州高校大学生的全面发展，促进贵州高校大学生具备应对非主流意识心态攻击和多种复杂社会思潮侵袭的能力，铸牢信仰根基，理性分析发展局势，为中国式现代化建设贡献力量。

（三）提升实践活动在价值引导中的现实历练

一是打造社会实践平台，提升大学生价值体验。通过校内实践活动和社会实践体验，促进贵州高校大学生开阔眼界、了解社会发展的真实情况，在实践中进行自我磨砺，及时贯彻和调整价值观中存在的问题，逐步形成正确的价值观念。二是课堂教育与实践育人相结合，坚定大学生价值目标。充分利用课堂理论传播和实践活动锻炼的优势，及时发现在实践活动当中贵州高校大学生的价值困惑或问题，并对其进行积极的价值引导和提升，进而形成更为坚定的价值目标。三是融入精神文明创建活动，强化大学生价值传递。积极鼓励贵州高校大学生投身精神文明创建活动中，结合自身特长，与服务人民群众紧密结合起来，在实践当中不断提升为人民服务的意识，不断磨砺个人价值观和社会价值观，并将正确的价值观念传递到社会各个层面，渗透到生活的各个角落，使得大学生的价值观与日常生活紧密结合、深度融合。

---

① 王晓宇：《"课程思政"的价值观教育研究》，吉林大学博士学位论文，2022。

B.4
青年志愿者参与贵州乡村振兴报告

蒋凌霄*

摘　要： 青年志愿者是现代化治理体系的有效构成和现代化治理能力的有生力量，在推进贵州乡村振兴中发挥着重要的作用。本报告梳理了青年志愿者参与贵州乡村振兴的政策，对参与贵州乡村振兴的青年志愿者群体勾勒了画像，总结了青年志愿者参与贵州乡村振兴取得的成绩。从内因和外因两个层面深入剖析了青年志愿者参与贵州乡村振兴的动因，认为当前青年志愿者参与贵州乡村振兴还存在以下挑战：青年志愿者综合素质和能力与乡村振兴的岗位要求还有差距，志愿者项目的阶段性与乡村振兴的长期性之间存在矛盾，青年志愿者的多样化需求与乡村环境的局限性之间存在矛盾，青年志愿者事业的高质量发展与社会支持度不够匹配。本报告提出：青年志愿者要努力提升自己的综合素质和能力，做好青年志愿者项目服务期结束后扎根当地的制度建设，坚持城乡融合发展，提高青年志愿者对乡村的认同感和归属感，健全全社会共同关注青年志愿者参与乡村振兴的社会支持网络。

关键词： 青年志愿者　动因　乡村振兴

志愿服务是现代社会文明进步的重要标志，是加强精神文明建设、培育和践行社会主义核心价值观的重要内容。《志愿服务条例》规定：本条例所称志愿服务，是指志愿者、志愿服务组织和其他组织自愿、无偿向社会或者

---

* 蒋凌霄，贵州省社会科学院助理研究员，贵州师范大学历史与政治学院博士研究生，研究方向为民族政治学与民族地区基层社会治理。

他人提供的公益服务。1993年底，共青团中央决定实施中国青年志愿者行动，1998年8月，团中央青年志愿者行动指导中心正式成立，负责规划、协调、指导全团的青年志愿服务工作，围绕党和国家工作大局，实施了一批青年志愿者重点品牌项目：中国青年志愿者扶贫接力计划研究生支教团项目、大学生志愿服务西部计划、大型赛会志愿服务、应急救援志愿服务、共青团关爱农民工子女行动、中国青年志愿者服务春运"暖冬行动"、中国青年志愿者"节水护水"志愿服务行动、中国青年志愿者海外服务计划。30多年以来，青年志愿者行动不断发展，志愿服务的领域不断扩大，志愿者队伍日益壮大。

青年志愿者是志愿服务事业的主要参与者，大力弘扬"奉献、友爱、互助、进步"的志愿服务精神，在乡村振兴、城市社区建设、环境保护、大型活动、抢险救灾、社会公益等领域发挥着重要作用。2013年12月5日，习近平总书记给华中农业大学"本禹志愿服务队"回信：肯定他们在服务他人、奉献社会中取得的成绩和进步，勉励他们弘扬志愿精神，为实现中华民族伟大复兴的中国梦作出新的更大贡献。[①] 党的十九大报告指出：农业农村农民问题是关系国计民生的根本性问题，必须始终把解决好"三农"问题作为全党工作的重中之重。[②] 为深入贯彻落实党中央、国务院关于实施乡村振兴战略的决策部署，共青团中央办公厅印发了《关于深化实施乡村振兴青春建功行动的工作方案》的通知（中青办发〔2021〕4号），以乡村振兴青春建功行动为统揽，围绕产业、人才、文化、生态和组织振兴，重点开展助力乡村青年人才成长、助力乡村社会建设、帮助乡村困难学生学业、帮助乡村青年创业就业等工作，在团结引领广大青年尤其是青年志愿者全面推进乡村振兴、加快推进农业农村现代化进程中取得了良好的效果，但青年志愿者参与乡村振兴仍存在一些困难和问题。因此，有必要深入了解青年志

---

① 《勉励青年志愿者以青春梦想用实际行动为实现中国梦作出新的更大贡献》，《人民日报》2013年12月6日，第1版。

② 习近平：《决胜全面建成小康社会 夺取新时代中国特色社会主义伟大胜利》，《人民日报》2017年10月28日，第1版。

愿者参与乡村振兴的动因、遇到的困难和问题，并根据调查了解的情况，进一步优化青年志愿者参与乡村振兴的路径，激发农业农村发展的动力活力，为推进乡村全面振兴提供有力支撑。

一 青年志愿者参与贵州乡村振兴的概况

（一）青年志愿者参与贵州乡村振兴的政策

贵州是新时代西部大开发的主战场，国务院印发的《关于支持贵州在新时代西部大开发上闯新路的意见》（国发〔2022〕2号）强调支持贵州在乡村振兴上开新局，推动巩固拓展脱贫攻坚成果同乡村振兴有效衔接，全面推进乡村产业、人才、文化、生态、组织振兴，加快农业农村现代化，走具有贵州特色的乡村振兴之路。《贵州省中长期青年发展规划（2019－2025年）》明确指出：积极鼓励青年投身乡村振兴战略，依托新型职业农民、青年农场主培育等计划，大力培育农村青年致富带头人队伍，打造青年投身乡村振兴示范点工程。2022年3月5日起施行的《贵州省志愿服务办法》对贵州省范围内的志愿者和志愿服务组织的志愿服务活动、保障与激励、法律责任等作了详细的规定，为贵州志愿服务事业的有序开展提供了制度保障。2023年1月1日起施行的《贵州省乡村振兴促进条例》对贵州省范围内全面实施乡村振兴战略，开展促进乡村产业振兴、人才振兴、文化振兴、生态振兴、组织振兴，推进城乡融合发展等活动进行了规定，为青年志愿者参与乡村振兴以及更好融入乡村发展畅通了参与渠道。共青团贵州省委围绕推动青年志愿者参与乡村振兴，持续推进《贵州乡村振兴青年行动方案》落地落实，做好万名大学生志愿服务西部计划乡村振兴基层项目扩大规模工作，继续办好贵州青年乡村振兴夜校，深入推进实施"领头雁·向黔进"农村青年致富带头人培育行动、"春晖行动·风筝计划"、"创在乡土"农村青年技能培训等项目，助力青年志愿者主动融入乡村振兴战略，助推乡村发展。

具体说来，以2023~2024年度贵州省万名大学生志愿服务西部计划乡村振兴基层项目为例，贵州出台了一系列保障机制：在政策支持方面，贵州省万名大学生志愿服务西部计划乡村振兴基层项目志愿者按要求签订服务协议，在定向招录（聘）公务员、事业单位考试、研究生招录、各类企业吸纳就业、落户、升学、学费补偿和助学贷款代偿、工龄认定、职称评定、自主择业创业等方面享受相应政策优惠；在经费保障方面，青年志愿者按照相关规定获得志愿者生活补贴、一次性安置费、艰苦地区补贴、交通补贴、住宿补贴、伙食补贴等福利待遇，相关经费由各级财政保障；在考核激励方面，要求各级项目办要认真做好基层项目志愿者年度考核工作，县级项目办应建立年度考核激励机制或积极推动将志愿者纳入所在服务单位的年度绩效考核对象，按考核结果等次给予志愿者相应激励；在组织保障方面，成立贵州省万名大学生志愿服务西部计划乡村振兴基层项目领导小组，下设办公室在团省委，要求各级项目办要坚持以人为本，竭诚为志愿者服务，加强日常管理服务及就业服务等工作，加强安全健康管理和应对突发事件处置工作，做好年度绩效考核工作。

（二）青年志愿者参与贵州乡村振兴的画像

此次青年志愿者参与贵州乡村振兴调查问卷，共面向参与贵州乡村振兴的青年志愿者发放5760份问卷，回收5760份问卷，调研时间从2023年12月至2024年2月，调查群体主要包括大学生志愿服务西部计划、共青团关爱农民工子女志愿服务行动以及其他涉及贵州乡村振兴的青年志愿者服务项目，从民族、户籍、年龄、性别、婚姻、文化程度、政治面貌七个方面力图勾勒出参与贵州乡村振兴的青年志愿者群体画像，为完善青年志愿者参与贵州乡村振兴的政策提供参考。

1.民族

如图1所示，在受访青年志愿者的民族构成中，汉族占比58.75%，苗族占比13.20%，彝族占比3.23%，布依族占比5.69%，侗族占比4.88%，土家族占比6.44%，仡佬族占比2.31%。其他各民族受访青年志愿者由于样本量少于100人，都统计到其他少数民族中计算，其他少数民族受访青年志愿者占比5.51%。

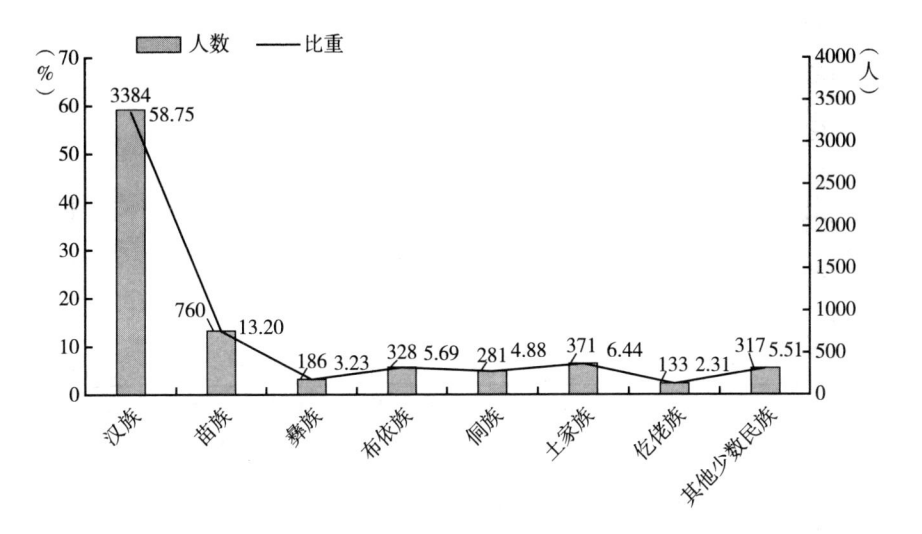

图1 受访青年志愿者民族分布及占比统计

资料来源：贵州青年发展研究院《青年志愿者参与贵州乡村振兴调查问卷》统计数据。

2. 户籍

如图2所示，在各民族受访青年志愿者的户籍省份中，贵州占比89.20%，云南占比1.82%，四川占比1.15%，重庆占比1.02%，山西占比0.68%，湖南占比0.66%，河南占比0.61%，山东占比0.61%，江西占比0.52%；其次是广西、河北、湖北、江苏、安徽、广东、浙江、甘肃、陕西籍，都在10人及以上；黑龙江、吉林、辽宁、新疆、福建、宁夏、青海、上海、天津、海南、北京籍志愿者也有分布。

3. 年龄

如图3所示，受访青年志愿者的年龄主要集中在19~25岁，占比91.39%；其次是26~30岁，占比8.07%，其他年龄段志愿者较少。

4. 性别

如图4所示，在受访青年志愿者中，男性占比31.08%，女性占比68.92%。

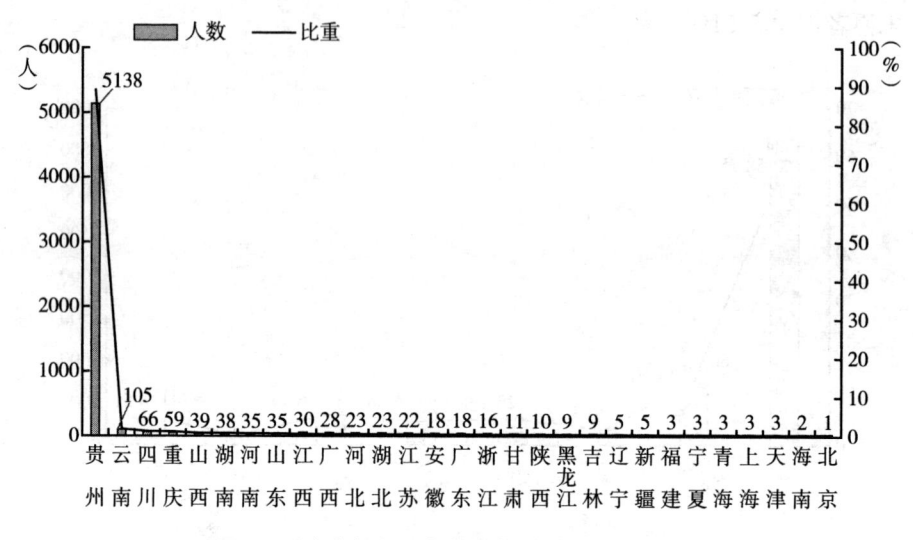

图 2　受访青年志愿者户籍省份分布及占比统计

资料来源：贵州青年发展研究院《青年志愿者参与贵州乡村振兴调查问卷》统计数据。

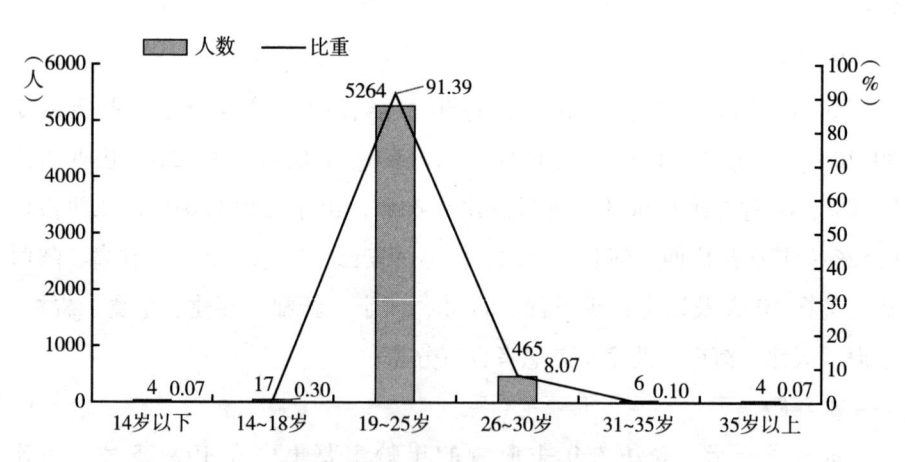

图 3　受访青年志愿者年龄分布及占比统计

资料来源：贵州青年发展研究院《青年志愿者参与贵州乡村振兴调查问卷》统计数据。

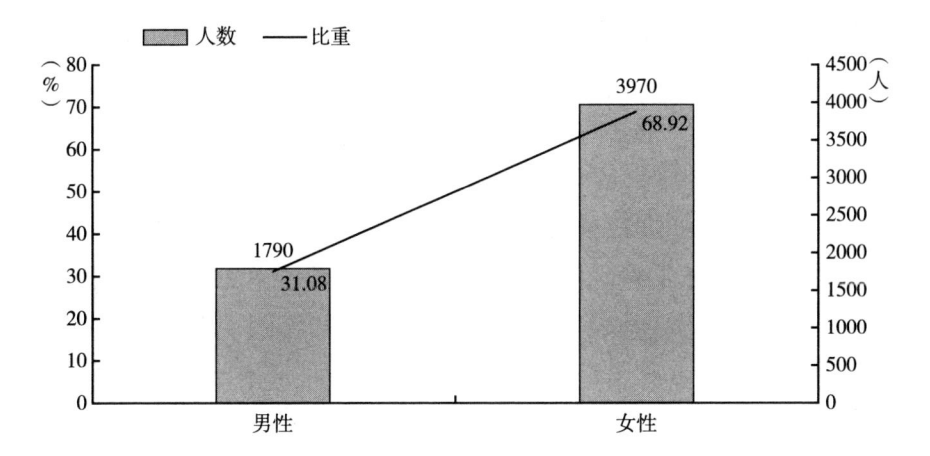

图 4　受访青年志愿者性别结构及占比统计

资料来源：贵州青年发展研究院《青年志愿者参与贵州乡村振兴调查问卷》统计数据。

5. 婚姻

如图 5 所示，从受访青年志愿者的婚姻状态来看，未婚占比 97.88%，已婚占比 1.82%，离婚占比 0.14%，丧偶占比 0.16%。

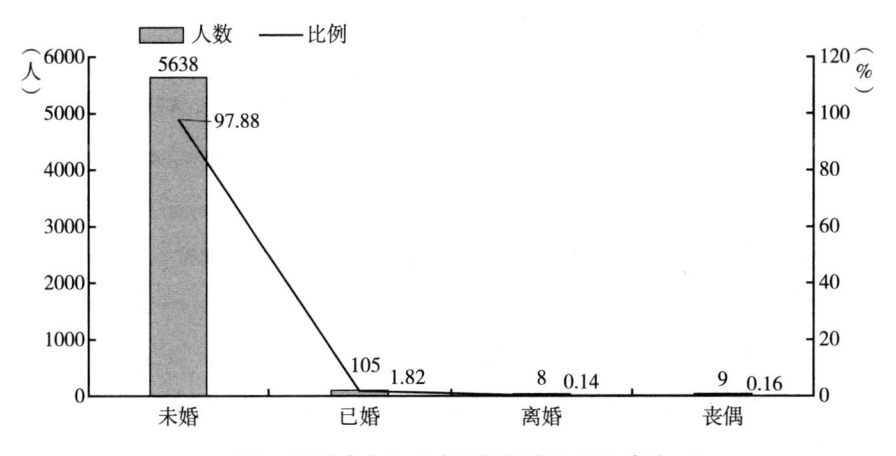

图 5　受访青年志愿者婚姻状态及占比统计

资料来源：贵州青年发展研究院《青年志愿者参与贵州乡村振兴调查问卷》统计数据。

6. 文化程度

如图6所示，从受访青年志愿者的文化程度来看，初中及以下占比0.19%，高中或中专占比0.14%，大专占比19.53%，本科及以上占比80.14%。

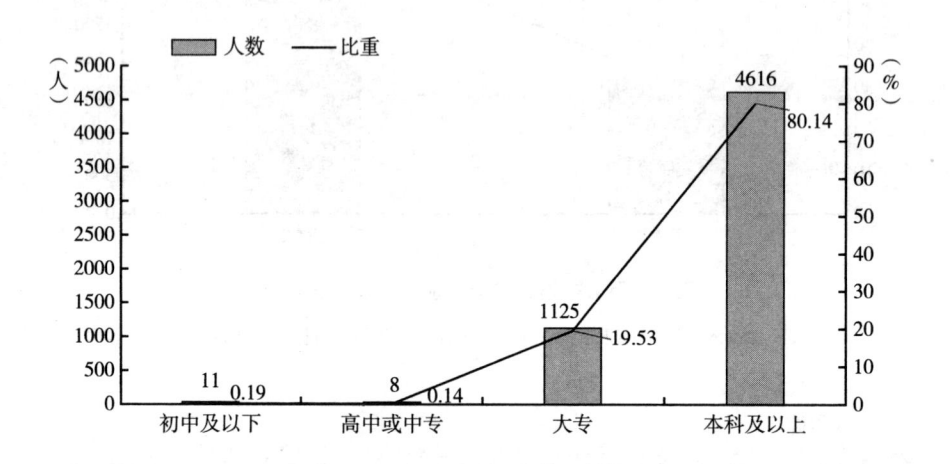

图6 受访青年志愿者文化程度及占比统计

资料来源：贵州青年发展研究院《青年志愿者参与贵州乡村振兴调查问卷》统计数据。

7. 政治面貌

如图7所示，在受访青年志愿者的政治面貌构成中，中共党员或预备党员占比21.94%，共青团员占比69.95%，民主党派占比0.09%，无党派人士占比0.07%，群众占比7.95%。

综合以上图表，可以为参与贵州乡村振兴的青年志愿者勾勒出一个画像：从民族成分来看，以汉族为主，苗族、彝族、布依族、侗族、土家族、仡佬族等分布较广的贵州世居少数民族也占有一定比例，且与各民族占总人口比重呈正相关关系；从户籍构成来看，以贵州籍为主，西南地区相邻省份对青年志愿者也有一定吸引力；从年龄来看，以19～30岁年龄段的青年为主；从性别来看，女性青年志愿者占比更高，女性青年志愿者呈现更高的积极性；从婚姻状态来看，以未婚为主，已婚青年志愿者较少；从文化程度来

[图表：受访青年志愿者政治面貌及占比统计]

中共党员或预备党员：1264人，21.94%
共青团员：4029人，69.95%
民主党派：5人，0.09%
无党派人士：4人，0.07%
群众：458人，7.95%

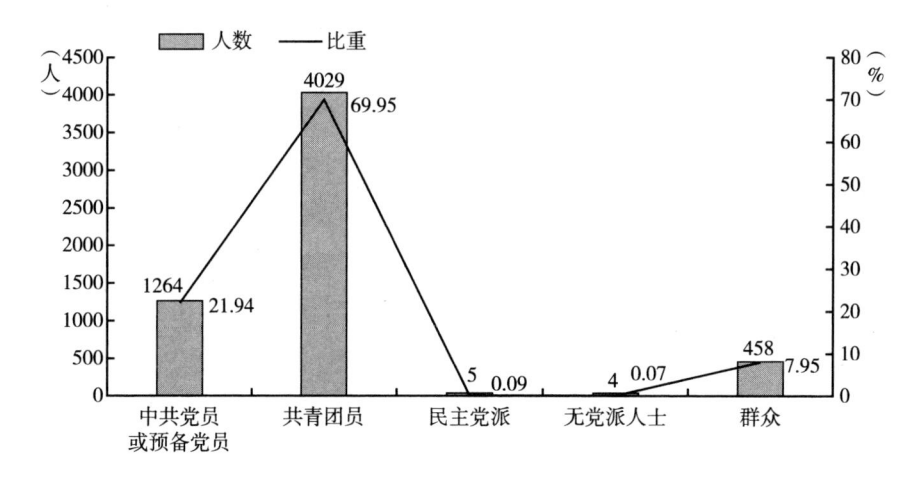

图7 受访青年志愿者政治面貌及占比统计

资料来源：贵州青年发展研究院《青年志愿者参与贵州乡村振兴调查问卷》统计数据。

看，以本科及以上学历为主，表明青年志愿者群体有较高的文化素养和综合素质；从政治面貌来看，以共青团员为主，有约1/5的党员志愿者，有一定的政治素养。

（三）青年志愿者参与贵州乡村振兴的成绩

青年志愿者是乡村人才振兴的生力军，为乡村振兴注入青春力量。青年志愿者围绕乡村教育、服务乡村建设、健康乡村、基层青年工作、乡村社会治理等领域开展志愿服务，服务群众、扎根基层，青年志愿者行动不断增加，志愿服务领域不断扩大，志愿服务人数稳步提升，在贵州这片热土上创造了无愧于时代和青春的优秀业绩。

围绕推进青年志愿者参与贵州乡村振兴，贵州组织实施了大学生志愿服务西部计划、共青团关爱农民工子女志愿服务行动、贵州青年乡村振兴夜校、"青清河"保护河湖志愿服务行动等一系列志愿服务行动，其中大学生志愿服务西部计划是青年志愿者参与贵州乡村振兴的主力军，自2003年实施以来，贵州省累计组织派遣省内外大学生西部计划志愿者92032名，在全省88个县（市、区、特区）的1500余个乡镇开展志愿服务，2.5万名服务期满志愿者扎根贵州基层，从"贵漂"变成了"贵定"，成为真正的新时代贵州人①。一批又一批大学生志愿者通过志愿服务最后选择扎根基层，涌现出了中宣部、中组部等部委评选的"四个100"最佳志愿服务团队贵州师范大学研究生支教团麻江服务队，以及一大批优秀个人、优秀组织、优秀项目，详见表1。

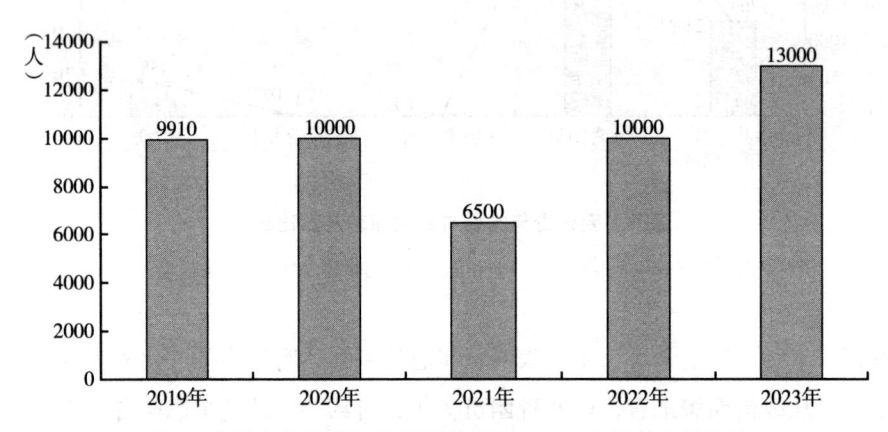

图8 大学生志愿服务西部计划2019~2023年招募人数统计

资料来源：根据公开数据统计汇总。

数据：2019年9910人，2020年10000人，2021年6500人，2022年10000人，2023年13000人。

表1 贵州中国青年志愿者优秀个人奖、组织奖、项目奖名单

届别	中国青年志愿者优秀个人奖	中国青年志愿者优秀组织奖	中国青年志愿者优秀项目奖
第十四届	铜仁市大学生春晖服务社联盟 龙洁勇（苗族）	贵州财经大学青年志愿者联合会	"玩转科学"点亮黔山娃的科学梦项目
	贵州电网有限责任公司毕节大方供电局 胡朝臣	六盘水市"小凉粉"青年志愿服务队	"黔景跃纸上 黔志现歌中"易扶点留守儿童"变形计"项目

① 《新时代的贵州人｜贵州西部计划志愿者：在黔贵大地上书写无悔的青春》，贵州网络广播电视台官网，2023年9月15日，https://www.gzstv.com/a/f3df6d6a9f3d4c4e8a4f23c36f123018。

续表

届别	中国青年志愿者优秀个人奖	中国青年志愿者优秀组织奖	中国青年志愿者优秀项目奖
第十四届	遵义市播州区青年志愿者协会 张庭均	/	"画出新生活"美丽乡村建设志愿服务项目
	贵州豫能投资有限公司永贵矿山救护大队 李远伟	/	/
	镇远县大学生春晖社 吴吉海(侗族)	/	/
第十三届	威宁青年创业者联合会 马亚龙(回族)	贵阳黔仁生态公益发展中心	小小麻雀课——面向"袖珍村小"的乡土课程开发行动
	贵阳市乌当区人心齐社区志愿者服务中心 艾岚(女)	贵州大学青年志愿者联合会	/
	铜仁市万泽社会服务发展中心 宋泽顺	/	/
	务川县丹砂街道官学完小 陈丹(女,苗族)	/	/
	黔东南州青鸟助学会 舒方耀(侗族)	/	/
第十二届	独山县困境儿童关爱促进会总干事 韦腾境(布依族)	六盘水市义工联合会	"山里·山外"——聋哑青少年儿童社会融入计划
	六盘水市苗学会副秘书长 安文忠(苗族)	遵义市青年志愿者协会	"66大音曦生.让世界听见"——特殊儿童传承非遗计划
	贵州大学学生 姜溶辰(女,苗族)	/	"马背上的第二课堂"公益扶助项目
	毕节市赫章县白果街道银山社区团支部书记 韩赟	/	"心幕象牙塔·黔行大学梦"关爱农民工子女行动
	贵阳市云岩区明彻助学促进中心总干事 雷潇湘(女,布依族)	/	/
	黔西南州中和社会工作服务中心主任 廖志旭	/	/

资料来源：根据公开数据统计汇总。

二 青年志愿者参与贵州乡村振兴的动因分析

动机是行为的直接驱动力量,通过深入分析青年志愿者参与贵州乡村振兴的动机,探索青年志愿者参与贵州乡村振兴可持续发展的制度建设,让青年志愿者成为乡村振兴的人才支撑,助力乡村发展。国外学者关于志愿者动机研究兴起较早,其中,比较有代表性的是Clary等提出的以志愿服务6种激励功能为主要工具的志愿者功能量表(VFI),其6个动机是:价值观、理解、社会、职业、保护和提升[1]。在借鉴国外学者相关理论的基础上,结合我国志愿服务的实际情况,国内学者邓国胜等[2]通过文献研究及相关调查,整合志愿者动机的功能理论与驱动力理论,将志愿者的参与动机归纳为内生利己型、外生利己型、内生利他型、外生利他型等四种类型。周林波[3]基于重庆市1530名青年志愿者的调查,指出青年志愿者的参与动机分别为"成长—提升"动机、"时尚—从众"动机、"价值—成就"动机及"社交—职业"动机,其中,"成长—提升"动机是青年参与志愿服务的主要动机。事实上,国内外志愿者服务由于志愿服务事业的发展阶段以及文化背景等因素影响存在一定差异性。张庆武[4]从志愿者激励的理念、方式、来源、过程、目标等五个方面对中美两国的志愿者激励制度进行了差异性比较,提出应在奥林匹克精神的感召和"奉献、友爱、互助、进步"志愿精神的指引下做好北京奥运志愿者的激励工作。

综上所述,结合国内外相关研究及青年志愿者参与贵州乡村振兴的研究需要,将青年志愿者参与贵州乡村振兴的动因分为内因和外因,内因是激发

---

[1] Renfree G., West J., Motivation and Commitment of Volunteers at Parkrun Events [J]. *Managing Sport and Leisure*, 2024, 29 (1): 56-69.
[2] 邓国胜、辛华、翟雁:《中国青年志愿者的参与动机与动力机制研究》,《青年探索》2015年第5期。
[3] 周林波:《结构方程模型下的青年志愿者参与动机与应对策略研究——基于重庆市1530名青年志愿者的调查》,《中国软科学》2023年第1期。
[4] 张庆武:《中美志愿者激励的差异性比较》,《中国青年研究》2008年第8期。

青年志愿者参与贵州乡村振兴积极性的决定性因素，外因是促使青年志愿者参与贵州乡村振兴的重要因素，内因主要包括青年志愿者对志愿精神与志愿者身份认知程度、实现个人价值、职业规划、社会责任感等内在因素，外在因素包括物质激励、政策优待、管理和保障满意度、社会和家庭支持度等外在因素。

（一）青年志愿者参与贵州乡村振兴的内因

首先，是对志愿精神与志愿者身份的高度认同。随着青年志愿服务事业的高速发展，志愿服务在广度和深度上不断拓展，青年志愿者活跃在北京奥运会、上海世博会、北京冬奥会等大型活动现场，也出现在汶川抗震救灾、新冠疫情等灾害的第一线，走进西部、走进基层、走进你我的身边，彰显当代青年的价值追求和担当精神，用青春的激情打造最美的"中国名片"。如图9所示，在"您对青年志愿者的身份持什么态度？"的问题中，"非常认同"的占比71.55%，"比较认同"占比20.92%，"一般认同"的占比6.91%，"比较不认同"占比0.36%，"非常不认同"占比0.26%。从这个数据来看，"比较认同"及以上占比92.47%，表明青年志愿者对自己的身份具有高度认同感。

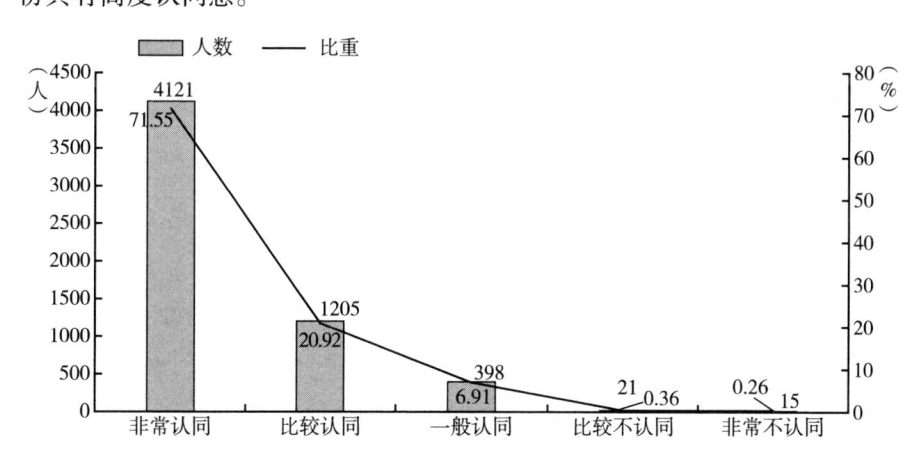

图9 "您对青年志愿者的身份持什么态度？"答题结果

资料来源：贵州青年发展研究院《青年志愿者参与贵州乡村振兴调查问卷》统计数据。

其次，青年志愿者比较看重的是个人能力的提高和自我价值的提升。青年志愿者通过参与志愿服务工作，"到西部去，到基层去，到祖国和人民最需要的地方去"，向社会贡献自身的知识和能力，同时也增长了自己的见识和基层工作经验，培养了正确的工作态度和处理问题的方法，提升了组织、协调、社交及领导能力，个人的综合素质和能力不断提高，人生价值得到充分展现。如表2所示，回答"吸引您成为一名青年志愿者的主要原因"的问题时，"探索新的发展机遇"频数占比12.66%，"提升个人能力，实现个人价值"频数占比18.65%，"增长见识，增加基层经验"频数占比19.47%，表明青年志愿者参与贵州乡村振兴的一个重要原因是青年志愿者个人能力能够得到充分展现、实现自我价值。

表2 青年志愿者参与贵州乡村振兴统计——吸引您成为一名青年志愿者的主要原因（多选）

单位：人次，%

吸引您成为一名青年志愿者的主要原因	频数	频数占比
生活补贴、安家费补贴、交通补贴、住宿补贴、伙食补贴等福利待遇	2079	9.90
定向招录（聘）公务员、事业单位考试、研究生招录、学费补偿和助学贷款代偿、自主择业创业等方面的政策优待	4287	20.41
探索新的发展机遇	2660	12.66
提升个人能力，实现个人价值	3918	18.65
助力乡村发展，培养社会责任感，传递爱心和正能量	3973	18.91
增长见识，增加基层经验	4091	19.47
样本量（N=5760）	21008	100

资料来源：贵州青年发展研究院《青年志愿者参与贵州乡村振兴调查问卷》统计数据。

最后，青年志愿者基于职业规划与社会责任感的考量。青年志愿者大多是应届毕业大学生或在读的研究生，下一步将踏上工作岗位或者在学业上进一步深造，但当前大学毕业生就业形势以及升学压力相对比较大。成为一名青年志愿者，可以缓解就业和学业上的压力，同时通过提供志愿服务，青年志愿者可以深入了解社会问题和他人需求，激发青年志愿者的社会责任感与公民意识，并结合自身条件，优化职业生涯规划，服务期结束后，青年志愿者可以利用青年志愿者在定向招录（聘）公务员、事业单位考试、研究生招录、学费补偿和助学贷款代偿、自主择业创业等方面的政策优待，更好实现自己的职业和学业规划。如表2所示，对"吸引您成为一名青年志愿者的主要原因"这个问题，选择"定向招录（聘）公务员、事业单位考试、研究生招录、学费补偿和助学贷款代偿、自主择业创业等方面的政策优待"的频数占比20.41%，选择"助力乡村发展，培养社会责任感，传递爱心和正能量"频数占比18.91%，这表明职业规划与社会责任感是当代青年选择成为一名青年志愿者、参与贵州乡村振兴的重要考量。

（二）青年志愿者参与贵州乡村振兴的外因

合理的物质回报是激励青年志愿者参与贵州乡村振兴的重要手段。青年志愿者通过大学生志愿服务西部计划、共青团关爱农民工子女志愿服务行动等提供志愿服务时，当地政府一般会提供一定的经费保障，以帮助青年志愿者解决生活中遇到的实际困难和问题。以大学生志愿服务西部计划为例，根据《关于印发〈贵州省万名大学生志愿服务西部计划乡村振兴基层项目（2023—2024年）实施方案〉的通知》（黔青联发〔2023〕11号）文件精神："志愿者补贴每人每月2200元，根据服务县艰苦地区类型不同每月发放0~365元不等的艰苦地区补贴，志愿者年度考核合格后发放第13个月生活补贴1519元，交通补贴按平均每人每年800元的标准划拨，新到岗志愿者服务满6个月发放一次性安置费2000元。志愿者在岗服务期间，参加社会保险，志愿者的社会保险按社会保险相关法律法规政策规定办理，个人缴纳部分从志愿者生活补贴中扣除，由各县级项目办统一为本县在岗志愿者按月缴纳。"如表2所示，对"吸引您成为一名青年志愿者的主要原因"这个问题，选择"生活补贴、安家费补贴、交通补贴、住宿补贴、伙食补贴等福利待遇"频数占比9.9%。参与贵州乡村振兴的青年志愿活动具有组织性强、服务时间长、服务岗位相对比较固定等特征，一定的物质回报一定程度上可缓解青年志愿者在经济上的后顾之忧，从而使他们以更加饱满的精神状态投入志愿服务工作中去。

政策优待是吸引青年志愿者参与贵州乡村振兴的重要原因。为了吸引更多青年志愿者参与贵州乡村振兴,贵州制定了涵盖升学、机关事业单位招录(聘)考试、计算工龄、职称评定、学费补偿和助学贷款代偿、就业、创业等相应政策支持。《贵州省万名大学生志愿服务西部计划乡村振兴基层项目(2023—2024年)实施方案》约定:"1. 服务2年以上且考核合格的,服务期满后3年内报考硕士研究生的,初试总分加10分,同等条件下优先录取。2. 参加西部计划项目前无工作经历的志愿者,服务期满且考核合格后2年内(研究生支教团志愿者自研究生毕业时开始计算),在参加机关事业单位考录(招聘)、各类企业吸纳就业、自主创业、落户、升学等方面须同等享受应届高校毕业生的相关政策。3. 按规定符合相应条件的,可享受相应的学费补偿和助学贷款代偿政策。4. 服务期满考核合格的,依实际服务年限计算服务期及工龄(参加工作时间按其到基层报到之日起算),并在服务证书和服务鉴定表中体现。5. 服务期满1年且考核合格后,可按规定参加职称评定。6. 出省服务的和在本省服务的志愿者享受同等优惠政策。"如表2所示,对"吸引您成为一名青年志愿者的主要原因"这个问题,选择"定向招录(聘)公务员、事业单位考试、研究生招录、学费补偿和助学贷款代偿、自主择业创业等方面的政策优待"频数占比20.41%,政策优待可以让青年志愿者在服务期结束以后在择业升学上有更多的选择和更好的外部条件。

良好的志愿服务保障管理是保障青年志愿者安心参与贵州乡村振兴的重要法宝。贵州着力在组织管理、岗位分配、激励嘉许、人文关怀上下功夫,为青年志愿者参与贵州乡村振兴奠定坚实的基石。贵州成立了贵州省万名大学生志愿服务西部计划乡村振兴基层项目领导小组办公室,下设办公室在团省委,并设有省级项目办、县级项目办、高校项目办为志愿者服务,加强日常管理服务及就业服务等工作。青年志愿者在岗位选择时,可以根据自身条件选择乡村教育、服务乡村建设、健康乡村、基层青年工作、乡村社会治理等,实现人岗相适、人事相宜。贵州制定了《贵州省志愿服务激励嘉许办法（试行）》，对志愿者进行星级评价，按照有关规定加大表彰褒奖、宣传报道、走访慰问、树典型立榜样的力度，在评先评优、招录招聘、教育医疗、就业创业、公共交通、金融服务、文化生活、关心关爱等方面提供激励嘉许政策，切实让青年志愿者在参与贵州乡村振兴过程中感受到组织的关怀与温暖。

社会和家庭支持度是影响青年志愿者参与贵州乡村振兴的重要因素。青年志愿者参与贵州乡村振兴的过程中容易遇到家庭的不理解和阻碍，不了解志愿服务的工作内容、价值和意义，觉得应该找个收入高、福利好的正经工作；另外，青年志愿者参与贵州乡村振兴，也可能遇到困难和问题，需要来自政府、企业机构、志愿者组织、普通群众等各方的关心与支持，完善的社会支持网络是青年志愿者参与贵州乡村振兴的重要保障。

三 青年志愿者参与贵州乡村振兴面临的挑战

青年志愿者参与贵州乡村振兴，涉及乡村工作的方方面面，如何激发和维持青年志愿者的热情，保持志愿服务的长期性和延续性，对青年志愿者、政府、志愿者项目以及乡村本身是一个挑战。

（一）青年志愿者综合素质和能力距乡村振兴的岗位要求还有差距

乡村振兴工作岗位覆盖了服务乡村建设、基层青年工作、乡村社会治理、乡村教育、健康乡村以及其他工作，这些岗位需要青年志愿者具有较强的专业性、复杂性和创造性，这对青年志愿者的综合素质和能力提出了极大的挑战。如表3所示，青年志愿者在乡村振兴志愿服务中，认为自己"缺乏基层工作经验与能力"的占比22.93%，认为自己"缺乏相关领域的知识和技能"的占比18.49%。由此可见，在参与乡村振兴服务过程中，青年志愿者的综合素质和能力与乡村振兴岗位之间还存在一定差距。

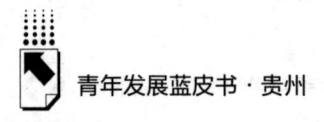

表3 青年志愿者参与贵州乡村振兴统计——您认为青年志愿者参与到乡村振兴中，青年志愿者自身的障碍是什么？

单位：人次，%

您认为青年志愿者参与到乡村振兴中，青年志愿者自身的障碍是什么？	样本	占比
缺乏相关领域的知识和技能	1065	18.49
缺乏资金支持	1424	24.72
缺乏创业机会	242	4.20
家庭压力和期望	483	8.39
返乡的社会认可度不高	409	7.10
青年志愿者与当地居民的文化差异	499	8.66
缺乏基层工作经验与能力	1321	22.93
其他	317	5.50
总计	5760	100.00

资料来源：贵州青年发展研究院《青年志愿者参与贵州乡村振兴调查问卷》统计数据。

（二）志愿者项目的阶段性与乡村振兴的长期性之间存在矛盾

志愿者项目具有阶段性特征，而实施乡村振兴战略是一项长期的历史性任务，如何将参加乡村振兴的青年志愿者转化为贵州实施乡村振兴战略的长期人才支撑，是当前青年志愿管理服务工作中的难点。志愿者项目一般有一定的服务期限，根据贵州2023年相关志愿者招募公告，西部计划乡村振兴基层项目志愿者服务期为1~3年，其他青年志愿者服务项目服务期限相对更短，服务期结束以后，如何让这一批既具有现代科学文化知识又具有基层工作经验并富有社会责任感的青年志愿者留下来，大学生志愿服务西部计划等志愿者服务项目对此暂未有相关制度安排。因此，如何推动服务期结束后的青年志愿者助力服务地推动乡村振兴战略实施、更好地发挥人才蓄水池作用是当前面临的挑战。

（三）青年志愿者的多样化需求与乡村环境的局限性之间存在矛盾

马斯洛的需求层次理论指出，人类需求呈金字塔结构，从层次结构的底部向上，人的需求包括生理需求、安全需求、社交需求、尊重需求和自我实现。大多数青年志愿者正处于婚恋的黄金年龄和职业发展的起步阶段，在婚恋、就业、职业发展、工资薪酬、文娱、公共基本服务、自我价值实现、社会认可等方面存在多样化的需求，但受乡村环境本身的局限，青年志愿者多样化的需求不一定能被满足。如表4所示，对"您认为影响青年志愿者参与乡村振兴发展的原因是？"这个问题，按照频数占比从大到小的顺序排列分别是：工资待遇较差、发展空间受限、乡村就业面窄、政策宣传不到位、交通网络等公共基础设施不完善、父母的高期盼、项目的可持续问题、城市生活便利、教育医疗养老保障质量不高、没有体面的工作环境、其他。这表明乡村与城市之间存在一些客观上的差距，现有的政策支持与乡村整体环境不能完全满足青年志愿者的多样化需求。

表4 青年志愿者参与贵州乡村振兴统计——您认为影响青年志愿者参与乡村振兴发展的原因是？（多选）

单位：人次，%

您认为影响青年志愿者参与乡村振兴发展的原因是？	频数	频数占比
工资待遇较差	3870	19.00
发展空间受限	2732	13.42
乡村就业面窄	2405	11.81
政策宣传不到位	2018	9.91
交通网络等公共基础设施不完善	1978	9.71
父母的高期盼	1498	7.36
项目的可持续问题	1413	6.94
城市生活便利	1325	6.51
教育医疗养老保障质量不高	1103	5.42
没有体面的工作环境	1089	5.35
其他	932	4.58
样本量（N=5760）	20363	100

资料来源：贵州青年发展研究院《青年志愿者参与贵州乡村振兴调查问卷》统计数据。

（四）青年志愿者事业的高质量发展与社会支持度不够匹配

青年志愿参与贵州乡村振兴事业的高质量发展需要来自政府、企业、社区、媒体、群众等的关心、认可与支持，要让全社会共同推动青年志愿者参与乡村振兴成为共识。当前，全社会共同支持乡村振兴志愿服务、激励青年志愿者参与贵州乡村振兴还存在一些困难和问题：志愿服务的相关机制有待进一步健全，志愿服务的宣传引导还不够，企业志愿服务投入有待加强，志愿服务经历在升学、就业过程中容易遭到忽视，存在志愿服务就是免费服务的错误认知，志愿服务的价值没有得到充分挖掘与认可。

四 青年志愿者参与贵州乡村振兴的路径优化

（一）青年志愿者要努力提升自己的综合素质和能力

深入实施乡村振兴战略，习近平总书记强调要加强懂农业、爱农村、爱农民农村工作队伍建设①。青年志愿者要围绕"懂农业、爱农村、爱农民"三个要求提升自己的综合素质能力，成为乡村振兴的新农人。一是要加强专业技能和知识的储备，青年志愿者要结合参与乡村振兴的领域与自身的专业背景，着重强化与提升农业专业、教育、医疗、基层社会治理、经营管理、创业创新、电商直播、农村金融、旅游开发等方面的技能和知识。二是要努力增加基层工作经验，做乡村工作的"事事通"。青年志愿者要多查阅服务地相关文献资料，了解当地风俗习惯及人文历史等知识；要提高对农村的认识，增加农村工作的理论和方法；要在实践中不断丰富涉农法律法规制度、产业发展、电商经营、村务管理等方面的知识，做"爱农村"的事事通。三是要切实把为农民谋幸福为乡村谋振兴作为青年志愿者的初心和使命。青

---

① 董峻、于文静：《中央农村工作会议在京召开》，《人民日报》2018年12月30日，第1版。

年志愿者要学会与村民群众打交道，真诚倾听群众心声、真情关心群众疾苦、真实反映群众意愿，积极探索创新农民利益联结机制，促进村民增收致富，共享乡村振兴的红利。

（二）做好青年志愿者项目服务期结束后扎根当地的制度建设

青年志愿者项目一般具有阶段性特征，要让青年志愿者服务期结束以后继续扎根当地服务乡村振兴，亟须加强相关制度建设。从青年志愿者的意愿来看，青年志愿者留在当地继续参与乡村振兴的意愿比较强烈。如表5所示，"非常愿意"占比40.80%，"比较愿意"占比30.38%，"一般愿意"占比21.42%，"比较不愿意"占比4.67%，"非常不愿意"占比2.73%。要将青年志愿者扎根当地的意愿转化为实际行动，需要用政策留人、事业留人、待遇留人、情感留人。一是政策留人，完善青年志愿者服务期结束后扎根贵州乡村振兴的制度设计，从省级层面统筹将乡村振兴青年志愿者纳入乡镇（街道）、村（社区）各级组织后备人才队伍；鼓励青年志愿者扎根当地创新创业，在政策、资金上进行帮扶补贴；做好做强人才的技术培训学习，将请进来教和派出去学相结合，提升人才的竞争力。二是事业留人，就是要让青年志愿者对服务地产生事业感、归属感，要充分信任、大胆放手，让青年志愿者有用武之地，学有所用，通过轮岗、挂职、蹲点等形式来提升青年志愿者能力，让青年志愿者享受到能做事做成事的成就感，通过自我认同激发其助力乡村振兴的共鸣。三是待遇留人，首先需要解决好青年志愿者住房、教育、医疗、养老等方面的后顾之忧，让青年志愿者潜心乡村振兴事业；进一步提升生活补贴等福利待遇，让青年志愿者有更多的安全感、获得感和幸福感。四是情感留人，要加强人情味建设，关注青年志愿者在工作中遇到的困难和问题以及家庭、婚恋中的关切；建立常态化志愿者探访、慰问、带薪年假等人文关怀措施；建立"荣誉村民"制度，增强青年志愿者对乡土的认同感。

表5　青年志愿者参与贵州乡村振兴统计——您未来留在当地继续参与乡村振兴的意愿？

单位：人次，%

您未来留在当地继续参与乡村振兴的意愿？	样本	占比
非常愿意	2350	40.80
比较愿意	1750	30.38
一般愿意	1234	21.42
比较不愿意	269	4.67
非常不愿意	157	2.73
总计	5760	100

资料来源：贵州青年发展研究院《青年志愿者参与贵州乡村振兴调查问卷》统计数据。

（三）坚持城乡融合发展，提高青年志愿者对乡村的认同感和归属感

实施乡村振兴战略是坚持城乡融合发展的重要部署，能有效推动城乡要素自由流动、平等交换，加快形成工农互促、城乡互补、全面融合、共同繁荣的新型工农城乡关系。当前，城乡之间的差距是客观存在的，新型工农城乡关系的形成也需要青年志愿者亲身参与。在现阶段，面向青年志愿者的多样化需求，就必须充分挖掘乡村的多种功能，发挥乡村的多元价值，在就业保障、住房、医疗、教育等基本公共服务方面缩小城乡差距，营造良好的外部工作环境，为青年志愿者扎根当地、推进乡村振兴解决后顾之忧；注重加大新型职业农民培养力度，培育更多懂技能、有技术的"土专家""田秀才"和懂市场、会电商的"新农人"，打造一支"带不走的人才队伍"；要加大政策、资金、技术等方面的支持，为青年志愿者创新创业、推动产业发展提供硬件支持；有效改善乡村人居环境，补齐农村基础设施存在的短板，加强乡村文化、娱乐、体育设施建设，让青年志愿者工作有干头、事业有奔头、待遇有想头、生活有靠头。

（四）健全全社会共同关注青年志愿者参与乡村振兴的社会支持网络

乡村振兴是实现中华民族伟大复兴的一项重大任务，需要全社会共同参

与，健全全社会共同关注的社会支持网络势在必行。一是要加大青年志愿者参与乡村振兴志愿服务的宣传力度，立典型树榜样，营造全社会鼓励青年志愿者共同参与乡村振兴的氛围。二是政府部门要进一步完善相关政策，鼓励青年志愿者投身乡村振兴事业，提升青年志愿者参与乡村振兴生活补贴等福利待遇，确保青年志愿者在定向招录（聘）公务员、事业单位考试、研究生招录等方面的政策优待落地，对有意愿服务乡村的青年志愿者提供完善的教育培养与职业发展体系。三是志愿者组织机构要做好志愿者招募、定岗、培训、联络、心理疏导等管理服务工作，切实关注志愿者在工作生活中遇到的困难和问题，做好志愿者最贴心的"娘家人"。四是父母、恋人、兄弟姐妹等首属群体要与志愿者保持密切联系，企业、社区、志愿者群体、服务单位及当地政府等次属群体要加强对青年志愿者的关心关爱与优待，让青年志愿者能真正安心投身乡村振兴事业。五是青年志愿者要在乡村振兴的实践中积累基层工作经验，不断提升自我认识水平和解决问题的能力。

B.5
贵州青年驻村干部发展报告

洪泽宇*

摘　要： 在巩固拓展脱贫攻坚成果与乡村振兴有效衔接的关键时期，驻村工作的有序推进能够有效地将我国的制度优势逐步转化为治理效能。"持续选派驻村工作队"是践行习近平总书记关于"三农"工作的重要论述的内在要求，更是实现农村美、农业强、农民富，高质量推进乡村振兴关键战略举措。通过实地调研和问卷调查，总结了当前贵州青年驻村干部在驻村工作中存在的一系列问题，包括农村基层服务的主动性不够、农村知识技能的掌握度不足、农村工作方法的创新性不强等，期望汲取相关经验，通过树立服务基层的奉献意识、增强适应基层的本领技能、激发青年驻村干部的内生动力、严格驻村干部的组织管理等举措不断完善和改进贵州青年驻村干部的工作作风，有效解决好青年驻村干部在驻村工作中面临的困境和难题，既能形成良好的监督制度和评价体系、促进社会发展和进步，又能弥补自身能力的不足，从根源上推进乡村振兴实现高质量发展。

关键词： 青年驻村干部　驻村工作队　乡村振兴

习近平总书记强调：乡村振兴，关键在人、关键在干。必须建设一支政治过硬、本领过硬、作风过硬的乡村振兴干部队伍。[①] 青年干部队伍是践行

---

* 洪泽宇，贵州省社会科学院助理研究员、贵州大学博士研究生、黔西南州兴义市敬南镇海子村驻村第一书记，研究方向为马克思主义哲学。
① 习近平：《坚持把解决好"三农"问题作为全党工作重中之重 举全党全社会之力推动乡村振兴》，《求是》2022年第7期。

乡村振兴战略的生力军，在贯彻落实乡村振兴战略部署下，青年驻村干部承担着党的方针政策在农村的落实落地工作，是党和国家与广大人民群众联系的纽带。随着中国特色社会主义进入新时代，我国农村工作的重心已转移到全面推进乡村振兴上，因此，在新的时代背景下，更要以新的视角来研究驻村干部的发展趋势。比如，贵州青年驻村干部在新时代面临着什么样的新任务和新职责？工作中存在怎样的不足？驻村工作的积极程度如何？需要什么样的政策来支持和推进？如何在推进农业现代化中实现城镇化？在实现农业农村现代化中如何最大限度发挥自身的优势？特别是通过问卷分析，能够清晰了解到驻村干部的真实想法，进而探析驻村干部助力乡村振兴的实践路径。

一 贵州青年驻村干部的现状

青年驻村干部是推进乡村振兴战略的主力军，是建设和美乡村、实现基层善治的重要力量。随着乡村振兴工作在贵州全面铺开，在选派青年驻村干部工作中持续把握好"选、育、护、评"四个关键点，势必让青年驻村干部在推进乡村振兴的具体实践中磨炼意志，在分析解决问题中积累经验，在持续攻坚克难中增长才干。

（一）驻村干部的工作内容

总体来看，贵州驻村干部的工作职责主要是在乡镇（街道）党（工）委领导下承担帮扶责任，积极支持和配合村党组织书记履行好主体责任，同时根据巩固拓展脱贫攻坚成果同乡村振兴有效衔接的任务需要，做好"一宣六帮"相关工作，即"宣传贯彻党的方针政策、帮助建强村党组织、帮助巩固脱贫成果、帮助发展农村产业、帮助抓好乡村建设、帮助提升治理水平、帮助做好为民服务"。通过对全省范围内各级选派的驻村干部进行访谈与问卷调查，大致可将驻村工作的内容归纳如表1所示。

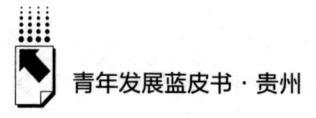

表1　驻村干部的任务清单

工作任务（板块）	具体工作
一、建强村级党组织	1. 做好基层党建迎检工作。 2. 按时完成基层党支部的组织生活会和民主评议等党支部活动。 3. 协助支委严格落实"三会一课"制度。 4. 协助按时按规定收缴党费并公示。 5. 协助按程序发展党员。 6. 宣传党员先锋模范作用的典型案例
二、建强村支两委班子	1. 加强村级班子建设。 2. 加强村级班子的政治理论学习常态化。 3. 带头并严格落实村级班子管理各项规章制度。 4. 村级后备干部人选的排摸和培养
三、社会事务	1. 城乡居民基本医疗保险收缴核对工作。 2. 城乡居民养老保险收缴核对工作。 3. 信息掌握（包括新婚、怀孕、出生、死亡等）。 4. 协助完成好奖励扶助、特别扶助、养老保险补助
四、信访维稳	1. 掌控重点稳控对象动态。 2. 提前将发生上访、群体访、越级访前信息排摸上来，并做到事前报告。 3. 协调化解村内矛盾纠纷，防止信访事件发生。 4. 及时更新网格信息，督促网格员处理网格上报信息。 5. 及时掌控民转刑案件信息，及时落实措施。 6. 及早介入协调化解婚恋、感情、土地等矛盾，防止矛盾升级
五、安全生产	1. 重点场所消防、安全隐患排查，并督促整改。 2. 加强消防安全、安全生产、交通安全等工作的宣传。 3. 抗击各种自然灾害，包括宣传、巡逻、演习演练等。做到事前预防、事中控制、事后治理
六、统计工作	1. 按时完成人口普查、经济普查、农业普查等相关工作。 2. 按时按期对新时代文明实践站、积分超市等工作进行更新、完善并及时上报
七、农业发展	1. 加快发展特色产业，壮大村集体经济。 2. 积极申报扶贫项目，为农民争取相关政策补贴。 3. 对接农户种养需求，提供相关服务
八、工程建设	1. 协助参与并监督本村工程项目实施情况。 2. 负责本村工程项目实施政策处理工作。 3. 配合做好本村范围内的工程项目验收及资金结算工作

续表

工作任务（板块）	具体工作
九、困难帮扶	1. 申报各类临时救助。 2. 按期走访脱贫户、监测户、低保户、散居特困供养人员、困难党员、留守儿童等。 3. 与上级帮扶部门做好沟通协调，确保帮扶落地见效。 4. 上报各类助学、助残、助困对象
十、其他	1. 定期动态巡查违法建筑、乱搭乱建等。 2. 召开村级研判会、学习会、例会等。 3. 完成上级党委政府交办的其他工作

资料来源：作者通过调研、总结和提炼统计。

通过表1我们可以清晰地看到驻村干部所要承担的大致工作任务，其牵涉的部门之多，工作任务之复杂，完成难度之大，是乡镇其他任何一个站所和部门不能比拟的，还要指出的是，这些仅仅是常规开展的工作，若遇到某些突发临时性的工作，比如抗击新冠疫情、抵御自然灾害、森林火灾等，都有可能造成工作的冲突。对此，长期以来，驻村干部也被形象地称为"十大员"[①]，既要完成工作任务，又要保证工作质量，难免造成顾此失彼的现象。

（二）选派情况

习近平总书记强调：在接续推进乡村振兴中，要继续选派驻村第一书记，加强基层党组织建设，提高基层党组织的政治素质和战斗力。[②] 本次《贵州青年驻村干部现状、问题与对策研究调查问卷》（以下简称"问卷"）共面向贵州各地区青年驻村干部发放2100份问卷，回收2100份问卷，问卷调研时间为2023年12月至2024年2月，受访的驻村干部绝大部

[①] 驻村干部"十大员"：即党建工作的"推进员"、三农政策的"宣传员"、村情民意的"明白员"、三务管理的"监督员"、带领发展的"战斗员"、农民群众的"服务员"、上传下达的"通讯员"、党风廉洁的"示范员"、排解矛盾的"调解员"、环境保洁的"倡导员"。

[②] 《习近平湖南考察时强调 在推动高质量发展上闯出新路子 谱写新时代中国特色社会主义湖南新篇章》，《人民日报》2020年9月19日。

分为公务员，或来自事业单位和企业（详见图1），其余部分为教师、医生或来自银行等其他工作岗位，从年龄、性别、职业、工作年限、文化程度、婚姻状况、居住地等全方面勾勒出贵州青年驻村干部的群体画像。

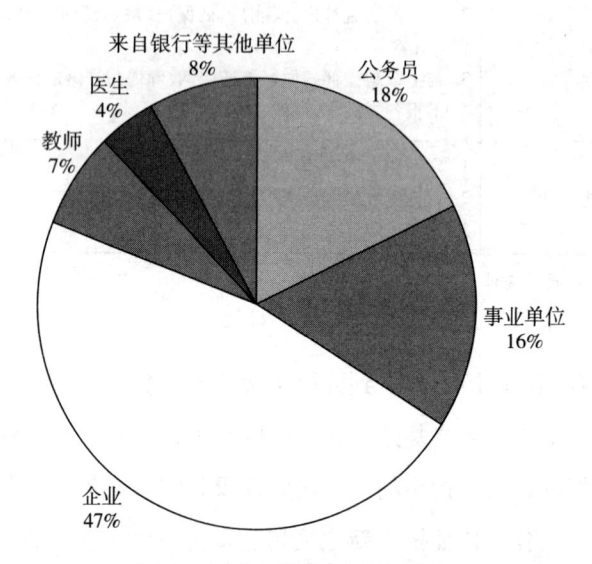

图1 贵州驻村干部的职业性质

资料来源：贵州青年发展研究院《贵州青年驻村干部现状、问题与对策研究调查问卷》统计数据。

人才是第一资源，在选派驻村干部的过程中，派出单位首先要把握住人才的特点，从目标导向入手进行选派。从性别来看，受访的驻村干部54.89%为男性，45.11%为女性，比重大致持平。通过调研发现，从全省的数据来看，高校选派的驻村干部人数最多，高校作为人才和智力的聚集地，总体来看学历更高，专业技术能力也更强，一些驻村干部能够依托自身的专业优势，对农业现代化和推动乡村振兴起到积极促进作用。从派驻村（社区）的类型来看，57.38%的派驻点属于乡村振兴重点村（社区），29.11%的派驻点属于党组织软弱涣散村（社区），这些村几乎都面临农业基础设施落后、专业人才匮乏、品牌知名度不够、产业销售渠道不足、缺少资金等发展瓶颈。

（三）对青年驻村干部的评价

1. 群众评价

在群众看来，青年驻村干部能够在工作中带来新思想和新方法。一方面，青年驻村干部普遍学历高，对待工作思路开阔，能够用新办法解决老问题，他们的到来，为农村带来了新气象，不仅能够巩固拓展脱贫攻坚成果，还能以新思想新举措来扩大群众就业渠道。大多数青年驻村干部能够以积极的态度面对驻村工作，为村庄编制未来发展规划等，发挥自身优势为群众办实事，办好事，有的驻村干部还能够运用自己掌握的网络知识，在"抖音""快手""微信朋友圈"等新媒体销售村里生产的农产品，既拓宽了客源，也提高了群众的经济效益。另一方面，由于乡村振兴发展的基础仍然是产业振兴，对群众而言产业致富依然是增加收入的关键。问卷显示，8.32%的驻村干部从事的工作能够与农业专业知识完全吻合，56.34%的与农业专业知识有部分联系，仅有9.77%的与"三农"工作毫无关系，因而以大部分驻村干部的优势领域为主线因地制宜发展产业，能够进一步拓展思路、创新方法。例如，兴义市敬南镇菜子湾村驻村第一书记吴杰，多次邀请中国农业大学、贵州省农业科学院、贵州大学的专家教授到村里传授养殖技术，大大提高了该村的猪、牛养殖技术水平，目前存栏、出栏数量大幅提高，全村人均纯收入增加千元以上，得到群众广泛认可。

2. 社会评价

在社会面看来，近些年选派的驻村干部工作上普遍务实高效，能够以创新工作方式方法带动工作效率大大提高，为农村工作注入了活力。问卷显示，在受访的驻村干部中，31.19%的年龄在30岁以下，29.52%的驻村干部年龄在31~40岁（详见图2），他们对电脑、打印机等的使用比较熟悉，能够大大提高村支两委的办公效率。在访谈中，安顺市紫云县五峰街道红光村驻村干部朱俊杰表示，通过远程教育，把农作物生产技术、农民创业经验等以更便捷的方式传授给村民，改变了以往主要通过专家面对面、手把手教学的技术传播方式，全新的方式提高了工作效率，也进一步提高了农民的满意度，为农业专家与农村的互动拓宽了路径。

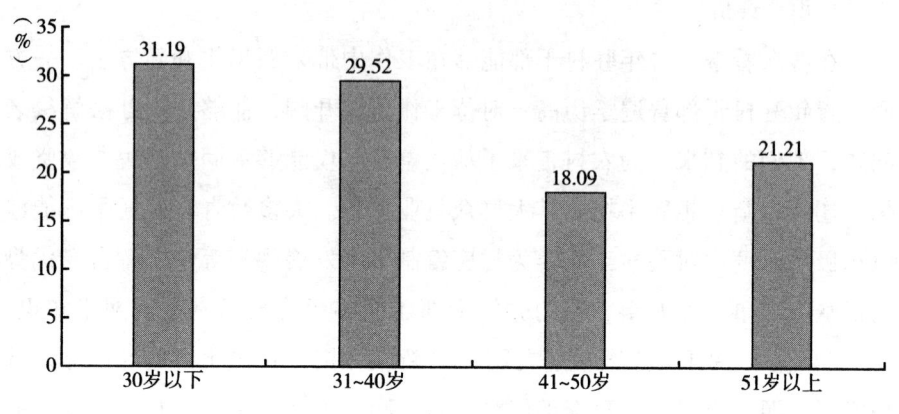

图 2　贵州驻村干部的年龄分布

资料来源：贵州青年发展研究院《贵州青年驻村干部现状、问题与对策研究调查问卷》统计数据。

3. 管理者评价

《贵州省乡村振兴驻村第一书记和工作队管理办法》明确指出，驻村干部由县级党委组织部门、乡村振兴部门和乡镇（街道）党（工）委进行日常管理，在到岗到位、作用发挥、廉洁自律等方面对驻村干部进行常态化监督与考核。在访谈中，乡镇、县（市/区）委组织部、农业农村局、乡村振兴局等管理部门相关负责人均表示大部分青年驻村干部工作有激情，普遍看来都有非常强烈的求知欲和上进心，到村后充满朝气和活力，想干一番事业来实现自己的价值。兴义市敬南镇水淹凼村驻村第一书记万坚表示，火热的农村生活给大城市、高学历的干部们上了一堂生动的挫折课，给我们创造了将理论知识和实践相结合的机会。问卷显示，驻村干部的学历分布较为平均（详见图3），其中大学本科学历占比53%，比例最高。

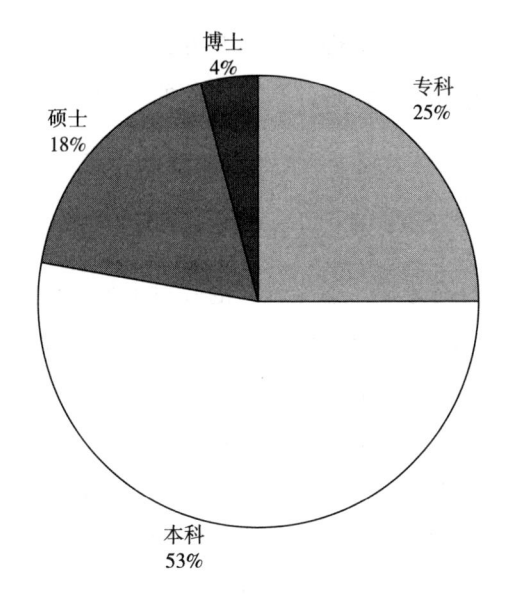

图 3　贵州驻村干部的文化程度分布

资料来源：贵州青年发展研究院《贵州青年驻村干部现状、问题与对策研究调查问卷》统计数据。

二　贵州青年驻村干部面临的问题

贵州青年驻村干部深入农村工作受到农民和农村各方面广泛欢迎和充分肯定。近年来，贵州调动各方力量，创新方式方法，统筹推进"三农"工作不断提质提档，在实现"乡村振兴上开新局"上取得一定成绩，尽管如此，在实际驻村工作中仍然存在不少问题，需要引起高度重视并认真解决。

（一）农村基层服务的主动性不够

近年来，随着贵州持续选派驻村干部开展帮扶工作，越来越多的年轻干部走上了乡村振兴主阵地，其中有些人并不是出于对"三农"工作的热爱，而仅仅是在现实严酷的竞争环境下的无奈选择和权宜之计。造成这种情况的原因主要有以下三点：一是主动意愿不够。一些青年驻村干部不是主动选择到基层，在被组织安排后，仍然有躺平的心态，甚至还产生逆反情绪，认为自己在农村待不长久，一旦服务期届满后就会离开，因而工作不认真负责，不愿意全力以赴为乡村振兴做出贡献。问卷调查显示，驻村干部到农村的原因较多，68%的驻村干部到农村工作，是因为需要满足组织人事部门的一些考核、提拔等条件，希望通过拥有基层工作经历来实现职称、职务和职级的提升等，还有10%的驻村干部是因为年龄偏大，对单位的日常工作力不从心，选择到村里过渡一段时间后准备退休。二是工作开展不敢"打头阵"。一些青年驻村干部虽然对来到基层不反感，但由于害怕犯错误，干工作畏首畏尾，一味遵循"不出事"的原则，在日常工作中信奉"多做多错、少做少错"的错误观念，只求过得去、不出错、差不多就行了，工作按部就班、因循守旧、求稳怕变，习惯用老思维、老办法、老套路解决问题和推进工作，放松了对自我的要求。三是干事创业的精气神不足。有的青年驻村干部本来满怀期待来到农村想干一番事业，结果到实地后发现农村缺乏相应的基础设施和条件，不但无法体现出自身价值，更不可能实现自己的人生理想，思想上总有这样那样的顾虑，导致好的思路和想法没有得到充分实践，很多问题表面上是工作问题，实质上还是责任意识和担当精神不够，干事创业的精气神不足。加之在为村里发展申请项目的过程中，大部分青年驻村干部存在"小项目看不上、大项目做不了"的现象，比如有的青年驻村干部在设计规划种植百香果产业过程中，想着三年以后才能看到结果，自己那时都已经离开这个岗位了，顿时意兴阑珊。这些原因，成为部分青年驻村干部"眼高手低"的关键，最终只会是"大事做不来，小事做不成"。

（二）农村知识技能的掌握度不足

总体来看，全省青年驻村干部在受教育期间所学专业与农业关系不大，仅有极少部分是农学相关专业毕业，因而懂农业技术的高校毕业生相当少。虽然大多数青年驻村干部学历高，专业知识牢固，但在农村的实际工作中却不能派上用场，仅凭一腔热情投身广阔的农村，必然在复杂的农村工作实践中四处碰壁。一方面，由于专业不对口，许多青年驻村干部对农村感觉陌生，问卷显示，42.2%的驻村干部对自身工作不满意的地方是"所学的知识和积累的经验未能用上"，他们对农村政策、环境、现状了解不深，对市场经济了解不够，再加上知识背景、成长环境、综合素质等原因，最终导致"对的搞不懂，学的用不上"。例如，他们对什么季节种玉米、种油菜，什么季节收粮食、翻耕土地等基本的农村常识都不清楚，不仅会引起群众的嘲笑，更严重的是直接弱化了驻村干部和驻村工作队的形象。另一方面，青年驻村干部的政治面貌、职业性质、工作年限、基层工作时间、婚姻状况等各个方面都存在较大差异。如前文所示，驻村干部大部分来自企业，其次为公务员和事业单位工作人员，医生和教师岗位的驻村干部相对较少，由于每个选派单位对选派驻村干部的重视程度存在差异化，这必然会造成驻村干部对驻村工作重要性的认知差异，比如，有的驻村干部从心里认为自己是来"镀金"的，混满年限就可以离开，这必然导致工作态度的不端正和工作热情的低下；有的驻村干部是在城市长大的，没有接受"三农"工作的相关教育，长期将自己在城市工作和生活视为优越，不待见农民和村干部且以愚昧落后视之，平时工作高高在上、盛气凌人，另外，工作中也不尊重农村的村规习俗，把这些传统习俗视为"封建迷信"；还有的青年驻村干部对身份和职业的认知不到位，把老百姓当作自己的管理对象、教育对象或发泄对象，必然不能被农民接受，导致群众工作开展困难、无法真正融入农村生活，正如问卷结果显示，在快速融入乡村的渠道中，仅有50.73%的驻村干部选择通过实地调研，其余通过"村两委介绍、上一任驻村干部介绍和查阅资料"等举措分别占比12.47%、27.65%和9.15%；有的青年驻村干部的派出单位为省会城市党政机关和事业单位，大部分工作是在办公室中完成，到村后对农村环境的适应较慢，必然导致学习上、工作上、生活上出现"水土不服"的现象，大大降低其工作的自信心。

（三）农村工作方法的创新性不强

毫无疑问，实现全体人民共同富裕是乡村振兴的重要目标之一，增加收入必然成为农民群体的期盼，因而在农民群众的眼里，能否带领村民致富也成为判断一名驻村干部是否合格的重要标准。近年来，贵州各地持续推进"一村一产业、一村一品牌"的产业发展模式，在延伸产业链上持续发力，推动特色产业提档升级，不断夯实农业农村基础。随着产业发展的逐渐成熟，在实践中培养造就了一批懂农业、爱农村、爱农民，提笔能写、开口能讲、问策能答、遇事能办的驻村工作队伍。一方面，全面推进乡村振兴需要心系当下，着眼长远，但部分驻村干部缺乏大局观，局限于当下得失，不愿对乡村发展进行战略性思考，没有根据乡村特点创新性谋划长远发展，特别是体制机制的不健全导致驻村干部在工作衔接上存在"青黄不接"的问题，许多青年驻村干部到村后，对当地产业了解不足，比如蜂糖李，一般种植两三年后结果产生效益，但这个过程中常常会有驻村工作队的轮换、联系村委会的乡镇分管领导工作调整、村"两委"换届等各类事件发生，从驻村工作队来看，上一批有经验的驻村干部回到选派单位后也不愿意再花心思在村里的事情上，新来的驻村干部需要重新了解、学习蜂糖李的生长规律，可能会错过蜂糖李产业发展的黄金时期，影响产业发展相关工作的顺利开展。另一方面，省派和市州选派的驻村干部多为在异乡异村，甚至到跨市州离家三四百公里以外的地方任职，在化解矛盾纠纷、处理群众需求的时候，常常存在语言、习惯、风俗等各方面的沟通障碍，有的驻村干部听不懂当地方言，特别是涉及农村家族矛盾、历史遗留问题和突发群体事件时，传统常规的工作方法不一定都适用于每个地方，还需要因地制宜，根据具体情况具体分析后才能形成化解矛盾的有效举措。

问卷显示，超过85%的驻村干部认为目前承受着偏高或很高的工作压力，可以说，驻村干部工作压力已经到达一个比较高的程度。"乡村振兴""共同富裕""农业现代化"等重点战略的推进，也给驻村干部带来了巨大的挑战，无形中给他们造成巨大压力（详见表2）。

表 2 驻村干部压力来源

来源	占比(%)
1. 国家、省、市、县各级别不定期督查、暗访	46
2. 派出单位的工作自己主观上不能丢,都要兼顾	15
3. 身份定位不明确,职责范围不了解,工作任务不明白	13
4. 薪资福利不能兑现,力不从心	10
5. 升职压力大,晋升无望,职业前景不明	9
6. 没有明确的职业发展规划和目标	7

资料来源：贵州青年发展研究院《贵州青年驻村干部现状、问题与对策研究调查问卷》统计数据。

三 贵州青年驻村干部助力乡村振兴高质量发展的对策建议

人才振兴是助力乡村振兴发展的关键之一，乡村振兴必须人才为先，乡村振兴要实现高质量发展，驻村干部既是动力也是引擎。通过积极引导、政策扶持、制度保障、机制创新等来全方位促进贵州青年驻村干部在乡村振兴的发展中发挥聪明才智，使其在农村这个广阔天地大有作为、建功立业，不仅是乡村全面振兴的基础保障，还是中国式现代化成功实践中的重要一环。

（一）增强思想引领，树立服务基层的奉献意识

乡村振兴要实现高质量发展，需要多元主体在平等的基础上协作，在这个过程中，要牢牢牵住青年驻村干部这个乡村振兴的"牛鼻子"，强化思想引领，转变基层治理的思维模式，树立服务基层的奉献意识。

1. 从思想上真正驻村

一是要端正态度。"上面千条线，下面一根针"，这是对基层干部最生动的形容。当好驻村干部，决不能单打独干，要自觉接受乡镇（街道）党

委的领导，积极主动配合村党支部开展工作，结合实际向村"两委"提出合理化建议，谋划发展规划，落实推进措施。二是要培养辩证思维。用辩证的思维看问题，是人类认识世界和改造世界的方法。结合到乡村振兴中，用辩证的思维看待驻村工作，不仅能够创新工作的方式方法，客观地评价和判断基层事物的发展规律，很好地在基层发挥民主集中制，还能够全面审视农村工作，以便从本质上完整地认识、准确地分析和处理问题。三是要树立正确的政绩观。在基层工作的开展中，首先要确保各项决策的公平性和合理性，避免出现"一言堂"的现象，其次要主动接受村"两委"干部的监督，以更强的创新精神和实践能力主动适应农业现代化的发展趋势，积极引领农村产业转型，以务实的工作作风、工作态度和责任意识推动乡村产业、人才、文化、生态、组织等全面振兴。

2. 从行动上真正驻村

面对不同乡村的不同复杂局面，要沉下心融入、沉下心办事，无论是乡村振兴的示范乡村，还是喀斯特地貌的贫瘠山区，抑或是少数民族聚集的特殊村落，都要始终坚持在思想上同心、行动上同步、落实上同力。问卷调查显示，个别驻村干部没有做到真蹲实驻，除了从其他市州、县区选派的驻村干部多半住在村里以外，本地选派的驻村干部在不加班的情况下都会选择回家住，从长远来看，这不利于融入基层、贴近百姓。从具体实践来看，一是要常态化坚持"吃住在村"，青年驻村干部要吃百家饭，知千人情，不能怕吃苦、怕麻烦、怕见人，更不能"三天打鱼两天晒网"，让群众见不到人影，"走读式"的驻村显然达不到要求。二是加强村"两委"的沟通合作。问卷调查显示，仅有13%的驻村干部和所在村能够负责各自工作且分工非常明确，还有16%的居然没有分工（详见图4），这样的现象只能导致工作思路愈发混乱，工作目标愈加模糊。

因此，青年驻村干部要将眼光放"低"，转变角色，放下架子，既要把自己当作村干部，融入村"两委"的工作中，在互帮互助中提升村级指挥所的水平，又要将自己看作一名普通的老百姓，多听群众说话，多说群众的话，与群众交朋友，了解群众内心，关心群众冷暖，不能只是

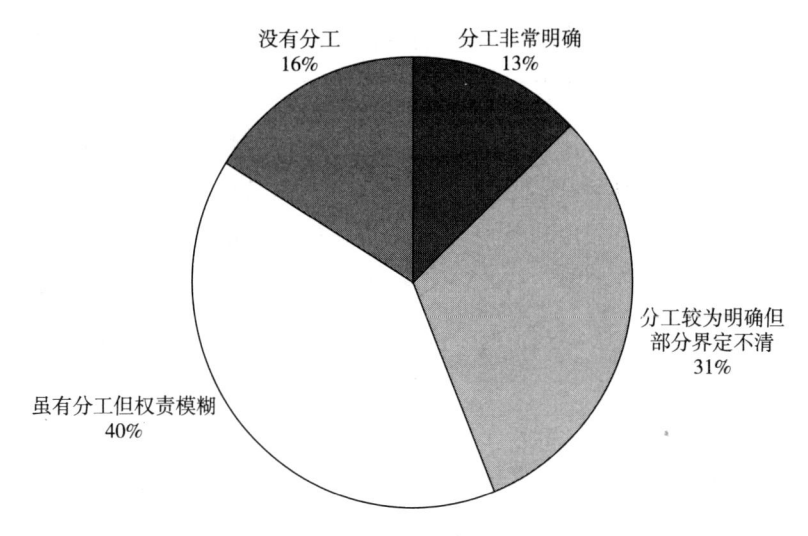

图 4　驻村干部与村两委合作情况

资料来源：贵州青年发展研究院《贵州青年驻村干部现状、问题与对策研究调查问卷》统计数据。

为了应对管理、走程序、走过场，特殊情况下要站在群众的立场反思，这样才能真正地发现问题、解决问题，驻村工作才能朝着高标准、高质量有序推进。

（二）明确身份定位，增强适应基层的本领技能

增强驻村干部适应基层的本领技能是加快全面推进乡村振兴、实现农业现代化的坚实基础，对中国式现代化的成功实践具有重要意义。问卷调查显示，51.35%的驻村干部拥有5年以上的基层工作经历，其余的驻村干部基层工作经验较少，在服务基层工作中难以得心应手，方式差方法少，鉴于此，可从以下三个方面着手增强驻村干部的本领能力。一是提升青年驻村干部自身的认知能力。驻村工作涉及面广，工作内容千头万绪，纷繁复杂，只能打牢自身基础，在工作中主动带头学习农业农村的各类政策文件，全面落实中央的农村工作会议部署，比如深刻反思如何深入实施乡村振兴"五大行动"？在推进生态宜居和美乡村建设中我们能否敢为人先？只有有效地将

理论和实践结合起来，才能在处理农村各项事务的过程中游刃有余，为全面推进乡村振兴、加快农业农村现代化打下坚实基础。二是青年驻村干部要明确自己的责任与使命，作为派出单位选派、落实党和国家乡村振兴政策的"代言人"，要时刻认识到自己肩负的重担，无论自己是从哪一级、哪一类单位派出，对自己的工作都要形成合理的期待，无论被派驻到再远、再落后、再贫困的地方，都要发挥好"传帮带"的作用，不仅要有在乡村振兴大舞台上建功立业的决心与信心，还要具备落实党中央方针政策的能力，而不能将工作仅仅局限于填个表格、写个材料等一些事务性工作。三是青年驻村干部要明确身份定位。驻村干部要坚定全心全意为人民服务的宗旨，充分发挥"白天走干讲，晚上读写想"的工作作风，深入一线田间地头与农民交流，吃农村饭、做农村人。在任务艰巨、情况复杂的乡村振兴战略面前，"农民主体性的发挥尤为重要，是高质量推进乡村振兴的重要保障"[①]，因而要快速建立起信息反馈渠道，多角度多方位地实现农民"参与式"的乡村振兴，在村民为集体经济和产业发展有意见和建议时，能够快速反馈并加以妥善处理，这比选择性忽视模式更加凸显民主，也能更好发挥村民的监督作用。

（三）创新体制机制，激发青年驻村干部的内生动力

通过访谈和问卷分析，青年驻村干部普遍工作年限少，经验不足，面对工作的压力也较大。因而，组织部门要敢于创新体制机制，既要考虑到全面推动工作顺利开展的综合性，又要看到培养人才过程的特殊性，在激发青年驻村干部的内生动力中强化全面推进乡村振兴、加快建设农业强国的智力支持和人才支撑。各级单位在选派青年驻村干部时，也不能过于死板，简单地从性别、年龄、个人意愿等主观因素逐一考量，建议结合"适

[①] 李超：《乡村振兴背景下农民主体性发挥的制约因素与培育路径》，《贵州社会科学》2023年第12期。

才适所法则"[1]，结合各个乡村发展的特点，让青年驻村干部的才能更好地契合乡村现阶段发展需求，在工作中才能"使得上劲"。一是选派干部时要综合考虑，既要从"选、培、管、用"四个环节入手，打造干劲足、实力硬的乡村振兴干部队伍，又要考虑到专业学科背景，尤其是针对农学、林学、旅游管理、城乡规划管理、森林资源与保护、农林经济管理等与农业有关的专业人员进行重点动员，以弥补现代农业农村建设中专业人才的不足。二是要常态化宣传青年驻村干部的先进典型事例，引导青年驻村干部树立正确的三观，积极响应国家号召，把自己的青春热情融入中国式现代化的伟大实践中，到祖国最需要的地方去建功立业。努力造就一支忠诚干净担当的高素质干部队伍，要激发干部积极性，在选人用人上体现讲担当、重担当的鲜明导向，激励干部增强干事创业的精神[2]。三是不断完善驻村干部的激励制度，全力构建有强度、有温度、有力度的后勤保障支持体系。2018年，贵州省委办公厅印发的《关于进一步激励广大干部新时代新担当新作为的实施意见》明确指出，"要坚持严管和厚爱结合、激励与约束并重，建立激励机制和容错纠错机制，努力做到政治上激励、工作上支持、待遇上保障、心理上关怀，充分调动干部队伍的积极性、主动性、创造性"。问卷显示，在完善干部激励制度的具体举措中，95%以上的驻村干部表示可适当提高驻村干部的收入水平，先解决他们面临的物质困难，还有40%的驻村干部表示希望上级部门能够进一步明确派出单位的职责，特别是乡镇一级的驻村干部，既要承担起驻村的一系列工作，又要肩负起乡镇站所的本职工作，有的还是站所负责人，希望派出单位不再给驻村干部增加其他工作，全力支持其

---

[1] 适才适所法则：将恰当的人放在最恰当的位置上。做好人力资源配置是人力资源管理的基础。简单地说就是将合适的人放在合适的岗位上，真正做到适才适所。建立完善的激励机制与掌握合适的激励手法是人力资源管理的中心任务。关于激励通常有两种。第一种是普遍的物质激励，第二种就是人性面激励。两种激励应该整合使用，关键是必须把握员工的需求层次，以最有效的补偿手段满足他的心理需要，并把这种需要引导成为他内在的驱动力量，并激发这种力量释放到企业发展所需要的本职工作上，让平凡的人做出不平凡的业绩。

[2] 习近平：《决胜全面建成小康社会 夺取新时代中国特色社会主义伟大胜利——在中国共产党第十九次全国代表大会上的报告》，《人民日报》2017年10月28日。

在新的驻村工作岗位上安心工作。此外，70%的驻村干部也表示本行业之间的沟通联系较少，平时都只与本乡镇范围内驻村干部有所交流，县级范围内的交流都很少，更不用谈市级和省级之间的交流学习，因而可以尝试在县（市/区），甚至扩大到市（州）、省级范围内召开驻村干部工作的交流座谈会，驻村干部之间交流碰撞出的观点才能更好地贴合农村实际，并因人、因地制宜地将在这种环境下学习到的工作经验和工作方法活学活用于所帮扶乡村的工作开展。

（四）强化建章立制，严格驻村干部的组织管理

习近平总书记明确指出：各级党委要加大对涉农干部的培训力度，提高"三农"工作本领，改进工作作风，打造一支政治过硬、适应新时代要求、具有领导农业强国建设能力的"三农"干部队伍。[①] 贵州青年驻村干部要时刻牢记驻村工作管理办法等一系列规章制度，如果出现故意违反纪律、玩忽职守、消极工作等现象，需要严格按照相应的规章制度进行惩治，要做到不包庇不纵容，以严格的制度改变部分青年驻村干部的浮躁思想，从而让青年驻村干部在驻村工作中得到更好的锻炼与成长。一是在思想层面，要对青年驻村干部定期开展教育培训，通过线上线下结合的方式，让青年驻村干部时刻紧绷着"乡村振兴"这根弦，不断激发对农业农村现代化和实现乡村振兴的责任感和使命感。二是在工作层面，政府部门要多为青年驻村干部"减负增效、增权赋能"。具体而言，要精简和明确村级组织承担的任务，避免过多烦琐的事项挤占青年驻村干部大量工作时间，尽管我们说乡村工作是综合性的，青年驻村干部的工作涉及方方面面，不只是巩固拓展脱贫成果相关的工作，但是如果能够让青年驻村干部的时间和精力放对位置，也可以起到事半功倍的效果。三是在管理层面，各级组织部门要高度重视青年驻村干部的管理工作，尽管当前已经出台面向驻村干部管理、考核的各项规定，但是监督没有达到预期效果，还是会出现褒贬不一的政绩评价。例如，可从

---

① 习近平：《加快建设农业强国 推进农业农村现代化》，《求是》2023年第6期。

实际出发制订统一的《驻村干部岗位目标责任制考核办法》和《驻村干部日常管理细则》等有关制度规范，在管理和考核时用统一的标准和要求来衡量，也能对每个青年驻村干部进行客观评价。另外，要健全容错纠错机制，切实为敢于担当的青年驻村干部撑腰鼓劲，使其在基层事务中放开手脚、施展才能。

参考文献

习近平：《坚持把解决好"三农"问题作为全党工作重中之重 举全党全社会之力推动乡村振兴》，《求是》2022年第7期。

习近平：《加快建设农业强国 推进农业农村现代化》，《求是》2023年第6期。

《习近平湖南考察时强调 在推动高质量发展上闯出新路子 谱写新时代中国特色社会主义湖南新篇章》，《人民日报》2020年9月19日。

习近平：《决胜全面建成小康社会 夺取新时代中国特色社会主义伟大胜利——在中国共产党第十九次全国代表大会上的报告》，《人民日报》2017年10月28日。

李超：《乡村振兴背景下农民主体性发挥的制约因素与培育路径》，《贵州社会科学》2023年第12期。

B.6
贵州青年社工人才发展报告

陈玲玲*

摘　要： 青年社工人才作为社会工作人才队伍中的生力军，不仅承担着推动社会工作发展的重任，更是社会工作的未来和希望。全面了解贵州青年社工人才发展现状对于推动贵州社工事业高质量发展具有重要意义。本研究运用问卷调查方法，深入分析了贵州青年社工人才队伍的现状，从政治、经济、社会、技术四个维度分析了贵州青年社工人才发展面临的机遇，并从政策支持不足与政策了解不深并存、社会认知不清与自我认同度低并存、专业素质不高与实践经验不足并存、角色冲突明显与职业保障不全并存四个方面分析了贵州青年社工人才发展面临的主要挑战，最后从完善政策法规增强制度保障、加强宣传推广增进社会认同、优化培训机制提升服务能力、强化激励保障增强发展韧性四个方面提出了对策建议，以期为促进贵州青年社工人才成长和社会工作行业持续发展提供参考借鉴。

关键词： 贵州　青年社工　人才发展

一　引言

随着我国经济社会的快速发展，社会工作作为一种新兴的职业受到前所未有的关注，成为国家"六大人才"之一。[①] 越来越多的贵州青年加入社工

---

* 陈玲玲，贵州省社会科学院社会研究所助理研究员，研究方向为应用社会学。
① 《国家中长期人才发展规划纲要（2010—2020年）》首次明确划分六大类人才，即党政人才、企业经营管理人才、专业技术人才、高技能人才、农村实用人才以及社会工作人才。

队伍，不仅承担着推动社会工作发展的重任，更是贵州社会工作的未来和希望。贵州十七部门联合印发的《关于加快推进贵州省社会工作人才队伍建设高质量发展的实施意见》明确提出：发挥青年社工的核心作用……把培育重心放在青年社工人才上，支持青年社工人才挑大梁、当主角，担任项目主要负责人……到"十四五"末，全省社工人才队伍突破10万人，社会工作专业毕业生累计超过7500人，社工人才支撑平台不低于100家。这一文件的出台为贵州青年社工人才发展提供了良好契机。在省委、省政府的高度重视和大力推动下，贵州青年社工人才规模不断扩大、人才结构不断优化、发展平台不断聚集、人才素质不断提升、人才效能不断释放，成为贵州社工行业的中坚力量。但由于起步较晚，发展基础较薄弱，加之青年群体特征及社会结构地位的特殊性，贵州青年社工人才在快速发展的过程中依然面临不少挑战。本文将对此展开研究，以期为促进贵州青年社工人才进一步发展提供参考借鉴。

青年社工，是青年社会工作者的简称，是指那些处于青年时期，以增进社会福利、促进社会和谐为己任的专业工作者。青年社工大多拥有相关的学历背景，具备一定的社会工作理论和实践经验，具有知识结构新、创新意识强、工作热情高、适应能力强、网络资源广、整合能力强的特征。本研究中的青年社工人才主要是实务型青年社工人才、管理型青年社工人才和研究型青年社工人才。

二 贵州青年社工人才发展现状分析

为深入了解贵州青年社工人才发展现状，2024年1月，贵州省青年发展研究院联合贵州团省委面向全省青年社工发放《贵州青年社工人才发展问卷调查》。问卷为结构式调查问卷，采用网络收集的方式收集，收集时间为2023年12月至2024年2月。共回收有效问卷317份。调查群体年龄在18~45岁。[①] 被调查者的基本情况见表1。

---

① 关于青年群体年龄的界定目前并没有统一标准，不同的组织和国家也不尽相同。联合国教科文组织（UNESCO）将14岁以上34岁以下的人群认定为青年，世卫组织认（转下页注）

表1 被调查者的基本概况

单位：人，%

选项	频数	百分比	选项	频数	百分比
1. 您来自贵州哪里			5. 您长期生活区域		
贵阳	61	19.2	农村	70	22.1
遵义	24	7.6	乡镇	64	20.2
毕节	39	12.3	城乡接合处	102	32.2
黔东南	70	22.1	普通城市	66	20.8
黔南	36	11.4	省会城市	15	4.7
六盘水	24	7.6	总计	317	100.0
安顺	25	7.9	6. 您的婚姻状况		
铜仁	19	6.0	在婚	153	48.3
黔西南	19	6.0	不在婚	164	51.7
总计	317	100.0	总计	317	100.0
2. 您的性别			7. 您的文化程度		
男性	148	46.7	初中及以下	45	14.2
女性	169	53.3	高中（含中职中专）	91	28.7
总计	317	100.0	大专	81	25.6
			本科	78	24.6%
			硕士及以上	22	4.9
			总计	317	100.0
3. 您的年龄			8. 您的政治面貌		
18~24岁	38	12.0	中共党员	23	7.3
25~30岁	100	31.5	共青团员	63	19.9
31~35岁	106	33.4	民主党派	19	4.0
36~45岁	73	23.0	群众	212	66.9
总计	317	100.0	总计	317	100.0
4. 您的民族			9. 您的主要工作岗位类型		
汉族	220	69.4	一线社工实物类岗	222	70
少数民族	97	30.6	机构内督导	18	5.7
总计	317	100.0	社工行政类岗位	62	19.6
			社工研究人员	15	4.7
			总计	317	100.0

资料来源：贵州青年发展研究院《贵州青年社工人才发展调查问卷》统计数据。

（接上页注①）为14到44岁的人群为青年，匈牙利认为参加工作且成立家庭的人群就不再是青年，保加利亚将青年的年龄界定在28岁以下。我国对青年年龄的界定：国家统计局认为是15~34岁的人群；团中央认为是14~28岁的人群；全国青联认为是18~40岁的人群；国家《中长期青年发展规划（2016—2025年）》和《贵州省中长期青年发展规划（2019—2025年）》认为是14~35岁人群。根据研究对象的特殊性和省情，本报告中的青年社工指年龄在18~45岁的贵州社工群体。

（一）学历层次偏低，持证社工人数占比35%

青年社工人才中，学历层次呈现中间高、两头低的"梯形"分布形态。位于"梯形"边缘的初中及以下和硕士及以上人才占比较低，合计占21.1%，而"梯形"中部的高中（含中职中专）、大专和本科三类学历占比较大，分布较均衡，合计占比高达78.9%。其中，以高中学历比重最大，达28.7%（见图1）。

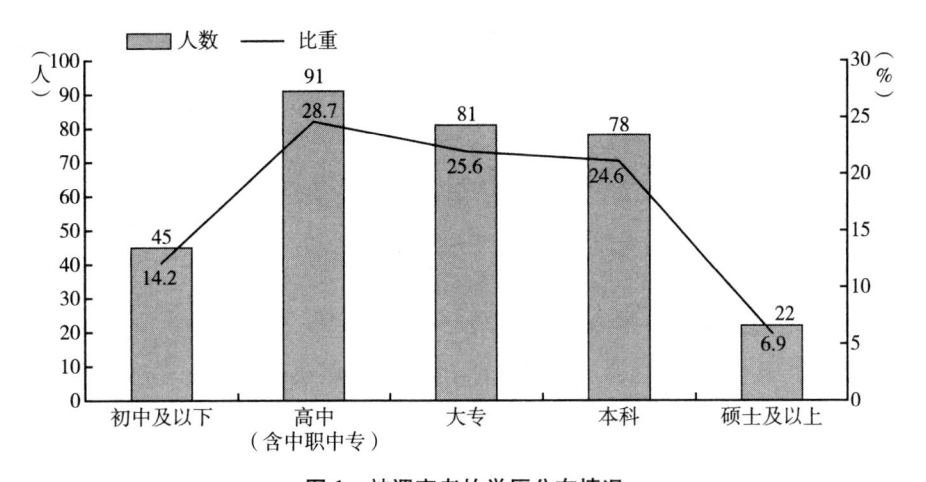

图1 被调查者的学历分布情况

资料来源：贵州青年发展研究院《贵州青年社工人才发展调查问卷》统计数据。

在从业资格方面，拥有社会工作资格证书的比例较低，仅占35%。其中，持初级/助理资格证、中级资格证和高级资格证的青年社工人数之比约为10∶3∶1（见图2）。

（二）社工服务领域不断拓展，主要聚焦家庭服务

随着社会需求的多元化和社工事业的纵深发展，青年社工服务领域不断拓展。在贵州各级民政部门的大力支持和倡导下，广大青年社工深入基层、深入一线，将社工工作与部门职责结合起来，在易地扶贫搬迁后续扶持、老年人权益维护、未成年人关爱保护、婚姻家庭及亲子关系和谐、生活困难救

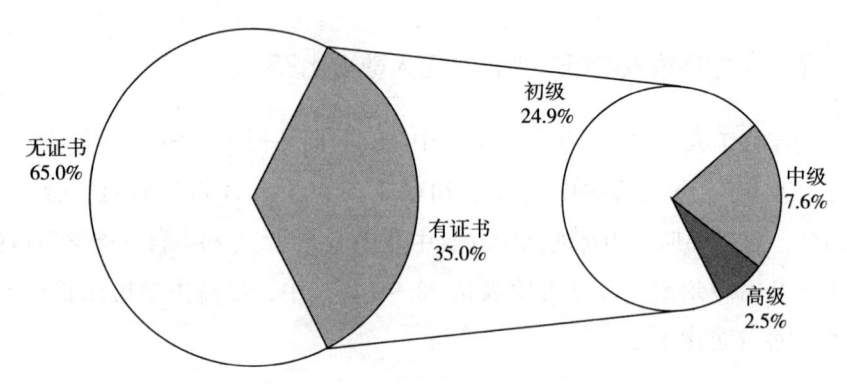

图 2　被调查者的持证情况

资料来源：贵州青年发展研究院《贵州青年社工人才发展调查问卷》统计数据。

助、残障人士关爱、应急处置与社会心理调适、退役军人关爱、教育辅导、校园霸凌行为防止和师生情绪疏导、人民调解、社区矫正、戒毒康复、法律援助、职工权益维护、文明举止、卫生习惯、信访沟通等领域，广泛募集社会资源，精细提供专业服务，打通基层治理"最后一米"，构筑行业发展与专业人才相互促进、协同发展的良好局面，不仅解决了许多迫在眉睫的实际问题，也在建言献策、科学宣传、心理咨询上发挥了不可替代的作用。调研发现，贵州青年社工的主要服务领域集中在家庭服务、儿童服务、社区服务、老年人服务、青少年服务、残障服务、救助服务、医疗服务、妇女服务等领域（见表2）。可见，贵州青年社工服务领域广泛，服务对象多元，主要聚焦"一老一小"等特殊群体。

表 2　被调查者的主要服务领域（多选）

单位：人，%

主要服务领域	频数	频数占比
家庭服务	228	25.7
老年人服务	80	9.0
残障服务	55	6.2
妇女服务	28	3.2
儿童服务	132	14.9

续表

主要服务领域	频数	频数占比
青少年服务	69	7.8
社区服务	126	14.2
矫正和戒毒服务	17	1.9
医务服务	47	5.3
救助服务	50	5.6
企业服务	8	0.9
优抚安置	24	2.7
评估或研究	6	0.7
社会组织培育	15	1.7
其他	1	0.1
样本量（N=317）	886	100.0

资料来源：贵州青年发展研究院《贵州青年社工人才发展调查问卷》统计数据。

（三）社工机构数量稳步增长，对青年的支持力度仍需加强

社工机构作为社会工作的组织载体，是青年社工参与社会治理的重要载体，也是培育和发展青年社工的重要平台。随着政府加大购买社工服务的力度，贵州社工机构数量稳步增长。2011年4月贵州注册成立了第一家社工机构，2013年增至5家，2016年为42家。2017年贵州省民政厅启动了"社工黔行"项目，开展了贵州政府购买社工服务的新起点，当年新成立社工机构就有31家。2019年突破100家，2021年达179家。截至2022年8月，贵州社工机构达200余家。[①] 2023年5月，贵州省会城市贵阳贵安社工机构达69家，乡镇（街道）社工站68个、社工站市级指导中心1个、县级社工总站10个。[②] 此外，贵州将"儿童之家""益童乐园""社工黔行""五社联动·社工站助力计划""蓝马甲"等项目引入社工站，进一步丰富

---

① 贵州民政：《牢记嘱托奋力前行 抢抓机遇创新发展——党的十八大以来贵州省社会工作发展综述》，腾讯网，2022年9月6日，https://new.qq.com/rain/a/20220906A0790Z00.html。
② 《贵阳市民政局召开2023年社会工作人才交流座谈会》，贵州省民政厅网站，2023年5月31日，https://mzt.guizhou.gov.cn/xwzx/sxxx/202305/t20230531_79982589.html。

青年社工服务内容，加大对青年社工的支持力度。

社工机构数量的增加为青年社工人才发展提供了广阔的舞台。但青年社工对社工机构整体满意度不高。调查发现，青年社工中有作为社工项目主要负责人主持社工项目经历的仅占6.6%，没有过相关经历的比例高达93.4%。当被问及"您是否获得过机构/组织颁发的先进个人等类似荣誉称号"时，选择"是"的仅占3.8%，选择"否"的占96.2%。进一步分析，可以发现，管理岗类青年社工获荣誉称号比例最高为5.08%，一线实务类社工中获荣誉称号人数占比为4.23%，机构内督导和研究类青年社工无人获荣誉称号。当被问及"就您了解到的情况来看，您如何评价当前社工机构对青年社工的支持和培育情况？"，选择"比较重视，已有相应的支持和培养措施"的占25.2%，选择"一般，有文件支持但落实不到位"的占44.2%，选择"不重视，认为培育投入大，周期长，见效慢"的占25.9%，选择"有偏见，认为青年社工技能提升后容易流失"的占4.7%。

从对机构为员工购买的"五险一金"和提供的激励措施的满意度评价来看，平均得分均为2.69[①]，接近3，属于"一般"。合并来看，对于"五险一金"的评价，选择不满意的人比选择满意的人数占比高出20.2个百分点；对于"提供的激励措施"，选择不满意的人比选择满意的人数占比高出16.2个百分点（见图3）。

（四）社工培训人数过半，培训满意度有待提升

为了提高社工的专业素质，帮助广大一线社工和督导人员掌握专业知识和技能，提高社工职业水平考试通过率和为民服务能力，贵州各级民政部门组织开展多轮培训，在不同时间节点，分批次、分等级开展多样化的社工人才培训和选拔工作。在我们调查的青年社工中，参加过培训的青年社工占53.3%，从未参加过培训的占46.7%。培训师资主要来源于相关领域的专家

[①] 本研究在SPSS27软件中进行变量"机构为员工购买的'五险一金'的满意度"和"机构提供的激励措施的满意度"的数据录入时，1代表"很不满意"，2代表"较不满意"，3代表"一般"，4代表"较满意"，5代表"非常满意"。

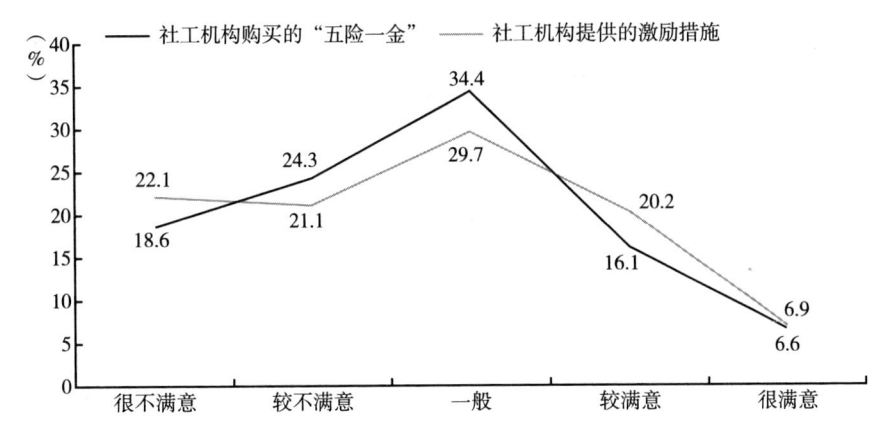

图3 被调查者对社工机构购买的"五险一金"和提供的激励措施满意度评价

资料来源：贵州青年发展研究院《贵州青年社工人才发展调查问卷》统计数据。

和高等院校的教师，而具有更多实践经验和丰富案例的社工机构却较少。采取的形式主要是集中授课、网上教学。培训的内容是专业理论与实务技巧。由于培训方式的单一和实践环境的缺乏，培训效果不明显。数据显示，青年社工对培训的满意度总体评价不高，平均得分为2.38[①]，数据接近"2"，表示青年社工对培训的评价为"较不满意"（见图4）。

（五）接受过专业教育的比例不足四成，知识技能仅能基本匹配工作需求

调查显示，贵州青年社工中有社会工作专业背景的占11%，有相关专业背景的占27.8%，没有相关专业背景的占61.2%。合并来看，接受过专业教育的比例占38.8%，不足4成（见图5）。但这并不影响大部分青年社工胜任自身工作，这可能与社工的工作性质和内容以及青年社工从业时间有关。在被问到"您认为自身的知识技能能否适应岗位要求？"时，13.2%的选择"完全不适应，想调换工作岗位"；10.7%选择"不适应，需要加强学

[①] 本研究在SPSS27软件中进行变量"培训满意度"的数据录入时，1代表"很不满意"，2代表"较不满意"，3代表"一般"，4代表"较满意"，5代表"非常满意"。

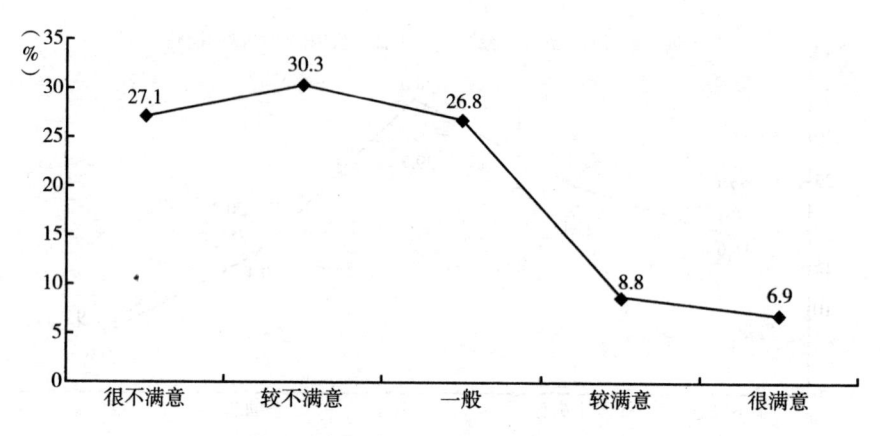

图4　被调查者对社工培训满意度的评价情况

资料来源：贵州青年发展研究院《贵州青年社工人才发展调查问卷》统计数据。

习和培训"；27.8%的选择"基本适应，工作稍有吃力"；32.8%的选择"比较适应，能够完成工作任务"；15.5%的选择"完全能够胜任，工作游刃有余"。合并来看，超过3/4（占76.1%）的青年社工认为能够适应工作。岗位胜任情况平均得分为3.27①，数据接近"3"，表明青年社工的岗位胜任情况为"基本胜任，工作稍有吃力"。

（六）工作压力较大，薪酬待遇满意度不高

工作压力是青年社工在面对社工工作时的主观心理反应。调查发现，超过4成的青年认为工作压力比较大或非常大，仅不到1成的青年认为没有压力。不同的压力感知情况会对青年社工的工作状态和工作效能产生不同的影响。

从青年社工对整体工作状态的自我评价来看，选择"精神饱满，积极作为"的占13.6%，选择"按部就班，随遇而安"的占39.1%，选择"厌烦倦怠，筋疲力尽"的占42.3%，选择"其他"的占5%。当被问到"您对目前整

---

① 本研究在SPSS27软件中进行变量"培训满意度"的数据录入时，1代表"完全不适应"，2代表"不适应"，3代表"基本适应"，4代表"比较适应"，5代表"完全适应"。

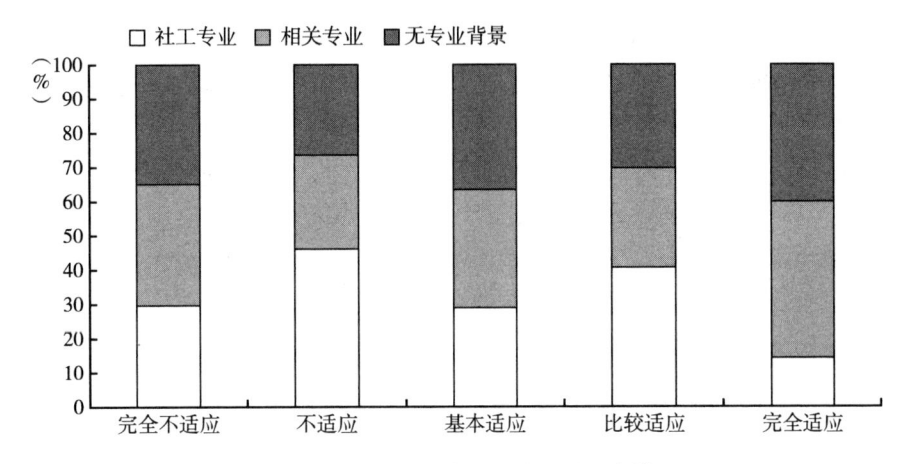

图 5 被调查者专业背景与岗位的适应情况

资料来源：贵州青年发展研究院《贵州青年社工人才发展调查问卷》统计数据。

体的工作情况是否满意"时，19.6%选择"很不满意"，24.6%选择"较不满意"，34.4%选择"一般"，14.2%选择"较满意"，7.3%选择"很满意"。可见，当前贵州青年社工的工作积极性和满意度还有待进一步提升。

从青年社工每周工作时长来看，时长在 35 小时及以下的占 7.9%，时长在 36~40 小时的占 42.9%，时长在 41~45 小时的占 26.8%，时长在 46~50 小时的占 11.7%，时长在 51 小时及以上的占 10.7%。可见，青年社工中每天工作时长少于或等于 8 的比例仅为 50.8%。而且，青年社工开展活动的时间主要集中在非法定工作时间，如周一至周五晚上、周末白天。

从收入来看，青年社工月薪在 2000 元以下的占 3.8%，在 2001~3000 元的占 25.2%，且工资收入处于这两档的群体全部为一线实务类岗位的青年社工。在 3001~4000 元的占 29.7%，在 4001~5000 元的占 26.8%，5000 元以上的仅占 14.5%。与当地其他行业相比，社工的收入水平较低，这在一定程度上影响了青年社工的工作积极性和稳定性。为了保障社工薪酬待遇稳定，2022 年 10 月，贵州省民政厅出台了《贵州省社会工作者薪酬体系指导意见（试行）》，对不同职级、不同学历和不同从业年限社工的薪酬出台了指导意见。根据持证等级和月薪交叉表的卡方检验结果发现二者显著相关

（sig<0.001）。调研发现大部分青年社工对薪酬满意度不高（见图6）。当问及"就您的能力和工作付出而言，您觉得您的薪酬合理度如何"，选择"非常合理"的占8.5%，选择"较合理"的占14.2%，选择"一般"的占30.9%，选择"较不合理"的占25.9%，选择"很不合理"的占20.5%。合并来看，选择"合理"的占22.7%，选择"不合理"的占46.4%。进一步分析发现，选择"非常不合理"的工作年限为1~3年的最多，占32.3%，选择"非常合理"的工作年限为5~8年的最多，占29.6%。

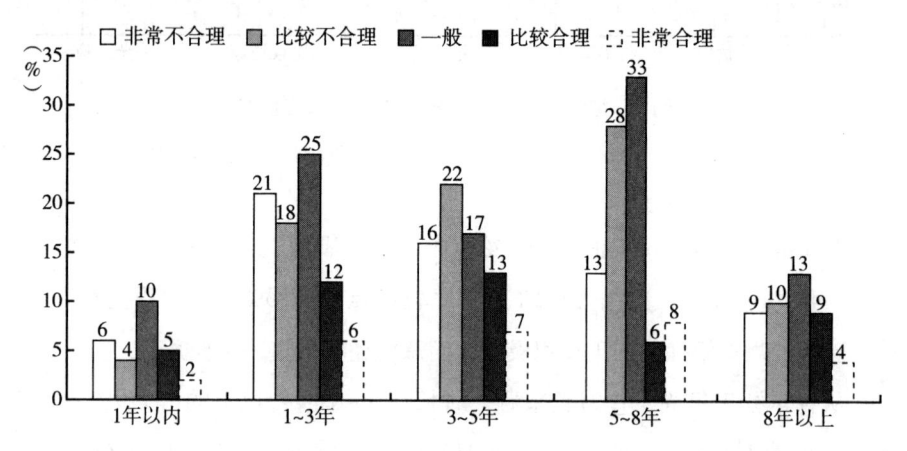

图6　被调查者工作年限与薪酬合理度自评分布情况

资料来源：贵州青年发展研究院《贵州青年社工人才发展调查问卷》统计数据。

（七）职业认同感不强，社工流失较为普遍

调查发现，青年社工中认同"社工是一个很有意义和价值的工作"这一说法的仅占3.8%，而认为"社工的社会认可度不高，待遇不好，地位一般"的占96.2%。当被问到"您如何看待社工作为一个职业存在的作用"时，满分为5分，被调查者给出的平均分最高为2.71分，即"促进社会公平"，接近中立态度。由此可见，青年社工的职业认同度还有待提升（见表3）。当问到"当初选择社工职业的原因？"时，选择"可以帮助他人，服务社会"的占比最高，为29.5%，高于排在第二位的（交流培训机会多，助力自我成长）

11.5个百分点,可见青年社工的初心仍是"助人自助",但社工事业的社会认可度不足,在一定程度上影响了青年社工的留驻。被调查的青年社工中,身边有人离职的比例为59.3%,没有的比例为28.7%,不清楚的占12%。进一步追问青年社工离职的原因时,选择人数最多的是"社会认可支持不够",其次是"专业不对口"和"工作压力大",排在第三的是"家庭和工作冲突"(具体见表4)。当被问及"是否会继续社工行业的工作"时,31.5%选择"是",9.8%选择"否",58.7%选择"不清楚,不好说"。

表3 被调查者如何看待社工作为一个职业存在的作用

单位:%

	完全不同意	不同意	中立	同意	非常同意	平均分
促进社会公平	21.1	24.6	30.0	17.7	6.6	2.64
增进社会福祉	22.1	22.7	33.1	15.5	6.6	2.62
维护社会稳定	20.8	23.3	34.4	14.5	6.9	2.63
促进社会和谐	20.8	23.7	31.2	17.0	7.3	2.66
倡导社会改革	18.9	23.0	32.5	18.6	6.9	2.71
提升家庭幸福感	18.0	22.4	35.6	16.4	7.6	2.73
改变服务对象的生活境遇	22.1	25.2	32.2	12.3	8.2	2.59

资料来源:贵州青年发展研究院《贵州青年社工人才发展调查问卷》统计数据。

表4 被调查者认为青年社工离职的主要原因(多选)

单位:人,%

离职的主要原因	频数	频数占比
工作待遇低	188	10.6
个人发展空间有限	124	7.0
工作压力大	241	13.6
专业不对口	241	13.6
发展前景不好	155	8.7
不是自己的兴趣爱好	192	10.8
社会认可支持不够	254	14.3
工作环境和氛围差	168	9.5
家庭和工作冲突	194	10.9

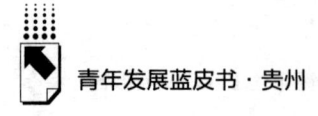

续表

离职的主要原因	频数	频数占比
其他（原因）	17	1.0
样本量（N=317）	1774	100.0

资料来源：贵州青年发展研究院《贵州青年社工人才发展调查问卷》统计数据。

三 贵州青年社工人才发展面临的机遇

（一）政策支持力度加大，为推进社工事业发展奠定了坚实基础

近年来，贵州将社会工作发展置于重要位置予以强力推进，投入大量资源，制定和实施了一系列旨在促进社会工作事业蓬勃发展的政策措施，比如《贵州省中长期青年发展规划（2019—2025年）》《贵州省"十四五"人才发展规划》《贵州省"十四五"民政事业发展规划》《贵州省重点人才五年倍增行动计划》《贵州省提升人才资源数量质量的若干措施》《关于加强社会工作专业岗位开发与人才激励保障的实施意见》《关于加快推进贵州省社会工作人才队伍建设高质量发展的实施意见》《贵州省社会工作者薪酬体系指导意见（试行）》。这些文件对社工人才培育、机构体系建设、专业岗位开发、项目策划实施、人才激励保障等关键领域都做了明确要求，为贵州青年社工人才的职业发展提供了完善的制度保障和政策支持，也为青年社工人才的成长成才奠定了坚实基础。从人才规模来看，2022年，贵州省社工人才总量突破6万人[1]，持证社工人数达5665人，较上一年度增加了2007人，增幅达54.9%[2]。从人才素质提升方面来看，贵

---

[1] 贵州民政：《牢记嘱托奋力前行 抢抓机遇创新发展——党的十八大以来贵州省社会工作发展综述》，腾讯网，2022年9月6日，https://new.qq.com/rain/a/20220906A0790Z00.html。

[2] 《社工人才优先录用为公职人员……细数贵州社会工作创新发展"大招"》，贵州省民政局网站，2023年11月22日，https://mzt.guizhou.gov.cn/xwzx/mzyw/202311/t20231122_83113694.html。

州加大对全国社会工作者职业水平考试的支持力度，鼓励、支持社工从业者参加职业水平考试。贵州社工职业水平考试报考人数从2018年的3800余人上升至2023年的30000余人（见图7），为贵州青年社工人才队伍的高质量发展奠定了基础。

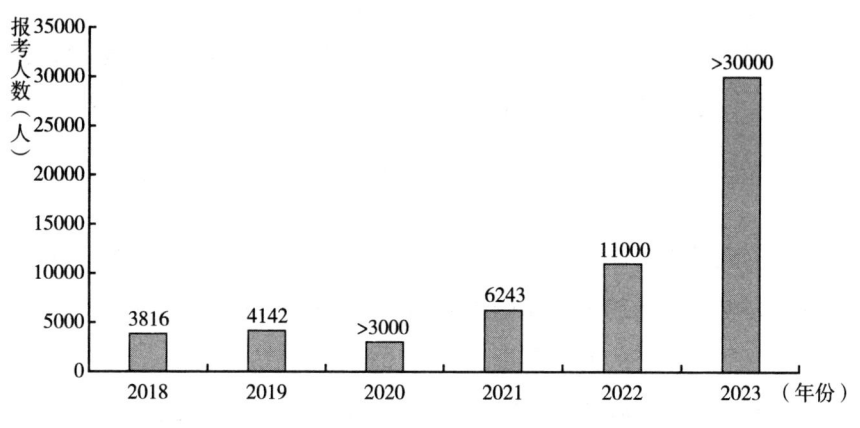

图7　2018~2023年贵州报考社会工作证人数情况

资料来源：贵州省民政厅。

（二）经济持续稳定发展，为加快社工人才成才开辟了广阔空间

从宏观经济视角审视，贵州黄金十年的发展成果和经济的持续稳定增长带动了社会各领域的进步，为贵州社会工作的繁荣开辟了宽广的道路，青年社工人才发展的组织平台、培训机会和晋升通道不断延伸拓展，推动了社工人才队伍的年轻化、专业化、职业化、本土化发展。2015~2022年，贵州省民政厅统筹安排资金2852万元开展社会工作专业服务，组织实施"'三区'计划""牵手计划""社工黔行"等中央和省级项目226个。2019~2022年，贵州省民政厅安排资金2900余万元，建设乡镇（街道）社会工作和志愿服务站395个。先后确定6所高校为贵州省社会工作专业人才培训基地，3家社工服务机构为贵州省社会工作专业人才重点实训基地。2013~2022年，先后有12所高校开设了社会工作专业，累计培养社会工作专业大专以上学历

5500余人。举办"最美社工""最佳社会工作服务机构""贵州省首届社会工作实务技能大赛"等社会工作宣传活动，弘扬社工精神、传递社工大爱。[1] 在奋力谱写中国式现代化的贵州实践中，在着力建设"青年友好型成长型省份"的贵州探索中，贵州立足高质量发展目标要求，围绕"四新"主攻"四化"的伟大历史进程无疑会对青年社会工作服务的推广与升级起到了积极的推动作用，广大青年社工在助推乡村振兴、推动城乡融合，保障和改善民生、创新社会治理、促进社会和谐稳定方面必将大有可为。

（三）社会治理重心下沉，为提高社工职业认知创造了有利条件

社会治理重心向社区下移，是我国社会主要矛盾变化和治理模式转型升级的内在要求和必然趋势。党的十九届四中全会明确提出"要推动社会治理重心向基层下移，把更多资源、服务、管理放到社区"。社会治理重心下移意味着管理职能和服务资源的下沉，意味着政府权力的适度让渡，意味着社会组织参与空间的不断扩大。社会治理重心下移的一个重要指向就是要为社区赋权增能，促进社区治理模式创新。作为社会治理的基本单元，社区是人们生产、生活、交往的主要场所，是各种社会矛盾、社会问题的多发地，也是青年社工活动的主要场域。[2] 面对当今日新月异的经济社会发展形势，社会利益主体呈现复杂化多元化趋势，对社会需求的多元化，社会服务的精细化要求大幅提升。在这样的情况下，青年社工作为社区活力的"加油站"、治理创新的"发动机"和社会和谐的"润滑剂"，施展才华的舞台无比宽阔，实现梦想的前景无比光明，必然使得社会公众对社会工作的认知和理解不断深化和提高。随着社会的发展和进步，人们越来越深刻地认识到社会工作者在维护社会稳定、推动社会和谐以及促进社会主义核心价值体系建设等方面发挥着不可或缺的重要作用。这种认识的提高，使得贵州青年社工

---

[1] 《贵州民政这十年 | 慈善事业健康发展 社工志愿服务持续加强》，贵州省民政厅网站，2022年10月24日，https://mzt.guizhou.gov.cn/xwzx/mzyw/202210/t20221024_76834467.html。
[2] 党秀云：《迈向高质量的社区志愿服务：发展机遇、现实困境与未来趋势》，《中国行政管理》2024年第2期。

在开展社会服务和工作时，能够得到社会各界的更多支持和理解，他们的专业努力和工作成效也更容易得到认可和肯定。

（四）信息技术快速发展，为创新社工服务模式提供了工具方法

近年来，贵州深入实施数字经济战略，大数据、云计算、物联网、区块链、人工智能加速发展，数据应用场景不断丰富，数字社区、数字乡村建设大力推进，人民群众的数字素养日益提升，为社工服务模式创新提供了新的理念、工具和方法。一是参与途径更加便捷。数据的扁平化特征，使青年社工可以超越传统的时空局限，实现服务资源在线共享，方便居民以更加便捷、多元的方式参与社工服务。二是需求回应更加精准。通过大数据的海量数据资源，可有效识别服务对象需求，实时监测和评估服务效果，有助于设计出更加个性化的干预计划，实现社工服务供需精准对接。三是服务形式更加丰富。互联网的普及与渗透，为线上社工服务的广泛开展提供了载体，丰富和扩大了社工服务的形式、内容及覆盖面。

四 贵州青年社工人才发展面临的挑战

（一）政策支持不足与政策了解不深并存

据不完全统计，2013年至今贵州省已经出台13项社会工作政策文件，涉及综合政策、专项政策和领域政策，形成了较丰富的政策体系，但存在结构不均衡、"模糊发包"的特征，[1] 特别是资金支持力度不大，具体的实施细节和操作规范不够明确，如社工服务评价标准还有待厘清，制约了社工事业的发展，也导致青年社工在实际工作中对政策的理解和把握存在偏差。具体来说，人才培训、场地配套、行业建设的政策支持力度较大，但对金融支持、税收优惠支持力度相对薄弱。涉及服务购买、岗位设置的政策更多地局

---

[1] 黄晓春：《当代中国社会组织的制度环境与发展》，《中国社会科学》2015年第9期。

限在民政系统内部。此外，社会工作岗位的设置与配置方面也存在不完善支撑，使得青年社工在就业市场上面临较大的压力。数据显示，青年社工在开展服务中面临的最主要问题是资金缺乏影响服务效果（见表5）。由于宣传不到位，青年社工对社工类政策缺乏必要的关注和了解。调查发现，青年社工中对政策非常了解的占 6.3%，比较了解的占 18%，一般了解的占 31.5%，不了解的占 24.3%，完全不了解的占 19.9%。合并来看，有 44.2% 的青年社工对政策文件不了解。

表5 被调查者在开展社工服务中面临的最大问题（多选）

单位：人，%

最大的问题	频数	频数占比
资金缺乏影响服务效果	194	21.6
不被案主理解和认可	132	14.7
服务评价标准模糊	122	13.6
工作压力大	144	16.1
经验不足	128	14.3
专业能力弱	168	9.5
其他（问题）	12	1.3
样本量（N=317）	897	100.0

资料来源：贵州青年发展研究院《贵州青年社工人才发展调查问卷》统计数据。

（二）社会认知不清与自我认同度低并存

贵州青年社工人才在发展中面临着一些挑战和困境，其中最为显著的一点就是社会认知与认同度低。虽然近年来贵州省委、省政府对社会工作的支持力度不断提升，但出于社会工作的基础较弱，人员规模偏小等原因，其社会影响力仍然难以在短期内迅速提升。无论是青年自身还是社会大众对社工工作缺乏准确的认知，对社工的需求和评价也缺乏客观性，导致社工专业的发展空间和机会受限，青年社工队伍的流动性较强。一是社工职业认同感较低。青年社工在职业发展中往往面临着家人、朋友乃至社会的不理解和不支持,有的甚至将社工看作"民工",认为社工专业缺乏专业壁垒、不建议报考,工作内容单一烦琐,发展前景有限,不适合作为终身职业,这种观念无疑会对青年社工的职业发展产生消极影响,使得他们在从事工作时感到迷茫和挫败。二是由于社工这个职业在我国起步较晚,是一种新兴的职业类型,特别是在贵州这样相对偏远和落后的地区,许多人对社工职业的认知不足,甚至有些人会将社工与志愿者、慈善人士等混淆,这导致社工的职业形象模糊,影响社工的工作开展。社工的工作涉及社会福利、社区服务、心理健康等多个领域,需要与各类人群打交道。公众对社工的认知度不高,极易导致社工在开展工作时遇到困难和阻碍,甚至可能影响到社工的权益保障。

(三)专业素质不高与实践经验不足并存

调查发现,贵州青年社工存在专业素质不高、实践经验不足的问题,这也是青年社工在开展服务时面临的第二大问题。一是部分青年社工对社会工作的基本理论、方法和技巧掌握不够熟练。贵州青年社工的学历层次相对较低,导致他们在面对复杂的社会问题时,难以运用专业知识进行分析与解决。同时,青年社工的综合素质还有待提高,如人文关怀精神的缺失,使得他们在服务过程中难以真正站在服务对象的角度去理解和解决问题。职业道德素养的不足,如保密原则、尊重原则的落实不到位等,使得服务效果大打折扣。有的青年社工在面对困难与压力时,容易产生消极情绪,这使得他们在解决问题的过程中受到影响,难以保持客观与冷静。二是贵州地区社会工作发展相对滞后。社会工作教育体系尚不完善,使得社工专业学生在专业知识与技能的学习上存在不足。缺乏丰富的社会工作实践机会,使得许多青年在实际操作能力上难以得到锻炼,存在实操层面上的短板。三是部分青年社工在沟通协调、团队协作等方面的能力相对较弱,这使得他们在开展社会工作时,难以与服务对象、同事及其他相关人员建立良好的关系。

(四)角色冲突明显与职业保障不全并存

社会工作是富有挑战性和公益性的职业,社区工作者往往需要"一专多能",有的"全通社工"甚至需要掌握 30 余项业务技能,这使不少青年社工承载着角色之间与角色内多重冲突带来的结构性张力。一方面他们肩负着服务社会、关爱弱势群体的职业使命,另一方面也承受着职业社会认知度低、地位边缘和经验不足、资源有限的多重困扰,使得部分青年社工面临较大的身心压力和职业发展困境。从工作压力来看,青年社工入职时间较短,工作量大,需要处理复杂的人际关系和繁杂的矛盾纠纷,这要求他们具备扎实的专业知识和综合技能以及较强心理素质和应变能力,如何平衡与调适工作任务的超负荷与工作质量的下降、高效工作与高质量生活之间的矛盾无疑是一个不小的挑战。此外,职业保障不足也是当前青年社工面临的现实难题。社工行业薪酬水平不高、福利保障不足、晋升空间有限等影响青年社工工作的积极性。特别是在一些基层社工机构中,岗位开发不足,晋升通道狭窄,使青年社工在职业规划和发展上感到迷茫,制约了青年社工专业素养的提高和业务能力的提升,影响了社工服务质量和效率。

五 促进贵州青年社工人才发展的对策建议

(一)完善政策法规,增强制度保障

加强对青年社工人才发展的顶层设计,通过政策引导和资金支持,完善青年社工人才发展的政策法规。一是专门出台针对青年社工人才发展的政策,从人才的引进、培养、使用、流动、激励和评价等方面加大对青年群体的支持力度,为青年社工人才发展创造良好的制度环境,不断提高社工政策对青年人才的可及度和感知度。二是针对青年社工发展现状和变动趋势,进一步优化资源配置,在资金支持和税收减免方面出台细化措施,引导社会力量加大对社工服务的购买力度,提高将社工经费纳入省级财政预算的比例和省市补助金额。三是加大社工岗位开发力度,积极探索加大公共卫生安全、生命关怀(殡葬服务)、人民调解、劳动争议调解、移民服务管理、金融服务等新兴领域青年社工人才队伍建设力度,为社工事业注入新动能,为社工

人才培育新优势。四是加强对社工行业的监督和检查，确保政策落地见效。加强对社工人才政策实施情况的监督检查、考核评估，确保及时发现问题、及时整改到位，促进社工行业的健康发展。

（二）加强宣传推广，增进社会认同

提升社工社会认知度是一项长期而复杂的任务，需要社会各界加强协作，持续发力，久久为功，共同为社工的发展创造良好的社会环境。一是开展面向"一老一小"特殊困难群体的宣传告知，通过地方电视台、社区微信群等载体宣传社工的职业特点、工作内容、重要贡献和价值，提高服务对象对社工职业的认知度，降低青年社工在开展工作时遇到的阻力。二是讲好青年故事。用大众喜闻乐见的方式如短视频、微电影、音乐剧等方式宣传推广优秀青年社工事迹，将其优秀事迹通过"故事"的形式广而告之。构建社区居民与青年社工的"情感共同体"，邀请服务对象上讲堂，以现身说法的方式，谈感受，谈体会，让社区居民能真实感受到社工的价值和意义。三是强化舆论引导。打造全媒体宣传渠道，宣传和推介青年社工的工作进展和成果。同时，大力宣传优秀青年社工带头人。通过评选、表彰的方式选树全省优秀青年社区工作者，以宣导模范青年社工先进事迹，营造良好业内环境，形成比学赶帮超的工作氛围，激励更多的青年投身社工事业，提升整个行业的凝聚力和向心力。

（三）优化培训机制、提升服务能力

通过深化培训和教育，打造一支职业化、专业化、本土化、复合型的青年社工人才队伍，不断提高青年社工队伍的学历层次、专业素养、综合素质及服务能力。一是加强教育培训。针对青年社工的岗位需求，制定社会学、心理学、教育学、管理学、法律知识等涵盖诸多学科内容的系统化的培训课程体系，提高青年社工人才专业知识水平。鼓励高校或社会机构建立社会工作学院，开展青年社工成人教育，实施青年社工学历提升、持证率提升和实务能力提升三项工程。优化师资队伍，吸纳更多具有实际工作经验的优秀一线社工人才成为培训师资。二是注重实践锻炼。通过整合培训资源、活化培训载体，强化考核激励，切实提升青年社工解决矛盾问题的实战能力。此外，鼓励青年社工参加各类专业培训、学术交流和研讨会，拓宽视野，提升创新能力，提高服务水平。为更多的一线实务类社工争取到作为项目主要负责人主持社工项目的机会。三是强化职业道德教育。青年社工在服务过程中，需要具备良好的职业道德，如尊重服务对象、坚守职业操守等。通过举办讲座、研讨会等形式，帮助青年社工树立良好的职业道德观，培养他们的社会责任感和使命感。

（四）强化激励保障，增强发展韧性

青年是人生的"拔节孕穗期"，面临较大的经济压力和强烈的发展动力，唯有进一步强化激励保障措施、增强发展韧性，才能为青年社工干事创业赋能。一是关怀青年社工的日常工作生活，加强心理疏导。通过定期开展民主座谈会，听取青年社工近期工作汇报，并适时提出建设性建议，关心青年日常生活和家庭情况，用情感温暖青年，用话语鼓励青年，用行动帮助青年，增强青年的角色适应能力。同时，加大对青年社工的督导力度，包括专业技能与知识的提升和情绪的疏导，帮助青年缩短专业角色距离和缓解角色冲突张力。二是强化职业激励举措。加大政府购买社工服务力度，提高社工的待遇和地位，提升青年社工人才在社工类评奖中的获奖比例，让青年社工在职业生涯中有明确的发展方向和目标。优化社工职业发展环境，逐步完善社区基础设施建设，鼓励社工机构为青年社工提供良好的工作环境和发展机会。三是完善职业保障体系。建立健全青年社工职业保障体系，完善社会保险、医疗保障、退休制度等，切实解除社工的后顾之忧。

B.7 贵州青年企业家创新创业发展报告

姚 鹏[*]

摘　要： 青年是最具有创新活力和潜力的群体，是推动国家创新和发展的重要力量。本报告从贵州青年企业家的创业动力、创业资金、经营现状以及面临的主要困难入手，进一步摸清贵州青年企业家基本情况，分析影响贵州青年企业家创新创业发展的主要因素。建议通过积极构建支持青年创新创业发展的政策体系、为青年提供多样化创新创业培训、有效拓宽青年创新创业融资途径、持续优化完善创新创业环境、构建青年创新创业数字化协同平台等措施，全力推动青年企业家创新创业发展。

关键词： 青年企业家　创新创业　贵州

青年作为人类年龄结构中最具有探索精神和最富有创新理念的群体，他们有着无限的精力、昂扬的斗志，激发鼓励他们不断地创新创业已成为当前各个国家和众多国际组织共同关注的议题。2017年4月，在我国发布的《中长期青年发展规划（2016-2025年）》中提出十大发展领域，"青年就业创业"就是其中的一大发展领域，基于青年的创新创业，规划中明确了以"青年创业服务体系更加完善，创业活力明显提升"作为发展目标，同时在建立健全促进青年就业创业的政策体系和推进青年积极投身创业实践等方面提出了具体的举措，持续构建完善青年就业创业的良好政策环境。2021年9月在中央人才工作会议上，习近平总书记强调"深入实施新时代人才

---

[*] 姚鹏，贵州省社会科学院历史研究所助理研究员，研究方向：民族医药。

强国战略，全方位培养、引进、用好人才，加快建设世界重要人才中心和创新高地"①。同年10月，国务院办公厅印发《关于进一步支持大学生创新创业的指导意见》，明确提出"深化高校创新创业教育改革，将创新创业教育贯穿人才培养全过程，建立以创新创业为导向的新型人才培养模式"。因此，大力鼓励支持青年进行创新创业，缓解社会就业压力，以创业带动就业的方式，开展青年创新创业的相关问题研究，优化完善青年创新创业的政策环境，持续营造具有青年特征的良好创新创业氛围也就越发重要。以青年创业者的需求为出发点，结合贵州当前经济社会发展的时代背景，优化整合自身的优势资源，倾力为全省广大青年创业者构建更好更有利的平台，做好对创新创业的各项服务，引导更多的青年进行创新创业，是全省各级政府需要解答的一项重要课题。

一 贵州推动青年创新创业发展主要举措

（一）大力推动教育突破发展

近年来，贵州持续深入推进高等教育突破发展提升工程，对全省高等教育结构体系进行优化完善，提升高等教育资源。截至2023年底，全省新增高等教育学位6.35万个，高等教育毛入学率达到50%以上，正式进入普及化阶段。省属高校的总体布局得到进一步完善，贵州财经大学、贵州医科大学、贵州理工学院以及贵州轻工职业技术学院等4所高校的新校区已完成建设并投入使用，全省各省属高校基本完成"一校一址"的总体布局。同时，全省新增设立贵州体育职业学院、贵州铜仁数据职业学院、贵州传媒职业学院、贵州生态能源职业学院等4所高校，全省普通高校数量达到77所。全省教育事业的突破发展，为贵州的经济建设与社会发展培养了大批高素质的

---

① 《习近平在中央人才工作会议上强调 深入实施新时代人才强国战略 加快建设世界重要人才中心和创新高地》，《人民日报》2021年9月29日。

青年人才，在提升了贵州青年人才培养水平的同时，更是为贵州高质量发展和现代化建设提供了强大的人才保障和支撑。以贵州省青年企业家协会的各会员学历为例，协会共有277名会员，其中大学本科（含本科）以上学历的会员有195名，占到了会员总人数的70.40%。

（二）持续优化青年发展环境

影响青年对于创业的积极性和成功率的因素主要是外部环境，外部环境的优劣对于大多数青年投身创业有着决定性的作用。近年来，贵州省委、省政府对于青年发展的重视程度越来越高，特别是在青年创业就业方面，出台了多项扶持政策以激励广大青年创新创业，涉及创业基金、奖补、环境、保障等多项内容，如《贵州省深化高等学校创新创业教育改革实施方案》（黔府办函〔2016〕98号）、《省人民政府关于推动创新创业高质量发展打造"双创"升级版的实施意见》（黔府发〔2019〕5号）、《省人民政府办公厅关于印发贵州省进一步支持大学生创新创业实施方案的通知》（黔府办发〔2022〕31号）、《贵州省人力资源社会保障厅省教育厅关于印发〈贵州省促进2022年高校毕业生就业创业二十条措施〉的通知》（黔人社通〔2022〕95号）。上述文件的出台实施，为全省青年进行创新创业提供了必不可少的各项条件，也初步形成了以贵州实际情况为基础具有贵州特点、适合并满足贵州青年创新创业发展要求的帮扶及保障体系。贵州在优化青年发展环境以及深化青年创新创业政策等方面制定并实施了一系列的措施，并不断健全完善相关体制机制，有力地增强了对青年创新创业的服务能力，提升了就业率，促进了贵州青年创新创业。

（三）多形式、多层次地开发计划和项目

青年创新创业是青年人才发展工作的重要组成部分之一，全省相关的组织和机构在开发青年创新创业的工作中，均以习近平新时代中国特色社会主义思想为根本遵循，坚持以人为本，将培养和提升青年的能力作为重点，在工作的思路、内容以及方式上不断创新，切实掌握贵州青年创业者的各项特点，结合他们创业文化的要求，探索贵州青年创新创业的有效路径，如开展

青年就业见习万岗募集计划及高校毕业生创业扶持计划，举办贵州省大学生"挑战杯"创业计划大赛、"互联网+"大学生创新创业大赛、青数聚·亚洲青年大数据创新创业论坛、贵州省"'源来好创业'青年创业资源对接服务季"活动、"创青春"——首届贵州青年碳中和创新创业大赛等活动。这些不同形式、多层次的项目和活动，不但强有力地提升了青年进行创新创业的动力，也让全省的各项资源在实现优化互补的同时得到了更大力度的开发和利用，如"创青春"大赛通过邀请相关职能部门、创投机构、专家学者参与，实现了项目、人才、资金、政策等要素的有效对接，日益成为服务创业青年的加油站、汇聚最新成果的博览会；"青数聚"行动计划通过建立科创孵化基地、设立科技创新创业基金，打造人才库、项目库、资金池等方式，会聚省内外大数据双创精英，引领广大青年投身大数据创新创业行动，支持青年投身贵州经济高质量发展。

二 贵州青年企业家群体基本情况

国家于2015年提出"大众创业、万众创新"战略以来，贵州也紧跟国家步伐，扎实推进"双创"活动，其中的青年创业群体即青年企业家的规模也是逐年扩大。本报告对全省各行业中较为突出的青年企业家和贵州省青年企业家协会中会员进行访谈及问卷调查（访谈及问卷调研时间：2023年12月至2024年2月），从他们的创业动力、创业资金、经营现状以及面临的主要困难等多个方面展开分析，进一步了解贵州青年企业家群体的一些基本情况，以更有利于制定及优化促进青年创新创业的相关政策及措施。

（一）创业动力分析

创业本就是干别人想为而不敢为之事，创业的青年企业家在有着伟大理想抱负的同时，更有着敢于去实现理想的勇气和强大的行动力。在对青年企业家的访谈中了解到，他们的创业动机基本上集中在最大限度实现个人价值的同时体现更大的社会价值，既能实现自己的梦想，也能改变世界和人们的生活。在创业的次数方面，首次创业者的年龄都相对较小，主要是创业的各项准备不足，其创业的成功率较低，而随着年龄的增长、创业经验的不断积累以及各项社会资源的汇集，对创业中面临的各种困难应对更为从容，其创业成功率大幅提升。因此，具有多次创业经历的创业者相对于初次创业，其对从事行业的敏锐度及熟悉度都更高，从而有着更好的创业前景。本次对青年企业家问卷调查中也反映了这一现象，根据问卷中对创业次数的统计，首次创业的人数占比最大，达到了48.08%，有两次创业经历的占比为21.15%，三次的占比为19.23%，四次及四次以上的占比均为5.77%（见图1）。同时，结合年龄结构的数据进行分析，首次创业的创业者年龄基本集中在36岁以下，有两次及以上的创业经历的创业者占比随着年龄的增长而上升，以39岁为一个节点，39岁以上的基本都有着两次及以上的创业经历。

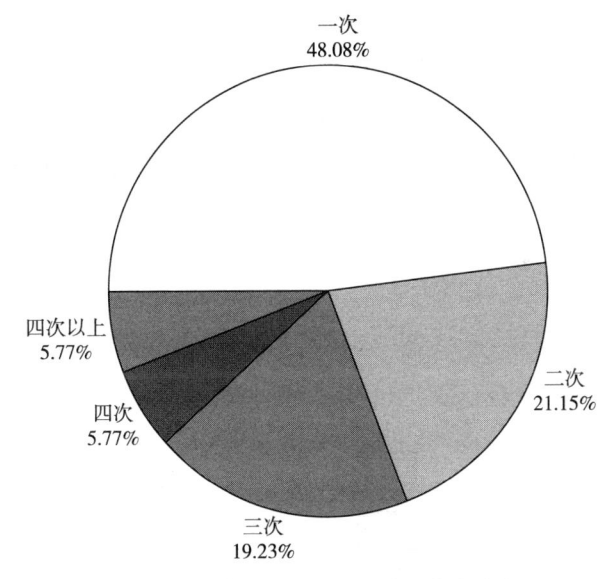

图1 受访青年企业家创业次数占比分布

资料来源：本课题调研数据，下同。

（二）创业资金分析

在创业的启动资金方面，大多数创业者的创业启动资金都不是很高，集中在50万元以内，在受访的青年企业家群体中5万~20万元的启动资金占比最高，达到了40.38%，其次为5万元以内，占比为28.84%，总体上低于50万元创业启动资金的占比为86.53%。创业启动资金与选择的创业行业息息相关，技术含量较高的行业所需的创业启动资金较多，如制造业、建筑业及信息传输、计算机服务和软件业等行业，其所需的创业起步资金基本在20万元以上；农业种养、批发零售、住宿餐饮等行业在创业起步阶段所需的资金较少，创业启动资金基本在20万元以内。同时，创业启动资金的多少也与创业者的创业经历有着较强的关联性，通常是创业者的创业经历越丰富，其再创业的期望回报就越大，投入的创业启动资金也就会越高。创业启动资金来源主要有四个方面，即个人或家庭积蓄、银行贷款、创投公司及其他来源，其中个人或家庭积蓄为创业启动资金的最大来源，在受访的青年企业家中有44.0%是利用个人或家庭的积蓄进行创业，其次是将银行贷款作为创业的启动资金来源，而借助创投公司获取创业启动资金则非常少（见图2）。这说明创业启动资金的来源还较为单一，同时省内的专业服务创新创业的创投公司发展较为落后，未能有效发挥其在支持创新创业发展上的保障作用。

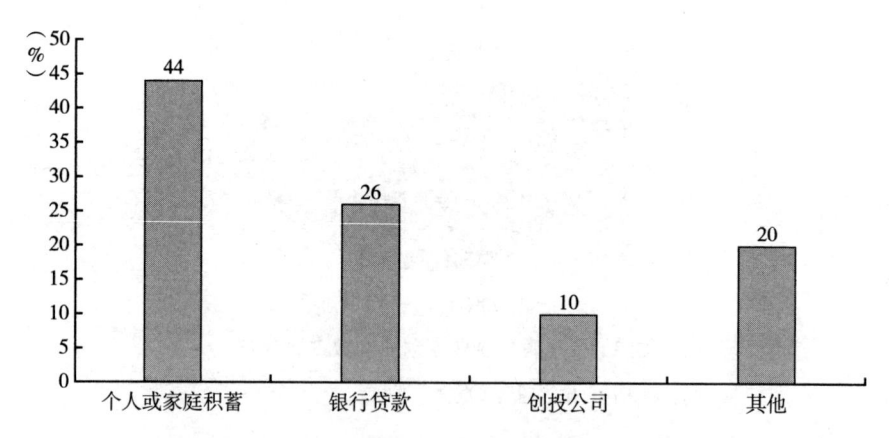

图2 受访青年企业家创业启动资金来源占比分布

资料来源：

（三）经营现状分析

在创业的形式上，主要有个人独资、家庭、合伙创业和其他形式四种，在青年创业群体中最为普遍的创业形式就是合伙创业，其次为个人独资，这两种创业形式同创业企业的特征是较为契合的，个人独资及合伙创业的企业的所有权、控制权及经营权较为明确统一，同时企业在经营过程中的盈亏及债务也非常直接明确，能有效调动创业者的创业积极性和经营企业的主观能动性。与个人独资及合伙创业相对应的是家庭创业，虽然家庭创业在启动资金以及创业者情感方面具有一定优势，但在后期企业运营过程中的常态管理和人才引进等方面有着较大弊端，所以并不是很受创业者的青睐。在此次受访青年企业家群体中，通过家庭合资合伙创业的占比就只有7.7%（见图3）。

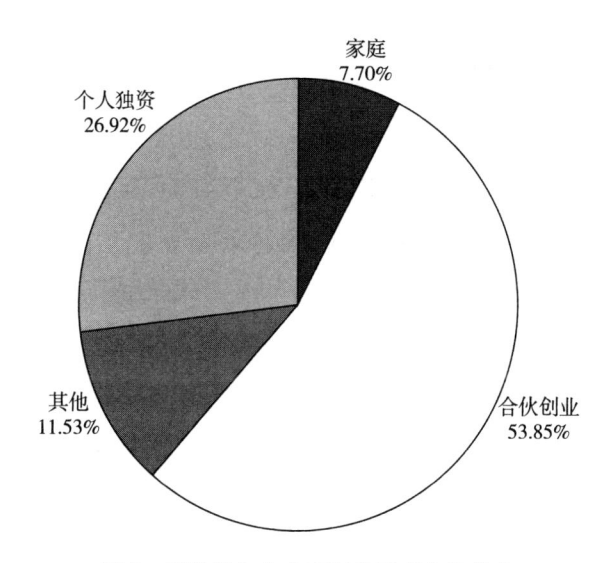

图3 受访青年企业家创业形式占比分布

资料来源：

在创业企业的盈亏状态方面，本次受访的大部分企业处于赢利状态，其占比达到了51.92%，同时有42.31%的创业企业处于盈亏不稳定期，而有5.77%的创业企业处于亏损状态，从总体上看是向好发展，但也必须看到初创企业还是具有较大的经营风险。对企业开始赢利的时间进行调查发现，有近一半的企业在创办一年之内就实现了赢利，有两成多的企业在两年内实现赢利，一成的企业在第三年实现赢利，两成多的企业是在三年以后才实现了赢利（见图4）。这说明大部分企业均能够在创业初期就实现赢利，创业者对市场的判断还是较为明晰的，同时实现赢利的时间也与创业的行业有较强的关联性，如此次调查中在三年以后才实现赢利的企业大多为从事农林牧渔业的行业，这也与该行业投资与回报周期都较长的特点相契合。

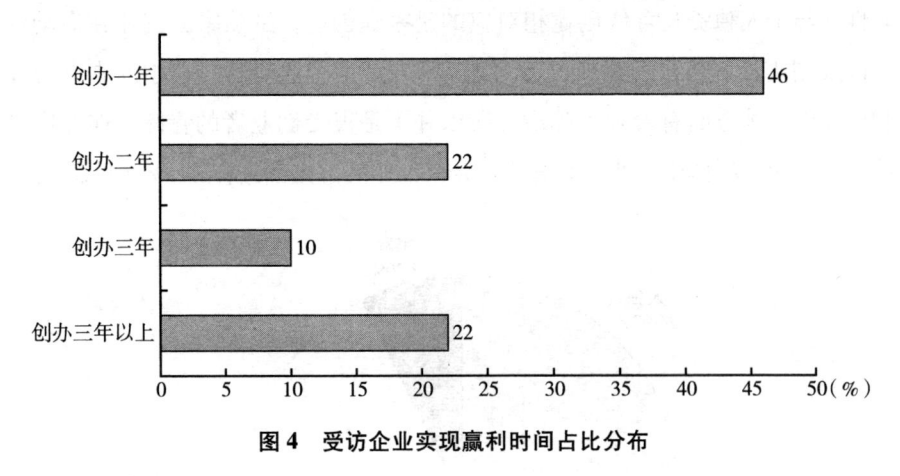

图4 受访企业实现赢利时间占比分布

资料来源：

（四）面临困难分析

通过前期的调研判断以及对相关文献研究的收集整理，加上在与青年企业家访谈中的反馈发现，青年创业所面临的困难主要有四个方面，即缺乏创业资金、缺乏社会资源、知识储备不足及其他困难。在对青年企业家群体的访谈中，他们反馈在创业中面临最为普遍的困难是缺乏社会资源，比重占到了67.31%，有17.31%的受访青年企业家认为缺乏创业资金是创业中面临的最主要困难，也有3.84%的受访者认为知识储备不足是创业过程中的最主要困难。将以上的统计结果同受访者的年龄和学历等进行联动分析发现，本次参与问卷的受访者年龄均在25岁以上，学历普遍在大专及本科以上，同时大多有着多次创业的经历，可见缺乏创业资金和知识储备不足的困难较少，而缺乏社会经验的积累，以及企业运营管理过程中的业务拓展和技术创新方面竞争力不足等困难较为普遍。

基于创业过程中面临的各种困难，在访谈中也收集了各位受访青年企业家最希望得到的帮助或诉求，其中"简化政府对创业及企业经营的相关行政审批"和"对创业相关税费减免及出台奖补政策"成为青年企业家群体最为普遍希望得到的帮助或诉求，两项之和达到了近六成的比重。政府部门的行政审批密切关联着企业的各种经营活动，行政审批程序的简化不但能有效提升初创企业的经营效率，也能降低其运营成本；同时，减免初创企业的相关税收和出台奖补政策，更是直接缓解了初创企业的资金困难问题。其次为希望政府及相关职能部门能"营造更好的创业环境氛围"，占比也达到了23.08%，更好的创业环境氛围可以理解为创业者能有更多的渠道获得融资，融资的成本更低，得到人才资源的条件更便利，以及得到政府及相关职能部门对创业的支持和帮助更多。对于希望"加大对创业场地的支持力度"的诉求占比为11.54%，提供初创企业的场地支持，不但能降低初创业者的创业启动资金和企业运营成本，也能让更多的创业者和初创企业形成聚集效应（见图5）。

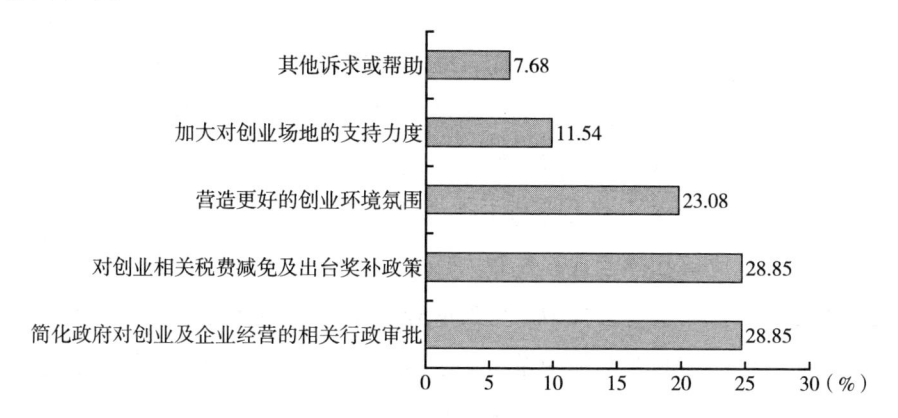

图5 受访青年企业家诉求或帮助占比分布

资料来源：

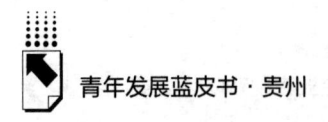

三 影响贵州青年企业家创新创业发展主要因素

创新创业是指经济组织为技术、产品、品牌、服务等某一点或几点创新而进行的创业活动，是创业者及其团队在创新创业中与相关资源及环境之间的互动过程，创新是创新创业的特质，创业是创新创业的目标。在创新创业过程中，青年企业家为了取得创新创业的成功，必然会突破各种困难和相关制约条件的约束，这不只是对青年企业家在资金筹集、使用及企业管理等方面的考验，更是与在特定时代背景下创新创业的社会环境息息相关，如营商环境、支持政策、经济及文化条件等。本报告重点从以下几个方面分析影响贵州青年创新创业发展的主要因素。

（一）开拓创新精神不足

创业者的开拓创新精神是进行创新创业实践活动的内在精神支柱，创新创业过程中的艰难困苦是毋庸置疑的，如果没有强大的精神支柱和心理素质是很难取得成功的。创新创业精神就是为适应市场各种挑战而不断自我调整进行创新实践的那种百折不挠的宝贵品质，是推动社会进步的重要力量。所以，企业家的精神力越是强大，其对创新创业实践的持续发展能力越是具有显著的正向影响。然而，受到传统观念、个人文化程度等多方面的影响，青年创新创业的开拓创新精神仍显不足。在许多地区，受文化开放程度的影响，本地较为落后保守的就业理念以及人生价值观严重制约了青年创新创业发展，对去外地工作的抵触心理及创业的悲观情绪较强。同时，由于就业观和择业观存在较大偏差，因此青年群体难以形成对职业观的正确认识，在就业选择中产生对职业的偏见，如认为服务行业的工作不够体面，进而在职业选择中排斥从事服务行业的工作岗位。解放思想且具有超前的思想理念是人才尤其是领军型人才的必备品质，但是由于对于创新创业的心理准备不足、创新创业意识较为薄弱，大多数青年在创新创业过程中缺乏必要的自信心，一心求稳，完全不考虑具有一定流动性、临时性以及就业弹性较大的工作岗位，从而流失了大量的就业岗位和创业机会。

（二）知识、技术积累不足

文化程度不高和技能素质偏低严重影响着青年的创业和就业，青年创业者具备强大的开拓创新精神是进行创新创业的前提，而必要的文化素质以及娴熟的职业技能则是进行创新创业必备的基础条件。基于贵州的青年创业群体，其创新创业过程中职业技能的欠缺和经验积累不足是面临的最为急迫的困难。创业者在行业内本就是新手，加上其开发运作能力有限以及工作阅历不足，难以准确把握市场风向，造成初创企业运营困难，进而挫败创业者的自信心，缺乏创业专业技能已成为制约青年创新创业的最大障碍。当然，也有一部分青年是在从事相关行业多年后，积累了一定的工作经验、掌握了一定的职业技能后再进行创业，不过也因为他们过早进入工作岗位，在受教育程度上较为不足，因此企业的后继发展以及创新能力较低。

（三）学习培训机会少

目前，在省内的部分社会职业培训机构及各级政府虽推出了一些免费或低偿的创新创业培训项目，但普及率很低，同时学习培训机会不均等的问题较为突出。由于缺乏高校及相关研究机构等载体的支撑，青年群体主要通过与同行交流、主动查阅文献、参加相关协会等渠道学习相关行业知识。也有部分理念较为先行的企业，为增强自我创新发展能力和市场竞争能力，已在企业内部形成了一套较为完备的人才培训体系。但在全省范围内，对广大青年人才较为普及的培训和教育学习的机会是十分匮乏的，对于行业信息及技能知识的学习和更新的渠道不畅且方式单一的问题，不但阻碍了青年群体的再学习、限制青年人才的自我进步，更是制约了全省青年创新创业能力的提升。

（四）创新创业资金筹集困难

当前，全省青年创新创业的启动资金基本来自家庭的支持，我国现阶段对于创新创业扶持的专项资金项目还较少，加上各大银行对于创业贷款的机制仍不健全，造成以个人的能力筹集创新创业资金相当困难，政府对青年创业的资金支持与青年创业群体的需求之间严重不对等。根据政府出台的相关金融政策，金融机构审批发放贷款必须要借款人提供相关的抵、质押物作担保，而初创企业由于还未建立好一条完备的资金链，需要大量的流动资金来确保企业的正常运转，同时，企业的用地租金、购买相关设备、人员工资等方面的成本，让初创企业已无再多的资金或财产用于抵、质押物。由于初创企业在抵、质押物和信用体系的缺失，创业者就需要根据金融机构的要求去寻找担保人，这也变相增加了青年创业者获取初创资金的难度。

（五）扶持政策不健全

对青年创业者的扶持政策不完善是当前我国大多数地区都存在的普遍性问题，发达国家在创新创业方面的相关法律及制度相对较为完善，青年创业者在创新创业中所面临的困难和阻碍相对较少。近年来，我国对创新创业发展越来越重视，不断加强对其支持力度，相继出台了一系列的政策，包括行政上简化审批程序、财政上减免税收、金融上资金支持、政策上咨询服务等鼓励创新创业发展，但这些政策还较为散碎，未能形成一个较为完备的体系，政策红利的刺激作用还未能充分发挥，也存在一些束缚青年创新创业发展的体制机制障碍，如营造创新创业氛围的缺失、创新创业配套设施不足以及地方保护主义等。贵州也紧跟全国步伐，在结合自身实际情况下，制定出台了一系列支持创新创业发展的政策，但从总体上来看，同样有着扶持政策体系不健全的问题，对创新创业者的整体服务能力还较低，在创新创业的软环境构建、信息共享、培训指导、资源优化等方面还有着很大的提升空间，尤其是在创新创业的项目和投资方面未能有效匹配，急需搭建一个创新创业信息共享及交流服务平台。

四 推进贵州青年企业家创新创业发展的建议

（一）积极构建支持青年创新创业发展的政策体系

加大对支持青年创新创业发展政策的宣传力度，设立专门对口服务青年就业创业的机构，定期开展对创新创业的服务咨询以及政策普及解读，及时发布市场对人才的最新需求和动态，最大限度提升全省青年对国家及省内最新的创业就业政策的知晓率，争取为青年就业创业做到一站式、一体化的服务。积极为青年创新创业者与相关科研机构牵线搭桥，加快创新产业的产学研合作，为创新企业在技术研发、成果转化、人才培养等方面提供不同需求的服务。深入了解全省青年创新创业群体基本情况，出台支持青年创新创业发展的相关优惠政策，以多种方式为青年提供宽松、舒适的创新创业环境。聚焦当前青年创新创业发展急需解决的问题，持续优化服务环境，打破身份和地域界限，特别是加强对前沿科技领军人才的引进，以引领贵州创新创业不断提升。

（二）为青年提供多样化创新创业培训

以市场需求及创新创业发展趋势为导向，努力构建政府引导、市场需求、社会参与的青年创新创业培训新格局。通过举办创新创业讲座、论坛及座谈会等多种形式，促进青年树立开拓创新的精神、树立正确的就业观、提升创新创业意识。持续加大对在校青年创新创业校园培训的力度，为具有创新创业意识但缺乏创业经验的在校青年提供较为系统的创新创业素质提升和技能培训，以提高其创新创业的成功率。在有条件的基础上，可提供一对一的对口创新创业辅导，根据创业者不同的需求，如技能、经验、市场营销、企业管理等，定向匹配相应的创新创业导师，以面对面的沟通交流方式帮助创业者创新创业发展。同时，省团委要积极联合青委和青年企业家协会等组织，调动社会各种资源，组织开展培训、研讨、交流等活动，基于创新创业训练、实践等项目有指向地为青年创业者提供专业化、多样化的培训服务，从而持续提升全省创新创业发展能力。

（三）有效拓宽青年创新创业融资途径

充分发挥共青团组织的桥梁和纽带作用，深化和拓展同相关金融机构之间的合作，争取在青年创新创业贷款工作上取得新的突破，加大财政投入的力度与规模，有效增加青年创新创业的融资渠道。强化政府引导作用，鼓励合法合规的创业投资机构运用信贷帮扶推动初创企业发展壮大，支持创新创业保险、科技债券等相关金融产品的发展，让更多的民间资本和金融贷款支持青年创新创业发展。加大政府支持青年创新创业在税收减免、贴息等方面优惠政策的宣传普及力度，鼓励相关金融机构加大对创新创业贷款资金的投入，设立专门的部门机构以支持创新创业。同时，对具备较好基础条件的青年创业者，以项目委托、财税激励及政策扶持等不同方式，引导并鼓励企业持续加大在科技创新上的投入，推动企业在管理、技术、产品等多方面创新发展。

（四）持续优化完善青年企业家成长环境

切实利用好团省委、省青联、青企协等政府和青年社会组织平台，以项目、计划等相关活动为载体，营造积极鼓励创新创业发展的良好氛围，持续优化完善创新创业环境。赋能陪跑计划旨在针对初创企业及所在行业的共性和个性需求，设计并实施深度陪跑赋能培训，通过定制化课程和灵活的教学模块，对个人或团队进行针对性提升，内容涵盖管理能力、专业技能、行业洞察等多个维度；同时，建立长效沟通机制与平台，促进初创企业间的深度交流与合作链接，共同擘画行业发展愿景，推动整体产业进步与发展。"黔货中国行"全国推广活动以不同行业或特色产品为主题的系列推介洽谈活动，内容涵盖展会参展、销售渠道拓展、招商加盟、线上线下整合营销等多元形式，旨在将贵州精品"黔货"推向全国市场，提升品牌知名度和市场份额。"黔企对话"跨区域交流项目以"走出去引进来"的理念为核心，组织初创企业与全国各地乃至国际上的优秀企业进行深度学习交流，通过举办多场跨区域的行业对话活动，助力贵州青年企业家拓宽视野、提升战略远见，有效拓展企业发展空间和市场布局。青年桥梁计划将与合作高校共同推出公益性质的企业讲堂活动，以发挥青年企业家在社会公益和教育引导方面的积极作用，帮助学生树立正确的就业观、创业观，并引导进行合理的人生规划和职业定位；同时，积极推动企业与高校之间的深度合作，以确保高校教育更好地对接市场需求，提升毕业生就业质量，也为企业输送更多具备实战经验和专业技能的高素质人才，实现教育链、人才链和产业链的有效衔接与深度融合。

（五）构建青年创新创业数字化协同平台

与时俱进，基于新时代青年创新创业发展工作的需求，积极引入互联网思维开展服务工作，在网络空间及时有效地提供创新创业信息资源，着力解决创新创业服务资源与创业青年信息需求不对称的突出问题，构建并完善资源共享的信息网络，为青年创新创业打造一个开放、规范且透明的信息平台。该平台旨在通过构建一个中心多个节点的数据中心，实现初创企业的各类数据信息的聚合与精准匹配，加强对初创企业各项数据的统计分析功能，实现更便捷的信息管理、活动组织统计、外部资源接入、企业间互助共享等功能，从而优化资源配置，强化供需对接。运用网站、微信公众号等平台及时推广并解读创新创业政策，让创业青年知晓政策的同时运用政策。

B.8 贵州新职业青年发展报告

钟鑫 张带钺*

摘 要： 青年至，则城市活；青年留，则城市兴。越来越多的新职业青年扎根贵州大地，在实现自己的奋斗目标、体现自己的人生价值的同时，推动贵州省就业市场不断活跃，为更多青年创造更加良好的示范效应。研究发现，就业形式去组织化和从事行业多样化是新职业青年的显著标签，不愿被当下束缚的他们在最富有尝试和创新精神的年纪，释放就业活力，诠释青春的意义；同时，贵州省新职业青年显著面临生存压力，政策落地、权益保障和公共就业服务等问题困扰着新职业青年发展。因此，研究提出应建立健全新职业青年组织体系和内部发展体系，支持新职业青年向好向上成长，提升就业获得感和幸福感。

关键词： 新职业青年 去组织化 多样化 贵州省

一 引言

新职业，主要指经济社会长期发展过程中已形成拥有一定规模的行业人员，具备较为独立、完善的职业技能，同时在《中华人民共和国职业分类大典（2015年版）》中未收录的职业①。新职业青年，则是指受教育程度相对较高、自我学习能力相对较强、拥有一定的数字化能力、更注重自我意

---

* 钟鑫，贵州省社会科学院研究实习员，研究方向：人才和就业；张带钺，共青团贵阳市委青年发展部部长。
① 李心萍：《新职业开辟就业新空间》，《人民日报》2022年12月1日，第8版。

愿表达，愿意以灵活和弹性的工作方式进入新职业领域的青年群体。党的二十大报告指出："完善促进创业带动就业的保障制度，支持和规范发展新就业形态。健全劳动法律法规，完善劳动关系协商协调机制，完善劳动者权益保障制度，加强灵活就业和新就业形态劳动者权益保障"。随着经济社会发展、科学技术进步和产业结构调整，就业环境不断变化、就业样态不断丰富、就业需求不断裂变，一批工作内容富有创意、工作方式灵活有弹性的新职业应运而生，越来越多的青年主动融入发展大势，成为贵州省经济发展新业态新领域的实践者、社会进步新动能新优势的塑造者。

善聚青年者，才有活力；善得青年者，方有未来。整体把握贵州省新职业青年的总体特征，剖析新职业青年群体发展的诉求和存在的痛点堵点，对引导帮助更多青年拥抱新时代具有现实意义，对贵州省建设青年友好型成长型省份具有重要作用。因此，研究以新职业青年群体为研究对象，从基本分布、制度支持、经济立足和职业信心等4个维度进行问卷调查和实地调研，分析如何积极服务和帮助该群体实现高质量就业，为贵州经济社会实现高质量发展做出青春贡献。

二 贵州新职业青年群体总体特征

新职业青年分类较为宽泛，为集中体现该群体职业特点和需求，研究针对"民宿房东""网约车司机""电子竞技员""网络文学写手""网约配送员（外卖骑手）""新兴互联网科技从业人员""新型职业农民/农业经理人""网络主播（包括音视频创作者）""公众号/微博等全媒体运营人员"等9类新职业青年为具体对象开展问卷调查。

问卷主要由各市（州）和县（区）共青团部门协助，在2023年12月至2024年2月，有针对性地对该区域9个市州的9类新职业青年群体随机发放问卷，共回收问卷2180份，有效问卷1781份，问卷合格率81.70%。

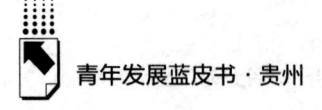

（一）基本分布状况

1. 新职业青年构成

（1）年龄方面，18~22岁新职业青年领跑全年龄段。在年龄分布中，18~22岁受访者占受访者整体比重为82.48%，其次为23~26岁，占比为10.56%（见图1），结果呈现正态分布样式。说明18~22岁的新职业青年正发挥身上具备的尝试和创新精神，领跑全年龄段。

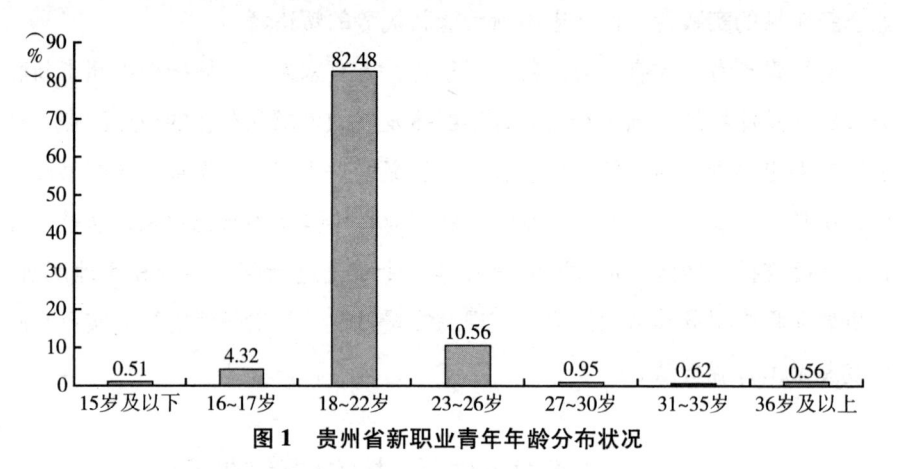

图1 贵州省新职业青年年龄分布状况

资料来源：本课题调研数据，下同。

（2）学历分布方面，本科专科青年成为主力军。在对学历分布的调查中，大学专科学历的青年占比最高，为58.34%，其次是大学本科，占比为32.50%，高中、硕士研究生及以上的青年位居其后（见图2）。

（3）流动时间分布方面，超半数新职业青年跨区域流动就业，6个月以下时间占比最高。在对是否跨区域流动就业调查中，59.29%的受访者表示属于跨区域流动，其中，来到该城市6个月以下的青年占比最多，为25.49%，其次是2~3年（见图3）。说明贵州省新职业青年群体主要以跨区域流动方式就业，且流动时间较短。

（4）区域分布方面，贵阳市（含贵安新区）是新职业青年工作最多的地区，毕节市是输出新职业青年最多的地区。在对工作地点的调查中，贵阳

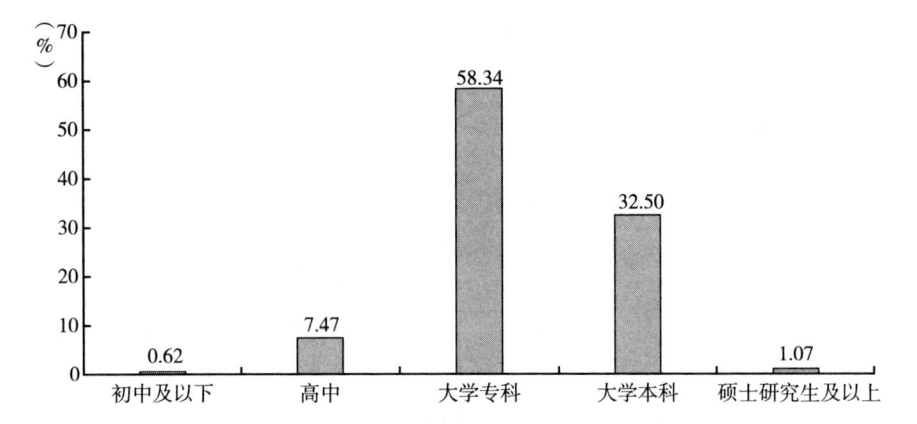

图 2　贵州省新职业青年学历分布状况

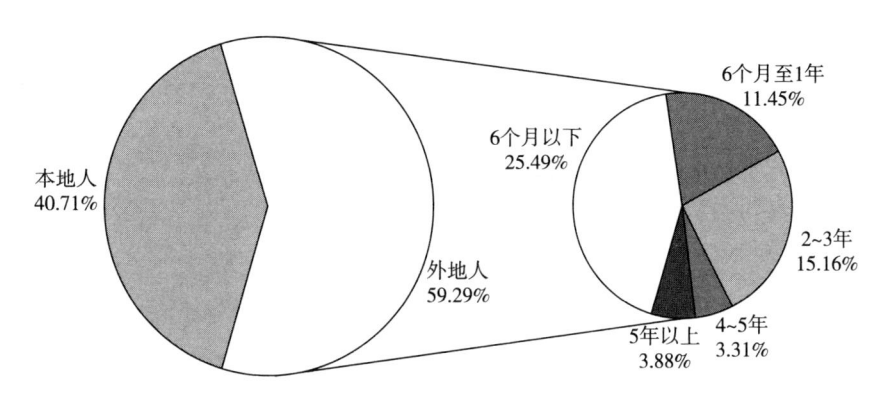

图 3　贵州省新职业青年流动时间状况

市（含贵安新区）和黔东南苗族侗族自治州是占比最多的两个地区，前者占比超 1/4，六盘水市和省外就业的占比最低和次低，分别为 3.43% 和 4.55%。在对流出地的调查中，问卷设置对上一题中"就是本地人"选项外的受访者进行调查，结果显示，毕节市、黔东南苗族侗族自治州和铜仁市占比最多（见图 4）。

（5）婚姻状况方面，未婚且单身青年占多数。在对婚姻状况的调查中，未婚且单身占比最高，达 75.13%，已婚的占比仅为 2.3%（见图 5）。结合调研，发现多数新职业青年更愿意在就业初期谋求事业的发展，在婚恋问题上考虑较少。

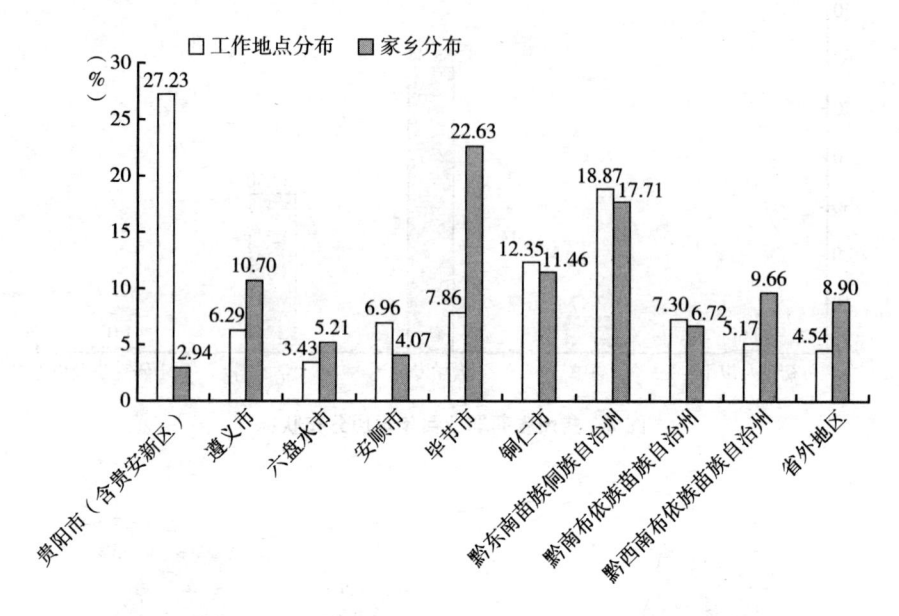

图 4 贵州省新职业青年工作和流出区域分布状况

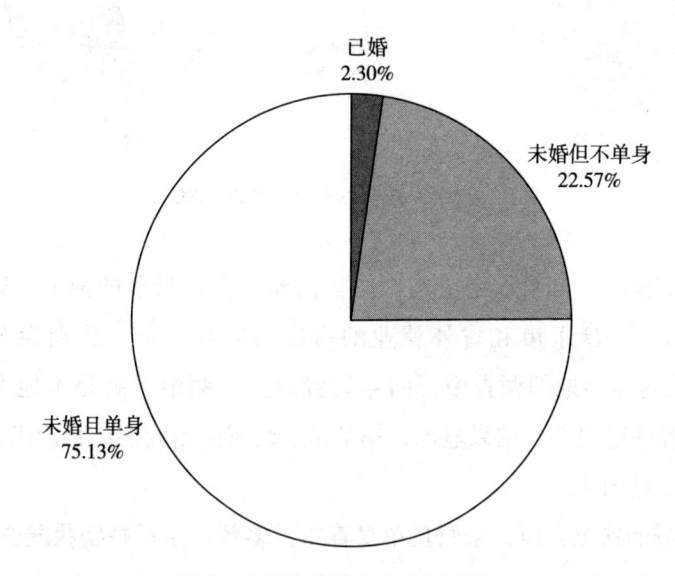

图 5 贵州省新职业青年婚恋状况

2. 新职业青年就业初衷

为了解贵州省新职业青年的就业初衷，问卷设计"工作体面""工作相对自由""符合兴趣爱好"等选项进行调查，结果显示，"符合兴趣爱好"占比最多，达52.61%，其次是"工作相对自由"，占比为46.27%。说明兴趣爱好是现阶段新职业青年从业的最大推动力，工作相对自由也符合当下很多青年不愿受到束缚的现状。研究也发现，占比最少的是"一时间找不到更好工作"，占比为21.5%，结合调研发现，与部分学者研究观点不同，贵州省新职业青年普遍存在将现有工作作为积累经验和社会资源的"跳板"现象，但更多青年并非将其视作无奈之举，而是遵从自身实际进行的慎重选择。具体如图6所示。

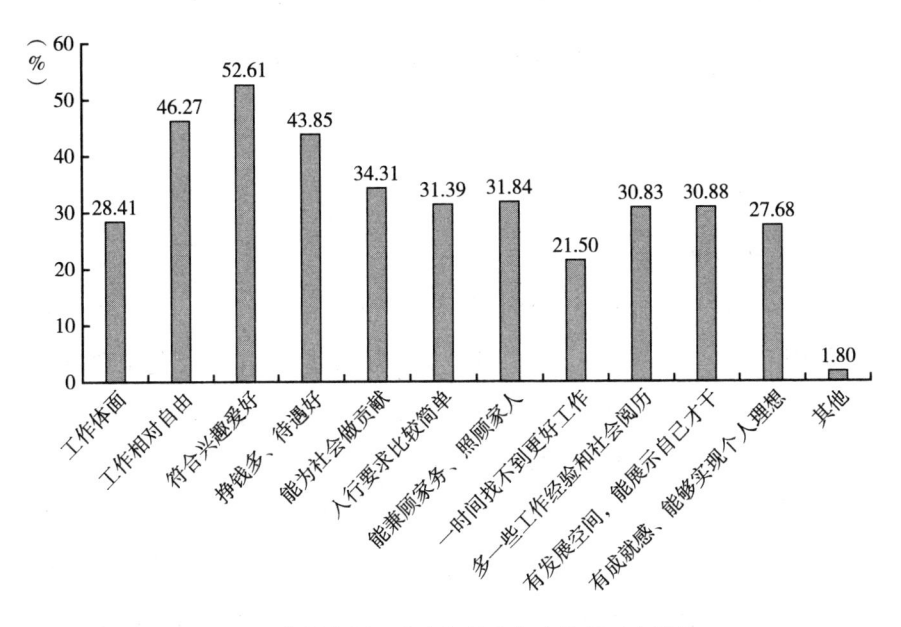

图6 贵州省新职业青年就业初衷情况（多选）

3. 就业满意度

为了解贵州省新职业的就业满意度，问卷还设置了"您对现在工作总体满意度如何"一题进行问卷调查，结果显示，"一般"占整体比重为65.13%，选择"满意"的受访者占比合计为22.07%，选择"不满意"的占比为12.8%（见图7）。说明在促进新职业青年获得感、幸福感和安全感，提升就业满意度的工作中仍有较大提升空间。

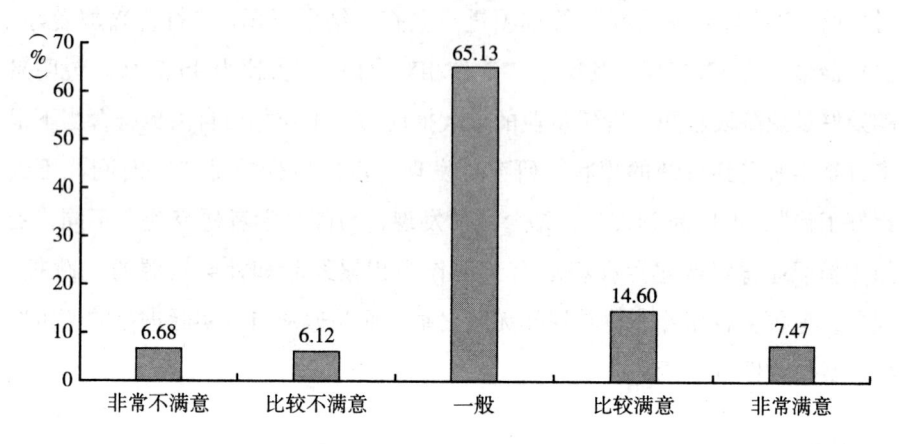

图7 贵州省新职业青年就业满意度情况

（二）制度支持状况

1.信息和政策需求

（1）就业信息获取渠道多样化是主要特征，社交媒体、互联网招工平台和校园招聘三个渠道最集中。新职业青年获取就业信息渠道的来源中，社交媒体成为最多选项，占比为58.39%，其次是互联网招工平台和校园招聘，占比分别为50.2%和49.41%。结果显示，在列举的8个主要选项中，多数选项占比超30%，最低的选项"劳务派遣公司"占比也超过了整体的1/4（见图8）。说明当下新职业青年的信息获取渠道随新职业的丰富性而变得灵活多元，也说明了在就业服务中应该构建全方位的宣传服务体系，让青年接收更充分的就业信息。

（2）综合政策更受到新职业青年关注，但部分青年了解政策的主动性不足。在对新职业青年群体关于政策的关注调查中，"人才、人力资源政策"、"就业创业扶持政策"和"青年发展中长期规划"是受访青年选择的前三项且选择比重均超过60%，同时，其余4个选项选择比重均超过30%（见图9）。

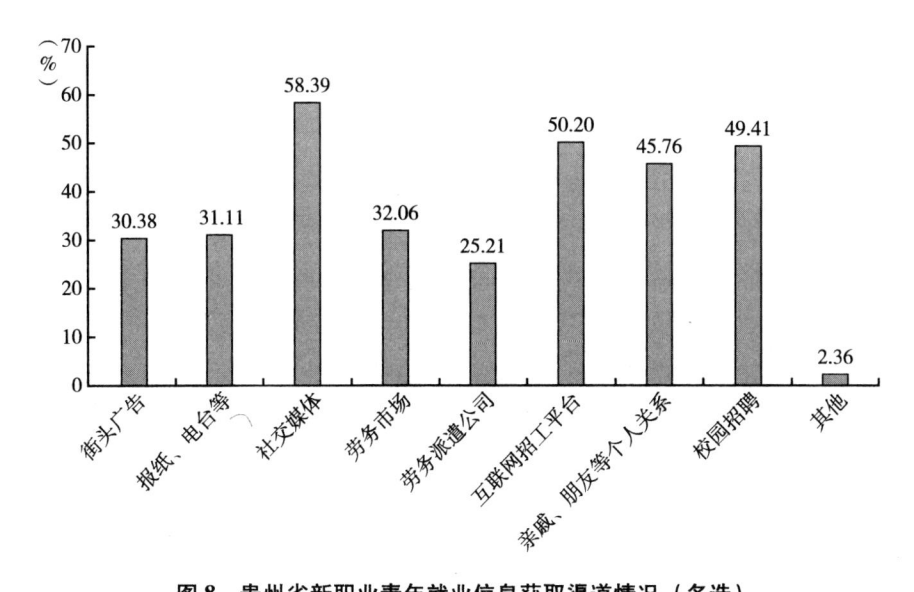

图 8　贵州省新职业青年就业信息获取渠道情况（多选）

综合来看，与就业信息获取渠道类似，从事行业的多样化带来新职业青年的综合性。此外，问卷还设置了"是否了解过和本职业相关的政策"一题进行调查，结果显示，仅52.27%的受访者选择"是"这一选项，说明有近半数新职业青年了解政策的主动性不足，需加强引导。

（3）中央和贵州省多次出台政策支持新职业青年发展。近年来，党中央、国务院多次发文，提出规范和助力新职业发展，保障新职业从业者合法劳动权益。2019年，中共中央办公厅、国务院办公厅印发《关于促进劳动力和人才社会性流动体制机制改革的意见》，指出要畅通新职业从业人员职业资格、职称、职业技能等级认定渠道；国务院印发《关于进一步做好稳就业工作的意见》，提出实施新职业开发计划；2020年，国务院办公厅印发《关于支持多渠道灵活就业的意见》，提出推动新职业发布和应用；2021年，国务院印发《国务院关于印发"十四五"就业促进规划的通知》，提出支持多渠道灵活就业和新就业形态发展。中央相关部门也印发《关于拓宽职业技能培训资金使用范围提升使用效能的通知》（人社部、财政部，2021年）、《关于印发专业技术人才知识更新工程实施方案的通知》（人社部、财政部

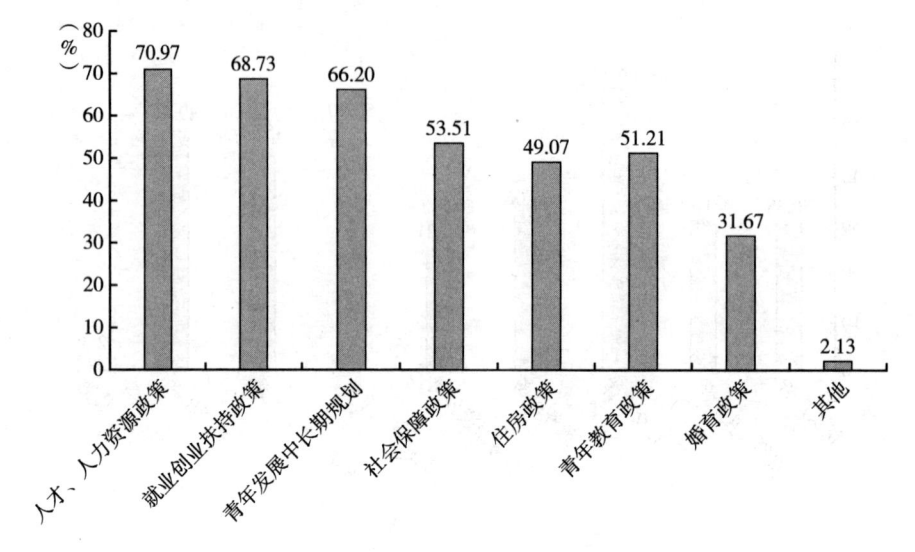

图9　贵州省新职业青年就业关注政策情况（多选）

等6部门；2021年）、《制造业技能根基工程实施方案》（人社部、工业和信息化部、国资委，2022年）、《人力资源社会保障部办公厅关于进一步做好职称评审工作的通知》（人社部办公厅，2022年）等文件，从动态发布新职业和制定相关职业技能标准、健全新职业培训支持政策、开发新职业培训教程和课程大纲、将众多新职业纳入职称评审范围等多角度支持和鼓励新职业发展。

在中央指导下，贵州省根据自身发展情况，因地制宜推出多项支持新职业青年发展的举措，探索促进新职业青年高质量就业的路径。2021年，省人力资源社会保障厅等8个部门出台了《省人力资源社会保障厅等八部门关于维护新就业形态劳动者劳动保障权益的实施意见》（黔人社发〔2021〕19号），聚焦依托互联网平台就业的网约配送员、网约车驾驶员、互联网营销师等新就业形态劳动者，在建立信息动态监管机制、明确权益保障责任和健全权益保障制度等方面进行制度设计；《2022年度"技能贵州"行动实施方案》提出发展战略性新兴产业，制订实施支持新业态新职业培训政策，开展互联网、共享经济、人工智能等新业态新职业培训。

2. 实际享受政策感知

（1）"五险一金"覆盖程度不高，没有任何社会保障的青年占一定比重。作为政策支撑的重要组成部分，各类社会保障是就业者的生存依仗，因此，问卷以"五险一金"作为主要内容进行调查。结果显示，同时具有"五险一金"的受访者仅为24.2%，而选择"没有任何社会保障"这一选项的受访者占比达37%。以上结果符合新职业青年可能就职于企业、受雇于平台和是自由职业者的分布情况，但出于对就业者的保障，对新职业青年社会保障支持力度仍有很大的提升空间。

（2）超过60%的青年对劳动权益保护持一般态度。在对青年关于劳动权益保护感知的调查中，63%的受访者对此持一般态度，持满意态度的受访者合计占比为23.01%（见图10）。结合上题可以看出，应该加大对新职业青年的就业服务，尤其是社会保障和权益保护力度。

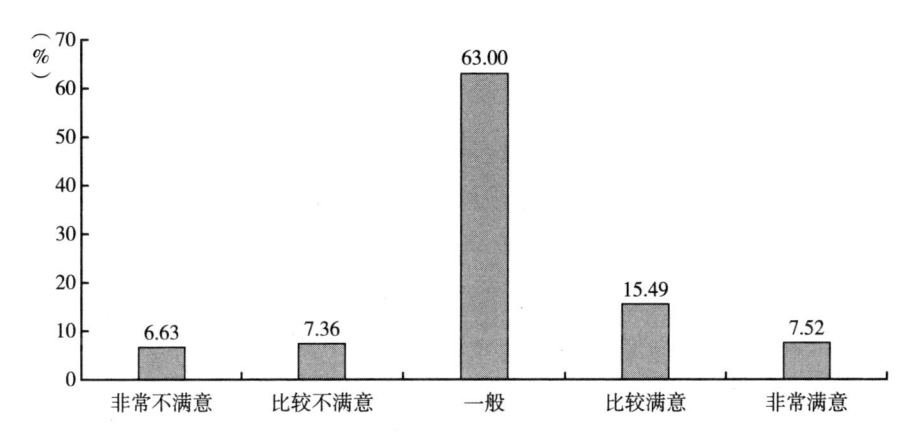

图10 贵州省新职业青年关于劳动保护满意度分布情况

（3）技能培训和就业（创业）的补贴、指导力度具有较大提升空间。关于新职业青年获得的政策支持中，问卷还设计了"是否参加过相关职业技能培训"和"是否享受过就业（创业）的补贴、指导"两题进行调查。在第一题中，选择"是"选项的受访者占比为47.56%，在第二题中选择"是"的占比为38.52%。综合可以看出，应该在新职业青年培训指导和补贴方面加大支持力度，尤其前者是帮助新职业青年职业发展和进步的重要手段。

（三）经济立足状况

1. 薪酬情况

（1）月收入3000元以下的新职业青年超半数。为了解新职业青年的收入情况，问卷设置"您的月收入情况如何"一题进行调查，结果显示，58%的新职业受访者月收入在3000元以下，其次是3000~4999元，占比为27.51%，此外，占比随薪酬水平的提升有明显下降（见图11）。说明贵州省新职业青年的整体薪酬水平并不高，可能原因有二：一是扣除"五险一金"等必要保险费用时，到手收入存在影响；二是贵州的一些新职业消费市场并不发达，每月收入情况并不稳定，如整理收纳师和网络主播等。

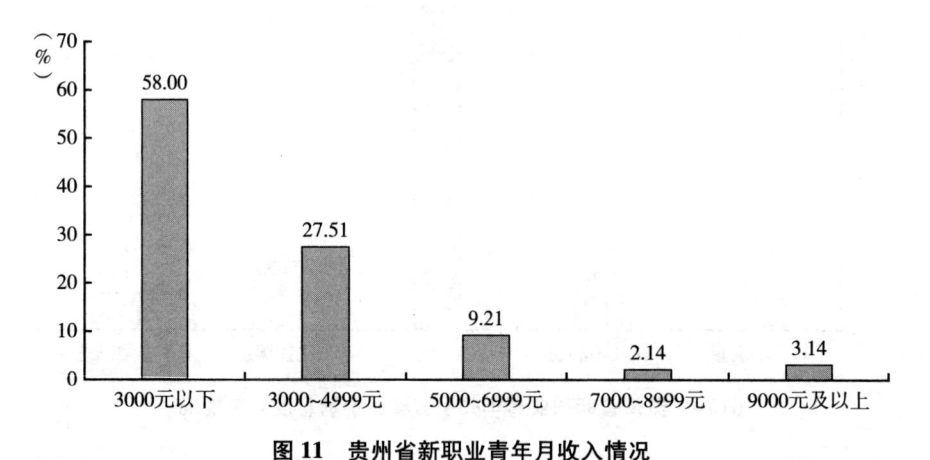

图11 贵州省新职业青年月收入情况

（2）仅少数青年认为收入满足日常需要没有困难。调查中，49.47%的受访者持一般态度，仅5.89%的受访者认为没有困难，认为困难的受访者接近45%（见图12）。结合月收入水平，说明新职业青年的发展存在很大的不确定性，生存问题是职业发展的重要制约因素。

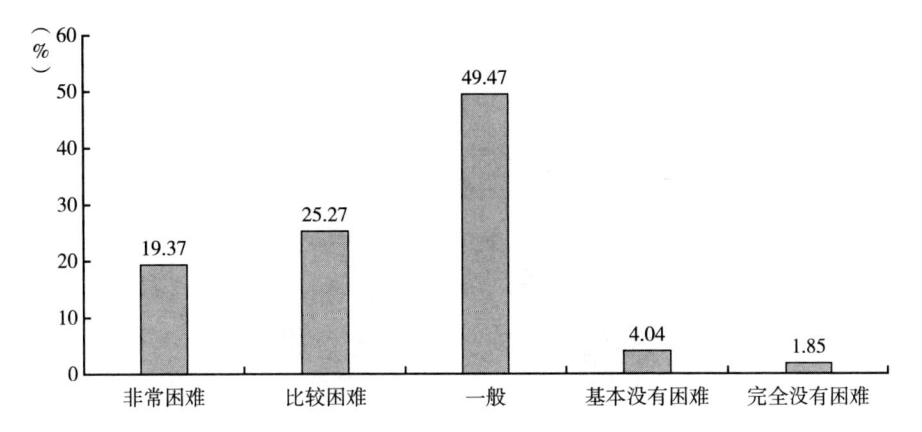

图12 贵州省新职业青年关于收入能否满足日常需要情况

2. 住房情况

（1）多数新职业青年仍需为住房打拼。调查发现，非自有住房状态的受访者占比为66.76%，仅1/3的受访者拥有自有住房，说明多数新职业青年仍背负着住房的压力，需为住房打拼。调研还发现，约10%的本地受访者仍是非自有住房的主要原因是工作和居住地之间相隔较远，该部分青年选择租房或借住亲戚朋友家，次要原因是家也在同区域，但为了更自由的状态而选择在外单独租房。

（2）新职业青年通勤状况较为分散。对新职业青年居住地离工作地点所需时间的调查发现，45分钟以上的占比最多，为30.54%，其次是小于10分钟和10~15分钟，占比分别为22.96%和19.54%（见图13）。说明新职业青年对通勤时间的要求并不严格，可以在工作地附近居住或在家办公，也可以接受超过45分钟的通勤时间。

（四）职业信心状况

1. 工作强度影响

（1）每周工作时间充分体现了新职业青年就业形式去组织化和从事行业多样化。在对新职业青年每周工作时长的调研中发现，工作天数出现显著差

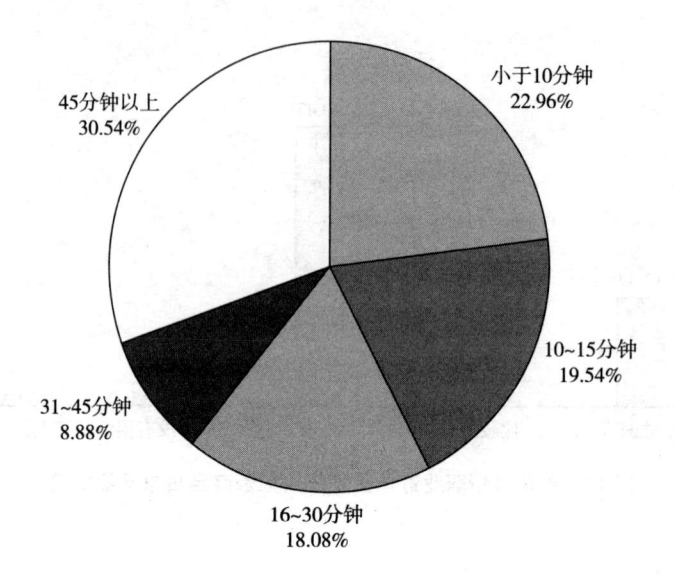

图13　贵州省新职业青年关于通勤时间分布情况

异，选择较多的是"工作5天"，占比为35.37%，此外每个选项都有一定比重（见图14），说明贵州省新职业青年属于传统和非传统相结合的就业模式。

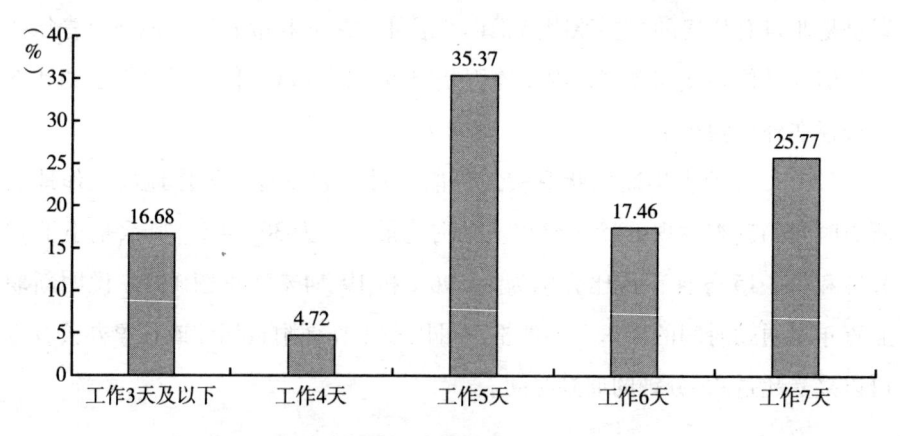

图14　贵州省新职业青年每周工作时间分布情况

（2）8小时工作制在不到一半的新职业青年中得到落实，小部分青年每天工作时长超14小时。与每周工作天数类似，每天的工作时长也相对分散。调查显示，42.84%的受访者每天工作时间为8~9小时，超过这一时间的受访者占比为 29.93%，其中工作时长超过 14 小时的比重为 5.73%（见图 15）。结合上题，说明新职业青年群体中存在明显差异，以民宿房东为代表的新职业青年工作相对灵活轻松，而以网约配送员（外卖骑手）为代表的青年收入相对单薄，只能通过延长工作时间确保薪酬在理想范围。

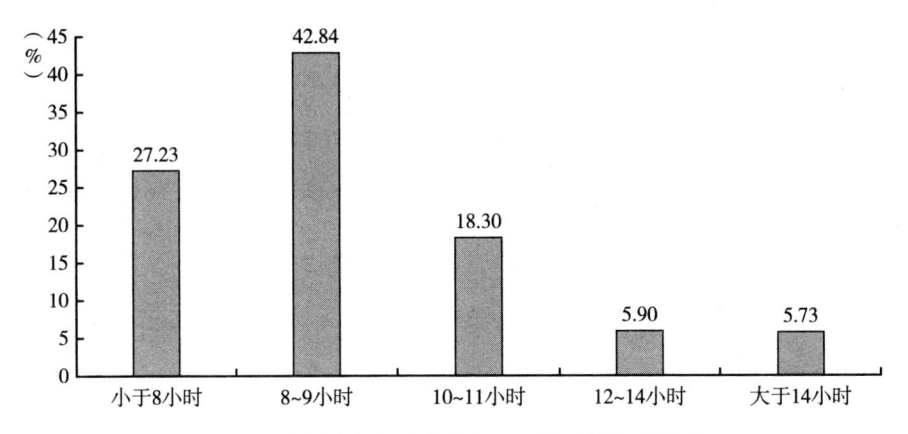

图 15 贵州省新职业青年每天工作时间分布情况

2. 具体信心表现

为从更多角度了解新职业青年的职业信心，研究聚焦"职业发展前景""职业的稳定性""增加收入""工作不被取代"四个维度进行调查。结果显示，四个维度占比最多的均是"一般"选项且均超过总数一半；从消极态度来看，选择最多的是对职业发展前景的信心，占比为 22.07%，选择积极态度最多的是增加收入的信心（见图 16）。综合来看，新职业青年的职业信心均有较大提升空间，尤其是对职业发展前景和稳定性的信心。

（五）社会融入感知

告别熟悉的校园生活的新职业青年，很好地融入新的就业环境，是实现稳定就业的重要前提，因此，研究从"愿意融入所工作城市""自我感觉是本地人""今后一段时间愿意留在本地"三个维度进行调查。结果显示，超

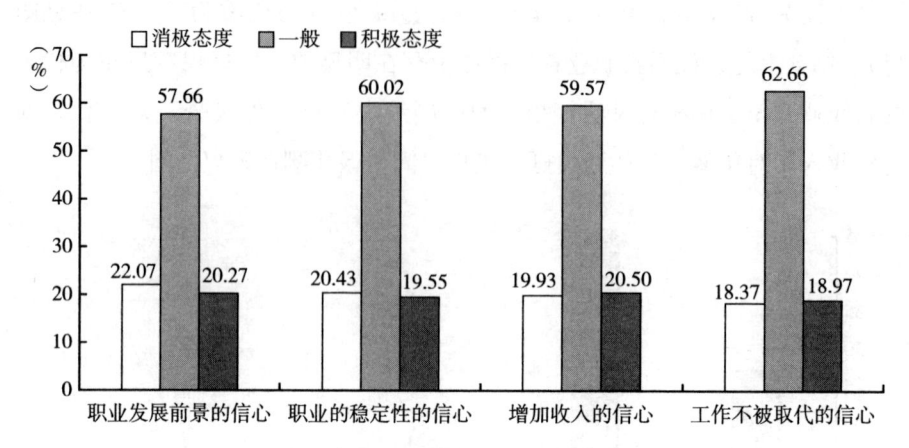

图16 贵州省新职业青年关于职业信心分布情况

注：四个题项均设置"非常没信心""没信心""一般""有信心""非常有信心"五个选项，为更直观展示，报告中将前两个选项合并为"消极态度"，后两个选项合并为"积极态度"进行展示。

过一半的新职业受访者持一般态度，但从剩余受访者来看，对愿意融入且感觉已经融入持肯定态度的受访者远高于持否定态度的受访者，其中愿意融入所工作城市的受访者高于不愿意融入的青年超20个百分点（见图17）。说明很多新职业青年对融入所在城市具有明显积极性，但多数青年模糊的态度应该引起重视。

（六）小结

就业形式去组织化和从事行业多样化是新职业青年的显著标签，不愿被当下束缚的他们在最富有尝试和创新精神的年纪，释放就业活力，诠释青春的意义。从就业服务的角度看，无论是工作时间、关注政策、薪酬水平还是工作强度等均体现出新职业青年间的显著差异，如就职于企业的新兴互联网科技从业人员和公众号/微博等全媒体运营人员，普遍具有大学本科及以上学历，具有相对稳定的工作和充分的社会保障、权益保护，他们更关心能力的提升和职业发展的顺利程度；受雇于平台的网约车司机和网约配送员（外卖骑手），普遍具有大学专科及以下学历，他们似乎更看重可随时支配

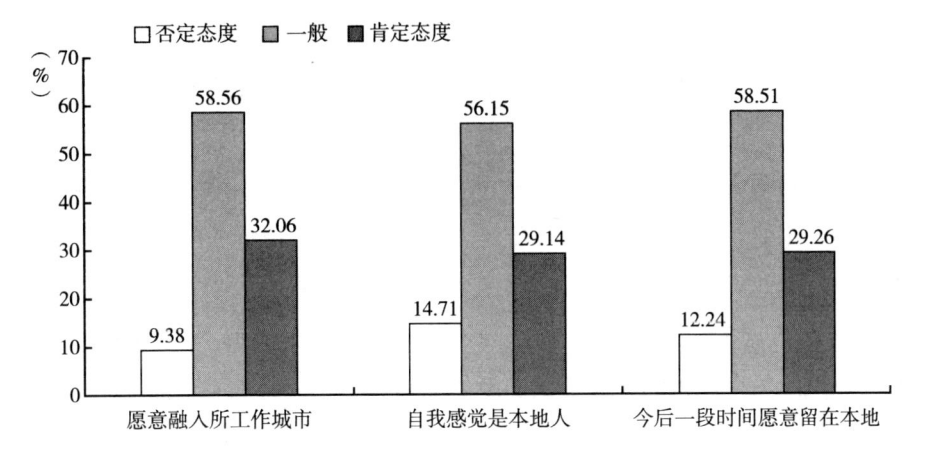

图 17 贵州省新职业青年关于社会融入情况

注：三个题项均设置"非常不同意""不同意""一般""同意""非常同意"五个选项，为更直观展示，研究中将前两个选项合并为"否定态度"，后两个选项合并为"肯定态度"进行展示。

的收益，受制于职业能力，集中于用更多体力劳动去破解生存难题；而以民宿房东和网络主播（包括音视频创作者）为代表的灵活就业青年，学历没有对该职业形成显著门槛，出于对工作自由的偏爱，他们更愿意紧紧拥抱当下，用自己的兴趣爱好维持这份职业。相较之下，后两者职业发展道路具有显著的不确定性。但无论哪种职业，更多新职业青年关于就业和劳动保护满意度、对所从事职业的信心和社会融入等问题持不确定意味明显的"一般"态度，需要用更细致的服务让更多的青年摆脱模糊的态度，坚定地落地生根，实现高质量就业。

三 贵州新职业青年群体发展困境

（一）多重因素促使生存压力成为首要的制约

研究发现，相较传统就业模式，新职业青年往往面临着多种多样的压力，但生存压力是摆在新职业青年面前的首重难关，主要原因有：一是在生存环境因素中，多数新职业的产生和壮大与当地消费息息相关，但从贵州实际情况来看，全省整体消费水平和消费理念较中东部存在明显差距，一些新职业难有很大的发展空间，如陪诊师、整理收纳师在发达地区有较大的市场，但在贵州省内仅少部分区域有相关需求，致使就业不稳定。二是在组织因素中，多数新职业采取按量计酬等方式辅以时限、质量的限制性条件，使得多数新职业青年面临较强的工作压力，如超1/4受访青年的工作时长超过10小时，甚至5.73%的受访者每天工作时间大于14小时；与之相随的是存在失业风险的淘汰机制，使得很多新职业青年不得不进行高强度体力工作，甚至网约配送员（外卖骑手）出现交通违法行为的情形屡见不鲜。三是在个人因素中，多数新职业青年刚踏入社会，马上出现"消费降级"，初次就业薪酬不高，使得日常生活捉襟见肘，超过半数的受访青年为"非自有住房"和"薪酬低于3000元"，而实际生活费用接近或超过该水平一半，在很大程度上对青年发展造成制约，尤其是面临婚恋和医疗这两大压力时，容易使该群体进行转移就业或人口流出。

（二）政策落地难影响新职业青年就业流畅性

在团委、人社等部门努力下，关于青年就业的相关政策体系不断健全，尤其是相关灵活就业促进举措对新职业青年就业也有很大帮助，但研究发现，相关政策仍存在"最后一公里"落地难问题。主要集中于：一是针对性政策举措支持力度不足。关于新职业，现有政策举措主要关注在深化"放管服"改革、发挥"双创"积极作用和发展数字经济新业态等方面优化环境，催生新岗位新职业，但无论是国家还是省级层面，暂无针对新职业青年群体出台的就业专项政策，给予新职业青年群体实质性帮助较少，如公众号/微博等全媒体运营人员、整理收纳师等新职业相关标准和评价体系还不成熟，能力提升和职业发展缺乏有效支撑。二是相关政策难变现。全省就青年就业指导建立了较为完善的培训体系，针对新职业青年，尽管有关方案中提出要加强职业能力提升，但受限于部分职业不够成熟，实际操作中没有完善的培训课程，有从事该职业意向的青年只能通过熟人指导和通过网络获取零散学习资源。三是相关政策难匹配。现阶段，全省围绕青年就业出台了一系列涉及职业推介、职业技能培训、自主创业补贴和创业场所租赁补贴、创业贷款、毕业生求职创业补贴等政策，但新职业青年相对松散，许多政策无法第一时间传递到他们手中，难以实现就业信息和就业岗位供需精准匹配。

（三）权益保障不健全影响新职业青年安全感

在学界，传统意义上的"劳动者"概念或"劳动关系"是否适用于新职业受到广泛关注，这也极大影响新职业的权益保障。一是缺乏统一的职业资格标准使得新职业青年职业发展存在困难。调查发现，大部分新职业未形成统一的职业资格准入标准体系，认定市场参差不齐、乱象丛生，新职业青年迫于竞争压力考证考级，但甄别"证、能相适"给用人主体增加了成本；抑或相关行业领域"无证可考""无课可修"，使青年职业发展缺乏更多支撑。二是新职业特点使得就业主体权责和社会保障存续流程很难厘清。新职业具有灵活性、流动性、松散性，在"自雇业态""合作业态""共享业态"下的新职业从业者劳动关系不明确，工龄、工伤和住房公积金等缴存主体很难明确，新职业青年应纳入灵活就业还是企业职工参加养老、医疗的边界模糊；此外，部分地区社会保险没有实现省级统筹，受户籍等因素影响，一旦新职业青年出现跨市（州）流动，一些权益保障将出现断续。三是部分新职业青年对权益保障"忽视"。研究发现，较多新职业青年对是否签署劳动合同、是否缴纳"五险一金"缺乏足够重视，甚至更多青年仅关注可支配薪酬，没有考虑权益保障相关问题，较为显著的是从事快递、骑手和网约车司机等新职业的青年。

（四）公共就业服务成为新职业青年重要诉求

近年来，针对新就业形态的公共服务日益完善，但在就业渠道、职业培训和社会接纳等方面仍不能满足日益增长的从业者需求。一是有志于投身新职业的青年缺乏有效的就业渠道。从目前来看，某些新职业显著存在行业壁垒，如果没有行业内人士或相关行业团体组织引导，一般青年很难接触到该行业的技术和市场。二是缺乏职业培训。公益性或市场化培训内容以通识性知识为主，职业培训少之又少；此外，贵州省从事新职业的青年学历分布中大学专科居多，很多青年有学历提升的需求，但没有稳妥的途径。三是社会接纳程度需要提升。受家庭和社会环境影响，部分新职业青年认为现阶段只是考编和升学的过渡期，部分青年对从事职业的接纳程度和信心不高，使得就业质量难以提升。

四 促进贵州新职业青年群体发展的对策建议

（一）加强政治引领，建立健全新职业青年组织体系

党的二十大报告提出"加强新经济组织、新社会组织、新就业群体党的建设"。一是要牢牢坚持"党管青年"原则。加强和改进党对青年工作的领导，切实履行各级党委对青年工作的主体责任，发挥好遍布基层一线、深入青年身边的最大优势，充分依托各类党组织，用青年易于接受的语言和方式阐述党的主张，让广大新职业青年真切感受到党的关爱就在身边、关怀就在眼前。二是加强共青团主导的新职业青年组织的培育和建设。促进青年组织和各类新职业青年团体互融共通，立足新就业群体所依附的新业态、所面临的新趋势、所展现的新特点，构建工作体系、优化制度环境、做实具体项目，把思想政治工作同解决实际问题相结合，以更实举措服务青年需求、支持青年发展、保障青年权益，切实增强新职业青年群体归属感、认同感、价值感。三是动员新职业青年参与经济社会发展。发挥共青团引领凝聚、组织动员作用，依托种类丰富的平台，向青年宣讲党的方针政策，坚定不移用党的创新理论教育青年，激发青年在职业发展中的主体作用和首创精神，正确引导和动员新职业青年从时代发展中汲取前进力量，在新兴、小众和专业领域精耕细作、发光发热。

（二）加强权益保障，建立健全新职业内部发展体系

一是完善新职业社会保障和权益保护制度。积极落实《关于维护新就业形态劳动者劳动保障权益的指导意见》，积极出台符合省情的新职业青年劳动权益保护办法，探索非传统领域的社保政策，落实新职业青年基本商业保险，尤其是针对快递员、外卖骑手等有一定工作风险的新职业青年强制性购买人身安全保险；加大社会保障和权益保护政策法规进社区、进企业和进网络力度，引导青年和用人单位增强参保意识和自我保护能力，提高依法自觉参加社会保障的积极性。二是推动新职业青年规范用工。围绕新职业青年灵活性、融合性、松散性和平台性等特点，加大相关法律法规和条例制定出台和执行监督力度，尤其针对新职业青年与企业或平台合作分成、雇佣、外包等形式精准出台和完善相关规定，联动行业主管部门、协会组织和龙头企业一道探索灵活多样的用工方式，明确平台与用人单位（平台）之间在用工、劳动报酬和社会保障方面的权利义务。三是稳步推进新职业评价体系建设。探索依托本地头部企业、行业组织和院校等开发职业标准、评价规范和行业信用体系，并在全省范围内开展认定和评价；落实高技能人才与专业技术人才职业发展贯通相关政策，支持引导各类用人单位对在聘的高级工、技师、高级技师在学习进修、岗位聘任、职务职级晋升、评优评奖、科研项目申报等方面，比照相应层级专业技术人员享受同等待遇。

（三）促进培训服务，支持新职业青年向好向上成长

一是加大新职业就业指导和服务力度。发挥政府在新职业发展前期起到的重要作用，聚焦"四新四化"主战略和各市（州）县（区）发展侧重，挖掘现代农林牧渔业、先进制造业、新型能源活动、互联网与现代信息技术服务、新技术与双创服务活动、现代生产性服务活动、新型生活性服务活动、现代综合管理活动等就业岗位，为不同青年群体提供个性化就业服务，形成就业（创业）前、就业（创业）中、就业（创业）后全链条就业服务体系，为更多有志于投身新业态和新职业的青年提供用武之地。二是探索新

职业产教融合创新路径。引导高校积极参与新职业发展，开设和优化相关专业设置和培养方案，借鉴现有混合制、订单式办学的经验，支持与新业态企业、平台联合打造多层次、多渠道、多形式的办学方式，鼓励更多学生参与其中。加强政府部门和市场主体、青年个体协同探索市场化和公益化、数字化和科学化兼具的培养手段，如支持高校、培训机构和市场主体联合打造新职业培训平台、构建培训体系和开设相关课程，支持行业协会发挥课程指导与培训重要作用。三是确保新职业青年技能提升渠道通畅。一方面，加大省级和市级补贴性职业技能培训评价对新职业的关注力度，支持本省相关企业建立或引进成熟专业交流平台，推动现有新职业培育大数据平台的开发整合，促进培训机构、用人单位和新职业青年之间信息互联互通，减少新职业青年培训资源的获取成本。另一方面，引导全省本领域龙头企业参与建立新职业培训机构信用分级评价体系，通过政策支持、奖优罚劣等手段加强对培训市场的监管，着力破解培训市场信息纷杂、乱象丛生的问题。

（四）丰富城市功能，提升新职业青年获得感和幸福感

聚焦新职业青年主要关注的问题，提升城市生活质量，打造想青年之所想、急青年之所需的城市名片，为新职业青年提供优质的外部环境。一是营造更为宽松的创新环境。对社会中正在蓬勃发展的数字经济、流量平台、网上直播和电商平台等新产业、新业态、新模式和新场景等采取包容审慎的态度，给予更多空间和政策包容支持，做到赋能实体经济、引领消费风尚和拓宽消费渠道，用创新生态、创新环境、创新氛围提升新职业青年创新创业精神。二是打造开放包容的城市品格。贯彻以人为本的发展理念，加大基础设施和公共服务领域补短板力度，围绕活力城市氛围、多维人行网络、城市休憩空间、混合用地功能等方面，推动城市设计、规划、开发、管理创新，营造增强新职业青年认同的宜居宜业环境。完善以"青年卡"为主要载体的文化、旅游、生态、休闲等功能集成平台，整合社保、税收、信贷支持和推动创业注册、补贴申报、办证办税"一卡通办"，让青年卡品牌效应更加放大，用蓝天碧水净土、宜居宜业环境为新职业青年提升生活质量提供基础保

障。三是加大新职业宣传力度。开展多样化、风格化主题宣传活动，在城市重点部位开展线上线下相结合的多渠道、多形式宣传，宣传新职业青年突出代表和事迹，发挥榜样模范作用，提高公众对新职业青年的理解认同，为新职业青年成长发展营造良好环境。四是鼓励新职业青年参与社会治理。依托行业组织和青年、学联等各类青年组织，鼓励新职业青年立足自身行业和兴趣，有序参与到本行业领域和社区街道的社会治理和服务中，尤其是培育以互联网营销师、农业经理人等为代表的与经济社会发展紧密结合的新职业青年竞选各级人大代表或政协委员，为社会治理增添活力。

B.9 贵州外出务工青年稳岗就业发展报告[*]

赵燕燕[**]

摘　要： 青年外出务工涉及民生，是基层社会治理的优先事项。贵州通过一系列稳岗就业举措，有效促进外出务工青年稳岗就业、高质量就业。从宏观层面看，贵州外出务工青年稳岗就业面临个体惯习生活、精神生活、自身发展的内部困境，以及就业结构性矛盾突出的外部困境。从微观层面分析问卷调查显示：贵州外出务工就业男青年比女青年稳定；高中及以上学历就业稳定性较强；月收入在6501~8000元的青年就业稳定性最好；工作时长与就业稳定性呈抛物线状关系；外出务工青年的饮食情况对就业稳定性影响不显著；具有职工保险就业稳定性较强，反之则非常弱；拖欠工资对青年就业稳定性影响巨大；老家牵绊越多，青年外出就业越不稳定；拥有债务的青年外出就业稳定性要远低于无债务的青年。对此，可从外出务工青年学历和技能双提升、完善职工保险和权益双保障、关注青年心理和精神双健康三大视野去探索完善相关制度体系，以提升贵州外出务工青年稳岗就业水平。

关键词： 外出务工青年　稳岗就业　就业稳定性　贵州省

近年来，越来越多的省政府工作报告关注青年发展，青年工作的重要性

---

[*] 本报告基于对111名贵州籍外出务工青年的调查问卷（问卷调研时间2023年12月至2024年2月）撰写，系2021年度贵州省哲学社会科学规划青年课题"贵州乡村振兴的人才生态链构建研究"（项目编号：21GZQN03）的阶段性研究成果。

[**] 赵燕燕，贵州师范大学马克思主义学院博士研究生，研究方向：马克思主义中国化与乡村振兴问题。

得以凸显。贵州是劳务输出大省，第七次全国人口普查显示贵州共有570余万劳动力外出务工，其中以青年人口居多[①]。2022年，贵州跨省务工农村劳动力为578.53万[②]。2024年贵州省政府工作报告表示，省外务工人员总体保持稳定。青年外出务工涉及民生，是基层社会治理的优先事项。2023年6月，贵州省人民政府发布《关于促进高质量充分就业的意见》并配套《关于进一步支持贵州省农民工就业创业的实施办法》，明确提出要加强劳务品牌建设，稳住外出务工规模；要加强劳务协作平台建设，整合驻外劳务协作站（点）资源和力量，与广东共建"一县一企""一县多企"农村劳动力稳岗就业基地[③]。稳住外出务工基本盘，是贵州实现"经济兴、百姓富、生态美"目标愿景的关键一环。

一　贵州促进外出务工青年稳岗就业举措

贵州通过政策文件保障、交通输转支持、东西部劳务协作、技术技能培训、就业"红娘"帮助、用心用情服务等稳岗就业举措，有效促进外出务工青年稳岗就业、高质量就业，保持外出就业大局基本稳定。

（一）政策文件保障

2022年5月，贵州省人力资源和社会保障厅、贵州省财政厅共同印发《贵州省农村劳动力跨省就业一次性交通补贴和一次性跟踪服务补贴管理办法》，对新跨省务工且稳定就业3个月以上的黔籍农村劳动力进行一次性交

[①]《释放"青年友好型成长型省份"红利让贵州对青年更友好、青年对贵州更有为》，中国青年网，http://news.youth.cn/gn/202201/t20220110_13384386.htm，最后检索日期：2024年3月2日。

[②] 贵州省宏观经济数据库，http://hgk.guizhou.gov.cn/index.vhtml#，最后检索日期：2024年3月2日。

[③]《贵州省人民政府印发〈贵州省人民政府关于促进高质量充分就业的意见〉》（黔府发〔2023〕12号），http://www.guizhou.gov.cn/zwgk/zcfg/szfwj/qff/202306/t20230630_80601294.html，最后检索日期：2024年3月2日。

通补贴;对人力资源服务机构、劳务公司、劳务合作社、劳务经纪人等市场主体组织的农村劳动力跨省务工,协助签订1年以上劳动合同并依法缴纳社会保险费满3个月及以上的给予一次性跟踪服务补贴,"两项补贴"标准均为100元/人。2023年11月,贵州省人民政府办公厅印发《关于促进高质量充分就业的意见》,提出加强劳务品牌建设,开展"蜂王""头雁"等群体、驻外劳务协作站(点)人员业务培训,稳住外出务工规模。贵州以出台相关政策文件的形式,对外出务工青年、相关单位及个人予以激励,保障外出务工人员的基本稳定。

(二)交通输转支持

贵州通过在春节后开设免费劳务直通车、返岗务工专列(发放爱心礼包、专人护送、有序组织乘车人员安检、候车)、点对点输送等保障外出务工人员安全快捷返岗,在交通输转上支持外出务工青年稳岗就业。黔南州农村劳动力"点对点"集中有组织输出活动计划开通免费高铁返岗专列,县(市)组织包车、自驾车等,免费输转省外务工人员,为1万余名跨省务工群众提供"出家门、上车门、进厂门"服务。此外,黔南州还同步开展"春风送岗"系列活动,有效衔接"点对点"集中有组织输出活动,统筹广东、江苏、浙江、福建等省外及贵州省内岗位统计归集,先后发布"春风送岗"专题活动,开展"劳务协作""保州内用工"等专场招聘会,提供就业岗位8.56万个。安顺市为解决外出务工人员出行难的问题,组织了专列、专车往返浙江、广东,帮助外出务工人员顺利外出务工。毕节市威宁自治县通过前期的宣传引导,摸清登记返岗务工群众春节后的返岗意向,集中式、针对性"点对点"输送一批、包机输送一批、高铁输送一批、大巴输送一批、火车输送一批,输送务工人员前往广东、福建、江苏、上海等地务工就业。

(三)东西部劳务协作

2021年新一轮东西部协作结对帮扶关系调整以来,贵州与协作省份加快建立更加紧密的结对帮扶关系。为促进农村劳动力在东部省份实现稳岗就业，贵州印发2023年劳务协作工作要点、贵州省劳务协作站体系化建设工作方案；在广东、浙江、福建等黔籍外出务工人员分布较集中省份，建立劳务协作"省级总站+市级分站+县级工作站"服务保障体系；分别与广东、浙江、福建、江苏四省人社部门签订劳务协议，不断健全省际劳务协作机制。[1] 粤黔两省在劳务协作方面，通过稳岗协作、拓岗协作、就近就业，有力促进了贵州籍在粤务工人员稳定就业。一是加强稳岗协作，2023年共帮助农村劳动力26.53万人就业；二是加强拓岗协作，携手开展"粤菜师傅""广东技工""南粤家政""乡村工匠"等技能培训，促进"农民工"向"农技工"转型，实现高质量精准就业。三是促进就近就业。采取资金奖补和土地、用房等政策支持，引进广东帮扶资源到贵州脱贫村、易地扶贫搬迁安置区设立帮扶车间（工厂）750余个，吸纳就业5.57万人。[2]

（四）技术技能培训

随着产业升级加速，东部沿海地区对于技术工人的需求越来越大。然而，受职业技能培训资金使用政策的影响，许多就业培训主要选择在本地开展，囿于地域政策束缚，外出务工青年无法参加就业地人社部门组织的培训；常年在外务工的青年，若仅仅为了参加培训请假返乡，所承担的时间成本和经济成本巨大。因此，贵州多地探索异地培训方式，为外出务工青年开展异地职业技能培训，根据外出务工青年岗位所需或工作实际，结合这一群体作息特点，进行"集中培训""夜间培训""周末培训"等。黔南州聚焦劳务输出重点行业重点工种，在每年春节前后制定职业技能培训计划，开展冬季职业技能培训、示范项目培训，保障务工人员带技术出门、持证上岗。

---

[1]《稳岗拓岗促就业 贵州多措并举稳住外出务工基本盘》，贵州综合信息网，2024年1月4日，http://xxzx.guizhou.gov.cn/msfw/jy_5711515/202401/t20240104_83449459.html，最后检索日期：2024年3月2日。

[2]《构建粤黔紧密关系 打造东西部协作典范》，贵州省人民政府网站，2023年12月28日，https://www.guizhou.gov.cn/interview/202401/tInterview_4069.html，最后检索日期：2024年3月2日。

贵州省在职业技能培训方面的政策与浙江省有所不同。比如，慈溪市的职业技能培训主要是激发企业主体作用，与各类技工（职业）院校合作开展订单式、定向式培训，人社部门主要负责按规定给予补贴；贵州省黔南州的职业技能培训则主要由人社部门主导，向市场购买服务，主要采取"政企""政校"结合模式。为此，黔南州与务工地人社部门共商创造条件、打破培训政策壁垒，并签订东西部劳务协作合作协议，为跨省开班奠定基础。黔南州还突出以"跨省异地"职业技能培训为抓手，将培训端口前移到黔南籍务工群众较为集中的广州、东莞等珠三角地区就近就地开展培训，培训对象重点聚焦"90后"和"00后"等青年群体，推进普工向技工转变，促进务工群众提升技能，实现高质量转移就业[①]。毕节市制定《省外务工劳动力异地培训试点实施方案》，加强对外出务工人员的技能培训，提高外出务工人员职业技能，有效提升劳务输出服务质效和组织化程度，促进外出务工青年稳定、高质量就业[②]。

（五）就业"红娘"帮助

就业"红娘"是指外出务工"带头能人"。贵州省黔南州积极探索外出务工"带头能人"培育工作机制，积极发挥其组织化的劳务输出作用，促进本地区劳动力群体实现省外就业增收。黔南州出台政策加大对"带头能人"政策激励，一是"带头能人"组织群众外出务工，可获得100元/人的一次性奖励，带动务工群众实现稳定就业6个月再给予300元/人的一次性奖励；二是支持"带头能人"返乡创业，优先落实创业担保贷款贴息、场地租赁补助、稳岗补贴等优惠政策，支持他们创建劳务品牌，促进农村劳动力稳岗就业。另外，就业"红娘"还帮助外出务工人员做好持续性跟踪就

---

① 《贵州黔南：就业服务跨省跑 技能培训异地办》，贵州省人力资源和社会保障厅网站，2023年12月15日，http://rst.guizhou.gov.cn/xwzx/szdt/202312/t20231215_83360822.html，最后检索日期：2024年3月2日。

② 《@毕节人，异地也能免费培训》，云上毕节百家号，2023年12月3日，https://baijiahao.baidu.com/s?id=1784215185729839991&wfr=spider&for=pc，最后检索日期：2024年3月2日。

业服务，在省外设立的劳务协作站中，与派驻的专门人员共同为外出务工人员开展政策咨询、劳动维权、技能培训等。到2024年初，黔南州共挖掘就业"红娘"1500名左右，已带动群众就业2.8万人[①]。

（六）用心用情服务

贵州通过搭建关心关爱外出务工人员的平台载体，把促进外出务工人员稳定就业作为实施乡村振兴的重要抓手。共青团贵州省委员会指导各级团组织利用新春佳节的有利时机，组织开展情暖返乡乡友活动，指导全省9个团市（州）委完成2023年"春晖行动·风筝计划"——省级示范项目活动；在江苏南京、浙江金华等城市开展情暖乡友恳谈会；穿越黔山拥抱你——"春晖行动风筝计划"2023年新春暖心春节有声明信片活动。持续开展春晖助学公益项目，发挥春晖行动基金会平台作用，积极整合各界资源力量，向困难家庭学子、外出务工乡友子女提供学业资助。贵州还依托东西部劳务协作，与广东省共建129个"一县一企（多企）"农村劳动力稳岗就业基地，吸纳4万多名农村劳动力稳岗就业；建立黔籍外出务工人员老乡群、开通全省外出务工服务专线、建立外出务工人员重点企业台账等，掌握外出务工人员工作生活需求、企业用工需求。围绕"找得到、联得紧、关键时刻引得回"思路，通过联合部门、全团行动、发动乡友等方式寻找社会优秀人才、外出务工乡友、高校大学生"三类人群"123万人。[②] 安顺市镇宁县组织人社局等政府部门、金融机构、农村致富带头人以及返乡农民工代表等，共同召开外出务工人员稳定就业暨返乡人员创业就业亲情恳谈会，以叙乡情、话家事、谋发展的方式，共商稳岗就业促增收之策。共青团毕节市委建成春晖驻外联络处2个、青·乡友服务站6个，依托"春晖行动·风筝计划"App

---

[①]《新春走基层｜苗岭就业"红娘"新春忙"做媒"——贵州黔南培育外出务工"带头能人"促就业观察》，新浪财经头条，2024年2月19日，https://cj.sina.com.cn/articles/view/2810373291/a782e4ab0200 2kdmj，最后检索日期：2024年3月2日。

[②]《稳岗拓岗促就业 贵州多措并举稳住外出务工基本盘》，贵州省人民政府网站，2024年1月4日，http://xxzx.guizhou.gov.cn/msfw/jy_5711515/202401/t20240104_83449459.html，最后检索日期：2024年3月2日。

平台联系服务在外青年12万余名。① 黔南州三都县通过跨区域法律服务协作建立法律援助联系点，成立人民调解工作室，切实解决三都籍在外务工人员在长三角及周边地区务工劳务纠纷、公共法律服务、合法就业权益保障等问题，助力外出务工群体稳岗就业②。

二　贵州外出务工青年稳岗就业面临困境

外出务工青年稳岗就业面临着双重困境。内部困境：个体惯习生活的不适应、精神生活的心理困惑、自身发展的提升负荷③；外部困境：就业结构性矛盾突出。

（一）内部困境

贵州青年外出务工时，会因自身原因造成稳岗就业的内部困境，总的来说表现在如下三个方面。

个体惯习生活的不适应。贵州青年外出务工尤其是在省外就业时，常常会受到社会行为习惯的改变、饮食口味的变化以及气候条件、空气质量不同的影响。社会行为习惯诸如与人相处的模式、家乡话普通话的切换等，外出青年会存在无法适应的情况从而影响就业稳定；据了解，饮食口味变化是外出青年提及最多的问题，贵州青年外出务工的省份多集中在沿海地区，饮食习惯与贵州人吃辣的口味完全不同，饮食习惯问题会在一定程度上影响青年人的就业稳定性；气候条件空气质量不同也是重要的影响因素之一，贵州堪称避暑胜地和康养胜地，气候适宜空气清新，青年外出常常因为气候及空气不适应而生病，如出现鼻炎、过敏性皮炎、普通的感冒发烧等，一定程度影

---

① 相关资料由中国共产主义青年团贵州省委员会提供。
② 《三都县：跨区域法律服务协作助力外出务工群体稳岗就业》，新华网，2024年1月24日，http://gz.news.cn/20240124/89ef5e3ca62a4a49ab60becb7bfd6cb2/c.html，最后检索日期：2024年3月2日。
③ 谢治菊、张柏珊：《东西部协作务工人员稳岗就业困境与调适》，《中共福建省委党校（福建行政学院）学报》2023年第5期，第103页。

响青年外出稳定就业。

精神生活的心理困惑。当务工人员或群体背景发生变化时，他们在原有文化背景中形成的心理状态就变成一种心理背景，而在新环境中出现的心理反应首先会映射到这个心理背景上[①]。青年外出务工总是会因为环境的改变、身边人群的改变而感觉空虚枯燥、寂寞无奈，有的甚至会出现焦虑压抑、迷茫不适。

自身发展的提升负荷。事实上，青年外出务工最直接的愿望就是工资待遇高、机遇多，他们对其自身发展是有一定期许的。但由于职业技能提升困难、学历提升困难以及外地人身份掣肘，外出务工青年在原有岗位和所在行业寻求职业发展难以实现，尤其在面临养家糊口、欠债还钱等生活压力时，只能继续寻找其他行业或其他岗位，这严重影响贵州青年的就业稳定性。

（二）外部困境

2023年是三年新冠疫情防控转段后经济恢复发展的一年，当前经济运行仍面临多重困难，严重影响就业形势，就业问题逐步由总量矛盾为主向总量和结构性矛盾并存、结构性矛盾日益突出转变。就业结构性矛盾主要表现为用工单位的岗位需求增加与高质量就业岗位供给不足矛盾、青年择业偏好与传统工作岗位制度矛盾、新就业形态技能需求与劳动力供给矛盾、大学毕业生专业结构稳定与需求结构升级矛盾[②]。

用工单位的岗位需求增加与高质量就业岗位供给不足矛盾。我国经济形势虽然面临诸多困难，但总体实现回升向好，经济复苏指日可待，国内需求逐步恢复，用工单位岗位需求也在增加，但同时存在高质量就业岗位需求无法满足的矛盾。就本研究在2023年12月至2024年2月期间所做的111份贵州外出务工青年稳岗就业调查问卷（以下简称问卷）反馈来看，受教育

---

① 谢治菊、张柏珊：《东西部协作务工人员稳岗就业困境与调适》，《中共福建省委党校（福建行政学院）学报》2023年第5期，第103页。
② 苏丽锋、张倩倩：《我国就业结构性矛盾的特点及对策》，工人日报客户端，2023年8月22日，https://web.app.workercn.cn/news.html?id=318131，最后检索日期：2024年3月2日。

情况显示大学（大专及本科）学历68人，占比61.3%，与高质量就业岗位需求存在差距。

青年择业偏好与传统工作岗位制度矛盾。青年择业偏好包括现实偏好和个性偏好，即客观条件限制青年择业和主观原因限制青年择业。问卷显示，贵州青年外出务工的原因中，现实偏好（客观条件）包括供养子女、赡养老人、还债等的人数及占比分别为22人、19.8%，23人、20.7%，22人、19.8%，而个性偏好（主观原因）包括提高生活质量、外地收入高就业机会多、买车买房存钱、增长见识开阔视野增加经验等的人数及占比分别为62人、55.9%，70人、63.1%，28人、25.2%，53人、47.7%。个性偏好也就是主观原因，是青年择业偏好的重要因素，青年追求高品质生活，一方面希望能获得高收入，另一方面又希望精神生活充足。传统工作岗位制度恰恰与青年的择业偏好背道而驰。

新就业形态技能需求与劳动力供给矛盾。新就业形态的技能需求越来越大且随时在变化。新加坡精深技能发展局（SkillsFuture Singapore，简称SSG）发布的《2023未来经济技能需求报告》指出，在经济形势和就业形势的双重影响下，职员应该与时并进，通过学习新技能或进行技能提升以适应社会用工需求。贵州的劳动力供给以青年为主，问卷中关于"青年外出务工面临最难的问题"调查显示，行业竞争和无技术的占比最高，分别为33人、29.7%，24人、21.6%，贵州青年也清醒地认识到新就业形态下的行业竞争和技能需求的重要性。

大学毕业生专业结构稳定与需求结构升级矛盾。就业结构性矛盾还指向高等教育领域。我国高校在一定程度上存在专业设置陈旧、固化的问题，与新形态下的就业需求结构升级不匹配。大学毕业生常常倾向于考公务员、事业编，专业匹配度上不是那么精准；企业用工时除一些专业需求较严格的岗位外，大多不设专业限制；再者，随着新业态、新领域的不断涌现，就业需求结构也在升级，需要高校在专业设置上超前调整，以应对新业态、新领域的用工需求。

三 贵州外出务工青年稳岗就业影响因素

外出务工青年的岗位稳定性实际上是两个行为决策的有机结合。第一个阶段是青年决定是否外出务工，第二个阶段是外出务工的稳定性。[①] 在分析贵州外出务工青年稳岗就业影响因素时，本研究结合问卷调查分析仅对第二个阶段进行考察。

（一）贵州外出务工青年个体特征

性别。性别变量是影响贵州青年就业稳定性的因素之一，问卷调查显示，男女青年认为其就业稳定的人数及占比分别为 38 人、45.2%，7 人、25.9%，认为其就业不稳定的人数及占比分别为 26 人、31.0%，14 人、51.9%，由此可见，男性青年的就业稳定性较强，超一半女性青年就业不稳定。相比于男性，女性青年容易受家庭拖累，在职场中也容易受歧视。

学历。学历变量也是影响贵州青年就业稳定性的因素之一，表 1 显示，高中及以上学历就业稳定性强，但大学学历青年的就业稳定性稍弱于高中学历青年的就业稳定性。不难理解，高中学历的青年因为学历弱势，相比于具有大学学历的青年会更珍惜所获得的工作机会。

表 1　外出务工青年就业稳定性的学历影响结果

单位：人

学历	稳定（人数/占比）	不稳定（人数/占比）	不确定（人数/占比）	小计（人数）
小学	1(50%)	1(50%)	—	2
初中	6(28.6%)	10(47.6%)	5(23.8%)	21
高中	9(45%)	7(35%)	4(20%)	20
大学	29(42.6%)	22(32.4%)	17(25%)	68

[①] 赵亮：《新时代乡村振兴背景下农村劳动力稳岗就业研究——基于 Heckman 两阶段模型的实证分析》，《经济问题》2023 年第 1 期，第 98 页。

（二）贵州外出务工青年的工作情况

月收入。月收入对贵州青年就业稳定性的影响是显著的。表2显示，月工资在6501~8000元这一档的青年就业稳定性最好，月工资在2000元以下、3501~5000元的青年就业尤其不稳定。月工资在2000元以下的青年就业，大多自身学历和技能水平不高，这部分青年常常拿不到让自己满意的工资，因此他们就业稳定性极差；月工资在3501~5000元的青年自身有一定学历和技能水平或是个人能力相对强一些，他们通常对自己有较高的期待，会适时寻求自身发展的机会，因此就业稳定性也不强。

表2 外出务工青年就业稳定性的月收入影响结果

单位：人

月收入	稳定（人数/占比）	不稳定（人数/占比）	不确定（人数/占比）	小计（人数）
2000元以下	1(7%)	8(57%)	5(36%)	14
2000~3500元	3(50%)	2(33%)	1(17%)	6
3501~5000元	3(15.8%)	9(47.4%)	7(36.8%)	19
5001~6500元	8(50%)	6(37.5%)	2(12.5%)	16
6501~8000元	8(66.6%)	2(16.7%)	2(16.7)	12
8000元以上	22(50%)	13(29.5%)	9(20.5%)	44

工作时长。工作时长对于贵州外出务工青年来说，也是影响其就业稳定性的因素之一。从表3来看，工作时长与青年的就业稳定性呈抛物线状关系，6~7小时的工作时长最为稳定，向上向下都趋于不稳定，但工作时长在9小时以上又出现反常，贵州青年的就业稳定性要比上一个档次的好，应该是工资水平、学历层次、性别等共同作用的结果。

表3 外出务工青年就业稳定性的工作时长影响结果

单位：人

工作时长	稳定（人数/占比）	不稳定（人数/占比）	不确定（人数/占比）	小计（人数）
5小时及以下	7(46.7%)	3(20%)	5(33.3%)	15
6~7小时	8(57.1%)	4(28.6%)	2(14.3)	14

续表

工作时长	稳定(人数/占比)	不稳定(人数/占比)	不确定(人数/占比)	小计(人数)
8~9小时	15(34.1%)	18(40.9%)	11(25%)	44
9小时以上	15(39.5%)	15(39.5%)	8(21%)	38

饮食情况。饮食情况对贵州外出务工青年就业稳定性影响并不显著。表4中，超一半的青年选择自己做饭，很大概率还是因为饮食习惯和口味偏好，只要有自己做饭的条件，都会选择自己做。正因为如此，贵州青年一方面认为饮食习惯影响其就业稳定性，另一方面，他们又通过自己做饭等措施干预，将饮食习惯这一影响因素转变为影响不显著。

表4　外出务工青年就业稳定性的饮食情况影响结果

单位：人

饮食情况	稳定(人数/占比)	不稳定(人数/占比)	不确定(人数/占比)	小计(人数)
集体员工大灶	10(37%)	8(29.7%)	9(33.3%)	27
自己做饭	24(40.7%)	22(37.3%)	13(22%)	59
自己开小灶	4(50%)	2(25%)	2(25%)	8
去饭店	7(41%)	8(47%)	2(12%)	17

参保情况。贵州外出务工青年是否参加职工保险情况严重影响其就业稳定性。表5显示，已参加职工保险的青年就业稳定性较强，反之则非常弱。不难看出，贵州青年在外出务工时比较看重职工保险，要想促进外出务工青年的稳岗就业，应督促相关企业购买职工保险。

表5　外出务工青年就业稳定性的参保情况影响结果

单位：人

参保情况	稳定(人数/占比)	不稳定(人数/占比)	不确定(人数/占比)	小计(人数)
是	38(56.7%)	18(26.9%)	11(16.4%)	67
否	7(15.9%)	22(50%)	15(34.1%)	44

拖欠工资情况。青年外出务工自然希望能按时收到工资，对于拖欠工资的工作，就业稳定性无从谈起。问卷分析显示，贵州外出务工青年中，有拖欠工资经历的26人中就业不稳定及不确定的共24人，占92.3%，无拖欠工资经历的85人中就业不稳定及不确定的共42人，占49.4%，拖欠工资情况对贵州外出务工青年的就业稳定性影响巨大。

（三）贵州外出务工青年与原居住地联系情况

家庭成员情况。贵州外出务工青年家中有老人、有老人有小孩的占绝大部分，比较符合18~35岁青年的一般家庭成员构成情况。从表6可以看出，贵州外出务工青年家中有需要照顾的老人和小孩时，其就业稳定性就强。这也是青年面临赡养老人和抚育小孩的生活重担时，不会轻易跳槽的原因。

表6 外出务工青年就业稳定性的家庭成员情况影响结果

单位：人

家庭成员情况	稳定（人数/占比）	不稳定（人数/占比）	不确定（人数/占比）	小计（人数）
有小	1(16.7%)	3(50%)	2(33.3%)	6
有老	20(44.4%)	17(37.8%)	8(17.8%)	45
有老有小	23(40.4%)	19(33.3%)	15(26.3%)	57
无老无小	1(33.3%)	1(33.3%)	1(33.3%)	3

回老家次数。以回家次数来了解外出务工人员与原居住地的联系情况可以侧面反映其就业稳定性。贵州外出务工青年回老家的主要原因是过年过节探望亲属、照顾老人、经营土地、照顾孩子等，这些牵绊越多[①]，回老家次数就增加，对其稳定就业越不利（见表7）。

---

① 赵亮：《新时代乡村振兴背景下农村劳动力稳岗就业研究——基于Heckman两阶段模型的实证分析》，《经济问题》2023年第1期，第101页。

表7 外出务工青年就业稳定性的回老家次数影响结果

单位：人

回老家次数	稳定(人数/占比)	不稳定(人数/占比)	不确定(人数/占比)	小计(人数)
每年一次	26(48.2%)	16(29.6%)	12(22.2%)	54
每年两次	9(40.9%)	7(31.8%)	6(27.3%)	22
两年一次	1(50%)	1(50%)	—	2
无固定时间	9(29%)	14(45.2%)	8(25.8%)	31
从不回家	—	2(100%)	—	2

拥有债务情况。贵州外出务工青年有无债务情况也极其影响其就业稳定性。从表8来看，拥有债务的青年外出就业稳定性要远低于无债务的青年。拥有债务时，外出务工的主要原因之一是挣钱还清债务，当自身有着明确的还债目标时，对工作的心理预期就会随着时间延长而降低，就越容易出现跳槽的现象。反之，没有债务的青年，对工作的心理期待就趋于稳定，工作的稳定性也就越强。

表8 外出务工青年就业稳定性的拥有债务情况影响结果

单位：人

债务情况	稳定(人数/占比)	不稳定(人数/占比)	不确定(人数/占比)	小计(人数)
有	22(33.3%)	29(44%)	15(22.7%)	66
无	23(51%)	11(24%)	11(24%)	45

问卷调查的交叉比对结果表明：贵州外出务工男性青年就业稳定性较强，女性青年就业不稳定；具有高中及以上学历的青年就业稳定性较强，但具有大学学历的青年就业稳定性稍弱于高中学历的青年；月收入在6501～8000元的青年就业稳定性最好，月工资在2000元以下、3501～5000元的青年就业尤其不稳定；工作时长与青年的就业稳定性呈抛物线状关系，6～7小时的工作时长就业最稳定；饮食情况对贵州外出务工青年就业稳定性影响并不显著；贵州青年在外出务工时比较看重职工保险，已参加职工保险的青

年就业稳定性较强，反之则非常弱；拖欠工资情况对贵州外出务工青年的就业稳定性影响巨大，只要有拖欠工资的情况就业稳定性就无从谈起；老人和小孩是青年外出稳定就业的关键，同时，老家的牵绊越多，青年外出就业越不稳定；拥有债务的青年外出就业稳定性要远低于无债务的青年。

四 贵州外出务工青年稳岗就业对策建议

贵州外出务工青年的就业稳定性受多重外力作用。前述研究结论对完善贵州外出务工青年稳岗就业政策制度和服务体系、提高其就业稳定性具有如下启示。

（一）重视青年学历和技能双提升

我国劳动力市场上农村劳动力的受教育水平整体呈明显提升趋势，但是在产业转型升级和技术进步背景下，这种上升趋势不足以满足市场对劳动力素质水平的需求[①]。贵州是劳务输出大省且以青年为主，青年的受教育水平虽然也呈明显提升趋势，但在全国劳动力市场背景下，尤其是当前东西部劳务协作背景下，青年劳务输出无法满足东部发达地区劳动力市场需求。贵州应更加重视对青年尤其是农村青年的义务教育，加强对农村地区教育资源和资金的投入；要特别注重农村地区青年思想引导，以防在当前自媒体效应、明星效应的影响下重现"读书无用"论。除此之外，还应重视贵州青年的职业技能技术培育和提升。贵州外出务工青年的工作能力素质和企业用工需求之间往往存在差距，应通过高职、中专、专业培训机构等提升青年的技能技术水平，建立整合政府部门、地方职校、第三方培训机构以及农村社区多方资源的技能技术培育提升的制度体系，充分发挥各方能动作用，有效提升贵州青年的职业技能技术整体水平。需要特别指出的是，鉴于女性青年在职

[①] 赵亮：《新时代乡村振兴背景下农村劳动力稳岗就业研究——基于Heckman两阶段模型的实证分析》，《经济问题》2023年第1期，第103页。

场中的特殊定位和市场特殊需求，贵州应当针对性地加强对比如保姆、育婴员、家政等行业岗位的专业技能培训，有效提升女青年的自主就业能力以保证其就业稳定性。

（二）完善职工保险和权益双保障

社会保障体系是人民生活的安全网和社会运行的稳定器。要促进贵州外出务工青年稳岗就业，就应当充分考虑通过完善社会保险制度以提升外出务工青年的权益保障水平。鉴于当前新业态的蓬勃发展，贵州青年成为新业态从业人员的可能性较大，各级政府部门应针对新业态从业人员、外出务工青年群体的特点，分类施策精准扩面，完善灵活就业人员在就业地参保政策，引导和促进更多灵活就业人员参加职工基本养老保险，完善社会保险待遇调整机制，保证新一代的青年能够更好地分享经济社会发展成果，同时推进失业保险、工伤保险省级统筹。以社保卡为载体，建立居民服务"一卡通"，推动更多高频事项一网通办、跨省通办。[1] 党的二十大报告提出"完善劳动者权益保障制度，加强灵活就业和新就业形态劳动者权益保障"。应当重视贵州外出务工青年群体的劳动权益保障问题，青年外出务工可能会存在与多个平台合作、收入不稳定以及兼职工作等情况，这使得社会保险缴纳基数和缴纳主体难以确定，应进一步完善保险制度和劳动者权益保障机制，进一步总结推广黔南州三都县通过跨区域法律服务协作建立法律援助联系点的经验，在解决外出务工青年劳务纠纷、公共法律服务、合法就业权益保障上探索出路。

（三）关注青年心理和精神双健康

外出务工青年通常会有身心压力，存在职业认同感、归属感、荣誉感低等问题。对于个体而言，精神压力、社会融合、负面情绪等问题无法避免，

---

[1] 《就业开局良好 社保不断完善》，中国政府网站，2023年3月3日，https://www.gov.cn/xinwen/2023-03/03/content_5744208.htm，最后检索日期：2024年3月2日。

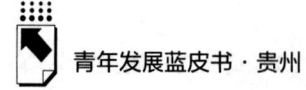

长期沉浸在消极和孤独的情绪中会严重损害外出务工青年的身心健康。因此，为这一群体的心理和精神健康保驾护航，能有效促进其稳岗就业。针对贵州青年心理和精神的双健康，一是发挥各级共青团思想引领和组织动员优势，紧抓外出务工青年集中返乡的时间节点，举办相关的心理辅导服务活动，邀请心理咨询师开展心理健康讲座及互动交流；二是通过已经建立的劳务协作"省级总站+市级分站+县级工作站"服务保障体系，每年安排时间节点对劳务输出地的青年做相关的心理测试并建立预警机制，及时关注外出务工青年的心理和精神状态；三是从预防为主的观念出发，建立社会包容机制，为外出务工青年提供及时的倾诉渠道，同时注重引导社会主体为康复后精神病患者提供合适的就业岗位，使其能回归正常的社会生活，营造不歧视精神病患者的社会氛围。四是充分发挥就业"红娘"对外出务工青年的持续性跟踪就业服务作用，引导就业"红娘"成为外出务工青年吐露心声、吐槽不快的对象，同时相关部门做好链接，及时关注和保证外出务工青年心理和精神健康。

专题篇

B.10 中华人民共和国成立75周年来贵州青年运动回望

杨庆麟[*]

摘　要： "青年兴则国家兴，青年强则国家强"。中华人民共和国成立75周年来，贵州经济社会取得跨越式发展，青年人发挥了不可忽略的作用。历次人口普查显示，贵州省人口年轻化特征明显。因此，充分发挥青年人的力量在当下及未来具有重要意义。当前是新时期贵州青年运动发展的关键阶段，回顾过去75周年来贵州青年运动的发展历程，围绕国家和民族的时代需求，各种具有时代特征的青年群体不断涌现。基于此，文章选取其中具有代表性的青年群体，叙述其历史，分析其特征，为推进贵州青年工作提供历史经验。文章指出，坚持党管青年、坚持发展创新、坚持对外开放、坚持青年为本，不仅是中华人民共和国成立75周年来贵州青年运动发展的特质和根本，也是未来促进"贵州青年友好型成长型省份"建设的必由之路。

---

[*] 杨庆麟，贵州省社会科学院历史研究所研究实习员，研究方向：明清西南土司史、地方史。

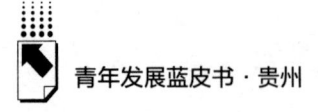

关键词： 青年运动　青年群体　贵州省

"青年兴则国家兴，青年强则国家强。"近代以来，面对帝国主义列强的侵略，国家蒙辱、人民蒙难、文明蒙尘，中华民族遭受了前所未有的劫难，中国青年用自己的热血，点燃了中华民族伟大复兴的希望之光。

青年群体是整个社会发展中最具活力、最富激情、最有朝气的群体，也是社会变革中最有行动力、最进步的群体。回首历史，为中华民族伟大复兴的中国梦而奋斗是自五四运动以来，中国青年运动永恒的主题。作为社会中最能接受新思想、新事物的群体，青年也总是成为每个时代最具标志性的"标签"，特别是青年中最有典型性和代表性的群体，他们以不怕牺牲、勇于拼搏、甘于奉献的精神为社会变革与发展贡献力量，成为每个时代中最耀眼的光芒。

历次人口普查显示，贵州省常住人口有1/3左右为15~34岁的青年，人口年轻化特征明显（见表1）。因此，吸引青年、留住青年，激发青年人活力对于推进贵州高质量发展具有重要意义。2021年，贵州在全国率先提出"建设青年友好型成长型省份"，为优化青年发展环境、推动青年积极参与地方经济与社会建设提供顶层设计。鉴于此，本文围绕中华人民共和国成立75周年来贵州青年运动发展的历史图景，选取具有代表性的青年群体进行叙述和分析，进而对未来贵州青年运动发展进行展望。

表1　贵州历次人口普查青年人口数及占比

年龄段	1953年	1964年	1982年	1990年	2000年	2010年	2020年
15~34岁人口数（万人）	445.86	576.44	894.28	1205.27	1212.87	971.86	1036.55
15~34岁占比（%）	29.65	33.63	31.32	37.21	34.41	27.97	26.88

资料来源：《贵州省志（1978-2010）：人口和计划生育》《贵州人口统计年鉴2020》。

一 生生不息:"青年突击队"与青年"学雷锋"活动

(一)社会主义建设生力军:青年突击队

青年突击队是由共青团在党的领导下倡导成立和组织的,旨在"急、难、险、重、新"等任务面前彰显共青团员的模范带头作用。在社会主义建设时期,依托这一组织模式,广大青年迸发出强大的生机活力,在经济建设和社会改造中做出了重大贡献。

针对生产难点组成青年突击队开展突击工作并非中国首创,而是对苏联经验的学习。1954年,在建设苏联展览馆过程中,面对建设工期紧张、缺乏经验、人员和设备不足的严峻形势,负责工地分团委的曹建华借鉴苏联经验,按照自愿报名的原则,挑选胡耀林等18位团员组建了全国第一支青年突击队。[①]他们不负众望,提前297个工作日圆满完成既定任务,充分彰显了青年突击队的价值。胡耀林木工青年突击队的成功,迅速引起团中央的关注。时任青年团中央书记的胡耀邦同志得知之后,认为"青年突击队要成为今后经济社会发展的重要的固定组织形式"[②]。以此为契机,全国各地、各行业陆续开展青年突击队的建设工作。这种青年组织形式,很快从建筑业扩展至工业、商业、农村等领域,在国家经济建设和社会改造中发挥积极作用。

在这股学习青年突击队的风潮中,贵州青年同样不甘落后,积极响应团组织号召,参与青年突击队的组建。在工业生产领域,全省工矿企业共组建青年生产班(组)400余个,如贵阳矿山机器厂的王兴才青年电焊班,在1955年1~10月,月月超额完成生产任务,成为全省有名的先进集体。据统

[①] 冯鹤:《青年突击队诞生、传播的历史过程及其启示》,《广西青年干部学院学报》2023年第3期,第23~29页。

[②] 冯鹤:《青年突击队诞生、传播的历史过程及其启示》,《广西青年干部学院学报》2023年第3期,第23~29页。

计，1954~1955年，全省就有8个青年集体被评为省级先进单位，4人成为厂级及以上劳动模范和先进生产者，其中绝大部分是青年团员。[①] 在农业生产领域，各级团组织通常是根据季节时令和生产需要来组织青年突击队。比如在农业合作化高潮时，全省一度成立了4000多个青年生产队，并组织他们发起生产竞赛。除此以外，农村青年突击队的身影也普遍出现在林业种植中。如1955年全省营造的3500多个"青年林""少年林"，大部分是农村青年突击队的成果。

青年突击队不仅在生产领域大有作为，在社会改造中同样发挥了积极作用。在全省农业、手工业、资本主义工商业的社会主义改造中，青年不仅是积极参与者，同时也是改造活动中的骨干力量。在农村合作化运动迈向深入阶段，各级团组织采用"青年突击队"组织模式，把数十万农村青年组建成数万支宣传队，深入全省各地农村开展农业合作化宣传。在资本主义工商业改造中，贵阳、遵义、安顺、都匀等地的青年职工依行业不同组成人数不等的突击队，白天坚持日常工作，晚上投入本企业的资产清点、估价和登记，有力地支持了改造工作，取得了不凡的成绩。

20世纪50年代到70年代，除上述形式的"青年突击队"外，在"革命青年志在四方，到农村去，到艰苦的地方去，到祖国最需要的地方去"[②]等口号的鼓舞和激励下，许多青年响应号召，投身到农村建设热潮中，以另一种形式来践行"青年突击队"精神。这些广泛活跃在贵州社会主义建设各领域的青年突击队，不仅用实际行动激励团员青年在进取拼搏中展示才华，还在促进青年提高素质上发挥模范带头作用，更以自己的亲身经历证明，青年是整个社会力量中最积极、最有生气、最肯学习、最少保守思想的群体。

1978年在北京召开的党的十一届三中全会，成为党和国家历史上又一

---

① 中国共产主义青年团贵州省委员会组编《贵州青年运动史（1919-1998）》，贵州人民出版社，1999，第228页。

② 中国共产主义青年团贵州省委员会组编《贵州青年运动史（1919-1998）》，贵州人民出版社，1999，第287页。

次重大的转折。随着党和国家的工作重心从阶级斗争转向经济社会建设，曾经得到检验并行之有效的"青年突击队"再次得到重视，特别是在工业生产与抢险救灾活动中，"青年突击队"屡屡承担最难、最重、最险的任务，在企业发展与保障群众生命财产任务中发挥中坚力量。1989年，在全省工业战线开展的"双增双节"活动中，各行各业2.6万个"青年突击队"，创造了9000多万元的经济效益。[①] 1991年，贵州各地遭受特大暴雨袭击，洪水泛滥，国家和人民生命财产蒙受了严重损失。在省委、省政府的领导下，全省共有45万多名团员青年参加不同形式的"青年志愿者突击队"奋战在抗洪救灾第一线，发挥了生力军、突击队作用。

党的十八大以来，面对贵州经济社会发展的新情况，全省各行各业围绕重点、重大项目，按照任务分工，先后组建数千支不同类型的"青年突击队"，为贵州经济社会建设做出了巨大贡献。据统计，仅2012年，全省就建立各类青年突击队3332支，有突击队员近16万人，覆盖青年102万人，创造经济效益55亿元。[②] 2023年，通过创新组建模式，贵州"青年突击队"规模进一步扩大，达到10968支，先进典型不断涌现。贵州省大数据应用推广中心青年突击队等三支优秀"青年突击队"入选全国优秀青年突击队案例。"青年突击队"历久弥新，在组织青年人攻坚克难、凝聚青年力量上发挥了重要作用。

（二）社会主义思想道德楷模："学雷锋"青年

《学习雷锋好榜样》是一首创作于1964年的老歌，其诞生背景与一场影响深远的青年思想道德教育活动有关。1962年，沈阳军区工程兵运输连一名叫雷锋的班长在执行任务中不幸殉职。不久之后，随着雷锋公祭大会的消息和他的简历被新华社转播，关于雷锋的生平与生前事迹迅速在全国范围内传播开，各地、各领域零星出现学习雷锋同志的活动。1963年3月，随

[①] 中国共产主义青年团贵州省委员会组编《贵州青年运动史（1919-1998）》，贵州人民出版社，1999，第415页。
[②] 涂妍主编《贵州青年运动史（2010-2020）》，贵州文化音像出版社，2021，第22~23页。

着《中国青年》刊登毛泽东主席的题词"向雷锋同志学习","学雷锋"运动迅速在全国开展起来。正如毛泽东主席在为雷锋同志题词时所言:"学雷锋不是学他哪一两件先进事迹,也不只是学他的某一方面的优点,是要学他的好思想、好作风、好品德;学习他长期一贯地做好事,而不做坏事,学习他一切从人民利益出发,全心全意为人民服务的精神。"① 因此,尽管受到不同历史阶段的社会与政治环境影响,"学雷锋"青年群体的外在特征也会有所差异,但群体的根本属性和核心从未改变。

在20世纪六七十年代的学雷锋运动中,贵州是开展较早的地区之一。1963年2月,在团省委和省青年联合会的组织下,通过召开学习座谈会、举办朗诵会、集体演唱歌曲等形式在青年学生中学习和宣传雷锋事迹与精神。随着全国学雷锋运动逐渐走向高潮,贵州的学雷锋运动也渐渐扩大到厂矿、农业、商店、机关等领域的青年人中。他们以雷锋为榜样,宣誓要像雷锋那样去战斗和生活,甚至有不少青年把雷锋的照片贴在寝室里来不断激励自己。

除了开展各种形式的学习外,学雷锋青年们还在工作和生活中践行雷锋精神。在厂矿,他们一方面认真学习技术,努力提高工作效率;另一方面积极参加增产节约运动,为工厂节省了不少的资源和资金。比如凯里挂丁纸厂切纸车间的青年工人们,通过提高工效,3月每人每天的切纸量比过去要多十令,又如贵阳铝业公司机修厂加工车间的青年通过开展"公物还家活动"为企业回收了价值4573元的工具与材料。② 在农村,广大农村青年在雷锋精神鼓舞下,积极投入农业生产与农村建设中,在平凡的岗位上作出了不平凡的业绩。

20世纪八九十年代,面对改革开放以来,社会只讲物质文明、物质享受,不讲精神文明的情况,作为革命传统个性化的雷锋精神再次得到党和国

---

① 《毛泽东秘书回忆毛泽东为雷锋题词经过》,转引自刘佳《学雷锋:一个国家运动视角的研究》,兰州大学硕士学位论文,2013,第20~21页。
② 中国共产主义青年团贵州省委员会组编《贵州青年运动史(1919-1998)》,贵州人民出版社,1999,第270~271页。

家的高度重视,成为建设社会主义精神文明的先锋。但与之前不同,这一时期的学雷锋运动加入了以"五讲四美"为代表的精神文明建设内容。为此,团省委还提出"学雷锋,树新风,做建设社会主义精神文明的先锋"的口号,并围绕口号持续开展一系列的宣传活动。以此为契机,贵州的学雷锋运动迅速走向高潮。1984年3月,贵阳、遵义、安顺、都匀和凯里五市就有由2万多名青少年组成1800多个便民利民服务队,在城市和村寨开展修理、缝纫、看病、理发等服务活动,服务对象20多万人次。3月18日,贵阳地区的9所大专院校的2万多名师生走上街头,开展知识咨询服务活动。[①] 1992年,全省共建立了3万余个青少年学雷锋小组、青年服务队和综合包户小组。有500万人次以上的青少年走向社会,开展各种便民、利民义务活动,好人好事层出不穷。[②] 可以说,这一时期的学雷锋运动,通过凸显雷锋精神中"无私奉献、克己奉公、助人为乐、刻苦钻研、爱岗敬业"等道德元素,在改变社会风俗、净化社会环境过程中发挥重要影响。

党的十八大以后,结合新时代发展背景,"雷锋精神"的内涵和外延得到不断丰富,社会影响力得到进一步拓展。2021年,雷锋精神成为第一批被纳入中国共产党人精神谱系的伟大精神,这表明无论时代如何变迁,雷锋精神永远是促进社会发展进步、提升公民道德水平的重要精神力量,作为这种力量的载体,"学雷锋"青年群体永不过时。

二 敢为人先:贵州改革开放以来的典型青年群体

随着党的十四大提出建立社会主义市场经济体制的目标,经济建设与发展民生成为人民最关切、党和国家最关注的事情。受此影响,经济发展和社会福利逐渐成为中国青年运动发展的主旋律。回顾这段历史,"有理想、有

---

① 中国共产主义青年团贵州省委员会组编《贵州青年运动史(1919-1998)》,贵州人民出版社,1999,第391页。
② 中国共产主义青年团贵州省委员会组编《贵州青年运动史(1919-1998)》,贵州人民出版社,1999,第392页。

道德、有文化、有纪律"是这一时期青年人身上最具时代性的"标签"。而青年岗位能手、农村青年致富带头人、青年志愿者和创业青年是最能体现时代"标签"的青年群体。他们以"先天下之忧而忧、后天下之乐而乐"的家国情怀，以不畏艰险、锐意创新、拼搏奋进的精神，积极投身国企改革、农村脱贫攻坚、营造和谐社会、建设社会主义市场经济体制等活动中，勇做时代前进的探索者、奋进者、奉献者，是改革开放以来的贵州青年运动的真实写照和历史缩影。

（一）社会主义现代化建设者：青年岗位能手

1995年，为深入贯彻党的十四届五中全会精神，把青年一代的积极性和创造性凝聚到建设中国特色社会主义事业，更好地在我国经济建设和社会发展中发挥生力军作用，共青团中央特制定《跨世纪青年人才工程实施纲要》，希望通过培养合格的青年劳动大军，造就大批优秀的跨世纪青年人才，为国民经济持续、快速、健康发展和社会全面进步服务。在此背景下，贵州青年运动围绕改革开放和富民兴黔两大目标，结合贵州实际情况，开展"青年文明号"和"青年岗位能手"活动，为贵州经济建设和企业改革发展贡献青年人的智慧和力量。

培养青年岗位能手是《跨世纪青年人才工程实施纲要》6个主干项目之一，旨在围绕岗位文明、岗位技能、岗位效益等内容，在企业中建立起一支青年骨干队伍。具体而言，青年岗位能手可分为两个部分，"青年文明号"与"青年岗位能手"。其中前者是在事业单位、国有企业中开展"争先创优"活动，以"窗口单位"为代表，通过激励青年群体文明服务、勤奋工作、创造业绩，为全社会发挥表率作用。而后者是激励团员青年在本职工作岗位上忘我劳动、创新创造，为国家和单位做出奉献，赢得社会的认可和嘉奖。[①] 换言之，"青年文明号"更多是强调青年人在社会服务中的表率作用，

---

① 谭建光：《中国式青春：从青年突击队到青年志愿者——中华人民共和国成立70年来青年群体的变迁》，《中国青年研究》2019年第3期，第36~42页。

而"青年岗位能手"则更关注青年人在技术创新、生产建设中的贡献。另外，与"青年突击队"群体进行比较，能够发现他们既有传承关系，又有不同特征。相较而言，"青年文明号"和"青年岗位能手"群体的自主性和创造性更强，让青年人在为国家做贡献的同时也能实现个人成长。

贵州"青年文明号"的出现略早于"青年岗位能手"。1994年初，首批"青年文明号"在全省10个窗口行业与重点工程中产生，标志着该活动逐渐从示范点推广至基层。1994年，"青年文明号"活动由贵阳向全省扩展，基本覆盖交通、商业、金融、服务、旅游等全部窗口行业与部分厂矿企业，先后产生43个省级"青年文明号"和18个国家级"青年文明号"。[1]在此基础上，通过完善活动机制，加强监察与管理，"青年文明号"在纵向上得到深入，在横向上实现均衡。同年，"青年岗位能手"活动也在全省企业中如火如荼地展开。围绕技术创新和岗位增效，各企业通过开展诸如"导师带徒""技能比武"等活动，制定"青年岗位成才奖励条例"等手段，不仅实现激发青年工人积极性、促进他们成长的目标，还帮助企业解决一些关键岗位和工种人才断层的问题。

进入21世纪，围绕贵州省经济建设与企业改革发展现状，全省各级团组织加强与企业的联系，深化"青年岗位能手"和"青年文明号"示范作用，促进企业产品与服务质量的提升。具体来说，一方面通过扩展"青年岗位能手"培训规模，健全创新创效奖励机制来提升青年职工的技术能力和创新积极性；另一方面不断拓展"青年文明号"覆盖领域，完善评选机制，为更多群众提供优质服务，营造青年集体回报社会的良好氛围。

党的十八大提出了"两个一百年"的奋斗目标，为中国特色社会主义建设指明了方向，也为广大青年投身全面小康的伟大实践提供了最广阔的舞台。面对新时代、新要求，团省委继续深化"青年岗位能手"和"青年文明号"先锋示范作用，通过开展培训班、举办巡展宣传、组织评选等方式，

---

[1] 中国共产主义青年团贵州省委员会组编《贵州青年运动史（1919-1998）》，贵州人民出版社，1999，第481页。

提升"青年文明号"和"青年岗位能手"群体的整体素质与影响力，为贵州经济社会发展贡献力量。

（二）乡村脱贫致富主力军：农村青年致富带头人

农村致富带头人指在农村从事种植、养殖和农产品加工等生产活动，具有一定规模、家庭收入相对较高，并能带领农民增收致富的人。贵州是一个以农业为主要产业的省份，第三次全国人口普查显示，当时全省有81%的人口生活在乡村。[①] 改革开放初期，围绕培养农村致富带头人，特别是青年致富带头人问题，团省委联合多个省级机关单位，先后开展了"兴黔富民育新人""火炬—100"等活动，通过举办农业科技培训班、兴办青年小开发项目、发展青年专业户和青年科技示范户等举措，为贵州农村生产力发展提供帮助，取得了不错的成果，也为之后青年星火带头人群体的产生奠定基础。20世纪80年代中后期，为顺应全国经济体制改革的形势和农村生产力发展的需要，中央政府批准实施"星火计划"，旨在解决农业、农村和农民问题，实现中国式现代化。1989年，随着团中央、国家科委在全国先期试点的基础上将贵州列入"青年星火带头人"活动开展范围，贵州青年星火带头人群体也随之产生。

为了培养一批能够在农村经济建设中起带头作用的"青年星火带头人"队伍，团省委制定了相应的计划方案，比如为培训者建立档案与相对应的联系制度，在贷款和购买生产资料方面提供一定支持等。得益于此，培训工作不仅普及迅速，还成效明显。据统计，到1998年，全省共培养"青年星火带头人"45000多人，其中省级12000余人，地县级33000余人。省级带头人有460多人获得国家"青年星火带头人"及标兵称号。[②] 不仅如此，他们中还产生了全省首届"十大杰出青年农民"等优秀模范代表。

[①] 贵州省地方志编纂委员会编《贵州省志（1978-2010）：人口和计划生育》，贵州人民出版社，2017，第138页。

[②] 中国共产主义青年团贵州省委员会组编《贵州青年运动史（1919-1998）》，贵州人民出版社，1999，第515页。

杜政锋作为铜仁地区农村的"青年星火带头人",他先是通过自学早熟蔬菜的栽培技术,种植早熟蔬菜,使自己脱贫致富。接着又带领当地青年一起种植,实现收入增长。之后在县团委等相关部门的支持下,承包荒山和鱼塘,创办了"鲜花村青年园艺水产研究会",通过种植果苗与养殖热带鱼,带领更多的村民实现脱贫致富。1995年,杜政锋入选团中央、国家科委评选的"全国十大杰出青年星火带头人",1996年入选贵州省第三届"十大杰出青年",1997年入选全省"首届十大杰出青年农民"。[①]

刘德华是仁怀市农村的"青年星火带头人",从1987年起,他一方面开展多种经营,通过承包荒山进行造林和果苗种植实现脱贫致富;另一方面他开办20多个林业技术培训班,为村里培养了300多个林业实用人才,同时带动村民造林5300亩,帮助全村实现脱贫。1997年,刘德华入选"首届全省十大杰出青年农民",1998年又入选"全国十大杰出青年农民"。[②] 这些"青年星火带头人"用辛勤的劳动和艰苦创业的精神为农村青年树立榜样,带领村民脱贫致富。

进入21世纪,为深化青年星火带头人培养活动,引导和支持农村青年自主创业,各级团组织一方面持续开展农村创业致富带头人培训班,另一方面通过提供技术、贷款等手段来支持青年星火带头人创业。受此影响,贵州青年星火带头人规模进一步扩大,达到万余人。

2013年,党中央提出"精准扶贫"政策,贵州农村扶贫事业进入新阶段。农村青年致富带头人是农村经济发展的杰出代表,是推进农民增收致富的领头雁。因此,加强以"青年星火带头人"为代表的农村青年致富带头人队伍建设,对于新时期贵州脱贫攻坚事业具有重要意义。为此,团省委于2013年牵头成立贵州省农村青年致富带头人协会,统筹发挥青年致富带头人的力量,比如联合青年志愿者在深度贫困县和极贫乡镇开办脱贫攻坚夜

[①] 中国共产主义青年团贵州省委员会组编《贵州青年运动史(1919-1998)》,贵州人民出版社,1999,第516页。
[②] 中国共产主义青年团贵州省委员会组编《贵州青年运动史(1919-1998)》,贵州人民出版社,1999,第517页。

校。随着互联网信息技术在日常生活、经济社会发展中扮演越来越重要的角色,为了更好地发挥互联网在脱贫攻坚中的作用,在团省委组织下,以农村青年致富带头人群体为代表的农村青年,借助东西扶贫协作机制,通过参与农村青年电商培育工程,积极拥抱互联网,不仅使自身得到发展,还带动家乡群众实现脱贫致富。2019年,张凌、詹兴超、周祯吉、姚林、李承亮被表彰为"第十一届全国农村青年致富带头人",陆永江被表彰为"第十一届全国农村青年致富带头人标兵"并作经验分享。① 这些模范代表的出现表明,贵州农村青年致富带头人凭借在全省脱贫攻坚工作中的贡献与影响力,无愧于农民增收致富的"领头雁"赞誉。

(三)"为人民服务"理念传承者:青年志愿者

"青年志愿者"是中国改革开放以来最引人注目的群体,不仅继承与发扬了新中国成立以来青年群体中普遍存在的志愿精神,还结合新时期的社会需求,借鉴国外经验,对青年运动形式进行创新。他们广泛出现在各种服务活动中,从扫盲工作到科技文化推广,从打扫城市卫生到植树造林,从大型公共活动到抢险救灾,哪里需要帮助,哪里就能看见"青年志愿者"的身影。可以说,"青年志愿者"是青年运动中覆盖最广泛、影响最深远的群体。

贵州经常化、制度化、规范化的"青年志愿者"群体诞生于1994年。当年5月,随着全省第一家"青年志愿者协会"与"贵州省大中学生青年志愿者服务总队"在贵阳市成立,各地、州、市也迅速建立自己的协会来组织管理青年志愿者。以此为契机,全省各地先后组织近百万团员青年参加青年志愿者活动,3万多名大中学生组成1300多支志愿服务队深入农村开展扫盲与科技文化志愿服务。② 1996年5月4日,随着贵州省青年志愿者协会正式成立,全省青年志愿服务网络逐步形成,服务内容与形式也日渐

---

① 涂妍主编《贵州青年运动史(2010-2020)》,贵州文化音像出版社,2021,第239页。
② 中国共产主义青年团贵州省委员会组编《贵州青年运动史(1919-1998)》,贵州人民出版社,1999,第478页。

丰富。

"一助一"长期结对服务与大中专学生志愿者暑期文化、科技、卫生"三下乡"活动是贵州"青年志愿者"行动最早进行的项目之一。前者旨在通过提供精准志愿服务，为困难群众排忧解难，自1994年开展以来取得了很大成效。仅1998年，全省"一助一"结对数就达到9万对。[①] 后者旨在丰富贵州农村文化生活、普及科技和卫生知识，同时也为贵州省大中专学生了解国情、省情，提高自身综合素质，坚定报效国家、建设家乡的决心提供实践平台。据不完全统计，自活动开展以来，全省每年有近万名大中专学生组成数十支志愿服务团队参与。

青年志愿者扶贫接力计划是贵州"青年志愿者"行动的重要组成部分。通过组织动员青年志愿者为贫困地区提供每期半年至2年的基础教育、医疗卫生、农业科技推广等方面的服务，帮助贫困地区摆脱落后局面。贵州青年志愿者扶贫接力计划始于1998年，从最初的数十名志愿者，经过20多年的发展，现在全省在岗志愿者规模已经达到万人。特别是2003年，贵州在全国首批开始实施大学生志愿服务西部计划以后，志愿者队伍迅速扩大。截至2023年，贵州省西部计划志愿者实施规模扩大到13000人。不仅涌现出以张启龙、徐本禹、滕明龙等为代表的优秀青年志愿者，而且为贫困地区的教育、医疗等事业发展提供了重要帮助。

党的十八大以来，贵州省脱贫攻坚工作进入新阶段，青年志愿者的参与方式也逐渐多元化。2017年8月，随着青年志愿者脱贫攻坚夜校建设在少数民族贫困县拉开序幕，贵州青年志愿者以此为平台，在团省委组织领导下，结合全省"脱贫攻坚"工作，通过政策宣讲、继续教育、普通话教学、职业技能培训等方式，为提升贫困群众的文化和素质，增强贫困群众的脱贫意识和能力贡献青年人智慧和力量。2020年，全面建成小康社会如期实现后，青年志愿者继续以夜校为平台，为乡村振兴提供志愿服务。截至2023

---

① 中国共产主义青年团贵州省委员会组编《贵州青年运动史（1998-2009）》，贵州人民出版社，2010，第27页。

年,全省青年夜校达到500所,累计培训15万人次。

为大型公共活动提供志愿服务是青年志愿者最常见、最普遍的服务工作。自1996年省青年志愿者协会正式成立以来,全省所有重要大型活动中都能见到青年志愿者的身影,比如2011年在贵州举行的第九届民族运动会中,约有7.5万名志愿者参与运动会志愿服务工作,提供了超过100万小时的志愿服务。① 除了省内的大型活动外,贵州青年志愿者还数次参与省外志愿服务。比如2008年北京奥运会中,100名贵州优秀青年志愿者参与了奥运会和残奥会的志愿服务工作,并得到国际排联、观众等的赞誉。② 2010年上海世博会期间,32名贵州青年志愿者为中国馆、贵州馆和主题馆提供礼宾接待、引导服务、语言协助等志愿服务。③ 不仅如此,自2008年起,贵州青年志愿者还多次承担了中国青年志愿者海外服务计划项目,先后前往突尼斯、乌干达等国进行志愿服务。不仅向世界展示了新时期贵州青年形象,还为当地的经济社会发展作出了积极贡献,获得当地民众的好评。

(四)社会主义市场经济生力军:创业青年

党的十一届三中全会开启了中国的改革开放进程,随着党和政府工作重心转移到经济建设上,中国青年的观念也从曾经的"越穷越光荣"转向了"致富光荣"。一批充满干劲和活力、勇于尝试的青年,主动参与市场经济竞争,探索致富途径,"创业青年"群体由此诞生。贵州的"创业青年"群体最早出现在农村。在改革开放之初,一批商品意识较强的青年抓住市场机遇,因地制宜地种植市场急需的农产品,迅速实现脱贫致富。这些最先富起来的青年,后来大多成为农村青年致富带头人。党的十四大提出建立社会主义市场经济体制,标志着社会主义市场经济建设进入新阶

---

① 涂妍主编《贵州青年运动史2010-2020》,贵州文化音像出版社,2021,第33页。
② 中国共产主义青年团贵州省委员会组编《贵州青年运动史(1998-2009)》,贵州人民出版社,2010,第155~156页。
③ 涂妍主编《贵州青年运动史2010-2020》,贵州文化音像出版社,2021,第30页。

段。受此影响，越来越多的青年投身到市场经济的浪潮中，成为中国经济发展的"排头兵"。为此，团省委通过开展创业培训，来帮助青年更好地了解政策、适应市场，为青年创业提供服务保障，在促进市场经济发展的同时解决他们的工作和生活问题。进入21世纪，随着中国加入世贸组织，对外开放不断扩大，创业环境得到进一步改善。主动投身创业的青年不断增加，不仅有从企业中走出来的青年，还有许多刚刚毕业的大学生，"创业青年"规模逐渐扩大。为此，团省委不仅持续扩大创业知识培训工作，为更多"创业青年"提供服务；还积极争取社会及金融支持，建立贵州省青年创业就业基金会和贵州省青年创业就业服务中心，实施贵州青年创业小额贷款项目推动青年创业；更是通过举办"青年企业家""青年创业奖"等评选活动来进行宣传，在帮助"创业青年"改善社会形象的同时为他们的创业活动营造良好氛围。据统计，2011~2012年，中心和基金会共协调青年创业贷款近7.5亿元，帮助8700名青年进行创业，有力地促进了贵州经济社会发展。[1]

习近平指出，青年人是全社会最富有活力、最具有创造性的群体，也是推动创科发展的生力军。要为青年铺路搭桥，提供更大发展空间，支持青年在创新创业的奋斗人生中出彩圆梦。[2] 党的十八大以来，围绕贵州经济社会发展实际情况与大众创业万众创新的时代大潮，团省委积极为青年建平台、找资源，通过建设青年创业就业示范基地、"黔青梦工场"众创空间，实施"大学生创业就业扶持计划""多彩贵州·创在乡土"青春扶贫三年计划等方式，助力青年创业者在贵州后发赶超的历史进程中建功立业。创业青年紧抓时代机遇，借助平台和政策带来的支持与便利，结合自己的专业知识，在贵州脱贫攻坚、大数据产业等领域贡献青年人智慧。2023年，借助"青年大学生创业帮扶计划"，85个青年创业项目获得42.5万元的项目资金支持，成功启动项目。在青数聚·云谷科创孵化基地和黔青梦工厂众创空间平台支

---

[1] 涂妍主编《贵州青年运动史（2010-2020）》，贵州文化音像出版社，2021，第42页。
[2] 《习近平考察香港科学园》，中国政府网，2022年7月1日，https://www.gov.cn/xinwen/2022-07/01/content_5698681.htm，最后检索时间：2024年2月4日。

持下，500余名青年的创业项目得到孵化，15家青年大数据科创企业得以成立。

三 展望

回顾中华人民共和国成立75周年来贵州青年运动发展和群体变化，可以发现，每个时代都有自己独特的代表性青年群体，每个时代也都赋予青年群体不同的使命和任务。时代造就青年，盛世成就青年。当今中国日益走近世界舞台中央，中国青年亦将在国际青年运动中发挥更大作用。贵州是"一带一路"在西部重要的陆海连接线和内陆开放型经济新高地，这意味着新时代贵州青年将更加频繁地参与国际事务，在促进国际交流中承担更大的使命。党的二十大擘画了以中国式现代化全面推进中华民族伟大复兴的宏伟蓝图，为新时代中国青年运动指明方向。国发〔2022〕2号文件赋予贵州重大政策红利和战略机遇，贵州加快高质量发展其时已至、其势已成。新时代贵州青年生逢其时、重任在肩，未来必将在中国式现代化贵州实践壮阔征途中担负更多使命，建立更多青春功勋。

展望未来，贵州青年运动正站在新起点，贵州青年施展才干的舞台无比广阔，实现梦想的前景无比光明。党的二十大明确了新时代新征程下党的中心任务。贵州省2024年《政府工作报告》指出，未来五年，是全面建设社会主义现代化国家开局起步的关键时期，也是贵州省深入贯彻落实习近平总书记视察贵州重要讲话精神、全方位推动高质量发展的关键时期。因此，要推进未来贵州青年运动发展，促进"贵州青年友好型成长型省份"建设，帮助更多贵州青年在新时代建功立业，就需要做好以下几点。

一是坚持党管青年。党对青年工作的领导对于青年群体发展至关重要。回顾贵州青年运动历史，党的领导始终是青年群体得以发展壮大的关键因素。从"青年突击队"到农村青年致富带头人，再到青年志愿者，党领导下的共青团员一直都是青年群体发展的引领者。张良驯提出，"党管青年"

原则是党长期以来领导中国青年运动、促进青年发展的实践结晶。[①] 因此，以习近平新时代中国特色社会主义思想为指导，以党的旗帜为旗帜、以党的意志为意志、以党的使命为使命，为全面建设社会主义现代化国家、全面推进中华民族伟大复兴穷尽力量是未来贵州青年运动，乃至未来中国青年运动发展的根本遵循和必由之路。

二是坚持发展创新。社会历史变迁对于青年群体的演变影响深远。从1949年到2024年，贵州青年群体的变迁都呈现鲜明的时代烙印。在社会主义改造与建设时期，广大青年怀着崇高的理想，参与"三大改造"与"上山下乡运动"，对中国社会主义建设产生深远影响。在社会主义市场经济体制建设时期，一批青年积极响应国家政策，投身市场经济大潮中，成为最早致富的群体之一，并成长为新一代青年企业家。在中国特色社会主义新时代，贵州青年积极投身脱贫攻坚事业，以不同的形式贡献自己的力量，在贵州全面建成小康社会过程中发挥巨大作用。由此观之，中国社会各个时期的变迁，经济、政治、文化、福利的变化，都对青年群体发展有非常深刻的影响。只有紧紧把握时代脉搏，持续创新工作方式、方法，才能帮助青年更快、更好地融入时代发展浪潮，进而发挥青年的智慧与能量。

三是坚持对外开放。当代青年群体的内在丰富性越来越突出。与社会主义建设时期的青年群体相比较，当代青年群体的发展更加多元与丰富。这是由于相较于过去，深受互联网洗礼的当代年轻人在信息和资源获取方面越来越便利，渠道越来越多元。在过去，受各种因素限制，青年获取信息和资源的方式较为单一，对于群体的理解和认同容易一元化。而在当代，借助便捷的互联网、发达的自媒体，青年不仅了解主流价值，还能认识中华传统文化、外国文化以及亚文化。这就造成青年群体对于自我的认同更加多元、更加丰富，并且随着社会发展的日益开放和包容，当代青年群体的内在多元性还在持续增长。因此，只有不断扩大开放，加强对外交流，才能更好地帮助青年、认识青年、理解青年。

---

① 张良驯：《中国青年政策的价值分析》，《青年探索》2017年第4期，第5~12页。

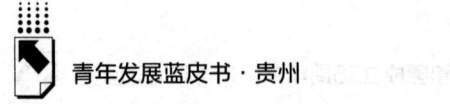

四是坚持青年为本。通过对中华人民共和国成立75周年来贵州青年群体发展轨迹的分析可知，随着时代的发展变迁，青年群体之间的交叉互动越来越频繁，这既是时代的影响，也是青年自身观念的转变。一位青年岗位能手同时可以是青年志愿者，而一位创业青年也同时可以是农村青年致富带头人或者是当代的"学雷锋"青年。因此，在引导青年成长的路上，不应拘泥于群体界限，而是要以青年自身观念为基础，允许、鼓励青年打破群体界限，去尽可能地尝试，让他们在公益成才、岗位成长等方面不断探索。如此，才能为新时代的青年成长成才提供更好的指导和帮助，激发青年活力、引领青年成长成才。

B.11
贵州青年婚育观调查与培育路径研究[*]

"贵州青年婚育观"课题组[**]

摘　要： 本报告通过对贵州青年的婚育观进行问卷调查，从婚姻观和生育观两个维度，揭示了贵州青年在生命进程中从择偶到婚姻家庭，再到生育和抚育等各个阶段的情况。调查结果显示，贵州青年婚育观呈现多元化、理性化、平等化等特征和变化。报告进一步分析了社会经济、文化心理等因素对贵州青年婚育观念变动的影响，并从建设新型婚育文化、建立婚育激励机制、营造生育友好环境等方面，提出了与贵州人口高质量发展相适应的贵州青年婚育观的培育路径。这将有助于优化贵州人口发展战略，推动贵州人口长期均衡发展，助力贵州青年友好型成长型省份建设。

关键词： 贵州青年　婚育观　生育意愿

一　引言

习近平总书记指出："要积极培育新型婚育文化，加强对年轻人婚恋观、生育观、家庭观的引导，促进完善和落实生育支持政策，提高人口发展

---

[*] 本文为基金项目：2023~2024年贵州省青年发展研究课题"贵州青年生育观及其生育意愿调查研究"（项目编号：QNZD2310）的阶段性成果。

[**] 课题组组长：郑姝霞，贵州大学公共管理学院社会学系副教授，人口学博士，研究方向为人口与社会发展。成员：李林，贵州大学公共管理学院硕士研究生；郑何阳，贵州大学公共管理学院硕士研究生；舒兴艳，贵州大学公共管理学院硕士研究生；姚天慧，贵州大学公共管理学院硕士研究生。

质量，积极应对人口老龄化。①"当前，少子化和老龄化交叠的复杂特征，使得贵州促进人口高质量发展、推进人口长期均衡发展的任务十分艰巨，需要以更全面的视角去预判和应对人口的发展变动趋势。

婚育观是支配人们婚育行为的内生动力，是影响婚育行为的深层次、根本性因素。作为生育意愿和生育行为的前序环节，婚育观影响着人们的婚育实践。它是指一定社会环境下，人们对择偶、婚姻、生育等生命进程的一系列行为决策的价值观念体系。处于适婚育龄期的青年群体，其婚育观不仅会对其个体的婚姻家庭选择及人生发展路径产生影响，更与未来的人口生育水平、人口结构、代际养老支持等人口发展形势密切关联。

在当前广泛而深刻的社会变迁中，青年一代婚育行为的价值基础发生了极大的转变。晚婚晚育、少生优生等观念被多数青年所接受，同时，只婚不育、不婚不育等观念也开始流行。在部分青年看来，婚姻并不是人生的必经之路，生育也不是人生的必然选择。房价高昂、工作压力大、教育资源紧张等因素，都使得青年人群对于婚姻和生育持有更为谨慎甚至消极的态度。

新型婚育观，是相对于传统婚育观而言的。它既尊重个人选择，也注重家庭观念；既提倡个人价值，也重视家庭价值；既满足当代诉求，也不牺牲未来发展，它建立在把人口既看作国家发展的资源禀赋条件，更当作国家发展的目的的前提下。培育新型婚育观，有助于改变青年对婚姻和生育的消极态度，提高其生活满意度和幸福感，也是解决当前婚育问题的重要途径。

本报告面向贵州全省9个市（州）采集问卷32892份。其中，男性占比为31.69%，女性占比为68.31%。在受教育程度方面，初中及以下文化程度者占比为1.6%，高中（职校、中专）及大专文化程度者占比为

---

① 《推动妇女儿童事业发展、做好妇女工作的强大思想武器》，求是网，2023年11月22日，http://www.qstheory.cn/laigao/ycjx/2023-11/22/c_1129987166.htm，最后检索时间：2024年3月25日。

44.58%,大学本科及以上者占比为53.82%[1]。本文旨在通过调查,深入探讨贵州省青年婚育观的现状、特征及影响因素,并提出培育新型婚育观的有效路径,以期营造婚育友好的社会环境,优化贵州人口发展战略,促进人口高质量发展,助力中国式现代化贵州实践,推动贵州人口长期均衡发展及贵州青年友好型成长型省份建设。

二 贵州青年婚育观现状

婚育观作为个体观念的一部分,反映了人们在婚恋、生育问题上的态度和价值观,它深深植根于社会文化结构中,并受到时代变化的影响。[2] 在中国,随着社会的快速发展,我们面临着人口结构的变化,即少子化和老龄化。在这样的背景下,青年人群的婚育观也必然发生新的变化和特征。本报告以《贵州青年婚育观以及生育意愿(2023)调查问卷》为基础[3],围绕婚姻观与生育观两个维度,对贵州处于婚育重要阶段的青年人群婚育观的现状、特征及其影响因素进行考察,并提出切实的新型婚育观的培育路径,以实现营造婚育友好社会氛围、优化青年成长发展环境、持续推进贵州青年友好型成长型省份建设的目的。

(一)婚姻观现状

婚姻观是指人们对男女两性的婚姻关系的基本观点和看法,它包括人们对爱情的基本观(恋爱)、人们对爱人的期待、对家庭形态及其重要基础的

---

[1] 需要注意的是,由于样本与目标总体并不完全对应,课题组利用贵州省第七次人口普查数据对本次调查结果进行了"事后加权"处理,以更科学地反映贵州青年整体的婚育观,故报告统计数据以频率形式呈现。理论上,本次调查数据应利用当年的人口数据进行"事后加权",但限于客观条件,只能使用2020年的普查数据代替,且一般而言,3年时间青年人口结构变化较小,因而可以认为,本调查结果与2023年青年婚育观良好近似。

[2] 李婷、郑叶昕、闫誉腾:《中国的婚姻和生育去制度化了吗?——基于中国大学生婚育观调查的发现与讨论》,《妇女研究论丛》2022年第3期,第86页。

[3] 该问卷的调查时间为2023年12月至2024年2月。

看法、对性行为的态度等方面的内容,① 包含了婚恋观、家庭观等维度,是人生观和价值观的重要组成部分。本报告对贵州青年婚姻观的现状分析主要从择偶观、结婚意愿(必要性)、婚姻的条件、婚姻的意义等方面进行。

1. 择偶观

择偶观作为婚姻的前置,是人们对选择配偶的看法和态度,主要包括择偶标准和择偶方式两个方面。

表1的数据显示,贵州青年在择偶时最重视的因素主要包括以下几个方面:个人品德(5.64分)、性格和价值观(3.68分)。其次,他们对外貌长相(2.47分)也较为看重,再往后则是家庭背景(2.44分)、职业和收入(2.27分)。相对而言,学历(1.43分)和地域(1.11分)在他们择偶标准中的重要性较低。这表明,当代贵州青年在婚姻生活中更注重精神层面的追求和双方的交流共鸣,而非单纯的物质满足。他们更看重伴侣的内在品质以及双方在情感、价值观上的契合度,而非仅仅关注家庭和个人物质条件等外在因素。

表1 贵州青年婚育观调查统计——择偶标准

单位:分

您在择偶时最看重哪些条件	得分	您在择偶时最看重哪些条件	得分
个人品德	5.64	职业和收入	2.27
性格和价值观	3.68	学历	1.43
外貌长相	2.47	地域	1.11
家庭背景	2.44	其他	0.80

资料来源:贵州青年发展研究院《贵州省青年婚育观以及生育意愿(2023)调查问卷》统计数据。

贵州青年的择偶方式在表2中得到了详细展示。其中,"自己寻觅"是最主要的择偶方式,占比53.3%。通过朋友介绍的方式紧随其后,占比为

---

① 纪秋发:《北京青年的婚姻观——一项实证调查分析》,《青年研究》1995年第7期,第19页。

41.3%。家人和同事介绍分别占31.8%和26.6%。这表明贵州青年在保持择偶自主性的同时，也倾向于通过朋友这样的趣缘群体来结识伴侣，同时并不排斥亲缘和业缘群体的介绍。此外，随着社交媒介的普及，数字时代成长起来的青年一代中，有16.2%的人信赖并愿意通过社交软件来寻找伴侣，说明社交网络在贵州青年择偶过程中的作用也不容忽视。

表2 贵州青年婚育观调查统计——择偶方式

单位：%

您会通过哪些途径寻找伴侣	占比	您会通过哪些途径寻找伴侣	占比
自己寻觅	53.3	同事介绍	26.6
朋友介绍	41.3	其他	21.3
家人介绍	31.8	社交软件	16.2

资料来源：贵州青年发展研究院《贵州省青年婚育观以及生育意愿（2023）调查问卷》统计数据。

2. 结婚意愿

本次调查重点考察了贵州青年群体的结婚意愿，包括是否想结婚、结婚的理想时间、不想结婚的原因三个部分。

传统的婚姻观念将结婚视为完成生儿育女、传宗接代使命的必经之路。然而，在当代青年群体中，越来越多的人开始质疑婚姻是否为人生的必要选择，这种观念存在性别差异。根据表3的数据，我们可以看到，青年男性认为结婚是人生必要选择的比例为46.9%，而青年女性选择该选项的仅有22.8%。相反，青年男性认为结婚并不是人生的必要选择的比例为22.5%，女性青年中这一比例则高达40.8%。显然，在青年群体中，男性结婚的意愿普遍高于女性。尽管普查数据和抽样调查数据都显示我国的真实婚姻水平仍然很高，并且普婚的情况在过去20多年里并未发生根本性的变化[1]，但是与过去相比，青年人群对于结婚与否的态度显然更加包容和多元化。

---

[1] 翟振武、刘雯莉：《中国人真的都不结婚了吗——从队列的视角看中国人的结婚和不婚》，《探索与争鸣》2020年第2期，第130页。

表3 贵州青年婚育观调查统计——婚姻的必要性

单位：%

性别	是,无论早晚都应该结婚	否,结婚并不是人生的必要选择	说不清,依情况而定	总计
男	46.9	22.5	30.6	100
女	22.8	40.8	36.4	100

资料来源：贵州青年发展研究院《贵州省青年婚育观以及生育意愿（2023）调查问卷》统计数据。

本次调查深入探讨了贵州青年未婚的原因。从表4（多选）可知，"追求个人自由"是首要原因，个案占比高达77.07%。其次，"对未来不确定性的恐惧"个案占比为63.30%。此外，"生活中灵魂伴侣难求"是第三大原因，个案占比为49.16%。这些数据表明，对个体自主性的重视和对婚姻的高期待，对当代青年是否选择步入婚姻产生了重大影响。

表4 贵州青年婚育观调查统计——您不想结婚的原因

单位：%

您不想结婚的原因	响应占比	个案占比
追求个人自由	32.2	77.07
对未来不确定性的恐惧	24.6	63.30
生活中灵魂伴侣难求	17.4	49.16
害怕婚姻责任	14.2	38.80
对爱情失望	11.6	27.71

资料来源：贵州青年发展研究院《贵州省青年婚育观以及生育意愿（2023）调查问卷》统计数据。

3. 结婚的条件

与传统价值观中强调的"成家立业"理念不同，现代贵州青年在步入婚姻时，更倾向于以"立业"为基础。因此，他们在考虑何时进入婚姻时，会更多地考虑自身的条件和所处的阶段。从表5中可见，贵州青年群体的理想婚龄分布如下：20~24岁的青年占比为21.6%；25~29岁的青年占比为59.9%；30~34岁的青年占10.8%；35~39岁的青年占3.0%；40岁及以上的青年占4.7%。显然，贵州青年群体的理想婚龄集中在25~29岁这一年龄段，与中国青年报社会调查中心联合问卷网的调查结果相比，贵州青年的理想婚龄仍相对较早。

表5 贵州青年婚育观调查统计——理想结婚年龄

单位：%

您的理想结婚年龄是	占比
20~24岁	21.6
25~29岁	59.9
30~34岁	10.8
35~39岁	3.0
40岁及以上	4.7
总　　计	100

资料来源：贵州青年发展研究院《贵州省青年婚育观以及生育意愿（2023）调查问卷》统计数据。

彩礼作为中国传统文化习俗的一部分，有着悠久的历史和丰富的文化内涵。它是"父母之命、媒妁之言"的聘娶婚制的产物，《礼记·坊记》中有"男女无媒不交，无帛不相见"的记载。传统上，彩礼的交付被视为婚姻成立的标志，也是男方家庭对女方家庭的一种感激和回报。表6的数据显示，贵州青年认为彩礼在婚姻中非常重要和重要的比例高达40.02%，认为一般的占比43.76%，认为不重要和完全不重要的仅占16.22%。由此可见，尽管多数贵州青年群体认为选择伴侣的首要因素是个人品德而非物质条件，但他们对彩礼在缔结婚姻过程中的重要性持高度认可的态度，这在一定程度上会增加贵州青年的结婚成本。

表6 贵州青年婚育观调查统计——彩礼的重要性

单位：%

您觉得彩礼在婚姻当中的重要性是	占比
非常重要	15.69
重要	24.33
一般	43.76
不重要	10.18
完全不重要	6.04
总　　计	100

资料来源：贵州青年发展研究院《贵州省青年婚育观以及生育意愿（2023）调查问卷》统计数据。

虽然结婚确实需要满足许多前置条件，但在贵州的青年群体中，他们更重视的是情感价值而非物质基础。在他们看来，情感和谐是婚姻的重要组成部分。根据表7的数据，青年们认为"相互支持"和"感情基础"是建立和谐婚姻的最重要的基石，这两个因素分别占31.7%和31.4%。这反映出随着社会经济文化环境的发展，青年一代在物质生活上的条件已经有了显著提升，他们更容易在婚姻中实现物质生活条件和精神层面的平衡。物质生活条件的改善使他们更有可能在婚姻中追求更深层次的精神满足和情感支持。

表7 贵州青年婚育观调查统计——和谐婚姻的基础

单位：%

您觉得和谐婚姻最重要的基础是	占比
相互支持	31.7
感情基础	31.4
经济稳定	23.0
共同谋划未来	13.9
总　　计	100

资料来源：贵州青年发展研究院《贵州省青年婚育观以及生育意愿（2023）调查问卷》统计数据。

4. 婚姻的意义

婚姻的意义涉及婚姻的本体性价值，对于追求自我实现和成长的青年群体而言显得尤为重要。对该群体而言，婚姻不仅仅是一种情感关系或社会义务，更是一场关于自我认知、情感支持和共同成长的人生旅程。

表8展示了贵州青年对婚姻价值的不同看法。每个选项满分为5分，其中，婚姻是一种责任和承诺的看法得到了最高的平均得分，这表明青年群体对婚姻关系所附带的家庭责任持积极态度。而"婚姻是一种选择，而不是必须"的平均得分低于平均分（2.5分），这表明青年群体对该观点的认同度略低。此外，对于"婚姻是爱情的升华""婚姻就是两个人搭伙过日子""婚姻会限制个人自由和自我价值""为了生孩子就得结婚"等观点的认可度较低。

表8 贵州青年婚育观调查统计——婚姻的意义（量表）

单位：分

对以下关于婚姻的陈述您的看法是	得分
婚姻是一种责任和承诺	2.63
婚姻是一种选择，而不是必须	2.34
婚姻是爱情的升华	2.15
婚姻就是两个人搭伙过日子	1.88
婚姻会限制个人自由和自我价值	1.78
婚姻是爱情的坟墓	1.75
为了生孩子就得结婚	1.48

资料来源：贵州青年发展研究院《贵州省青年婚育观以及生育意愿（2023）调查问卷》统计数据。

表9的数据显示，贵州青年对"夫妻双方应该均等分摊家务"这一观点的认可度较高，分数为3.66分。同时，"孩子出生后，父亲应该是主要照顾者"和"孩子出生后，母亲应该是主要照顾者"这两项的认可度也较为接近，表明随着女性地位的提高，青年群体在婚姻家庭内部的家务和育儿分工中，性别平等观念的提升较为显著。他们更倾向于认可父职可以在家庭分工中扮演更积极的角色，承担更多的家庭和育儿责任。

表9 贵州青年婚育观调查统计——婚姻性别角色（量表）

单位：分

对以下关于婚姻角色的陈述您的看法是	得分
夫妻双方应该均等分摊家务	3.66
男性应做好挣钱养家的角色	3.20
女性应做好贤妻良母的角色	2.93
男主外，女主内	2.80
孩子出生后，父亲应该是主要照顾者	2.78
男人以事业为重，女人以家庭为重	2.72
孩子出生后，母亲应该是主要照顾者	2.63

资料来源：贵州青年发展研究院《贵州省青年婚育观以及生育意愿（2023）调查问卷》统计数据。

然而，尽管现代家庭观念有所发展，但仍有部分青年对"男性应做好挣钱养家的角色""女性应做好贤妻良母的角色""男主外，女主内""男人以事业为重，女人以家庭为重"等传统的性别角色观念表示认同。总体而言，贵州青年的婚姻家庭角色观呈现传统与现代交织的特点。

（二）生育观现状

生育观是一种内化后的意识形态，受到文化传统、经济发展水平以及生产方式等外部环境的影响和限制，具有显著的社会特征和时代色彩。因此，本报告结合调查结果，从生育意愿、生育动机、生育态度等多个维度对贵州青年群体的生育观进行现状分析。

1. 生育意愿

本次调查采用"是否愿意生育""是否愿意生二孩""是否愿意生多孩"三个问题测量青年群体的生育意愿。

从表10可知，41.20%的青年对于未来是否要生育孩子持不确定的态度，而38.28%的青年选择生育孩子，明确表示不愿意生育孩子的青年则占到20.52%。这意味着在贵州的青年群体中，超过半数的青年不再将生育孩子视为人生的必选项。进一步观察发现，对于生育一孩和二孩的意愿，一孩家庭中，有64.05%的青年表示愿意生育二孩，而在二孩家庭中，仅有27.77%的青年表示愿意生育三孩。这表明在生育一孩的家庭中，多数青年有较高的意愿去养育二孩，而在生育二孩的家庭中，多数青年会基于对经济能力、时间和精力的分配等方面的理性考虑，选择放弃生育三孩。无疑，对于大多数家庭来说，生育二孩是较为理想的模式。

表10 贵州青年婚育观调查统计——您是否愿意生孩子

单位：%

生育的意愿	选项	比例	总计
您是否愿意生育孩子	不确定	41.20	100
	是	38.28	
	否	20.52	

续表

生育的意愿	选项	比例	总计
您是否会选择生育二孩	是	64.05	100
	否	35.95	
你是否愿意生育多孩(3个及以上)	是	27.77	100
	否	72.23	

资料来源：贵州青年发展研究院《贵州省青年婚育观以及生育意愿（2023）调查问卷》统计数据。

表11反映了贵州青年对生育时间节点的考量。经济条件得到改善后再生育孩子的占比最高，为30.43%，这明确显示了物质因素在青年决定生育孩子过程中的关键作用。此外，还有29.65%的青年选择视具体情况而定，表明他们不会盲目决定生育时间。20.50%的青年选择在结婚后就生孩子，18.76%的青年选择在工作稳定后才考虑生育，0.66%的青年选择"等父母退休就生"。这些数据表明，当代青年更加注重孩子的生活质量和个体发展。随着家庭养育成本的不断提高，青年们不再抱持过去结婚生子的应然逻辑，他们更倾向于在经济、照料和情感条件都满足后才考虑生育，对生育的态度更加审慎和理性。

表11 贵州青年婚育观调查统计——生育的时间安排

单位：%

您会选择在什么时候生孩子	占比
经济条件好了再生孩子	30.43
无所谓,视情况而定	29.65
结婚后就生孩子	20.50
工作稳定后生孩子	18.76
等父母退休就生	0.66
总　　计	100

资料来源：贵州青年发展研究院《贵州省青年婚育观以及生育意愿（2023）调查问卷》统计数据。

在传统的中国社会，男嗣偏好是生育需求的核心所在，儿女双全被视为家庭美满和完整的象征。这个观念体现在汉字"好"上，它由"女"和"子"两个字组成，代表着人们对拥有儿女的期盼。然而，随着社会经济的发展，以及国家长期普及的性别平等观念和政策的推行，越来越多的青年不再将生男生女赋予不同的标签。这种传统单一的男性传承家族观念已经被打破。根据表12的数据，有49.82%的青年期望拥有儿女双全的家庭。同时，也有33.72%的青年认为孩子的性别无所谓，而仅有8.55%和7.91%的青年表示，期望孩子性别为女孩或男孩。

这表明，在现代社会，青年一代传宗接代的观念开始淡化，因而其对孩子的性别期待特别是男嗣偏好也随之逐渐褪去，他们更加重视孩子传宗接代之外的情感等价值。这样的转变既有助于促进家庭和睦与幸福，也有助于建立更加平等和包容的社会。

表12 贵州青年婚育观调查统计——您理想的孩子性别是

单位：%

您理想的孩子性别是	占比
有儿有女	49.82
无所谓	33.72
女孩	8.55
男孩	7.91
总　　计	100

资料来源：贵州青年发展研究院《贵州省青年婚育观以及生育意愿（2023）调查问卷》统计数据。

2. 生育动机

生育动机是促使个体生育后代的内在动力。在传统向现代变迁的过程中，人类的生育动机从传宗接代、养儿防老逐渐向情感价值维度转变。

从表13可以发现，贵州青年的生育动机主要集中在以下几个方面：孩子是生命的延续，生孩子是夫妻感情维系纽带的必需品，以及多子多福、传宗接代和养老保障等。这些动机的认可度得分分别为3.27分、2.99分、2.76分、2.68分、2.65分。这表明一方面，贵州青年依然认为，孩子是生命的延续,他们通过孩子来继承和传递自己的家族传统、价值观和生活经验,孩子可以成为夫妻之间情感的焦点和共同的责任,为夫妻关系带来更多的意义和满足感。同时,传统生育价值观中"传宗接代""多子多福""养儿防老"等观念在现代社会逐渐失却了实践之所。随着社会经济的发展、个体受教育水平提高、养老保障制度的逐步完善以及个体化观念增强等,当代贵州青年更加重视个人发展和生活质量,更多追求个体自由和独立的生活方式。

表13 贵州青年婚育观调查统计——生育动机(量表)

单位:分

您认为您生孩子的动机是	得分
孩子是生命的延续	3.27
生孩子是夫妻感情维系纽带的必需品	2.99
多子多福	2.76
传宗接代	2.68
养老保障	2.65

资料来源:贵州青年发展研究院《贵州省青年婚育观以及生育意愿(2023)调查问卷》统计数据。

3.生育态度

表14反映了贵州青年对生育问题的态度和看法。其中包括"生不生孩子无所谓""不喜欢孩子所以不生孩子""宠物比孩子更有陪伴价值""追求丁克所以不生孩子"等几种观点,这些充分表明青年认为生育是个人选择,应该尊重个人喜好和人生安排。同时,"没有孩子是人生的遗憾"这一观点表明,孩子在青年人眼中具有重要的价值归属。另外,"不生孩子是对父母的不孝顺"和"不生孩子的人很自私"这两项得分表明,贵州青年群体对传统家庭的完整性和生育对社会继替传承的重要性秉持着中立的态度。从追求个体自由到认为生育是实现个体价值的重要内容,这充分体现了当前青年生育态度在传统与现代之间的交叠状态。可以看出,青年对于生育问题的看法并非单一,而是多元并存,既有传统的观念,也有现代的理念,这是时代和社会发展的必然结果。

表14　贵州青年婚育观调查统计——生育的态度（量表）

单位：分

您对生孩子的态度是怎样的	得分
生不生孩子无所谓	2.91
没有孩子是人生的遗憾	2.90
不喜欢孩子所以不生孩子	2.88
宠物比孩子更有陪伴价值	2.86
追求丁克所以不生孩子	2.75
不生孩子是对父母的不孝顺	2.46
不生孩子的人很自私	2.46

资料来源：贵州青年发展研究院《贵州省青年婚育观以及生育意愿（2023）调查问卷》统计数据。

三　贵州青年婚育观特征

（一）多元化婚姻观念日趋成型

婚姻观是人们对婚姻问题的基本观点和看法，它反映了人们对婚姻问题的价值取向，包括择偶观和对婚姻意义的认知。改革开放以来，人们的价值观念、思维方式和行为方式都发生了巨大的变化。这种社会变迁也影响了青年人的婚姻观。

一是青年结婚意愿不高。中国传统社会有"男大当婚，女大当嫁"的俗语，意为到了一定的年龄，男性应该娶妻生子，女性应该寻找合适的伴侣结婚。然而，在现代社会，越来越多的青年对结婚意义的理解发生了转变。如前所述，许多青年选择在事业有所成就、经济独立之后再考虑结婚，强调"事业未立，何以家成"。这种现象在女性中尤为突出，许多女性更加注重自己的事业和学业，不愿意过早地承担家庭责任。当前贵州青年的结婚意愿普遍不强，调查中仅有46.9%的男性青年和22.8%的女性青年认为婚姻是人生历程中不可缺少的一环，对婚姻必要性持否定态度的女性青年占比高达40.8%。

二是择偶标准和方式多元化。择偶是从恋爱到婚姻的必经之路，也是建立幸福家庭的重要环节。人们的择偶标准具有鲜明的时代特征。有一句顺口溜反映中国女性择偶标准的变迁："50年代重政治、60年代重成分、70年代找解放军、80年代找大学生、90年代跟着感觉走。"进入21世纪后，青年对配偶的性格、价值观等个人品质的重视程度和期望值迅速上升。例如，本次调查数据显示，贵州青年群体在择偶标准上，最注重的是伴侣的个人品德，其次是性格和价值观。

同时，青年群体择偶的自主意识明显增强，择偶范围从地缘、亲缘扩展到业缘。在传统社会中，"父母之命，媒妁之言"是青年择偶的主要方式。随着社会制度的变化和经济、文化的发展，尤其是互联网技术的普及，青年社交活动的范围广度、类型丰富度与选择自由度迅速上升，青年的择偶方式也发生了根本性的变化。人员的流动趋势日渐加大和物质条件的进一步丰富使得青年人在择偶时择偶网络从亲缘演化为业缘，具有强烈的自主性。例如，在本次调查中，超过一半（53.3%）的青年在择偶方式上选择自己寻找伴侣，但同时又不排斥通过社会关系网以及虚拟网络来寻觅伴侣。

但是，当从恋爱走向婚姻时，一些传统的婚姻观念从中国传统社会延续至今，门当户对、物质条件等依旧是当代青年男女选择结婚对象时考虑的重要条件。本次调查中贵州青年群体认为彩礼在缔结婚姻的过程中非常重要和重要的占比达40.02%。

三是婚姻的传统职能趋于弱化。从历史发展来看，婚姻观基本可以分为生育型和爱情型两个类型。在传统社会，婚姻的实质在于宗族的延续，婚姻具有维护本家族的功利作用，生育子女也是为了增加家庭的劳动力。夫妻双方的任务始终离不开对祖先的祭祀和对后代的延续，所以那时的婚姻对家族的关系十分重要，而对个人之间的关系则极为轻微。因此，传统社会中的婚姻以生育型为主。在现代社会，青年人更注重个人幸福和婚姻平等。例如，当调查中被问及和谐婚姻的基础时，有31.7%的青年选择的是"相互支持"，31.4%的青年选择的是"感情基础"，问及婚姻的意义时，大部分调查对象对"婚姻是一种责任和承诺"更加认同。这表明贵州青年群体更加看重伴侣在婚姻中是否能够提供精神和情感价值。

（二）理性化生育观念日渐凸显

在中国的传统文化中，生育被赋予了重要的地位。多子多福、养儿防老等观念深入人心。在传统农业社会，家庭劳动力是生产力的主要来源，因此，生育成为家庭扩大生产、增加劳动力的主要方式。这种生育观在很大程度上决定了人们的生育意愿和行为。

随着中国经济的发展和社会的转型，以及计划生育政策的实施，人们的生育观念开始发生变化。传统的生育观逐渐受到挑战，许多家庭开始重视少生优生，追求家庭生活的高质量和幸福感。社会的进一步发展加快了新时代生育观的形成。这种生育观强调的是个人自由选择和家庭幸福感。年青一代的生育观念发生明显变化，许多人更加注重自我实现和职业发展，对生育持更为包容和理性的态度。

一是青年生育意愿偏低，生育计划推迟。与以往相比，当前青年群体更强调个人的自由、独立和事业发展，尤其是在追求事业的压力下，青年人希望将更多的时间和精力投入个人的成长和事业发展上。社会经济因素也在一定程度上影响了青年人的婚姻和生育决策。随着城市化进程的加速和生活成本的不断上升，尤其是在一些大城市中，房价高昂、教育压力大等因素使得年轻人承担起了更多的生活成本。随着生活成本的增加和社会竞争的加剧，许多青年人选择生育较少的孩子，以更好地平衡家庭和事业。此外，女性在职场上的地位逐渐提高，也使得她们更有可能掌控自己的生育选择。在调查中，贵州青年不愿意生孩子和不确定生不生孩子的占比高达61.72%，在问到具体的生育时间安排时，30.43%的青年表示"经济条件好了再生孩子"，仅有20.50%的青年表示"结婚后就生孩子"。

二是育儿目的转变。在传统社会，育儿的目的是传承家族血脉和老有所依，但现代的年轻人更加注重个人的情感需求，希望通过育儿来实现自我价值，满足自己的情感需求。调查数据显示，在测量贵州青年生育动机的量表中，认为"孩子是生命的延续"得分最高，为3.27分，而"多子多福""传宗接代""养老保障"等的得分稍低，表明贵州青年群体的育儿目的正在逐渐转变。

（三）平等化家庭观念开始形成

在传统社会中，家庭中的角色分配和责任分工通常以"男主外，女主内"的方式进行，男性是主导家庭的经济支柱，而女性则主要负责家庭内务和孩子的抚养。然而，在现代社会，这种传统的角色分工正在逐渐被打破，"男尊女卑""男高女低""男贵女贱"的性别秩序和权力关系已经发生重大变化，夫妻权力关系正在从"夫主妻从"向"夫妻平权"转变。

一是平等化家庭观念的形成。随着社会的进步和文化的开放，青年人越来越重视个人权利和自我价值的实现。在家庭中，他们主张平等、尊重和自由的价值观，反对传统的等级制度和家长制。在平等化的家庭中，青年人更加注重沟通、理解和包容，这促进了家庭关系的和谐发展。

二是家庭分工和角色分配趋于民主。随着女性受教育程度的提高和社会对性别平等的重视，越来越多的青年人开始打破传统的分工模式。他们主张在家庭中实行民主分工，夫妻共同承担家庭责任和义务，实现家庭的共同发展。

在本次调查中，从婚姻性别角色量表的测量情况看，"夫妻双方应该均等分摊家务"的得分最高，为3.66分，表明贵州青年的家庭观念已经逐渐朝平等化方向发展，其后得分最高的分别是"男性应做好挣钱养家的角色""女性应做好贤妻良母的角色"，表明传统的"男主外、女主内"的家庭分工模式在贵州青年群体中的认同度仍然较高。总体来看，贵州青年的家庭观念趋于平等化和民主化发展。

四 贵州青年婚育观的影响因素

（一）婚育文化与价值追求转型

婚育文化是指人们在长期生产生活过程中逐渐形成的关于婚姻、生育、家庭等问题上的共同观念认知和行为指南，[①] 属于上层建筑与社会意识形态的范畴，对于青年在婚育行为决策中有着最深层次、最根本的影响和约束。在婚育文化体系中，婚育伦理观念反映了社会对婚姻与生育的价值取向和关系理解。它通过影响人们对婚姻、生育等一系列问题的思考和决策，间接地影响人们的婚育行为。对于婚姻与生育，青年群体更注重自我价值的实现，尤其是在现代社会，青年群体更注重个人素质的提高，因此他们会对婚姻生育行为进行自我约束，自觉地选择晚婚晚育。

自改革开放以来，随着我国现代化进程的加快，世俗化、个体化、性别平等等新观念对传统的婚育文化和家庭观念带来了巨大的冲击。传统的婚育文化以家庭为本位，择偶注重家族联姻、门当户对，生育是为了传宗接代和血脉延续，且在婚姻内部存在男尊女卑的现象。然而，随着个人主义的兴起，传统的家庭主义婚育观的约束逐渐瓦解。在面对婚姻和生育时，青年人更倾向于选择自由与自主，当婚姻或生育可能会牺牲自我，或者现实婚姻状况不符合他们的心理预期时，他们往往会选择离婚或再婚。同时，性别平等和性解放观念也正在改变传统的婚姻角色安排和女性在婚育中的地位。越来越多的夫妻开始注重平等和共同承担家庭责任，男性也开始参与家庭事务和育儿工作。女性在家庭和婚姻中的地位得到了提升，她们不仅在家庭中发挥着重要作用，而且在婚育过程中也拥有了更多的话语权。

[①] 陈佳鞠、翟振武：《20世纪以来国际生育水平变迁历程及影响机制分析》，《中国人口科学》2016年第2期，第20页。

（二）生育成本与事业发展的矛盾叠加

"新古典经济学"[1]的观点认为抚养孩子的负担主要包括直接成本和间接成本。直接成本主要指养育孩子的经济成本，是影响人们生育意愿的重要因素。这主要包括孩子的吃穿住行、教育成本、彩礼或购房成本等。随着传统生育文化中"早、多、男"的生育价值体系的变化，以及"多子多福"观念的转变，现代家庭更注重孩子的质量，而非数量。因此，"质量替代"成为主流观念，家庭对孩子的养育成本，尤其是教育成本不断提高。《中国生育成本报告2024版》的数据显示，我国家庭0~17岁孩子的养育成本平均高达53.8万元。[2]这意味着，对于许多家庭来说，养育一个孩子需要付出相当大的经济代价，这无疑是阻碍人们生育的重要因素之一。本次问卷调查中收集到的贵州青年生育态度量表显示，青年群体中对于"经济压力大所以不生孩子"这一选项的认同度最高，得分为3.29分。这说明经济压力在青年的生育决策中扮演着重要的角色。同时，我们进一步收集了影响二孩生育原因的问卷数据，结果显示，经济负担重这一选项的响应率最高（30.8%）。这进一步证实了经济因素在青年们选择生育与否上的重要性。

养育孩子的间接成本主要是指养育者因为养育孩子而错失的就业机会、职业发展机会等机会成本。养育孩子时物质成本和时间成本的双重挤压，对于正处于职业发展期和上升期的青年群体，尤其是青年女性群体的影响更为具体而直接，使得她们对传统的"按部就班"的婚育安排更为谨慎。在问卷调查中，青年群体对"生孩子牺牲个人价值追求"持认同态度（2.89分）。这意味着他们认为生育可能会对其职业发展产生影响，需要慎重考虑。

此外，通过对不生二孩的原因（多选）进行调查发现，"担心个人事业发展受影响"这一选项在男女之间存在显著差异。具体来说，女性选择这

---

[1] Havey Leibenstein, *Economic Backwardness and Economic Growth* (New York: Wiley Press, 1957), p.97.

[2] 梁建章、黄文政、任泽平：《中国生育成本报告2024版》，https://baobao.sohu.com/a/759842572_669129，最后检索时间：2024年2月24日（文章与网址内容不符）。

一选项的响应率和个案百分比均高于男性，分别高出3.3个和12.1个百分点。不生多孩的原因中，女性选择担心事业发展这一选项的响应率和个案百分比分别高于男性1.7个和6.8个百分点。这些数据表明，女性在职场发展与生育决策之间，较男性可能面临更多的矛盾和困扰。

显然，随着社会的进步和性别平等意识的提升，女性就业率和受教育水平也不断提升，越来越多女性期望在职场中实现自我价值。普遍观点认为，受教育程度越高的女性，其生育机会成本会随之增加。而芝加哥学派的一项研究发现，母亲的机会成本升高是生育率降低的关键因素。因为，生育带来的母职惩罚使得女性比男性更易面临工作和家庭平衡的两难困境，这无疑将对女性的生育观念和生育实践产生深远影响。

（三）生育服务与托幼服务的不足

"一老一幼系民心，一枝一叶总关情""幼有所育、育有所托"不仅对婴幼儿的健康成长至关重要，也对提升生育率有着深远的影响，关乎着千家万户的福祉和国家民族的未来。根据本次问卷调查，对于不选择生二孩的原因，多数人选择了"没有人帮忙带孩子"，这一选项的响应率和个案占比分别为18.5%和43.0%。也有相当一部分人选择了"没时间和精力照顾孩子"，其响应占比和个案占比分别为29.0%和67.4%。而在不生育多孩的原因中，"没有人帮忙带孩子"这一选项的响应率和个案占比分别为24.0%和59.9%，而关于没时间和精力照顾孩子的选项，响应率和个案百分比分别为35.1%和87.6%（见表15）。中新网贵州新闻报道的数据显示①，截至2022年9月底，贵州共有托育机构2099家，备案申请352家，通过备案的机构共267家，每千人口托位数2.56个。近年来，贵州在婴幼儿照护托育问题上已经做出了许多切实有效的努力，然而，彻底解决"入托难""入托贵""托得好"等问题，仍有改进的空间。

---

① 《贵州贵阳：加快构建普惠托育服务体系为家长"减负"》，中国新闻网，2022年11月1日，https://www.gz.chinanews.com.cn/szfc/guiyang/2022-11-01/doc-ihcfqftq9114027.shtml，最后检索时间：2024年2月24日。

表 15　贵州青年婚育观调查统计——放弃生二孩/多孩的原因

单位：%

您放弃生二孩/多孩的原因	响应占比 二孩	响应占比 三孩	个案占比 二孩	个案占比 三孩
没有人帮忙带孩子	18.5	24.0	43.0	59.9
没时间和精力照顾孩子	29.0	35.1	67.4	87.6

资料来源：贵州青年发展研究院《贵州省青年婚育观以及生育意愿（2023）调查问卷》统计数据。

本次调查问卷针对托育问题进行了两项调查：您的居住地附近有无0~3岁的育儿机构？您认为居住地附近的育儿机构是否完善？调查结果如表16和表17所示，33.8%的被调查者表示居住地附近没有0~3岁的育儿机构；而对于育儿机构是否完善，表示一般、不完善、非常不完善的总占比达到了36.1%。这说明托育机构的数量和质量虽然已经有了较大改善，但仍需要进一步提升。

表 16　贵州青年婚育观调查统计——托育机构

单位：%

您居住地附近是否有0~3岁的育儿机构	占比
是	36.4
否	33.8
不清楚	29.8
总计	100

资料来源：贵州青年发展研究院《贵州省青年婚育观以及生育意愿（2023）调查问卷》统计数据。

表 17　贵州青年婚育观调查统计——托育机构是否完善

单位：%

托育机构是否完善	占比	托育机构是否完善	占比
非常完善	14.7	非常不完善	3.5
完善	17.1	不清楚	32.1
一般	23.1	总计	100
不完善	9.5		

资料来源：贵州青年发展研究院《贵州省青年婚育观以及生育意愿（2023）调查问卷》统计数据。

五 引导和培育新型婚育观的路径

新型婚育观是在传统婚育观的基础上，经过扬弃发展形成的一种既尊重个人权利、个体自主、以人为本，又重视家庭教育、家风建设和社会责任的价值观念，具体而言，包含适龄婚育、优生优育、夫妻共担育儿责任等重要内容。培育新型婚育文化，让青年人树立积极健康的婚育观，对于推进贵州人口长期均衡发展和建立青年友好型成长型省份具有重要意义。这需要从三个方面入手：建设新型婚育文化、建立婚育激励机制和营造生育友好环境。

（一）建设新型婚育文化

一是制定新型婚育文明公约。一方面从政府层面加强各部门协同，将国家法律法规以及文明新风与当地实际相结合，制订通俗易懂的新型婚育文明公约。另一方面积极推动婚嫁领域移风易俗。加大对高价彩礼等婚嫁陋习的治理力度，倡导简约、理性的婚俗婚仪，避免婚育的商品化和利益化，提高群众对文明婚嫁的认识，切实缓解传统婚俗带给年轻人的经济压力。加大对文明婚嫁的宣传教育，积极培树一批自觉践行文明婚俗的典型，充分发挥示范引领作用。

二是倡导平等、尊重和包容的婚育价值观。应在全社会范围内宣传男女平等、相互尊重的价值观，打破传统性别角色的束缚，鼓励男性在婚姻和家庭中发挥更大的作用，同时，要加强舆论引导。成长于数字时代的青年，其婚育观不可避免受网络信息影响或裹挟，青年世界观正处于形成和完善阶段，因而既要加强网络信息管理也要引导他们增强网络信息辨别力，既要引导他们对多元婚恋观的包容也要避免他们盲目追求单身主义、丁克主义。

三是营造婚育友好氛围。加强家庭和社区的联动，积极引导和美家庭、和谐社区的建设和示范，通过婚育友好环境的营造，潜移默化地引导当代贵州青年新时代婚育观的养成。切实发挥工会、共青团和妇联等群团组织的作用,进行有特色、有新意、有针对性的引导,引领新时代新青年新型婚育价值观的塑造。

四是树立正确婚育观。注重家庭家教家风建设,通过良好的家庭教育和家风传承,引导青年重视家庭责任和家庭和睦,厚植他们的家庭观念和家庭责任感。学校要将家训家风文化作为重要内容融入大中小学思政课程,将良好的家庭理念贯穿学校思政教育全过程,帮助不同学龄段的学生形成正确的家庭观。

(二)建立婚育激励机制

一是加强全育儿阶段政策支持。政府可以通过设计更为合理的包含"生育—养育—教育"一体的支持政策体系,回应家庭诉求。如探索生育补助制度,对生育一孩、二孩、三孩的家庭按照"差异化、递进式"原则分别发放育儿补助和照护津贴,对婴幼儿入托每月给予适当补助;加强对代际生育照护的政策支持,探索将老人参与婴幼儿照护纳入家政服务,通过助餐券、养老补贴、出行优惠等形式给予育儿补贴;减轻家庭生育医疗费用负担,将辅助生殖等相关医疗费用纳入医保基金支付范围,适当提高儿童医疗费用报销比例;探索育龄群体的租房购房倾斜优惠政策,积极解决城市育龄群体的住房困难。在公租房户型选择、公租房租赁补贴、购房补贴、减税、降低首付比例、降低贷款利率、提高公积金贷款额度等方面,对多孩家庭给予倾斜。切实解决群众后顾之忧,解放生育潜能,促进家庭和谐幸福。

二是落实单位职工婚育激励政策。针对当前普遍存在的就业与生育的矛盾,政府要制定积极政策,激励用人单位录用女职工、鼓励女职工生育的积极性。如对生育多孩的女性职工达到一定比例的企业,提供减免税费、休产假期间社会保险费用代缴等优惠政策,以激励其为青年职工提供婚育相关的福利和支持,保障孕产期女职工合法的休息休假权益,严格落实男性陪产假和育儿假等制度。支持用人单位与职工依法协商确定有利于照顾婴幼儿的灵活休假和弹性工作方式。

（三）营造生育友好环境

一是减轻教育压力。近年来，少子化背景下的密集养育，造成了"望子成龙，望女成凤"的传统育儿观的极化，教育内卷便是其充分的表达。而教育内卷又反过来加重了育儿成本，使得大家不愿生、不敢生。在这场教育竞赛中，优质学区、优质教育资源的存在及其稀缺性无疑扮演了重要角色。在优质学区，一众家庭经济资本、文化资本最优的孩子聚集，其竞争性可想而知，而无缘优质学区的多数家庭，不得不将更多的时间、精力投注在孩子的各种拔高培育上，以弥合这一鸿沟。因此，应积极探索促进义务教育阶段优质教师的轮校制度，改变优质教育资源集聚状况，切实推进教育公平。同时，要广泛宣传，积极实践，做好职业教育培养工作，提升职业教育就业质量，培育职业教育受尊重受认可的氛围，推进全社会形成职业教育与普通教育具有同等重要地位的共识，矫正教育认知，减轻教育压力。

二是倡导平等的家庭育儿分工。我国始终坚持男女平等的基本国策。中国是全世界妇女就业率最高、社会地位最高的国家，女性能顶半边天在公共领域得到了很好的实践。然而，在当前密集养育和母职话术的语境下，在家庭这个私领域中，承担着主要家务和育儿责任的主要还是女性。本次调查显示，在观念层面，当代青年在家庭内部的家务和育儿分工上，平等化的性别意识开始形成，但仍有部分青年对"男主外、女主内"等传统的性别角色观念表示认同。而当代青年高就业、高学历比例的增加，必然对应着更高的育儿机会成本。面对工作与家庭，难以在两者之间取得平衡，由此带来母职惩罚，已成为许多女性面临的共同困境。为此，必须倡导平等的家庭性别分工和合理科学的育儿观念，将促进家庭支持与探索有特色的社区支持相结合，如建立一站式的社区家庭养护支持中心，为家庭养育赋能。大力发展便利可及的普惠托育服务，健全用人单位托育、社区托育、寒暑假托育等多元化托育服务体系，支持男女共担的平等的家庭育儿分工在实践层面落地，夯实平等化的家庭观，切实促进男女平等。

B.12
贵州青年代际鸿沟问题研究报告

王 付*

摘 要： 代际延续让作为个体的人有了超越死亡和历史性的能力，不同代际的人老去，人类依然存在，代际关系的形态却在悄然改变。随着时代和人口结构的变迁，贵州青年代际鸿沟问题日益彰显，并形成了足够影响社会发展的结构张力。研究发现，贵州青年代际鸿沟问题呈现出的九大代际差异有着明显的特征：情感修复与兴趣离散并存，代际能力与代际努力相悖，代际推力和时代拉力互嵌，数字鸿沟与代际鸿沟互构。面对影响青年鸿沟的三大因素：技术、观念和时空距离，弥合贵州青年代际鸿沟，需要充分发挥贵州青年群体的社会化优势，挖掘贵州中老年群体的代际包容情感，寻找技术张力与文化弥合的均衡，从而建立起贵州青年群体和中老年群体之间积极的代际关系。

关键词： 青年群体 中老年群体 代际鸿沟 代际弥合 贵州省

一 引言

回顾人类社会漫长的历史，人类最伟大的传承在于代与代之间的延续，代际延续让作为个体的人有了超越死亡和历史性的能力，不同代际的人老去，人类依然存在，代际关系的形态却在悄然改变。从社会历史性意义上的代际关系来观测，青年群体与中老年群体之间往往会表现出共时状态下代与

---

* 王付，贵州省社会科学院《贵州社会科学》编辑部助理编辑，研究方向为发展社会学。

代之间的差异性。尤其是信息化飞速发展的当下，多个代际并存的社会环境中，新媒体时代信息传播与接收的即时、便捷，个人成长与发展的际遇以及在社会结构中所处的地位，都会对人们产生不同程度的影响。相对于中老年群体，这一切对青年群体的影响更为显著，形成了当代青年群体与中老年群体在面对相同问题时的不同态度、观点、生活方式等。玛格丽特·米德在研究这一问题时，从整个人类文化史的考察出发，提出纷呈于当今世界的代与代之间的矛盾和冲突即代际鸿沟[1]。关于代际鸿沟的成因，在玛格丽特·米德看来，既不能归咎于社会和政治方面的差异，更不能归咎于生物学方面的差异，正如其《文化与承诺》一书的副标题"一项有关代沟问题的研究"所表述的一样，玛格丽特·米德始终坚持代际鸿沟产生于文化传递在代与代之间的差异。

贵州作为多民族聚居之地，文化资源种类丰富、文化传递方式丰富多样，差异极大，在代与代之间的传递尤其如此。随着时代背景的变化和人口结构的变迁，贵州青年代际鸿沟问题日益彰显，并形成了足够影响社会发展的结构张力，由此引发了实践和学术的双重关注。在现代社会，无论是意识形态，还是社会治理，青年群体代际鸿沟问题都是重要的研究热点。随着网络信息技术不断深入发展，大家对媒介内容接触的差异性逐渐凸显，越来越多的代际鸿沟产生并扩大，当然也有一些弥合。

过去漫长的历史时空下，代际鸿沟主要是在代与代之间尖锐展现的矛盾和冲突，是子女辈与父母辈之间的差异现状和紧张关系，主要表现为两代人在"三观"上的严重隔阂。现在的代际鸿沟早已不是以20年、30年划分和计算了，而是以10年甚至5年计。总体来说就是，现在的代际分隔越来越短，鸿沟却越来越多。以前，只是代与代之间有隔阂，现在几乎每个年龄阶段的群体之间都有隔阂了。除了数量关系的改变，代际鸿沟的天平也在发生着新的改变。在代际鸿沟的两边，过去是中老年群体占据着优势，他们所秉

---

[1] 〔美〕玛格丽特·米德：《文化与承诺——一项有关代沟问题的研究》，周晓虹、周怡译，河北人民出版社，1987，第93页。

持的观念是社会的主流观念，形成的文化代表着社会主流文化。而年轻人所谓的时髦、兴趣、喜好，无论是20世纪80年代的喇叭裤、迪斯科；90年代的明星，还是2000年后的网络游戏，都只能算是亚文化、非主流。这些亚文化需要经过长久的努力，才能终于被主流文化所接纳。但现在，青年群体所追随的文化，不论是玩直播、Cosplay，还是创作同人作品，或者展现出不同的生活意向等，都没有特别亚文化的感觉。而且，人们发现，现在已经很难清晰地描述社会主流文化是什么样的；相反，一个个亚文化创造出的文化多样性，成为社会的主流。谁说自己不能理解90后、95后或00后，谁看不惯90后、95后或00后玩的那些东西，基本上就像在自我宣告没有跟上时代，没有成为新社会环境下的主流人群。所以，现在无论是企业还是社会中坚，都在争相向年轻人示好，期待能跟他们对话，跟他们交朋友，不被他们轻视或抛弃。贵州是外出务工的主要省份之一，青年农民工和中老年农民工这样的群体，所具有的非同一性明显大于其同一性。加之贵州过去相对封闭的地理环境和文化环境，贵州新时期开放性加剧，代与代之间的差异会更加明显，青年群体代际鸿沟问题会在一定时间范围内急速彰显。要准确理解这一问题本质，需要回溯构成贵州青年代际鸿沟问题的现实景象和逻辑特征，方能找到相对适合的解决建议。

二 资料来源、研究方法与统计描述结果

（一）资料来源和研究方法

本文主要以自填式问卷和结构式访谈的方法直接从贵州省内青年群体和相关群体进行资料收集，同时，辅以参与观察和无结构访谈补充收集一部分分析贵州青年代际鸿沟问题需要的特定资料。调查研究开始之初通过网络随机发放调查问卷，共收回有效问卷34497份，其中青年群体填写问卷33405份，中老年群体填写问卷1092份，18~24岁青年群体填写问卷数量30411份，占比88.16%。为方便进一步分析，对有效问卷保留基本数据后，又再

次按照年龄区间细分选取2000份问卷进行比较研究，其中中老年群体填写问卷1000份，青年群体填写问卷1000份。

参与观察和无结构访谈主要依托网络平台、电话访谈和聊天软件开展，通过网络检索观察不同代际群体发表的关于代际鸿沟问题的文章、短视频等新媒体数据234条，电话访谈青年群团等相关机构工作人员14人，聊天软件沟通交流32人。由于网络检索、电话访谈和网络聊天需要特定的词条和联系方式支持，参与观察和无结构访谈采用的是非随机抽样，故在文章中只进行统计描述不做统计分析，分析过程中主要采取定性的比较分析法。

（二）统计描述结果

通过对数据进行统计描述发现，74.03%的被调查者表示代与代之间存在代际鸿沟（数据描述结果含无结构访谈人员数据统计），45.91%的被调查者了解中老年群体或晚辈的兴趣爱好，59.02%的被调查者表示代与代之间存在有效交流不足的情况（见表1）。

表1　贵州青年代际鸿沟问题统计描述

单位：人，%

问题	选项	样本	占比
代与代之间是否存在代际鸿沟	存在	25572	74.03
	不存在	8971	25.97
代与代之间是否了解彼此兴趣爱好	了解	15859	45.91
	不了解	18684	54.09
代与代之间存在有效交流不足的情况	存在	20387	59.02
	不存在	14156	40.98

资料来源：贵州青年发展研究院《贵州青年代际鸿沟问题研究调查问卷》（问卷调查时间为2023年12月至2024年2月）调查问卷34497份和贵州青年代际鸿沟问题实地研究统计数据46份，下同。

从细分指标看，超过60%的被调查者认为代与代之间在婚育观念、人生规划、就业选择、价值观念、生活态度、兴趣爱好、消费观念、心理认知和行为习惯等方面存在代际差异（见图1），即贵州青年代际鸿沟的九大代际差异，但除了不超过10%的被调查者以外，都不认为代与代之间存在绝对的差异和不可调和的矛盾冲突。在被调查者当中有88.91%的人认为代际鸿沟可以被消除，善于倾听、尊重对方、接受差异、换位思考、学会沟通被认为是弥合代际鸿沟的有效措施，在无结构访谈中多位访谈对象也表示日常生活当中需要进一步加强关于代际关系处理方法的学习。

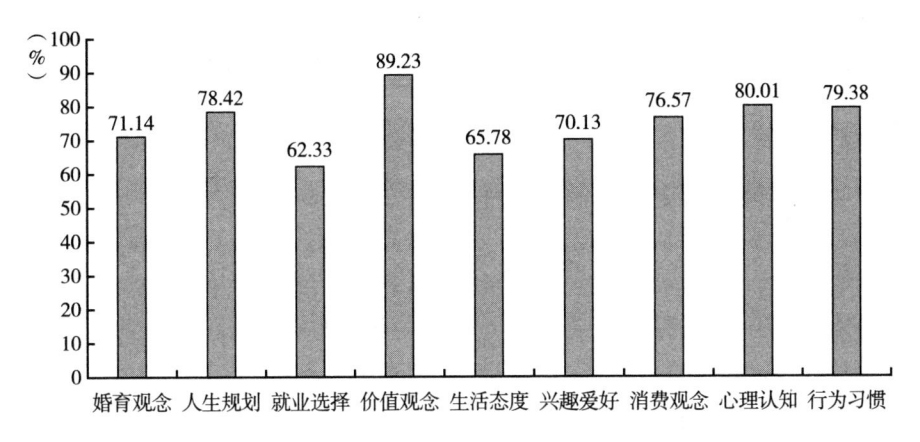

图1 代际差异统计描述

资料来源：

尽管由于抽样调查方法的操作局限不能进行深层次的统计分析，但在庞大的数据样本基础上和问卷调查的随机性支撑下，相关数据能够充分展示贵州青年代际鸿沟问题和贵州青年群体现实情况，并为文章撰写提供足够有效的事实支撑。本文后续部分的写作主要就是基于调查研究数据进行定性的实证分析，同时，借助实地研究（主要是在虚拟世界展开的不在场的实地研究）获得的材料予以验证和补充。

三 贵州青年代际鸿沟问题特征分析

从世代间宏大的变迁去考察代际鸿沟与社会关系之间的联系会发现，社会关系的基础构成元素当中重要的一个就是代际关系，代际鸿沟作为代际关系的呈现状态之一，在整个社会环境建构当中就是一种独特的文化现象，是代际话语在代际关系间对立、冲突与差异一面的呈现。而在发生这种差异性超越代际关系同一性的过程中，青年群体亚文化的盛行理所当然地被视为青年群体与中老年群体之间日益加深的代际鸿沟的体现。解构代与代之间二元文化对立的话语结构，代际关系负向意义的一面以代际鸿沟的形式在实践中表征，通过不同的代际群体及其展示的符号象征生成，形成代与代之间的差异性大于同一性的格局。基于在社会经济文化、人口结构、区域环境和地方性知识等诸多因素塑造下的九大代际差异，贵州青年代际鸿沟问题演变极具特殊性。

（一）情感修复与兴趣离散并存

随着贵州社会经济的不断发展，贵州多民族相对封闭传统的乡土社会逐渐联通，并形成了多民族文化互构的区域文化共同体。进入流动性明显增强的现代社会，贵州青年群体因为就业选择离土、离乡、离家等生活形态变迁，与中老年群体相比，青年群体进入一种开放性和交互性都十分强大的场域。理论化的表述就是，青年群体中现代社会开放的"陌生人际"正在加速取代多民族地区传统社会乡土间相对闭塞的"熟人交往"，青年群体正在由一种小区域的代与代之间强关系的人际关系网络迈向一种大区域的弱关系的人际关系网络，代与代之间的相互依存性和青年群体对中老年群体的顺从性正在不断削弱[1]。青年群体离土又离乡的时空阻隔削弱了代与代之间的亲密关系，割裂了中国传统社会的情感纽带和代际联系。

伴随着数字技术改变了以往传统的代际传播模式，贵州青年群体在兴趣爱好和行为习惯方面也正在发生改变。以聊天软件和图像媒体为代表的社交媒体的介入为身处不同生活空间的人们提供了联络和互动的平台，却不能让独立的个体或孤立的核心家庭从疏离到汇聚。尽管诸如微信这样的单个的App可实现众多熟人汇聚的虚拟集合，青年群体与家人、亲朋好友跨越了时

---

[1] 费孝通：《乡土中国》，人民出版社，2008，第83页。

空阻隔,在微信场域中相互联系并自发组建了一个个如"相亲相爱一家人""乡村五人组"等以血缘、亲缘、地缘为特征的微信交流群,却很难将代与代之间的不同群体重新拉回"熟人社会"。传统家庭中的成员通过微信群互动,在微信朋友圈分享、转发、评论、点赞等行为,可以实现代与代之间的时空共在和情感互动,弥合时空阻断造成的情感裂痕,推进家庭代际情感再续的自觉修复。但因为代与代之间存在兴趣爱好、行为习惯、认知能力等诸多方面的差异,不同的代际生活在不同的App上,甚至很多中老年群体生活在App之外,数字鸿沟让代与代之间的联系正变得越来越离散。从调查研究数据来看,青年群体和中老年群体的兴趣爱好存在明显的差异,56.30%的青年被调查者表示不能够接受中老年群体喜欢的文化,同样地,在中老年群体的被调查者中也有48.90%的被调查者表示跟不上青年群体的兴趣喜好(见表2)。在无结构访谈时,婚姻和游戏是两代人之间最大的隔阂,因为催婚和少打游戏,青年群体和中老年群体之间形成了极大的对立。

表2 代与代之间兴趣爱好差异统计描述

单位:人,%

群体	选项	样本	占比
青年群体	存在	563	56.30
	不存在	437	43.70
中老年群体	存在	489	48.90
	不存在	511	51.10

注:本表基于比较研究,按照年龄区间细分选取的2000份问卷数据进行统计描述。

(二)代际能力与代际努力相悖

代与代之间鸿沟的弥补往往与代与代之间再社会化的能力相关联。再社会化指的是早期社会化与继续社会化中与现存社会要求不相适应的人再次社会化的过程。通过分析九大代际差异发现,在信息时代数字化的代际交往中,代际互动大多呈现青年群体"游刃有余"、中年群体"亦步亦趋"、老年群体"望尘莫及"的现实状况。尽管作为"数字原住民"的青年群体熟练掌握了数字技术，但并没有像中老年群体一样对代际关系修复的渴盼，也很少有为之努力的冲动，最起码在一定的年龄阶段没有这样的渴望。在网络场域中，青年群体会在微信和短视频平台对老年群体进行"现实缺场、虚拟在场"的文化反哺，指导中老年群体转发微信推文、发送表情、查阅微信公众号、发短视频等，但在网络游戏、电子阅读等更多层面由于中老年群体的不需要，不可避免会出现中老年群体的脱节与缺席，很难实现数字化生活的自我调适，实现中老年群体在人际交往中的自我呈现，从而实现中老年群体的再社会化。

在技术发展越发高速的今天，青年群体无疑是负有更多责任，也拥有更多能力和资源去帮助中老年群体继续社会化的。同样地，也应该更多去维护代与代之间良性互动，缩小代与代之间鸿沟的。但往往青年群体在生活态度上更多的是追求独立、追求自由。从网络观察数据和访谈数据来看，贵州青年群体仍然缺乏动力去弥合代际鸿沟，从而也没有去努力。大多数中老年群体尽管有着强烈的意愿希望能够改善代际关系，或者说获得青年群体的顺从性，但其实并不具备这样的能力，代际跨越的时代变革太过激烈，中老年群体出现了明显的滞后。

（三）代际推力和时代拉力互嵌

改革开放以来，贵州的城乡结构发生了很大的改变，代际关系也随之改变，城市的现代化、开放性、高流动性，让青年群体的行为习惯、心理认知和生活态度都与中老年群体有了很多很大的差异。青年群体在适应忙碌的城市生活的同时，也适应了它带来的孤独和冷漠，并且在这个过程中，原来的代际关系逐渐被新的社会关系——比如同学、同事关系冲淡。当前社会中有五种拉力，将青年群体拉向新的交往模式。第一，是城乡空间的流动，当青年群体和他们亲代的中老年群体们不住在同一个城市或村落中，代与代之间的交流自然就减少了；第二，忙碌的生活节奏和丰富的社会选择供给挤压了原本可以用于代际互动的时间，特别是教育内卷之下，很多人从小学到大学阶段都缺乏培养亲密代际关系的时间；第三，互联网改变了交往方式，身为"互联网原住民"的青年群体，休闲时间被爆炸式的海量信息填满，比起线下交往，他们更适应网上交流；第四，基于同学、校友的学缘关系替代了很大一部分以亲缘为依托的代际关系，与远在家乡的叔叔婶婶相比，年青一代显然和校园中结识的同辈好友更有共同语言；第五，经济上的独立自主使得年青一代拥有了对代际关系进行"断舍离"的可能性。传统社会中，代际关系是安全感和庇护感的来源，很多家庭都需要依托代际传承来获取谋生资源。但在今天的市场经济环境下，很大一部分青年群体都实现了经济上的自由独立，没钱可以找银行贷款，买房买车可以按揭，不必再依托亲戚网络的帮助。

种种推拉的张力作用之下，代际鸿沟扩大可以说是时代的必然。从贵州农村青年群体的人生规划和就业选择观测来看，代与代之间都明白，农村中年群体有限的生命能量只够送一程，无法送一生，在代际和时代双重的张力下，青年群体从乡土中撕裂成为大多数人的选择。这种撕裂并不是背叛或抛弃，少不了牵扯，但代与代之间的差异会在生活空间和生活方式的变迁中不断拉大，成为阶段时间内无法跨越的代际鸿沟。

（四）数字鸿沟与代际鸿沟互构

代际数字鸿沟是数字鸿沟和代际鸿沟互构的产物，主要体现为：中老年群体与青年群体在接入、采纳信息通信技术方面的差距，中老年群体与青年群体在信息通信技术使用能力方面的差距，不同代际群体在信息通信技术相关知识方面的差距，中老年群体作为社会的信息贫困者与青年群体作为社会的信息富裕者产生的数字不平等现象。数字时代，数字鸿沟和代际鸿沟正在不断互构且相互加深。贵州是典型的数字技术新兴之地，数字鸿沟导致的技术差异让贵州青年群体的交往逐渐转向数字世界，却把中老年群体遗留在物理世界，即使中老年群体通过努力地再社会化融入数字世界也会因为代与代之间差异而很难融入青年群体的兴趣世界。数字技术持续快速发展，青年群体逐渐在数字鸿沟中占据主导地位。

在传统的社会媒体中，由于青年群体文化程度、社会阅历等方面不能占据主导地位，中老年群体要相对领先于青年群体，因此青年群体在媒体技术上的接入与采纳处于弱势地位并且不会超过中老年群体。然而，随着网络时代的快速发展，青年群体凭借自身文化程度的提升、经济状况的改善，拉开与中老年群体在数字技术知识获取方面的差距。最终，在数字技术知识获取方面青年群体超越中老年群体，中老年群体的主导地位被颠覆，青年群体则占据代际数字鸿沟的主导地位。通过比较代际使用手机通信软件发现，青年群体使用QQ的人数明显多于中老年群体，尽管青年群体一样地使用微信，但青年群体通过其数字优势，另辟蹊径，使用QQ规避中老年群体的微信监视。

综合九大代际差异来看，贵州青年代际鸿沟问题既有青年代际鸿沟问题的普遍特征，又有贵州地方的特殊特征。贵州青年鸿沟问题普遍性的一面在于其形成和发展遵循的仍是普遍的规律和客观的事实，嵌构于时代变迁的宏大结构，有其时代性、结构性和普遍性；特殊性的一面在于其形成的地理环境和历史文化的特殊性以及变革速度的激烈程度，相对于贵州之外的其他地方，贵州地理环境更封闭，历史文化对青年群体的影响更深厚，后发赶超的发展更迅猛。所以，青年群体和中老年群体之间差异性和对立性的形成更剧烈、更集中。

四 贵州青年代际鸿沟问题成因分析

现代化知识传承和知识获取方式的改变，传统代与代之间的权威正在被解构，使得青年群体和中老年群体之间的主体间性更加彰显，不断改变着青年群体与中老年群体之间关系的建构方式。代际权威的解构和重构过程中，青年群体获得了比上一辈人更多的社会资本。九大代际差异背后，影响新时代贵州青年代际关系的负面因素，不仅仅是玛格丽特·米德所说的代与代之间的文化延续与对立，还有信息技术扩张、多元价值碰撞和时空社会压缩带来的社会结构张力。

（一）技术因素：青年群体与中老年群体在信息技术掌握上的失衡与脱节

智能社会，与过去中老年群体具有丰富经验积累和掌握前期信息储备优势不同，面对信息化、数字化，贵州青年群体普遍比中老年群体更熟练地掌握以自媒体为代表的信息技术，运用互联网与自媒体进行生产生活已经是他们现实的自觉行为和惯常的生活方式。青年群体更擅长在数字世界学习、交友、购物、经商、开博客、参与讨论，等等。与此同时，也出现网络流行语等独特的表达方式，青年群体在网络交流中更愿意以表情符号呈现自己即时的情绪状态；数字世界的生活正在不断压缩青年群体在物理世界的生活时长。相反，贵州中老年群体对信息技术的掌握存在明显的滞后性。贵州信息技术发展相对较晚，但极其迅猛，后发赶超的速度非常快速，青年群体生长生活在信息技术爆炸式增长的阶段，快速融入信息时代，直接就成为数字世界原住民。中老年群体却由于先天基础不足，滞后于数字社会快速发展的节奏，尽管同一阶段两代人之间面对的信息技术条件相同，甚至中老年群体在拥有的媒介设备硬件方面更有优势，但因为学习适应能力和思维活跃程度等差异，青年群体网络适应能力、技术应用能力、信息表达能力与数字参与能力远远超越了中老年群体。代与代之间在信息技术社会化方面的差异重构了贵州青年群体和中老年群体之间的代际关系。

无论是知识的获取还是信息的获得，青年群体置身数字世界，更愿意采纳网络上"弱关系"网络提供的信息，尽管这些人在现实中不曾相识，双方都处于不在场的交流，但这种交流更加方便快捷。中老年群体则更加注重"强关系"网络的建设与维护，更愿意与现实交往密切的亲戚朋友分享信息。如此，代与代之间的沟通形成了新的结构，代与代之间的延续功能也有了一定的变异，新的代际鸿沟也随之产生并不断加剧。物理世界和数字世界不断交汇，发生重叠，代际关系却跨不过数字鸿沟，随之撕裂。中老年群体忧虑、恐慌青年群体对网络的沉迷，更多是关注信息技术的风险扩张，担心青年群体缺乏信息鉴别能力或者沉溺于对新媒体的使用之中；而青年群体则会嫌弃或者说不能理解中老年群体在新媒体学习和使用方面的笨拙,这样的事实使得中老年群体的"去权威化"趋势越发明显,进一步带来的就是双方在观念、技术和体验上的分歧与行为选择方面的差异,从而重塑了原来相对稳定、均衡的代际互动模式。

美国计算机科学家尼葛洛庞帝认为,谁在数字世界获得更多的权力谁就会主宰现代化的社会关系,信息技术的发展必然会颠覆性地改变新时代代与代之间传统的地位、权威和话语体系,而事实是青年群体正在越来越多地获得这种优势,比以往任何时候都拥有超越中老年群体的权威和技术支持。不得不承认的是,拥有强大信息能力的青年群体在两代关系的建构中主体性明显增强,但中老年群体传统的代际观念并没有发生明显的改变,这将可能引发代与代之间的新一轮冲突和对立,形成新的代际鸿沟,影响青年群体和中老年群体之间改善差异性已经超越了同一性的代际关系。

费孝通在《乡土中国》一书中形象地描述了两代人因文化不同所引发的冲突:"社会变迁最紧张和最切骨的一幕,就这样开演在亲子之间。这时,狂风吹断了细线,成了父不父、子不子,不是冤家不碰头了。"[①] 尽管社会不只是紧张的"狂风",文化正在发挥着弥合作用,代际关系一边在割裂一边在修补,但技术变革、信息获取与使用的优势无疑使青年群体主体性增强,代与代之间原有的均衡必然被打破,甚至出现矛盾冲突。贵州青年群体与中老年群体之间的代际鸿沟不仅会因为两代人成长的环境不同而扩大,还会因为同一阶段使用水平的差异而更具有鲜明的技术印记。

(二)观念因素:青年群体与中老年群体在认知观念表达上的错位与差异

婚育观念、价值观念等不仅是代际差异的表现类型,也是影响代际关系的重要因素之一。当前主流的观点认为,代际鸿沟的出现往往源于青年群体主体性的进一步觉醒与主体能力的不断提升,是青年群体对自己自主性能力

---

① 费孝通:《乡土中国》,人民出版社,2008,第84页。

的觉醒与提升，以及自我价值观念的展现与表达。如果价值观念受到压抑或者得不到相应的表达，青年群体就会采取一定的方式去获取属于自己的展示机会，其中有良性沟通的方式，也有恶性冲突的方式，20世纪的西方高校就曾出现学生为了展示自身价值观念而爆发的风起云涌的学生游行示威活动。当然更多的时候并不是以这种相对极端的冲突方式表达，而是通过相对温和的对立方式来表现自身的不合作，昭示自己的存在，亚文化就是这样的经典呈现，如嬉皮士运动中的青年群体以反传统的种种怪诞方式来表达追寻自由的价值观念，不同阶段的青年群体都有其独有的挑战中老年群体价值观念的方式。

贵州青年群体价值观念表达受到极度压抑时也会出现独有的抗争，从而控诉中老年群体强烈控制与规范青年群体思想与行为而带来的价值观念压抑。在传统媒体环境中，青年群体的价值观念是中老年群体传授的，或者是青年群体向中老年群体习得的，青年群体价值观念的正确与否取决于中老年群体的认同与否。所以，当中老年群体拥有价值观念的绝对权威时，贵州青年群体往往被认为是中老年群体的依附性群体，青年群体的价值观念被认定为不成熟的、缺失自主能力的、需要规范与控制的逆反现象，青年群体被压抑了表达自我价值的机会，当然也有青年群体自身未觉醒的原因。在贵州，中老年群体往往会通过制度的设定以及对传播手段的掌控等方式来规范、控制和引导青年群体的思想与行为，青年群体的创新性与主体性也会因此而受到压抑；当压抑到一定程度的时候，就会出现强烈的代际冲突，代与代之间会出现思想观念与行为方式的日常性碰撞。比如，在婚育观念上青年群体更关注情感切合度等主观感受，中老年群体则重视年龄等客观存在，当年龄到了，不管青年群体是否有感情切合的对象，中老年群体都会催婚。

但在自媒体时代，青年群体的价值观念除了中老年群体传授之外，更多是互联网与现代教育、文化传播潜移默化地影响形成的。在这样的环境下，青年群体的价值观念体系建构能力明显增强，更容易建构独属于青年群体的亚文化体系，如网上聊天所用的"呵呵"，青年群体表达的意思是"我只能呵呵了"，是无语与无奈的表达，但是中老年群体则会理解成轻轻地笑、愉悦地笑、满足地笑；同样地，微笑的笑脸符号在青年群体看来，是谜一般微笑的意思，他们称之为"迷之微笑"，即对他人的语言与行为不进行直接反驳，而是以一种不置可否的微笑来表达无奈、无语的态度，但是中老年群体可能会认为是欣慰或满意的微笑，而且会在交流中频繁使用。久而久之，符号、语言和行为及其背后的思想就会出现价值观念的错位和偏移甚至脱节。

当然，现在青年群体在数字世界拥有远远超过中老年群体的价值观念表达机会，在数字世界青年群体不仅能够展现自我，而且能够重新结成文化部落，形成多元的价值观念亚文化群体。但是网络的虚拟化，使得青年人以网名的遮蔽形式进行参与，数字世界身体的不在场让价值观念的表达被放大，个体价值观念容易被群体裹挟，数字世界的遮盖和数据化的隐蔽性与安全性使得很大一部分青年无所顾忌，表现出非理性的一面，随意的作为甚至引发网络事件，数字世界的不当事件常常会对物理世界产生干扰。虽然，这种失当的行为仅仅是部分青年的做法，但一旦构成群体事件就会引发中老年群体对青年群体的不认同、不理解，乃至深深的担忧。

（三）时空因素：青年群体与中老年群体在时空上的生疏与挂念

现代交通高速发展，空间社会极度压缩，地区开放性和人类流动性空前扩展，代与代之间聚少离多。尤其是贵州，进入外出务工巅峰时期，人口流动背后代际撕裂感越发增强，传统民族地区代与代之间的生活、延续同在一个空间场域的情况一去不返。人生规划、就业选择和认知观念差异性越来越彰显，代与代之间的交流与沟通不再是日常生活中不可或缺的部分，面对面的交流也更加少，空间场域的分割、时间共时性的分散代际疏离与隔阂成为常态。贵州青年群体中很大一部分人在成长的过程中经历过留守，代际疏离感、陌生感从形成开始不断积累，在时空阻隔下逐渐具象化、情绪化，对贵州青年代际关系的建构产生直接且深远的影响，很多人表示面对长时间在空间上分割的亲人，表现出"你是我的亲人，但我们没话可说"的尴尬现实。而今天，贵州青年群体是流动最频繁的一代，异地求学、外出务工、跨省婚姻和异地创业，无不在加速疏离感的形成和具象，代际认知就是一个个的地名，大的地名是浙江、广东、江苏、安徽等省份，小的地名是杭州、安吉、金华、徐州、合肥、广州、东莞、佛山等城市，亲密的代际关系被叫作过年。

时空阻隔下，青年群体更倾向于将关系建构的中心放在同代人之间。因为大家在一起学习、务工甚至是一起置业，有共同关注的事物、话题，在同代之间个体更能获得认可，价值观念也更加和谐。生活的压力、工作的节奏、日常的兴趣让不在同一时空的代与代之间的亲近变得越发可望而不可即。中老年群体更多的是关心与了解青年群体的现状，如学习、生活、工作、婚恋以及第三代，青年群体则更多关心中老年群体的身体健康、日常活动、饮食安全、休闲娱乐。尽管，因为时空疏离在一定程度上减少了在同一时空生活时发生的日常摩擦与矛盾，但也成为减少代与代之间沟通或不深入沟通的缘由。虽然通信技术发达了可以通过视频、电话等多种方式进行即时沟通，但是青年与中老年群体由于缺乏日常生活的交互参与和了解，总会有不同程度的疏离感。

五　贵州青年代际鸿沟问题弥合建议

代际鸿沟的弥合，除了在宏观结构上要尽力消除客观原因造成的负面影响外，在微观叙事上中老年群体和青年群体还需要对自我责任与角色有充分的认知。代与代之间秉持代际能力与努力相协调的理念，遵循对立统一原则，求同存异，找到代际情感和兴趣切合点，重新迈向代际均衡，从技术、价值和时空距离等新型代际鸿沟成因着手，突破贵州青年代际鸿沟困局。

（一）充分发挥贵州青年群体的社会化优势

青年群体站在时代的前沿，极富包容性、开放性和创新性，个性飞扬，价值昂扬，相比于中老年群体更愿意也更能接受新生事物，在信息技术学习、使用等层面存在明显的代际优势。中老年群体拥有丰富的人生经历，有着同青年群体不一样的人生轨迹和人生感悟，对代际关系有着相对固化的看法，自认为相对青年群体具有丰富的生活经验和对人情世故的分辨能力。所以中老年群体总是一边怀着培养青年群体成长成才的期望，担负着促进青年群体社会化的责任与义务；一边又固执着人生经验，为青年群体设置人生规划。事实上，信息技术应用能力、对新生事物的接受程度等方面中老年群体远远不如青年群体，相对保守的思想让他们更加遵从传统、追求稳定的生活与工作，秉持相对稳健的消费观念。因为生活环境存在历时性差异，两代人成长经历存在极大的差异，代际互动过程中就需要青年群体更多地发挥代际优势，以朝气蓬勃的思想观念、积极向上的生活方式、活跃创新的思维方式、开放包容的沟通态度，去弥合在自媒体发达、人口流动频繁的当下代与代之间越来越扩张的代际差异。一方面，贵州青年要尊重中老年群体强烈的代际情感修复意愿，接受他们的殷勤期盼，转化为自己的代际担当和努力；另一方面，要通过寻找、创造兴趣交汇点，引导中老年群体进入新阶段的再社会化，不断去尝试新兴事物，接触数字世界，学习信息技术，打破代际的数字藩篱。

（二）挖掘贵州中老年群体的代际包容情感

青年群体具有强大的年龄优势的同时，由于年轻难免缺乏生活经验的积累，在生理、心理由不成熟迈向成熟的社会性发展关键时期，价值观念也处在塑造成型的关键阶段，受到数字世界多元价值观念的影响，很容易进入矛盾的认知怪圈，对问题敏感、有独到见解，但也可能会失之偏颇，青春向上但不可避免的行为莽撞，甚至有可能代际交流过程中出现行为失当失范的情况。贵州相对封闭的不仅仅是地理环境，贵州人固守的也不仅仅是历史文化，封闭的还有人们的价值观念，固守的还有祖祖辈辈代际延续的亲疏远近。所以，在代际互动这种从来就不是对称性的交互过程中，中老年群体有能力也有责任，以更加成熟稳重的思想观念、行为方式和强大的代际包容情感，去对待两代关系不断建构与重构过程中的差异、对立和冲突。同时，中老年群体应该摒弃辈分的固守，放下作为长辈的矜持，去和青年群体积极互动，向青年群体学习新兴知识。

（三）寻找技术张力与文化弥合的贵州均衡

马克·波斯特在理解技术与社会关系时，明确提出"技术的变革，最重要的不是效率的提高，而是身份的建构方式产生了变化，由此带来广泛而深刻的社会文化变革。"[①] 技术的进步必然带来生产关系的改变，打破原有的社会结构及其表征出来的社会关系，带来社会经济文化等多个层次的变革，但同样的文化对于社会经济技术变革有着强大的复位能力，技术打破的均衡在文化的调适作用下会重新迈向均衡。人类社会没有因为任何一次重大的技术突破走向毁灭，其中文化的存在有着不可忽视的意义。今天，信息技术、数字技术空前强大，且在以人类难以把控的速度突飞猛进，贵州传统的代际关系结构在技术的张力下失衡，面临着新的破立。贵州青年鸿沟问题的解决，首先，要充分遵循技术进步的规律，找到技术撕裂点，找到代际关系失衡变成鸿沟的增长点；其次，要结合中国特色社会主义先进的文化思想理论，梳理贵州传统优秀的孝义文化，从耕读传家等文化赓续中找寻力量，从丰富的民族文化思想宝库中探寻积极的地方性知识支持；最后，实现好技术和文化双重的发展，在发展的实践中相互促进，建立起代与代之间积极的相对均衡的代际关系。

---

① 〔美〕马克·波斯特：《信息方式》，范静晔译，商务印书馆，2000，第46页。

B.13
人工智能赋能青少年思想政治工作的机遇、挑战与应对

张云峰 朱更勇[*]

摘　要： 人工智能作为引领新一轮科技革命和产业变革的重要驱动力，同时引发青少年思想政治工作的深刻变革。人工智能通过数字化、大数据、云计算等智能算法赋能青少年思想政治工作，大幅提升青少年思想政治工作的效能，确保了党和国家各项方针政策和决策部署得以在青少年中贯彻落实。人工智能作为一项前沿技术，赋能青少年思想政治工作还存在如实现从"人找信息"转向"信息找人"、制度不健全、数据孤岛、人才缺乏等挑战，需从风险预警机制构建、整合教育资源、提升思想教育主体责任和充实人才资源等方面入手，推动人工智能更好地赋能青少年思想政治工作，为中华民族伟大复兴培养优秀的接班人。

关键词： 人工智能　青少年思想政治　贵州省

　　加强和改进青少年思想政治工作、巩固马克思主义在意识形态领域的指导地位，是确保党和国家各项方针政策和决策部署得以在青少年群体中贯彻落实的基本前提，也是夯实党的执政根基和全面建成社会主义现代化强国的重要保障。近年来，引领未来发展的尖端技术——人工智能技术得到迅猛发展，对社会产生了广泛影响，人类社会的生产生活、学习工作迎来前所未有

---

[*] 张云峰，贵州省社会科学院马克思主义研究所副研究员，研究方向为马克思主义中国化；朱更勇，贵州师范学院历史与档案学院副教授，研究方向为青少年思想政治教育。

的影响和变革。与此同时,人工智能与青少年思想政治工作融合后,青少年思想政治工作成效明显。习近平总书记高度重视人工智能对青少年思想政治工作的影响,要求"积极推动人工智能和教育深度融合,促进教育变革创新,充分发挥人工智能优势,加快发展伴随每个人一生的教育、平等面向每个人的教育、适合每个人的教育、更加开放灵活的教育"[①]。这为人工智能赋能青少年思想政治工作、创新青少年思想政治工作模式指明方向和提供基本遵循。

一 人工智能赋能青少年思想政治工作的探索

为牢牢掌握青少年思想政治工作主导权,建设具有强大凝聚力和引领力的社会主义意识形态,以及巩固和提升党的执政根基,党中央高度重视人工智能与青少年思想政治工作。人工智能的嵌入和融合,成为当前青少年思想政治工作的"新业态"。贵州部分领域开始试点人工智能与思想政治工作融合工作,通过虚拟仿真、智慧教学系统等技术融入青少年思想政治工作,涌现出系列成功案例,为人工智能赋能青少年思想政治工作做了有益的探索。

通过利用人工智能整合、优化思政教学体系、拆分重组传统思政教育工作中全部流程,并生成精准性的教育策略和个性化的教育手段,思想政治知识点通过视频等形式得以拆分细化。通过这种教学方式开展教学活动,人工智能可根据知识点掌握情况自动生成辅导自学内容,供学生复习提升。

环境对思想政治工作而言意义重大,运用虚拟仿真技术可以给思政教育提供一个良好的教育环境来潜移默化地影响学生,进而提高教育效果。传统的思想政治工作给人以古板的形象,而人工智能让学生能身临其境地接受传授的内容,潜移默化地把思想政治工作内容内化于心外化于行。贵州拥有丰

---

① 中共中央党史和文献研究院编《习近平关于网络强国论述摘编》,中央文献出版社,2021,第165~166页。

富的本土红色资源，遵义会议旧址、息烽集中营旧址、四渡赤水战斗遗址等红色资源蜚声中外。贵州高校不仅到红色基地开展体验式实践教学，还将本土红色资源"搬进"校园，把红色资源作为实践教学内容。贵州水利水电职业技术学院充分利用贵州红色教育资源，建成"VR+红色教育"智慧思政VR展厅，通过全景技术实景360°拍摄，打造"可见、可听、可动"的贵州红色数字场景。精心设计贵州本土红色"VR思政课程资源包"，内容包含遵义会议、四渡赤水、黎平会议、猴场会议、娄山关红军战斗遗址、苟坝会议、息烽集中营革命历史纪念馆等7个场景。通过VR沉浸式教学方式体验《习近平新时代中国特色社会主义思想概论》《毛泽东思想和中国特色社会主义理论体系概论》等思政课程内容，是马克思主义教学部充分利用现代信息化技术融入课程教学的创新做法，旨在打造学生真心喜欢、积极参与的课堂，让思政教学"新起来""活起来""实起来"。人工智能将虚拟世界与现实世界相融合，通过感知和交互方式给学生带来更丰富的体验。

运用人工智能坚守好网络阵地。高校是人才培养和文化传播的重要基地，是多种思想文化交流交融交汇的地方，思想诉求、思想观念、思想活动日趋活跃、多元，而大学生群体心智尚未完全成熟，对主流媒体关注不是特别多，大部分信息从网络上获取，热衷在社交媒体上发声，鉴别能力和心理定力较弱，非常容易受网络舆论影响。需要用科学理论、正确思想、主流价值观精心地引导和培养大学生群体，把互联网这个"最大变量"变成高校意识形态阵地建设的"最大增量"。指导青年大学生扣好人生第一粒扣子，更好担当起民族复兴大任。"贵州高校思政"微信公众号是省委教育工委、省教育厅思政教育类官方微信号，自2019年正式发布以来，充分运用网络资源，以"键对键"的方式开展网络思政工作，将马克思主义基本原理与新媒体手段相融合，根据大学生的个体特征有针对性地开展理论学习、热点推送、网上答题等诸多活动，构建网上"红色阵地"，及时传播党的声音，宣传党的政策，积极传递社会正能量，为谱写贵州教育高质量发展新篇章营造良好的宣传氛围和舆论环境。

搭建高层次平台，增强了青少年思想政治工作的便捷性和高效性。搭建贵州思政云平台。整合全省思政教育资源，集中展示全网优质思政工作经验和亮点，推广优秀思政类网络产品，面向全省青少年群体打造思政网络优质内容资源思政工作共享平台，设置习近平总书记系列重要讲话数据库、理想信念教育、在线课堂、集体备课、思政实践等板块，以"青春长征"行动为统揽，深入开展"红领巾心向党""学好思政课 共筑中国梦""我是接班人""大手牵小手 思政一体化"等品牌活动。智能化全面覆盖贵州省大中小学，将思政一体化做深做实。"贵州高校思政"微信公众号现已更名为"贵州思政教育"，目的是更好汇聚全省学校思政理论、实践优质资源，将大中小学思政教育融为一体，明晰公众号定位，确保公众号的规范化、专业化。充分挖掘运用红色资源蕴含的育人因素，以及英雄模范的先进事迹等，并将其引入网络课堂。运用VR技术，搭建贵州省22家"理想信念教育基地"网络实景平台，目前正在遴选第二批基地，让网络平台更加丰富，将思政课堂搬上网络，突破时间和空间的限制，让广大青年学生足不出户就能接受爱国主义教育。"贵州思政教育"将从学生身心特点和思想实际出发，持续深化思想政治理论课改革创新，用习近平新时代中国特色社会主义思想铸魂育人，用心用情用力把教育作为管长远的事情抓好，推进课程思政和思政课程同向同行，把思政教育"小课堂"与网络"大课堂"贯通起来，加强对学生的政治引领、思想引领、价值引领、品德引领，引导学生树立正确的世界观、人生观、价值观。

二 人工智能赋能青少年思想政治引领的机遇

（一）贵州人工智能基础设施建设成就显著

人工智能基础设施是指在人工智能技术发展过程中所需的硬件、软件、网络和数据等基本设施。信息化是人工智能运转的基本前提，人工智能要同青少年思想政治工作实现有效融合，以青少年思想政治工作各部门实现信息化为基本要件。改革开放后我国的信息化建设开始启动，在党中央国务院的高度重视下，我国信息化建设取得了历史性的伟大成就。我国人工智能取得了举世瞩目的成就，已经处于世界第一梯队。

贵州信息化基础设施建设成效显著。2016年3月1日，国家大数据综合试验区（贵州）成立。2023年3月1日，全国首部信息基础设施地方立法——《贵州省信息基础设施条例》修订通过。修订后，《条例》将基于新一代信息技术演化生成的移动通信网络、数据中心、物联网、空间信息等基础设施，以及人工智能、区块链等基础设施纳入规范范畴，打造面向全国的算力保障基地、国家数据生产要素流通核心枢纽，全面支撑数字经济发展创新区核心区建设。目前，贵州建成国家级互联网骨干直联点、国际数据专用通道、根服务器镜像节点和国家顶级域名节点，成为为数不多具备三大信息基础设施的省份。2023年，贵州新建5G基站3.07万个，累计规模达11.54万个，5G网络即将覆盖13243个行政村；全省互联网出省带宽累计达4.35万Gbps；全省光缆线路长度突破191万公里。

随着党和国家对教育投入的不断提升，近年来贵州青少年教育信息化建设亦取得了巨大成就。各级青少年思想政治工作部门和各级各类学校的党务、政务和校务信息化建设基本完备，尤其是电子党务、电子政务信息化建设也实现了突破性发展。从技术层面上看，电子党务、电子政务体系和教育信息化平台的建设，是人工智能有效融入青少年思想政治工作并发挥有效作用的重要前提。智慧校园、移动互联、大数据等新技术和新工具在高等教育部门广泛应用，使管理效率大幅度提升。在信息化驱动下，人工智能为青少年思想政治工作做优做强提供了直接的技术支撑。各级机构和部门信息化水平的不断提升，尤其是大数据技术的不断成熟，亦推动同思想政治工作紧密相关的各类大数据资源的不断丰富，其中不仅一些重要的数据库如"习近平新时代中国特色社会主义思想数据库""中国共产党思想理论资源数据库""中国共产党历次全国代表大会数据库""新时代中国特色社会主义思想政治课程数据库"等平台建成，有效地推进了主流价值观传播。目前各类网络智能平台建设突飞猛进，满足了互联网条件下广大青少年多样化、自主化、便捷化的思想政治工作需求。

（二）人工智能能够提升青少年思想政治工作效能

大数据的不断发展，为新一代人工智能赋能青少年思想政治工作提供了坚实的基础。新一代人工智能则以丰富的大数据资源为内在支撑，使其计算能力实现了指数级别的提升，克服了传统人工智能感知器过于简单、计算能力不足的现实弊端。

大数据为青少年思想政治工作提供丰富的素材，为拓展思想政治工作的应用范围提供便利。大数据与思想政治工作的高度融合，不仅推动了思想政治工作模式的嬗变，也使得思想政治工作在互联网的大环境下，实现了从"网络化"向"数据化"的转型升级。思想政治工作数据是思想政治工作与大数据技术及理念融合的结晶，其资料来源于三个方面：思想政治工作理论的数据，这些数据是构成思想政治工作数据的核心部分，也是构成思想政治工作大数据的主干；思想政治工作及其实践活动展开过程中产生的数据；思想政治工作客体对象的数据。

人工智能的嵌入减少思想政治工作主体成本支出。人工智能较之传统大数据的技术优势，就在于其从技术层面上实现了更为强大的便捷性。人工智能技术不断嵌入思想政治工作各领域，传统的思想政治工作层面的相关事务，包括相关课程的优化设置、教育教学方法的创新以及网络思想政治工作的开展等，就可在人工智能的辅助之下得以快速解决，从而减轻人作为思想政治工作主体的劳动。人工智能嵌入整合思想政治工作数据资源的过程中，也为其有效节省经费支出提供了载体，有助于减少思想政治工作主体合理规划各项经费支出，把资源用于思想政治工作中更为关键的环节，从而为提高整体效率提供前提。

人工智能的融入提升了青少年思想政治工作的灵敏性。思想政治工作的效率提升，除了要做好成本的考量和测算外，提升产出效能也是主要目的。思想政治工作贯穿于意识形态的生产、传播与认同各环节，因而同意识形态安全有着天然的内在关联性，切实维护意识形态安全，离不开思想政治工作的积极参与。人工智能亦可在此过程中发挥快捷优势。

近年来，随着云计算、深度学习算法等技术的不断突破，基于人工智能的大数据分析手段已取得了突破性进展，尤其是基于机器学习的大数据聚类、大数据关联分析和大数据分类预测迅速崛起，为实现对相关数据的快速整合和结果预测提供了技术保障。对于思想政治工作主体而言，这对其提升数据处理的整体效能，进而把握思想政治工作主导权显然是有利的。

（三）人工智能促使青少年思想政治工作精准化

思想政治工作是一项系统性工程，内蕴了马克思主义理论的发展与创新、党的领导地位的维护和巩固、社会主义主流价值观的教育与传播、对国外思潮渗透的批判和抵御等多个层面的内涵要件，事关党和国家的发展与稳定。人工智能的嵌入有助于提升对思想政治工作问题研判的精准化。思想政治工作的有效展开，以对思想政治工作中的问题及其实践动态的清晰把握为基本前提，其中任一环节的运作都以对相关数据的掌握为前提。人工智能的嵌入能够使思想政治工作主体通过对相关数据的智能优化，实现对思想政治工作展开过程的精准把握。相较于大数据，人工智能已不仅是数据集合，而且具备了进一步的数据解析能力，这有利于思想政治工作主体及时预判发展风险、精准化解风险和处理相关问题。

人工智能的嵌入也有助于强化对思想政治工作目标定位的精准化，即在一定时期和一定条件下，思想政治工作主体开展有目的和有指向的活动所要达到的目标和要求。人工智能能够在大数据的基础上形成更为强大和具有前瞻性的预测功能，其中最突出的就是人工神经网络（ANN）的作用。作为人工智能领域的非线性方法，ANN是由大量简单的高度互连的神经元组成的复杂网络计算系统，能够处理不连续、高频多维的数据，并具备非线性映射能力和自学能力。利用神经网络的这些能力，可实现对思想政治工作层面一些不确定、非线性问题的破解，为相关主体优化决策提供技术支撑，进而为其结合实际进一步细化并实现思想政治工作目标提供保障。

三 人工智能赋能青少年思想政治工作面临挑战

人工智能作为一项前沿技术，各级党政机构、各级各类学校在推进人工智能赋能青少年思想政治工作才开始，还存在一定的挑战。

一是思想政治工作从"人找信息"向"信息找人"的彻底转变的困难。近年来，我国青少年思想政治工作的智能化水平虽实现了巨大的提升，但是在实践上依旧未跳出传统治理体制和组织运行机制的基本框架，其中不仅各部门和各机构间实现条块分割，而且上下级之间关系存在事实上的单向度化，一旦遇到思想政治工作问题，尤其是意识形态建设领域的突发事件和风险挑战，往往首先是逐级向上进行汇报，然后再展开决策和部署。思想政治工作不能实现从"人找信息"向"信息找人"的彻底转变，则人工智能在思想政治工作中的应用就无法摆脱边缘化的困境，其智能化效果也大打折扣。

二是相关法律法规有待健全。党和国家在人工智能与思想政治工作融合层面的相关法规已有不少，主要是基于宏观层面的引导和概括，如《新一代人工智能发展规划》《关于深化新时代学校思想政治理论课改革创新的若干意见》等相关政策文本，多为引导性的政策文本，具有较强的指导意义，但在操作层面还需要加强具体的细则性界定，否则就容易导致思想政治工作主体在面对纷繁复杂的信息源和不断增多的智能终端时，处于"疲于应付"和"选择困难症"的尴尬境地。目前，相关法规对于人工智能应用的边界问题界定不清，导致一些地方和部门在思想政治工作实践中出现智能App泛滥及信息传播娱乐化、庸俗化等问题。

三是数据孤岛现象的阻碍。组织运行机制欠灵活，目前在思想政治工作的实践中，在操作系统、网络协议、语义表示、数据库类型乃至硬件管理平台上，尚不能充分做到信息流通和数据共享，这些阻碍了人工智能嵌入过程中的信息联通能力的有效发挥。加之部分机构数据共享理念和共享动力的缺失与不足，尤其是对于为什么要实现数据共享这个问题认识不到位，一些机构虽手握大量的数据资源，却不公之于众，更谈不上方便获取。一些机构则出于自身利益拒绝公开。在教育系统内部，目前贵州高校在推进教育信息化建设的过程中，高校内部信息和数据资源建设同样存在缺乏统一规划和标准的现实短板，无论是不同院系之间还是具体的职能部门之间，亦往往都是基于自身的个体需要进行开发和运行，相互之间的数据和信息系统可谓各成体系。有效推进人工智能嵌入各机构各部门思想政治工作实践并真正实现触类旁通、在突破体制壁垒的基础上进一步打破"数据孤岛"效应、实现数据资源整合共享是数据行政管理部门的当务之急。

四是思想政治领域人工智能人才的匮乏。贵州人工智能领域的人才依旧较为短缺，专业人才供应的短缺状况依旧极为严重。贵州高校人工智能人才培养体系尚不健全，人才培养主要集中在算法、软件和脑科学等技术层面，对"人工智能+X"的复合型应用人才的培养则相对不足。尤其是主要偏向于计算机、信息技术等专业背景的学生，忽视了其他学科，背景单一既不利于人才培养也不利于内部交流。从贵州当下人工智能人才的现有队伍来看，同省外人工智能领域较为全面的发展态势相比，目前省内仅有的这部分 AI 人才队伍在应用结构上主要从企业治理和电子商务等层面展开技术研发，具体到思想政治工作这一特殊领域的智能研发人才则相对更为稀缺。专业性和复合型人才的不足，制约了思想政治工作实践中相关智能技术的创新发展，直接阻滞了人工智能赋能思想政治工作。

五是对青少年思政和网络思政问题预警和处理有一定空间。作为一种新兴技术，人工智能依靠自主创造的知识实现对社会体系的结构性嵌入，也带来了"人—机"之间辩证关系的悄然改变。在人工智能的环境下，青少年思想政治工作者应通过现代技术及时发现在青少年中存在的思想政治问题、发现网上海量信息中存在的思想政治问题，而不是在警情出现后进行简单的补救举措。在众中风险源中，尚不能对可能性的风险苗头作出最大化的发现和总结，在风险出现之前就形成警报效应，为相关青少年思想政治工作者赢得更多的处理时间，是当前人工智能在青少年思想政治工作应用中的主要短板。

四 对策建议

一是构建面向人工智能的思想政治工作风险预警机制。党的二十大报告指出"推进国家安全体系和能力现代化，坚决维护国家安全和社会稳定"，明确强调完善"风险监测预警体系"的重要性。人工智能为提升青少年思想政治工作能力打开了新空间，但也给思想政治工作开展带来了风险和挑战。面对人工智能的不断崛起，做好思想政治工作治理层面的风险防范工作，是确保思想政治工作体系实现稳定运行的重要前提。伴随人工智能技术的不断成熟及其在社会生产、社会生活等各方面应用领域和应用范围的不断拓展，对青少年思想政治教育风险及时作出预警，既是人工智能时代进一步提升青少年思想政治教育能力的重要前提，也是激发青少年思想政治教育主体防范风险底线意识的现实所须。从风险管理视角看，要有效防范和规避线下和线上青少年思想政治工作风险，前提是形成思路清晰的风险预警程序，即警情收集—警兆识别—风险评估—预警决策—风险处理—信息反馈，由此才能真正形成"防范风险"和"化解风险"机制。

二是完善人工智能赋能青少年思想政治工作的相关法律法规。加快构建、完善教育领域人工智能应用的有关法律和法规，以此来强化政府和相关部门对于人工智能在融入青少年思想政治教育中的总体规划、政策监管和安全审查。增强监管意识，政府应通过制定法律对算法技术及相关的大数据平台进行规约，切实保护青少年的隐私权不受侵犯。此外，积极推进人工智能法律制度的落实，惩治智能算法平台的非法行为，探索制定出人工智能法制化的行之有效的相关方案，任何行为都要受到法律的制约，相对完善的法律体系为人工智能技术的应用提供制度约束力，这也将为身处人工智能教育体系中的主客体提供保护。

三是加大人工智能与青少年思想政治工作相关资源融合力度。人工智能崛起给青少年思想政治工作创造了新环境和新挑战，思想政治工作要实现有效开展，呼唤各部门各机构的协同配合，不管外在的技术环境如何发生改变,思想政治工作要切实把握主动,坚定维护意识形态安全,根本而言都离不开对各类思想政治工作资源的挖掘和创新。思想政治工作资源是确保思想政治工作得以有效开展的前提根基,也是推动青少年思想政治工作实现科学发展的根本保障。青少年思想政治工作是一项实践活动,是教育主体与教育客体间在思想领域的双向互动,人工智能基于科技水平提升而更新的技术赋能手段,都是为了更好地服务于青少年思想政治工作的主客体,都是为了实现"育人"的根本任务。大数据、云计算的人工智能的引入,可以极大地将青少年思想政治主体从复杂的数据统计工作中脱身,从而有更多的精力关注到每一位青少年的发展需求,同时实现从传统的管理育人转变为服务育人,聚焦于思政教育"育人"初心的实现。

　　四是全面提升思想政治工作主体的综合素养。人工智能的崛起虽推进了思想政治工作模式的发展与创新,但"现实的人"依然是构成思想政治工作的根本主体。这在客观上亦表明,人工智能时代要切实提升青少年思想政治工作质量,无论是推进智能技术的科学应用,还是强化思想政治工作风险预警和不断累积思想政治工作资源,根本上都依赖于思想政治工作主体综合素养的提升。立德树人是青少年思想政治工作的根本任务,即使面临教育技术的更新,也不能改变其实现人的自由全面发展的使命。人工智能给思想政治工作带来的全方位影响,呼唤思想政治工作主体德才兼备的素养能力,是构成人工智能时代思想政治工作发展不可忽视的主观变量。

　　五是加强青少年思想政治工作人才队伍培育。加大青少年思想政治工作部门对人工智能人才的引进力度。优先考虑引进具有人工智能学科背景和人工智能技术运用能力的思想政治工作者。同时,加大引进人工智能专业领域人才的力度,协同推进人工智能与青少年思想政治工作融合的研究。引导青少年思想政治工作者转变思想观念、转变传统思维,进行观念上的变革,树立数据化理念,利用人工智能平台和设备备课,熟练查找课堂教学所需资料,储存和播放对青少年成长有价值的视频、音频,将教育理论知识通过多种形式生动地展现出来,提升课堂教学的吸引力,运用现代信息技术推进青少年思想政治工作。

参考文献

中共中央党史和文献研究院编《习近平关于网络强国论述摘编》,中央文献出版社,2021。

习近平:《高举中国特色社会主义伟大旗帜 为全面建设社会主义现代化国家而团结奋斗——在中国共产党第二十次全国代表大会上的报告》,《人民日报》2022年10月26日。

邓艳、张婕、楚锐杰、尹清龙:《人工智能融入思想政治教育研究》,西南财经大学出版社,2023。

胡洪彬:《人工智能时代的思想政治教育研究》,人民出版社,2023。

B.14
贵州促进青年全面参与"富矿精开"发展报告

罗先菊*

摘　要： 矿产资源是发展之基、生产之要。为了促进矿产资源型产业高质量发展，贵州提出了"富矿精开"战略部署，这为广大青年全面参与到经济社会发展提供了更为广阔的舞台。然而，由于启动时间较短，不少青年对"富矿精开"战略部署认识不够全面深入；由于"富矿精开"的技术依赖性高，不少青年压力感知较大。为此，在开启中国式现代化贵州实践的新征程上，应从强化政治引领、教育培训、创新驱动、宣传引导等方面努力，从而使广大青年全面参与"富矿精开"的思想共识得以凝聚，广大青年全面参与"富矿精开"的素质技能得以提升，广大青年全面参与"富矿精开"的创新活力得以激发，广大青年全面参与"富矿精开"的氛围更为浓厚。

关键词： 贵州青年　富矿精开　矿产资源型产业

习近平总书记在党的二十大报告中强调，"青年强，则国家强。当代中国青年生逢其时，施展才干的舞台无比广阔，实现梦想的前景无比光明。[①]"作为矿产资源富集省份，为更好地巩固这一禀赋优势并加速其向产业优势、

---

* 罗先菊，贵州省社会科学院对外经济研究所助理研究员，中央民族大学经济学院博士生，研究方向为产业经济、民族经济。
① 习近平：《高举中国特色社会主义伟大旗帜　为全面建设社会主义现代化国家而团结奋斗——在中国共产党第二十次全国代表大会上的报告》，中国政府网，2022年10月25日，https://www.gov.cn/gongbao/content/2022/content_5722378.htm。

经济优势、战略优势转化，贵州省委、省政府提出"富矿精开"战略部署，可以说是为广大青年全面参与到贵州现代化产业体系构建、奋力谱写中国式现代化新篇章实践中提供了更为广阔的舞台。相应地，广大青年也可以为"富矿精开"注入源源不断的活力，成为"富矿精开"的生力军和中坚力量。为动员广大青年全面投身"富矿精开"战略行动，贵州印发了《关于动员全省广大团员和青年投身"富矿精开"的实施方案》，实施了"青年工匠大比武""青年突击队大集结""青年安全示范岗大创建""青年人才大培育""青年建功大宣传"等"富矿精开"五大行动，促进广大青年参与"富矿精开"的政策体系初步构建。在开启中国式现代化新征程上，紧紧围绕"富矿精开"战略部署要求，如何有效促进广大青年全面参与到"富矿精开"中来，使其在矿产资源勘查、开采、开发、利用全过程、全链条中争当先锋、勇打头阵，做"富矿精开"战略部署的排头尖兵，已成为一项亟待研究的议题。

一 贵州青年参与矿产资源开发利用的现状

（一）贵州矿产资源禀赋情况

贵州矿产资源丰富，矿种多、分布广、门类全，省内优势矿种分布相对集中，且规模较大、质量较好，多分布在交通方便的铁路沿线和水资源丰富的乌江干流附近，开发利用的外部条件较好，具有很大的开发潜力。据《2022年贵州省自然资源公报》，全省查明矿产地3642处，其中能源矿产地850处，占产地总数的23.34%；金属矿产地1395处，占产地总数的38.30%；非金属矿产地1397处，占产地总数的38.36%；已发现各类矿产137种（含亚矿种），占全国173种的79.19%；查明有资源储量的矿产91种（列入储量表有84种），其中49种居全国总量前十位（见表1），煤、磷、铝、金、锰、锑、重晶石等优势矿产深部找矿潜力巨大，资源量居全国前列。2022年，贵州煤炭保有资源储量803.79亿吨，居全国第5位，集中分布在毕节市（以无烟煤为主）、六盘水市（以贫煤和焦煤为主），其次为黔西南州、遵义市；磷矿保有资源储量53.63亿吨，居全国第2位，集中分布在黔南州、毕节市、贵阳市；铝土矿保有资源储量11.6亿吨，居全国第3位，集中分布在贵阳市、遵义市；锰矿保有资源储量83935.12万吨，居全国第1位，集中分布在铜仁市、遵义市；锑矿保有资源储量38.28万吨，居全国第5位，主要分布在黔南州、黔东南州和黔西南州；重晶石保有资源储量22281.69万吨，居全国第1位，主要分布在黔东南州和安顺市；饰面用灰岩保有资源储量22.81亿立方米，居全国第1位，省内已探明饰面用灰岩的主要地区是黔南州。

表1 贵州省49种资源储量居全国前十位一览

位次	矿产	矿种数
1	锰矿、汞矿、锗矿、冶金用砂岩、铸型用砂岩、重晶石、化肥用砂岩、砷矿（矿物）、光学水晶、玻璃用灰岩、饰面用灰岩、砖瓦用砂岩	12
2	镓矿、硫铁矿、碘矿、磷矿	4
3	钒矿、铝土矿、钪矿、熔炼水晶	4
4	陶瓷用砂岩、饰面用辉绿岩	2
5	煤炭、镍矿、锑矿、化工用白云岩、金刚石、凹凸棒石黏土	6
6	锌矿、稀土矿（稀土氧化物）、压电水晶、水泥配料用黏土	4
7	钛矿、铌钽矿、硒矿、建筑用砂	4
8	锂矿（Li$_2$O）、镉矿、含钾砂页岩、含钾岩石、砖瓦用黏土	5
9	镁矿（炼镁白云岩）、钼矿、耐火黏土、玻璃用砂岩、水泥配料用砂岩、砖瓦用页岩、建筑用页岩	7
10	饰面用板岩	1

资料来源：《2022年贵州省自然资源公报》。

（二）贵州矿产资源开发利用现状

矿产资源是人类社会的重要财富，其开发利用水平直接关系国家经济的发展和人民生活的改善。近年来，贵州充分发挥"富矿"优势，不断加大煤、磷、铝、锰、钡等优势矿产资源开发力度，矿产资源保障能力稳步提升，矿产资源开发结构不断优化，优势矿产资源产业快速发展壮大。

1. 矿产资源勘探稳步推进

围绕保障国家能源资源安全和贵州高质量发展需要，贵州启动全省新一轮找矿突破战略行动，制定《贵州省新一轮找矿突破战略行动方案（2021-2035年）》及2022~2025年实施方案，不断加大省级专项资金投入力度，加快磷、煤、铝、锰等优势矿产资源调查评价与勘查，推动重点成矿区带找矿，加大特色矿产资源找矿，提高资源保障能力和风险应对能力，保障能源资源安全。2022年，贵州投入地质勘查资金60356.56万元，其中财政资金投入和社会资金投入分别为36652.2万元、23704.36万元；实施各类基础地质调查、矿产勘查、水工环地质调查评价、地质科学研究与技术方法创新和自然资源综合调查等项目共189项，其中基础地质调查10项、6844.3万元，矿产勘查113项、43941.59万元，水工环地质调查评价29项、3130.25万元，地质科学研究与技术方法创新32项、5403.02万元，自然资源综合调查5项、1037.4万元。

2. 矿产资源开发结构不断优化

2022年，贵州拥有矿山企业3638个，比上年减少104个，主要是由于部分中小型企业兼并重组、合并。其中，贵州大型矿山企业884个，比上年增加了97个，大型矿山企业所占比重由2021年的21.03%提升至2022年的24.3%；中型企业数由2021年的1912个减少至2022年的1764个，小型及以下矿山企业数由2021年的1043个减少至2022年的990个。矿山企业总数虽然有所减少，行业从业人员却呈上升态势，由2021年的217085人增加到了2022年的288197人，增加了71112人。从区域分布维度看，矿山企业数排名前三的地区依次为毕节市、遵义市和黔南州，分别为977个、532个和432个，占全省矿山企业数的53.35%，这三个地区大型矿山企业数合计为519个，占全省大型矿山企业数比重近六成。同年，贵州拥有矿产资源有效采矿许可证3253个，批准登记面积5754.69平方千米。从发证级别看，市、县级有效采矿许可证2368个，占全省比重达到72.79%；从矿产类别看，非金属矿产的有效采矿许可证最多，为2333个，占全省比重为71.72%；从行政区划维度看，有效采矿许可证排名前三的地区依次为毕节市、遵义市和黔南州，分别为884个、473个、405个，占全省一半以上。

3. 优势矿产资源产业快速发展壮大

近年来，贵州依托丰富的磷、煤、铝、锰、金、重晶石、萤石等矿产资源，已初步形成了以磷及磷化工、煤及煤化工、铝及铝加工、锰及锰加工、黄金、氟钡化工等为主体的矿产资源型产业。例如，贵州磷及磷化工领域拥有中低品位磷矿选矿技术，湿法磷酸净化技术，磷矿资源中伴生氟、硅、碘资源回收利用技术等国际领先技术，已形成完备的磷矿采选、提取、加工的磷化工产业体系，成为全球范围内具有较大影响力和竞争力的优势产业；煤及煤化工领域已形成以煤制合成氨、煤制甲醇、煤焦化为主的传统煤化工产业体系，以及以煤制乙二醇、煤焦油深加工为重点的现代煤化工产业体系；铝及铝加工领域已形成集勘探、采矿、冶炼、加工于一体的产业体系。从上游采矿端看，2022年贵州规模以上采矿业企业有640个，比上年增加了16个；实现总产值1020.61亿元，占全省规模以上工业总产值的10.19%；完成增加值占全省规模以上工业增加值比重为17%，比该行业企业数在全省所占比重（12%）高出5个百分点。从中游矿产资源加工端看，黑色金属冶炼和压延加工业，有色金属冶炼和压延加工业，非金属矿物制品业，化学原料和化学制品制造业，石油、煤炭及其他燃料加工业，电力、热力生产和供应业，燃气生产和供应业拥有规模以上工业企业分别为97个、122个、1006个、229个、20个、274个、61个。这七大矿产资源加工业实现规模以上工业总产值合计为4143.67亿元，占全省规模以上工业总产值的41.38%，比该行业规模以上企业数在全省所占比重（33.93%）高出7.45个百分点（见表2）。总体来看，通过多年的发展，贵州矿产资源型产业呈现快速发展态势，已成为经济社会发展的重要支撑。

表2 2022年贵州矿产资源型产业发展情况

行业	规模以上企业数 数量（个）	规模以上企业数 比重（%）	规模以上工业总产值 总产值（亿元）	规模以上工业总产值 比重（%）	规模以上工业增加值比重（%）
全省	5332	100	10014.15	100.0	100.0
采矿业	640	12.0	1020.61	10.2	17.0
#煤炭开采和洗选业	392	7.4	881.3	8.8	15.4
黑色金属矿采选业	22	0.4	5.81	0.1	0.1
有色金属矿采选业	36	0.7	31.3	0.3	0.2
非金属矿采选业	189	3.5	98.02	1.0	1.2
制造业	4243	79.6	7200.31	71.9	69.7
#黑色金属冶炼和压延加工业	97	1.8	377.27	3.8	1.4
有色金属冶炼和压延加工业	122	2.3	769.19	7.7	4.4
非金属矿物制品业	1006	18.9	539.27	5.4	3.6
化学原料和化学制品制造业	229	4.3	600.88	6.0	3.7
石油、煤炭及其他燃料加工业	20	0.4	129.23	1.3	1.3
电力、热力生产和供应业	274	5.1	1611.3	16.1	11.9
燃气生产和供应业	61	1.1	116.53	1.2	0.5

注：参考国民经济行业分类（GB/T 4754—2017）对各行业的定义和已有研究对矿产资源型产业的分类，并结合贵州省矿产资源的禀赋特征，本研究将矿产资源型产业定义为上游采矿业（煤炭开采和洗选业、黑色金属矿采选业、有色金属矿采选业、非金属矿采选业、石油和天然气开采业、其他采矿业）和中游矿产资源加工业（黑色金属冶炼和压延加工业，有色金属冶炼和压延加工业，非金属矿物制品业，化学原料和化学制品制造业，石油、煤炭及其他燃料加工业，电力、热力生产和供应业，燃气生产和供应业）13个细分产业的集合。

资料来源：根据《贵州省统计年鉴（2023）》披露数据计算整理。

（三）贵州矿产资源开发利用中青年参与情况分析

党的十八大以来，以习近平同志为核心的党中央高度重视青年发展事业，反复强调青年一代有理想、有担当，国家就有前途，民族就有希望，实现中华民族伟大复兴就有源源不断的强大力量。贵州省委、省政府深入学习贯彻习近平总书记关于青年工作的重要论述和视察贵州系列讲话精神,不断优化青年成长环境,努力为青年放飞梦想、参与到经济社会发展各领域创造条件,让青年有更多获得感,勇担使命、砥砺前行,全面发展。尤其是作为涉及行业门类广的矿产资源开发利用活动,为贵州广大青年提供了就业创业、成长成才的广阔舞台。

从矿产资源开发利用上游看,当前贵州青年人员参与程度较高。2022年,贵州采矿业非私营单位就业人员16.7万人,比上年增加2.4万人,在全国排名第7位①。贵州第七次人口普查年鉴数据显示,在12716人采矿人员中,16~34岁人员所占比重为25%,比全国水平（23.1%）高出1.9个百分点;35~44岁人员所占比重为32%,比全国水平（28.3%）高出3.7个百分点（见图1）。从性别视角看,当前贵州采矿人员以男性为主,其所占比重达到92.9%,其中16~34岁男性采矿人员占全省该年龄阶段采矿人员比重达到93.8%。

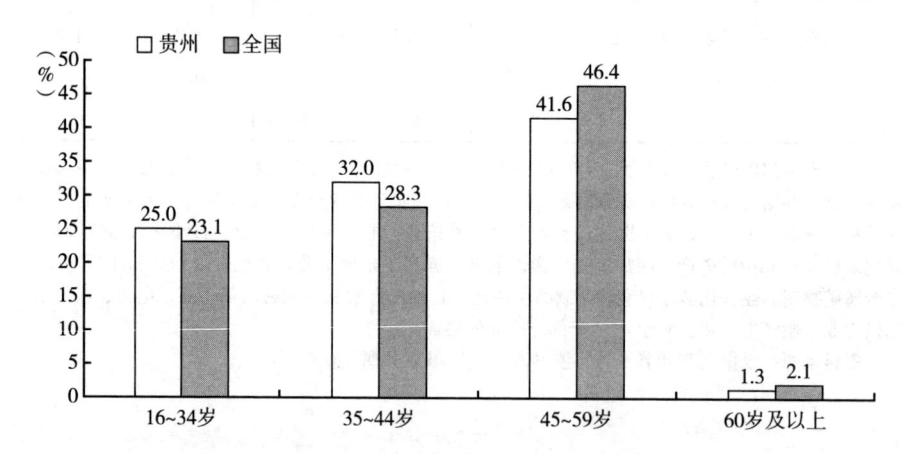

图1 贵州与全国采矿人员年龄结构情况

资料来源：根据贵州和全国第七次人口普查数据计算整理。

① 资料来源：《中国人口和就业统计年鉴（2023）》。

从矿产资源开发利用中游看，贵州青年参与程度也较高。据《中国工业统计年鉴（2022）》披露数据，贵州黑色金属冶炼和压延加工业，有色金属冶炼和压延加工业，非金属矿物制品业，化学原料和化学制品制造业，石油、煤炭及其他燃料加工业，电力、热力生产和供应业，燃气生产和供应业平均用工人数分别为 2.13 万人、1.98 万人、7.34 万人、4.11 万人、0.65 万人、6.35 万人、0.44 万人，分别居全国第 25、19、18、24、21、22 和 26 位。根据贵州第七次人口普查年鉴，在 2592 名金属冶炼和压延加工人员中，16~34 岁人员所占比重为 27.4%，比全国水平低 3.5 个百分点；35~44 岁人员所占比重为 28.8%，比全国水平高 1.1 个百分点。从性别视角看，当前贵州金属冶炼和压延加工人员仍以男性为主，其所占比重为 78.6%。贵州非金属矿物制品业，化学原料和化学制品业，石油加工和炼焦、煤化工业这三个行业青年参与程度总体与金属冶炼和压延加工业类似，处于 30%左右水平（见表3）。

表3 贵州矿产资源加工环节人员年龄结构情况

单位：%

年龄	金属冶炼和压延加工人员 贵州	金属冶炼和压延加工人员 全国	非金属矿物制品制造人员 贵州	非金属矿物制品制造人员 全国	化学原料和化学制品制造人员 贵州	化学原料和化学制品制造人员 全国	石油加工和炼焦、煤化工生产人员 贵州	石油加工和炼焦、煤化工生产人员 全国
16~34 岁	27.4	30.9	26.8	27.4	33.0	33.9	27.7	35.0
35~44 岁	28.8	27.7	28.5	25.6	31.0	26.6	28.2	25.0
45~59 岁	42.2	39.2	41.8	42.6	34.0	37.0	42.5	38.3
60 岁及以上	1.6	2.2	2.8	4.5	2.0	2.4	1.7	1.7

资料来源：根据贵州和全国第七次人口普查数据计算整理。

经上述分析，矿产资源开发利用因涉及产业门类广、具有强吸纳就业特点，广大青年群体已成为贵州矿产资源开发利用的重要参与主体。从产业链视角来看，由于贵州当前不少矿产资源开发利用还主要集中在初级原料端，产业链延伸不足，相较中游矿产资源加工业，上游采矿业就有更强的吸纳就业能力，就业人员在全国排名处于第一梯队。

二 "富矿精开"对贵州青年的战略指引

(一)"富矿精开"的内涵

2022年底,贵州省委、省政府全面贯彻落实在新时代西部大开发上闯新路的要求,提出了"富矿精开"这一契合贵州资源禀赋特征、产业发展阶段特征的行动路径方案。2023年1月13日,贵州省第十四届人民代表大会第一次会议在贵阳召开,将"富矿精开"作为重要议题正式写入了2023年政府工作报告,明确要求坚持"富矿"必须"精开",规范有序进行资源开发。2023年7月25日,贵州将"强力推进'富矿精开',深入实施新一轮找矿突破战略行动,推动煤、磷、铝、锰、重晶石、石英砂等资源型产业精细化、高端化发展"等内容写入了中国共产党贵州省第十三届委员会第三次全体会议审议通过的《中共贵州省委关于坚定不移沿着习近平总书记指引的方向前进 奋力谱写中国式现代化贵州实践新篇章的决定》文件中。同年10月,贵州公开发布《关于强力推进"富矿精开"加快构建富有贵州特色现代化产业体系的意见》,提出"围绕'四新'主攻'四化',以高质量发展为统揽,立足'富矿'比较优势……统筹兼顾、系统谋划、整体推进,在精查探矿、精准配矿、精细开发、精深加工发力,奋力实现'精开',全面提升能源资源供应保障能力和产业链供应链发展水平,全力打造富有贵州特色、契合时代特征、在国家产业格局中具有重要地位的产业集群和现代化产业体系,以最少的资源消耗,换取最大的经济效益、生态效益、安全效益和社会效益,推动经济社会高质量发展"。2024年1月24日,贵州在召开贵州省第十四届人民代表大会第二次会议对未来一年工作重点进行部署时再次要求,"坚持'富矿精开',把资源优势转化为产业优势""大力推进优势矿产资源高效开发利用,促进磷化工、煤化工、铝加工、锰加工等向高端化延伸,持续推动产业链纵向、横向融合发展"等。2024年2月29日,贵州省委、省政府召开全省"富矿精开"推进大会,明确要求以"富矿精开"为关键抓手在新时代西部大开发上闯新路,加快推动全省矿业高质量发展取得新进展新突破,为推进中国式现代化贵州实践提供坚实支撑。

做好"富矿精开"这篇大文章,首先要理解题意。顾名思义,"富矿"通常是指一个区域拥有比较富集的矿产资源;"精开"是指新发展阶段矿产资源的一种集约高效开发路径,相对以往矿产资源的"粗开"而言。"富矿精开"则是指各地区在立足本地优势矿产资源发展矿产资源型产业过程中,要全面贯彻新发展理念,将高质量发展要求贯穿矿产资源勘查开采开发利用全过程、全链条,实现矿产资源的集约高效开发利用,实现矿产资源型产业的高质量发展。在贵州语境下,"富矿"主要是指磷、煤、铝、锰等优势矿产资源,"精开"包含精确探矿、精准配矿、精细开矿、精深用矿四个关键环节。如今,"富矿精开"已成为贵州构建现代化产业体系的最大优势和关键一招。通过"富矿精开",做好矿产资源产业新旧模式之间的衔接和切换,以转型升级稳住经济增长的传统引擎,推进传统与现代的稳定过渡,守好发展和生态两条底线,助力谱写中国式现代化贵州实践新篇章,已成为贵州当前工作重点之一。

(二)"富矿精开"对贵州青年的新要求

青年作为国家的未来、民族的希望,多年来一直是贵州发展矿产经济的重要参与主体。贵州正在强力推进的"富矿精开"战略行动,不仅对矿产资源开发利用的不同环节提出了新要求,而且对矿产经济发展中不同参与主体也提出了新要求,尤其是对作为国家经济社会发展生力军和中坚力量的青年提出的要求更高。由于"富矿精开"涉及优势矿产资源和开发环节众多,本节结合精确探矿、精准配矿、精细开矿、精深用矿这四个核心环节对广大青年提出的新要求进行分析。

1. 精确探矿对青年提出的新要求

当前,贵州与我国多数矿产资源大省一样,矿产资源勘探工作已进入"攻深找盲"阶段,找矿难度不断增大,仅沿用传统的地质勘查手段很难有新的突破。为此,贵州深刻把握技术变革趋势,对矿产资源勘察工作提出了新的战略要求——精确探矿。精确探矿要求所有矿产资源勘察人员要在原有的地质勘查方法基础上，积极寻找运用适合本土先进的找矿理论方法，精准探矿增储，着力提升优势矿产资源供给能力和风险应对能力，保障能源资源安全。新时代青年应积极发扬拼搏精神，结合贵州找矿行动"三步走"① 和精确探矿要求，积极学习运用各种找矿新理论、新技术、新方法、新装备，尤其是对强化数字勘查技术的学习和应用，更加自觉地把火热青春融入新一轮找矿突破战略行动中，争做"富矿精开"精确探矿部署在基层落实的排头尖兵。

2. 精准配矿对青年提出的新要求

资源的有限性与人类需要的无限性要求我们要实现对资源的有效配置。对于矿产资源来说，也不例外。自 2017 年国家启动矿业权出让制度改革以来，贵州作为试点地区之一，不断加大矿业权出让力度，有力促进了经济社会平稳健康发展，但仍存在矿产资源配置精准度不够高、产业衔接不紧密、综合效益发挥不充分等问题。为了充分发挥矿产资源效益，贵州在"富矿精开"战略部署中明确将精准配矿作为其中重要一环，要求对矿产资源的配置务必精准。要实现矿产资源的精准配置，必须强化大数据、物联网、AR、VR、5G 等技术在矿业权准入、退出和管理，以及矿产资源配置等环节中应用，从而科学调控矿业权投放总量、结构、布局和时序，避免圈而不探、占而不采，积极引导优质矿业权向勘查开采技术和经济实力强、符合新型工业化产业发展，达到资源深加工和就地转化率要求的优势、骨干企业聚集，增强矿产资源配置的针对性和协同性，提高矿产资源配置效率。作为矿产资源开发利用重要参与者的青年，应顺应数字经济时代的技术变革趋势，学习使用现代技术手段如信息系统和模拟工具等来帮助进行资源配置，提供数据支持和决策依据，促进"资源—材料—产品—产业"深度融通协同发展。

---

① 贵州在三个五年计划中实行找矿行动"三步走"，"十四五"时期的找矿重点是寻找与新能源电池及电池材料相关矿产的找矿行动，如磷矿、锰矿、铝土矿、磷石矿、硫铁矿等与基础能源有关的矿种。"十五五"期间找矿重点是挖掘 1000 米以上即"第一找矿空间"潜力来找矿，在做好"十四五"期间找矿的同时，逐步拓展到铅锌矿、饰面石材、硅石、玄武岩等有地方特色的矿种。"十六五"期间，围绕贵州省重大工业产业发展需求，将找矿空间拓展到地下 2000 米以下的"第二找矿空间"，攻深找盲，实施深部找矿，争取实现综合突破。

3. 精细开矿对青年提出的新要求

党的十八大以来，随着生态文明示范区建设深入推进，贵州在矿产资源标准、技术、政策等方面的工作取得了一些新进展，共同促进了矿产资源开发利用水平的持续提升。但受经济发展水平较低、技术支撑不足等因素影响，矿产资源开发方式仍较粗放、生产效率和能源利用效率不高等难题尚未得到真正破解。为此，贵州在"富矿精开"战略部署中将精细开矿作为其中关键一环，要求加快推进集约开采、综合开采、绿色开采、安全开采，推动矿产资源开发利用由传统的粗放开发模式向精细开发模式转变。要实现矿产资源的精细开发，必须加快推动大型矿山自动化、智能化升级和中小型矿山机械化改造，通过智慧矿山建设全面提高矿产资源开采回采率、选矿回收率和综合利用率水平。作为矿产资源开发利用重要参与者的青年，应强化智慧矿山建设涉及的空间信息技术、矿山数据仓库技术、先进的矿用传感器技术、数据通信技术、矿山真三维地质模型与集成应用、组件式矿山软件、自动控制技术、虚拟现实技术、无人采煤技术、云网融合技术等智能技术的学习和应用，积极开展锂、稀土等共伴生综合利用以及中低品位矿产资源高质化利用等专项攻关，全面提升矿产资源开采集约化绿色化智能化水平。

4. 精深用矿对青年提出的新要求

经过多年的发展，贵州矿产资源型产业规模虽稳步扩大，但产业链条主要集中在初级原料端，精深加工的高端、高品质和高附加值产品较少。为了充分发挥矿产资源的经济效益，贵州在"富矿精开"战略部署中将精深用矿作为其中关键一环，要求加快推进磷、煤、铝、锰等矿产资源精深加工，建设全国重要的资源精深加工基地；要求坚持三元、磷系两条路线并重，加快建设新能源动力电池及材料研发生产基地；要求立足金玉资源优势，培育金玉文化，打造"金镶玉"等特色文旅产业等。推动精深用矿，使矿产资源产业链向下游延伸、价值链向高端跃升、创新链向前沿聚焦，可以说是为广大青年提供了更为广阔的就业创业机遇，但也对其提出了更高的技术要求。新时代青年，应围绕精深用矿要求，积极学习先进的生产工艺技术，投身到高附加值产品的加工活动中，推动矿产资源型产业高端化、绿色化、集约化发展。

三 贵州青年对"富矿精开"的认识与感知

虽说贵州提出的"富矿精开"战略行动为广大青年全面参与到贵州现代化产业体系构建、奋力谱写中国式现代化新篇章实践中提供了更为广阔的舞台,但由于其启动时间较短、技术水平要求较高等,当前不少青年对"富矿精开"各项战略部署了解不够深入,且对"富矿精开"战略要求表示压力较大。本节以2023年12月至2024年2月对贵州矿产企业单位从业人员开展的调查问卷为样本进行分析,有效问卷共计5940份,其中:职业青年(18~35岁)问卷5459份,所占比重达92%。

(一)贵州青年对"富矿精开"的认识情况

认识是认知知识,即人脑反映客观事物的特性与联系并揭露事物对人的意义与作用的思维活动。广大青年对"富矿精开"的认识程度将直接影响其参与行为。抽样调查显示,仅16.38%的青年表示对贵州"富矿精开"的新要求和部署非常了解,31.01%的青年表示比较了解,表示不了解或一般的青年所占比重还比较高(见图2)。

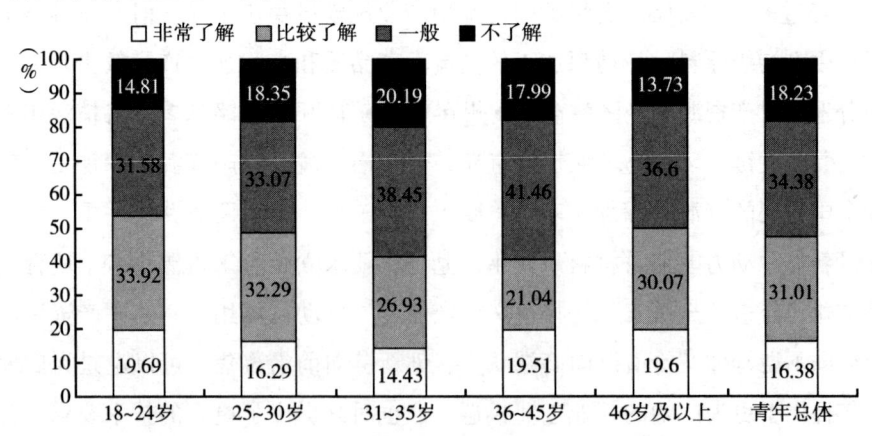

图2 贵州职业青年对"富矿精开"战略部署的了解情况(年龄维度)

资料来源:贵州青年发展研究院《贵州青年参与"富矿精开"调查问卷》统计数据。

贵州促进青年全面参与"富矿精开"发展报告

从企业规模维度看，大型企业青年对"富矿精开"新要求和部署的认识水平要高于中小型企业。大型企业中有17.23%的青年表示对"富矿精开"的战略部署要求非常了解，比中型企业高出0.95个百分点，比小型企业高出4.21个百分点，而中、小型企业中表示对"富矿精开"的战略部署要求了解程度为"一般"和"不了解"的青年所占比重之和分别为54.12%、59.58%，明显高于大型企业（见图3）。

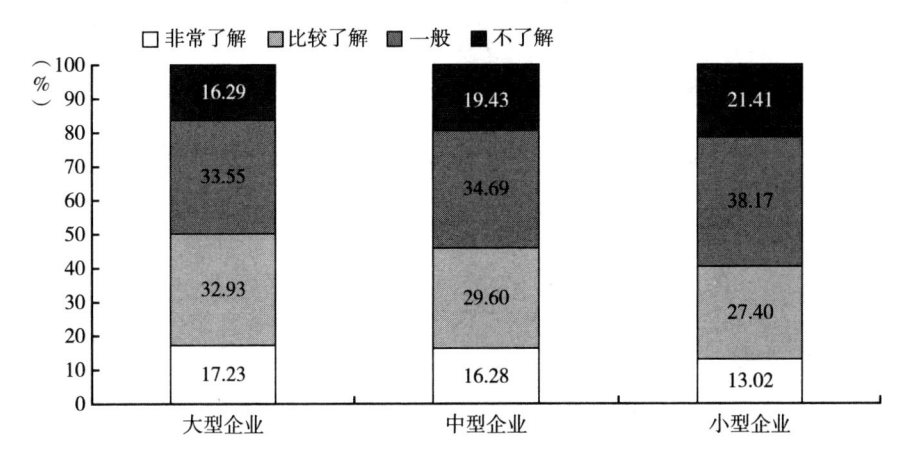

	大型企业	中型企业	小型企业
不了解	16.29	19.43	21.41
一般	33.55	34.69	38.17
比较了解	32.93	29.60	27.40
非常了解	17.23	16.28	13.02

图3 贵州职业青年对"富矿精开"战略部署的了解情况（企业规模维度）

资料来源：贵州青年发展研究院《贵州青年参与"富矿精开"调查问卷》统计数据。

从工作年限维度看，工作年限为6~8年组别青年对"富矿精开"的认识水平高于其他年龄组别。工作年限为6~8年组别中有19.23%的职业青年对"富矿精开"新要求和部署表示非常了解，比8年以上高出1.95个百分点，比3年以下高出3.4个百分点；该年限组青年对"富矿精开"新要求和部署表示不了解的仅14.63%，为各组别比例最低，比8年以上组别低3.62个百分点，比3年以下低4.69个百分点（见图4）。

虽说广大青年受企业规模、工作年限等影响，对"富矿精开"战略部署的认识程度有一定差异，关于青年应该在"富矿精开"中居何种地位却达成了相当一致的意见。调查显示，超七成青年认为青年应该在"富矿精开"中居重要地位（见图5）。

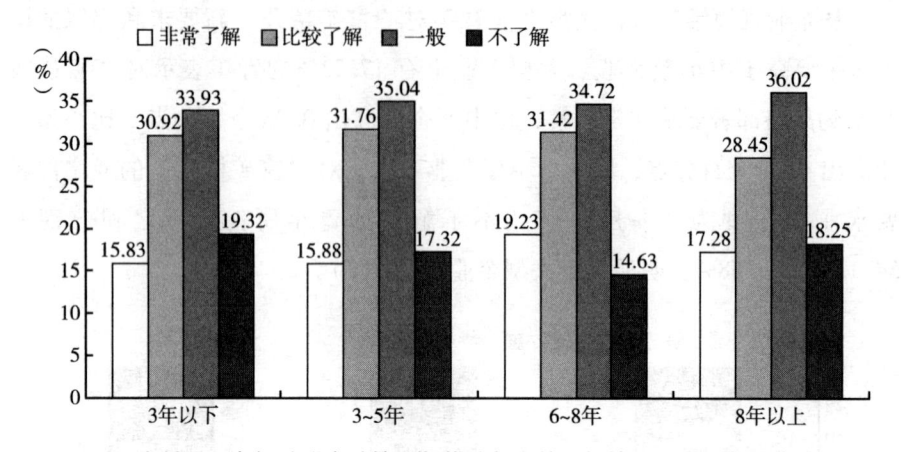

图4　贵州职业青年对"富矿精开"战略部署的了解情况（工作年限维度）

资料来源：贵州青年发展研究院《贵州青年参与"富矿精开"调查问卷》统计数据。

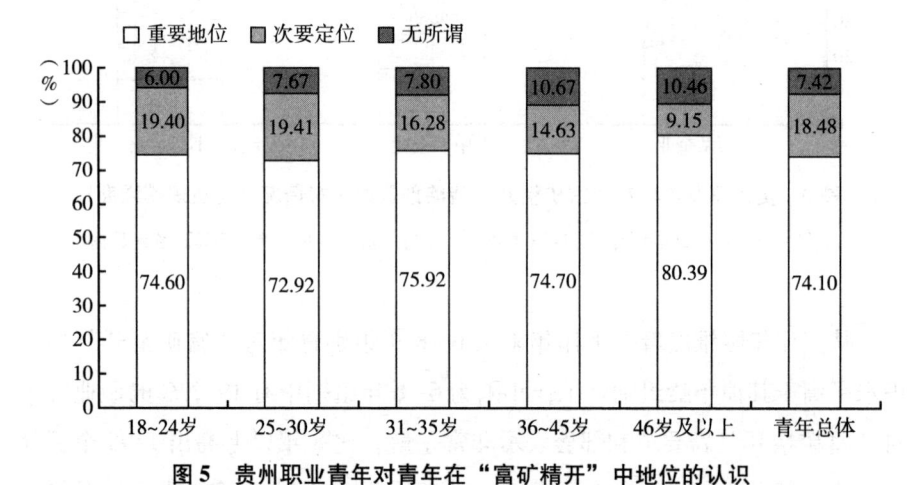

图5　贵州职业青年对青年在"富矿精开"中地位的认识

资料来源：贵州青年发展研究院《贵州青年参与"富矿精开"调查问卷》统计数据。

（二）贵州青年对"富矿精开"的压力感知

压力感知是一个个体对外部刺激的主观心理反应，不同的人可能会有不同的感受和认知。广大青年对贵州"富矿精开"战略部署的压力感知情况，将直接影响其参与行为和职业健康。

调查显示，近六成青年表示应对"富矿精开"战略的新要求压力比较大或非常大，仅8.44%的青年表示没有压力。从不同年龄分组来看，年龄越大，其压力感知越强。31~35岁组别中有19.07%的青年表示应对"富矿精开"战略的新要求压力非常大，比25~30岁组别高出2.95个百分点，比18~24岁组别高出4.74个百分点（见图6）。

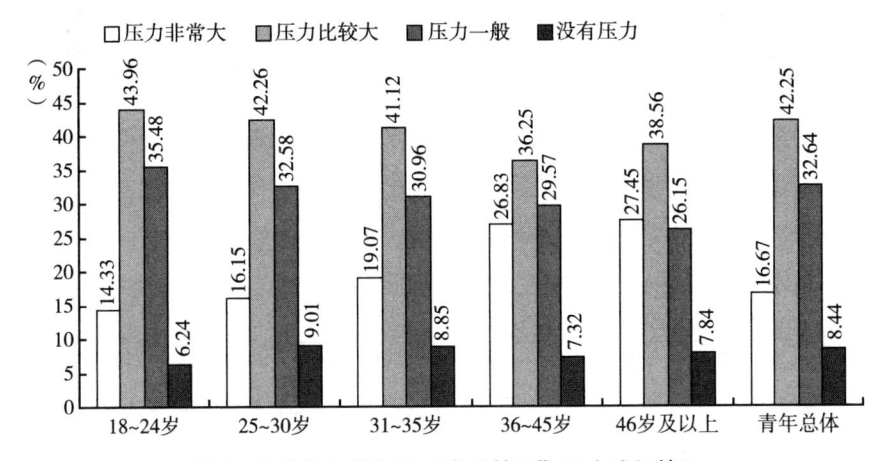

图6 贵州职业青年对"富矿精开"压力感知情况

资料来源：贵州青年发展研究院《贵州青年参与"富矿精开"调查问卷》统计数据。

从企业规模维度看，大型企业与中型企业青年对"富矿精开"战略的新要求压力感知强于小型企业，分别有16.84%、17.09%的青年表示压力非常大，比小型企业分别高出1.72个、1.97个百分点；分别有42.85%、41.81%的青年表示压力比较大，比小型企业分别高出1.68个、0.64个百分点。

从工作年限维度看，职业青年的工作年限越长，对"富矿精开"战略的压力感知越强。8年以上组别青年中有20.2%的青年表示应对"富矿精开"战略要求压力非常大，分别比6~8年、3~5年、3年以下组别高出0.59个、2.47个、6.43个百分点。

职业技能较难适应"富矿精开"战略部署要求，成为广大职业青年压力来源之一。仅38.43%的职业青年表示个人的职业技能完全可以适应"富矿精开"的发展要求；45.27%的职业青年表示应对"富矿精开"的发展要求，个人的职业技能处于一般和难以适应水平；16.3%的职业青年表示尚不确定或不了解个人的职业技能能否适应"富矿精开"的发展要求（见图7）。

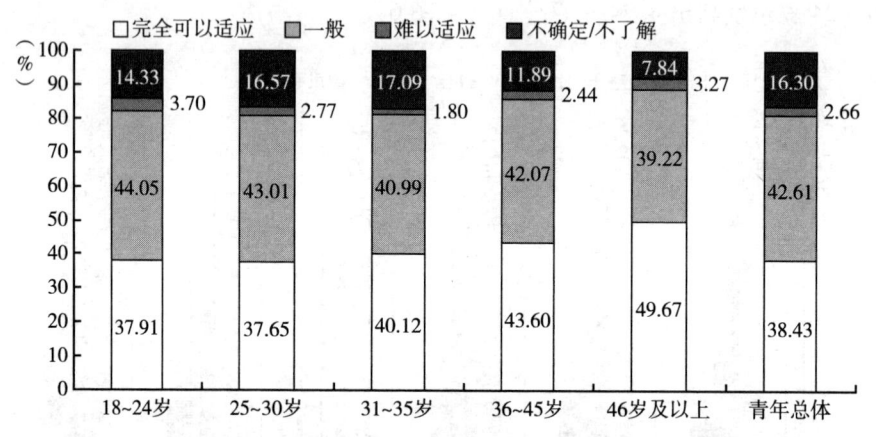

图7 贵州职业青年关于个人职业技能能否适应"富矿精开"要求的认识

资料来源：贵州青年发展研究院《贵州青年参与"富矿精开"调查问卷》统计数据。

四 贵州促进青年全面参与"富矿精开"的对策建议

赢得青年才能赢得贵州新未来，塑造青年才能塑造贵州新未来。贵州提出的"富矿精开"战略行动，可以说是为广大有为青年全面参与到贵州现代化产业体系构建、奋力谱写中国式现代化新篇章实践中提供了更为广阔的舞台。当前，应紧紧围绕广大青年对"富矿精开"战略部署认识不够全面、职业压力较大等问题，采取相应策略促进青年全面参与到"富矿精开"战略行动中去，争做"富矿精开"各项战略部署在基层落实的排头尖兵。

（一）强化政治引领，凝聚广大青年全面参与"富矿精开"的思想共识

青春逢盛世，奋斗正当时。在促进青年全面参与"富矿精开"过程中，应始终把思想建设放在首位，坚持用习近平新时代中国特色社会主义思想教育和影响青年，努力培养和造就政治立场坚定、思想道德高尚、文化素质优良的有为青年。具体而言，一方面，坚持按照"党建带团建，团建促党建"的工作思路，在落实落细党建带团建机制上下功夫，以党员干部为核心，以优秀团员为助手，以主题党日活动和团日活动为切入点，团结引领全省广大团员和青年投身"461工程"，凝聚青年力量，激发"青春动能"，有效提升团组织凝聚力、战斗力和创造力。有基层党组织且符合建团条件的实现团组织全覆盖，将团建工作纳入党建工作整体考核范畴。同时，注重非公有制矿产资源企业的团组织建设，特别是对于新成立、新引进以及专精特新的矿产资源企业，要主动开展团组织建设工作。另一方面，坚持采取"请进来"和"走出去"相结合的方式开展学习，行业主管部门、矿产企业单位应积极组织开展企业宣讲活动、青年联学联建活动、赴外交流学习活动等，帮助青年职工全面认识党和国家发展的重大部署，引领全省团员和青年深刻理解推进"富矿精开"是牢记领袖嘱托在新时代西部大开发上闯新路的重大战略选择、是贵州服务和保障国家能源资源安全的重大政治使命、是加快贵州高质量发展和现代化建设的迫切现实需要，清晰认识自身的职责使命所在，更加自觉地把火热青春融入"富矿精开"战略部署中，助力将矿产资源比较优势转化为发展优势和经济优势，为促进新兴产业发展、服务国家重大战略贡献青春力量。

（二）强化教育培训，提升广大青年全面参与"富矿精开"的素质技能

劳动者素质技能的高低直接影响着劳动生产率水平。鉴于"富矿精开"的技术依赖性强，应紧紧围绕建设"六大产业基地"，着力推进精确探矿、

精准配矿、精细开矿、精深用矿要求,加快建立健全广大青年的教育培训体系,储备"富矿精开"的技能人才显得尤为重要。首先,矿产企业单位应加快建立"青年岗位能手"培育机制,坚持面向基层、面向一线岗位,以政治坚定、品行过硬、能力突出、实绩优异为评价标准,将培育工作融入青年职工发展的入门期、成长期、成熟期、贡献期等各个阶段,完善选苗赛马、育才优选、宣传示范等工作链条,结合企业实际创新开展"青苗计划"等自有品牌建设工作,为"富矿精开"培育一批青年技能人才。其次,在"育"上下功夫。一方面,引导青年职工的思想由"要我学"向"我要学"转变,提升主动学习意识,让学习成为自觉行动。在这过程中,要充分发挥"传帮带"作用,对青年职工实施"老带新"一对一或一对多的业务培养模式,帮助青年职工突破技能瓶颈,为提升"富矿精开"领域青年人才"实战"能力打下扎实基础。另一方面,深入推进职业教育产教融合、校企合作,让教育链、人才链与产业链、创新链有机衔接,才能加快构建人才培养与矿产资源型产业发展相融互促的良好格局。最后,应支持鼓励青年职工参加各类职称考试、职业技能考试和行业组织的各项活动,加快技能人才队伍建设步伐;广泛开展岗位练兵活动,组织青年职工进行实操演练,针对关键岗位和重点环节,加强实践操作的培训考核,提高青年职工的实操能力。

(三)强化创新驱动,激发广大青年全面参与"富矿精开"的创新活力

创新是引领发展的第一动力,而人才则是创新的根基,是创新的核心要素。在深入推进"富矿精开"过程中,充分激发广大青年的创新活力,最大化发挥广大青年生力军和突击队作用显得尤为重要。一方面,要加快构建各种创新平台,攻克"富矿精开"的技术难题。行业主管部门应以"振兴杯""挑战杯""创青春"等大赛为载体,开辟省级特色专项赛道,增设矿产资源勘查、矿产开采、精细加工等赛种,搭建有利于青年技能人才交流竞技的舞台,延伸服务培养链条、健全技能竞赛体系、打造创新创效项目,让

青年技能人才创新有平台、成才有支撑、奋斗有回报。同时，应借助团属各创新创业创效竞赛平台，探索建立校企"揭榜挂帅"机制，打通企业与高校间合作渠道，各相关矿产企业单位提出研发需求，各高校相关专业青年人才参与答题竞赛，帮助企业解决"富矿精开"全链条中的卡脖子技术、关键核心技术等难题。另一方面，要围绕矿产资源勘查开发利用全过程全链条中的各项紧急任务，在矿产企业单位加快组建临时型、固定型、志愿型、专业型、常备型等各类青年突击队，使广大青年能够在"富矿精开"勘查、开采、建设、创新等"急、难、险、重、新"任务中彰显青年时代风貌，挥洒青春奋斗汗水。

（四）强化宣传引导，营造广大青年全面参与"富矿精开"的浓厚氛围

随着社会发展和科技进步，宣传引导已经成为当今社会的重要一环。政府在宣传引导方面扮演着至关重要的角色，应加快"富矿精开"常态化宣传机制，营造青年职工积极投身"富矿精开"战略的浓厚氛围。一方面，要加强"富矿精开"战略部署的宣传，让广大青年全面了解"富矿精开"战略对贵州矿产资源型产业转型发展的新部署、对青年提出的新要求。另一方面，在"富矿精开"战略推进过程中要注重挖掘发现好的经验做法，通过各级各类媒体等进行常态化宣传，构建"富矿精开"大宣传格局。在这过程中，要勇于创新宣传形式，积极拓展宣传渠道，全力延伸宣传触角，使广大青年深刻理解推进"富矿精开"对于贵州经济社会高质量发展的重要意义，争做"富矿精开"各项战略部署在基层落实的排头尖兵。

B.15
贵州青年参与打造六大产业基地研究

蒋正龙*

摘　要： 打造六大产业基地根本在于人才，重点在于培育青年人才。促进青年参与产业协同发展既是打造六大产业基地的客观需要，也是青年自身价值的体现，更是建设青年友好型成长型省份背景下的双向奔赴。在两者的协同发展中，青年参与作为重要的人力资源支撑、创新来源和推动力量，助力打造六大产业基地取得了积极成效，但也存在一些亟须解决的问题，如青年能力和素质有待提升、青年劳动供给与产业需求供需不匹配突出、制造业青年逐年流失等。因此，建议在深入推进贵州青年参与打造六大产业基地过程中，进一步坚定青年参与的信心和理念，提升青年参与的能力和素质，优化青年参与的发展环境，畅通青年参与的平台通道，健全青年参与的培训体系。

关键词： 青年就业　六大产业基地　协同发展

2017年，我国颁布《中长期青年发展规划（2016-2025年）》（以下简称《规划》），第一次从国家层面提出青年发展规划，《规划》明确提出要加强青年就业政策与产业、贸易、财税、金融等政策的协调。2019年，贵州率先提出青年友好型成长型省份建设，引导青年与新兴产业、现代服务业

---

* 蒋正龙，贵州省社会科学院城市经济研究所助理研究员，研究方向为区域经济学、城市经济学。

协同发展,营造青年就业的良好氛围。2022年,全省14~35岁青年有1155万人[①],占全年常住人口的30%,青年成为参与社会建设的重要力量,如果再考虑受教育程度或者科技文化掌握程度,贵州省青年已成为全省经济社会建设的中坚力量。同年,贵州从省级层面部署打造六大产业基地,即新型综合能源基地、全国重要的白酒生产基地、新能源动力电池及材料研发生产基地、面向全国的算力保障基地、全国重要的资源精深加工基地、全国重要的产业备份基地,六大产业基地建设成为全省构建现代产业体系的重要抓手。2023年,六大产业基地规模以上工业总产值超过8000亿元。为更好地推进青年友好型成长型省份建设,大力推进青年与产业协同发展,我们需要全面了解贵州省青年参与六大产业基地建设的特点、难点和重点,为贵州青年参与打造六大产业基地增强信心、优化环境、搭建平台和完善体系,以推动经济结构调整,打造发展新引擎,增强发展新动力。

一 贵州青年参与打造六大产业基地的必要性和可能性

(一)青年的积极参与是打造六大产业基地的客观需要

制造业需要青年,制造业是立国之本、强国之基,是国家经济命脉所系,同时它也是劳动人口就业比较集中的行业;全国第七次人口普查的数据显示,在从事制造业的劳动人口中,35岁以下青年占比超过41%,青年已经成为制造业的重要主体力量。据《贵州人口普查年鉴2020》数据显示,贵州青年也已成为六大产业基地建设的重要主体力量。2023年,全省集中力量加快建设六大产业基地,持续推进重点产业延链补链强链,六大产业基地规模以上工业总产值超过8000亿元。六大产业基地的快速发展,对技能人才和普通劳动力都提出了较大需求,青年的创新力、创造力和执行力是打

---

① 国务院印发的《中长期青年发展规划(2016-2025年)》划定,青年年龄范围是14~35周岁。

造六大产业基地所必需的。在新的发展阶段，六大产业基地建设需要更多的青年人参与其中，利用自己的技术专长和创新能力，推动产业基地的技术进步和升级，为高质量发展注入新的动力。

（二）参与打造六大产业基地是青年彰显自身价值的需要

贵州青年要在打造六大产业基地的宏伟叙事中实现青春价值，从青年劳动人口的行业分布看，制造业以超过23%的比例排在第一位，是青年就业创业的第一主力行业。可以说，制造业的历史性成就，为新时代青年开辟了广阔发展空间和成才路径，参与六大产业基地建设是全省青年实现个人成长和社会价值的重要途径。通过参与这些项目，青年可以积累实践经验，提升自己的综合素质和能力水平，同时也可以为全省的经济社会发展做出贡献。这种参与过程也是青年人实现自我价值和社会价值的过程，通过参与六大产业基地建设，青年可以获得更多的实践经验和技能，提升自己的专业能力和综合素质；在这个过程中，他们可以不断学习和探索，发现自己的兴趣和优势，明确自己的职业规划和人生目标。

（三）打造六大产业基地和青年积极参与是一场双向奔赴

六大产业基地涉及新能源、白酒生产、新材料及动力电池、矿产资源、大数据等产业，为全省青年提供了广阔的舞台，与全省青年的专业背景和发展需求高度契合，青年可以在这些领域中发挥自己的专业特长、实现自己的职业价值和人生价值，如六大产业基地的建设将带动相关产业链的发展，创造更多的就业机会，青年群体可以利用这些机会进行创业和就业，实现自己的职业发展和社会价值。同时，六大产业基地也将成为青年创业的孵化器和加速器，为他们提供更多的创业资源和支持，提供更多学习和成长的机会。六大产业基地的建设需要高素质的人才队伍，青年可以通过学习和培训，提升自己的专业能力和素质，适应这些产业基地的发展需求，他们也可以在这些产业基地中获得更多的实践经验和职业指导，为自己的未来发展打下坚实基础。

二 贵州青年参与六大产业基地建设的经验成就

（一）助力六大产业基地建设取得了初步成效

2022年以来，贵州进一步明确新型工业化发展路径，从省级层面部署打造六大产业基地并取得积极成效。大力建设全国重要的资源精深加工基地，资源精深加工产业"135"发展格局初步形成，创新建设"富矿精开·贵磷集采"平台，成功引进美锦、江山等一批重大项目。大力建设新能源动力电池及材料研发生产基地，依托新能源电池材料产业基础，启动"电动贵州"建设，引进吉利汽车E245电动车型，延链推进新能源汽车发展，电池制造产能达35 GWh，新能源电池材料产业产值增加170亿元。大力建设面向全国的算力保障基地，深入推进"东数西算"，抢抓机遇布局人工智能新赛道，数据中心由存储中心加快向"存算一体、智算优先"转变，华为云、中国电信、中国移动等智算中心落地，智能算力加速突破，智算芯片达7万张以上、位居全国前列，数字经济占比达42%左右、增速保持全国前列。大力建设全国重要的白酒生产基地，抓好酱香白酒"四区多点"产区保护，深化"三个一批"规范整治，扩大优质白酒产能，开展"黔酒中国行"等产销对接活动，白酒产业增加值增长达10%。大力建设新型综合能源基地，深入推进煤炭产业结构战略性调整，原煤产量达1.53亿吨；建设多元化电力供应保障体系，全省电力总装机容量达8400万千瓦，电力产业增加值增长达4.5%以上。大力建设全国重要的产业备份基地，加强与航天科工、航空工业、中国商飞等央企合作，推动2023年中国商飞客户大会在贵州省召开，一批重大产业项目、重点型号产品取得突破，航空航天及装备制造业增加值增长达8%。

（二）夯实六大产业基地建设的人力资源支撑

全省常住人口年龄结构优势为打造六大产业基地提供了良好的支撑条件。根据《贵州省人口普查年鉴2020》数据显示，贵州省16~34岁青年就业人口占总就业人口的32.15%①，为六大产业基地建设提供了充分的劳动力供给。0~14岁人口占总人口的23.97%，高出全国水平6个百分点，为六大产业基地可持续发展提供了潜在劳动力，也是打造六大产业基地的潜在比较优势。贵州省16~34岁青年不仅是六大产业基地建设普通劳动力的重要来源，更是打造六大产业基地高素质人才队伍的中坚力量，据《贵州省人口普查年鉴2020》数据显示，在具有大学本科学历的就业人口中，16~34岁就业人口所占比重为58.27%；在具有硕士研究生学历的就业人口中，16~34岁就业人口所占比重为53.02%；在具有博士研究生学历的就业人口中，16~34岁就业人口所占比重为32.92%；而在初中以下学历的就业人口中，16~34岁就业人口所占比重均不超过10%。由此可见，16~34岁青年就业人口已成为六大产业基地建设的重要人力资源支撑（见表1）。

表1　贵州省各年龄受教育程度的就业人口占比

单位：%

年龄组	未上过学	学前教育	小学	初中	高中	大学专科	大学本科	硕士	博士
总　计	100	100	100	100	100	100	100	100	100
16~19岁	0.02	1.29	0.20	2.69	4.00	0.85	0.31	0.01	—
20~24岁	0.13	1.13	0.99	8.09	13.13	15.85	9.20	1.67	1.00
25~29岁	0.38	2.57	2.11	11.61	15.37	18.84	23.95	19.67	7.11
30~34岁	1.35	2.09	4.74	15.43	17.56	18.00	24.81	31.67	24.81
35~39岁	2.99	4.02	7.71	13.44	11.53	12.33	16.21	21.41	24.94
40~44岁	7.56	8.04	13.27	13.60	10.65	10.92	10.35	11.64	20.57
45~49岁	14.65	13.34	19.75	14.81	11.44	10.96	7.58	7.41	12.09
50~54岁	19.61	15.76	20.57	10.62	7.81	7.48	5.01	4.03	5.49
55~59岁	16.76	17.04	13.30	6.50	5.91	4.14	2.32	2.13	3.49
60~64岁	12.99	14.15	6.93	1.79	1.84	0.39	0.16	0.25	0.37
65~69岁	13.50	10.61	6.58	1.02	0.53	0.15	0.06	0.07	—
70~74岁	6.35	5.31	2.69	0.28	0.14	0.05	0.02	0.01	—
75岁及以上	3.71	4.66	1.15	0.11	0.11	0.02	0.02	0.01	0.12

资料来源：根据《贵州省人口普查年鉴2020》整理计算。

---

① 这里的总就业人口不局限于16~64岁，而是指有劳动能力的在岗就业人数。

（三）成为打造六大产业基地重要的创新来源

贵州省青年在六大产业基地建设中不仅提供了重要的劳动供给，还为六大产业基地的创新发展提供了源源不断的动力，特别是青年高学历人才为六大产业基地建设提供了重要的科创来源。2022年度贵州省科学技术奖励获奖成果显示，省自然科学奖、省技术发明奖、省科学技术进步奖共117项获奖项目，涉及793名项目完成人，平均年龄为37岁，年龄最小的26岁；其中，45岁及以下获奖人员共512名，占比达65%。同样的，贵州省近五年来省部级以上成果登记，按完成人员年龄结构来看，35岁及以下的青年大约完成了成果登记总数的22.1%，45岁及以下人员完成了成果登记总数的62.9%（见表2）。

表2 2018~2022年贵州省省部级以上成果登记情况

单位：个

年龄段	2018年	2019年	2020年	2021年	2022年
35岁及以下	202	384	321	401	307
36~45岁	259	601	548	588	567
46~55岁	161	500	373	328	343
56~65岁	47	160	152	142	137
66岁及以上	3	17	15	23	36

资料来源：根据《贵州统计年鉴2023》整理。

青年群体具备强烈的创新意识和创造力，勇于尝试新的思路和方法，善于从不同的角度发现问题并提出解决方案。在六大产业基地建设中，他们积极探索新的工艺和产品，推动工业向高端化、精细化方向发展。作为先进青年的群团组织，团省委聚焦主责主业，联合省工信厅、省大数据局等多个职能部门共同实施"青数聚"贵州青年大数据创新创业服务行动计划，这已成为贵州省大数据青年创新创业的又一重要品牌。

（四）日益成为打造六大产业基地的主要生力军

从制造业强国的发展趋势来看，青年的高技能水平决定着一个制造业强国可持续的创新能力。在贵州全力建设六大产业基地，构建现代化产业体系取得初步成效，加快构建富有贵州特色、在国家产业格局中具有重要地位的现代化产业体系中，青年正日益成为现代化产业发展的主要推动力量，他们拥有敢于创新、敢于拼搏的精神，不断挑战自我，勇于突破传统模式，为产业的发展注入新的活力和动力。据《贵州人口普查年鉴2020》数据显示，16~34岁青年在打造六大产业基地代表性产业中的就业占比均在24.03%以上，其中，在煤炭开采和洗选业中所占比重达24.84%，在计算机、通信和其他电子设备制造业中所占比重达到68.3%[1]，在有色金属冶炼和压延加工业中所占比重达30.6%，在互联网和相关服务中所占比重达到70.57%，在专用设备制造业中所占比重达到46.16%（见表3）。

虽然表3显示，在打造全国重要的白酒生产基地中，酒、饮料和精制茶制造业大类统计的16~34岁青年就业人口所占比重为43.56%，但相关数据显示，白酒产业青年就业的比例不断提升，如茅台集团2022年度共有31413名员工，其中35岁及以下的青年员工占比近60%。另据《贵州省数字经济人才发展白皮书（2022）》数据显示，在打造面向全国的算力保障基地中，全省数字经济人才达到42.43万人，其中35岁及以下的青年人数占比为53.92%，相较于其他年龄段占比最高，已成为打造面向全国的算力保障基地的重要力量（见图1）。

（五）建立了青年参与打造六大产业基地的政策体系

自从省级层面部署打造六大产业基地以来，贵州省各层级各部门纷纷以各种形式动员青年参与其中。2021年以来，团省委就先后出台了《贵州共青团积极投身新型工业化建设工作指引》《关于深入开展贵州共青团青年突击队青春建功行动工作方案》《关于动员全省广大团员和青年投身"富矿精开"的实施方案》，依托"春晖行动·风筝计划""青年马克思主义者培养

---

[1] 根据《国民经济行业分类》（GB/T 4754-2017），新能源电源行业属于"C39 计算机、通信和其他电子设备制造业"大类之"C3990 其他电子设备制造"小类。

表 3　贵州省六大产业基地建设中部分产业分年龄段就业人口占比

单位：%

年龄组	新型综合能源基地		全国重要的白酒生产基地	新能源动力电池及材料研发生产基地		全国重要的资源精深加工基地		全国重要的产业备份基地		面向全国的算力保障基地	
	煤炭开采和洗选业	石油、煤炭及其他燃料加工业	酒、饮料和精制茶制造业	计算机、通信和其他电子设备制造业	汽车制造业	黑色金属冶炼和压延加工业	有色金属冶炼和压延加工业	通用设备制造业	专用设备制造业	互联网和相关服务	软件和信息技术服务业
总　　计	100	100	100	100	100	100	100	100	100	100	100
16～19岁	0.30	0.66	1.01	11.65	4.50	0.95	0.88	3.74	4.12	2.08	1.18
20～24岁	3.70	3.48	9.09	22.73	14.67	4.37	4.81	10.01	11.83	21.27	19.04
25～29岁	6.94	9.78	15.85	18.24	14.77	7.58	11.34	15.16	13.51	25.86	29.42
30～34岁	13.90	15.92	17.61	15.68	17.23	11.14	13.57	15.04	16.70	21.36	22.27
35～39岁	14.19	14.26	12.55	10.39	12.47	9.63	12.42	13.03	13.17	11.77	12.48
40～44岁	17.01	14.76	11.87	8.78	11.68	16.51	14.72	13.90	11.87	8.36	6.72
45～49岁	21.41	21.23	14.25	7.16	13.99	26.99	19.58	15.61	12.83	4.92	4.73
50～54岁	15.13	13.27	9.59	3.36	7.28	14.85	15.68	10.20	9.33	2.93	2.42
55～59岁	5.68	4.98	4.97	1.48	2.57	6.67	5.69	4.36	4.97	1.12	1.43
60～64岁	1.01	1.16	1.76	0.26	0.42	0.85	0.84	0.59	0.89	0.24	0.22
65～69岁	0.47	0.17	0.90	0.17	0.37	0.20	0.28	0.20	0.41	0.06	0.08
70～74岁	0.18	0.33	0.44	0.07	0.05	0.15	0.16	0.06	0.24	—	—
75岁及以上	0.08	—	0.11	0.03	—	0.10	0.04	0.09	0.14	0.03	—

资料来源：根据《贵州省人口普查年鉴2020》整理计算。

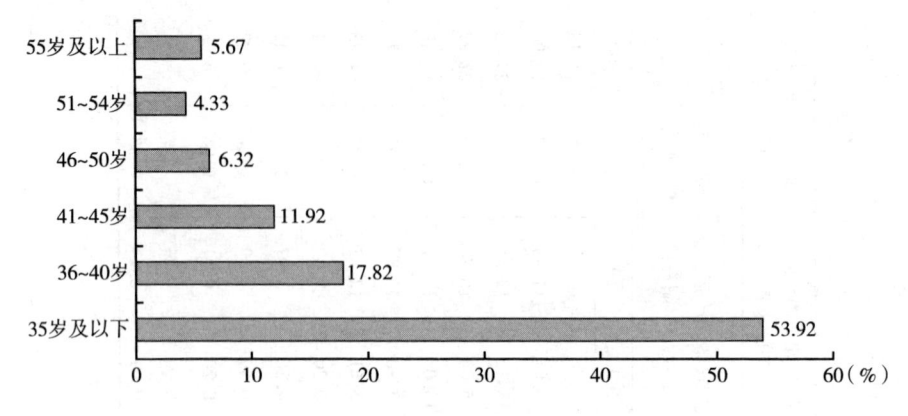

```
55岁及以上   5.67
51~54岁     4.33
46~50岁     6.32
41~45岁     11.92
36~40岁     17.82
35岁及以下   53.92
```

图1 2022年度贵州省数字经济人才总体年龄分布

资料来源：《贵州省数字经济人才发展白皮书（2022）》。

工程""千校万岗""青春建功行动"等项目，引领贵州省青年在大力推进新型工业化进程中发挥积极作用，为打造六大产业基地提供人才蓄能。省人力资源和社会保障厅出台了《关于探索开展"青年帮青年一起向未来，当就业指导员帮促开启更美人生"高校毕业生就业帮扶计划的工作方案》，重点围绕贵州省"四新""四化"主导产业、国家战略性新兴产业集群、六大产业基地等领域，采取"双联双叙、双邀双进、双选双促"等方式，实施"青年帮青年"帮扶计划，帮助高校毕业生转变就业观念、明确个人就业目标、制订就业发展规划，尽快实现就业创业。省教育厅等共同研究制定了《贵州省产教融合建设试点实施方案》《省教育厅办公室关于进一步做好职业教育服务32个产业链人才培养相关工作的通知》，进一步推进青年毕业生参与六大产业基地建设。2022届贵州高等院校毕业生就业于"四新""四化"项目的人数比例为33.44%，其中直接就业于十大工业产业的比例达10.36%。

三 贵州青年参与六大产业基地建设现存的主要问题

（一）观念和待遇阻碍了青年参与打造六大产业基地

六大产业基地中有很多行业是整天面对着车床机器，难有自由活动空间，工作强度大、工作环境差、工作不够体面等刻板印象无法吸引年轻人的心。同时，制造业的工作形式相对单一，往往需要重复性的劳动，缺乏吸引力。此外，产业工人的现实社会地位和福利待遇并不高，更是导致青年，特别是大学毕业生不愿意当产业工人。《贵州统计年鉴2023》中非私营单位各行业从业人员平均工资显示，2023年，贵州省制造业年平均工资为99608元，远低于金融业的152872元，在19个国民经济行业中居第8位，属于中等水平。此外，高校毕业生在求职选择时越来越关注职业的抗风险能力，考公考编热持续升温，《贵州省2022届普通高等学校毕业生就业质量年度报告》显示，应届高校毕业生到制造业，采矿业，信息传输、软件和信息技术服务业三个行业的就业人数不到已就业大学生总数的16%（见表4）。

表4 贵州省2022届毕业生六大产业相关行业及主要行业就业分布

单位：人，%

行业	研究生 人数	研究生 比例	本科生 人数	本科生 比例	高职专科生 人数	高职专科生 比例	总体 人数	总体 比例
总计	6141	100	64033	100	110646	100	180820	100
制造业	382	6.22	4809	7.51	8196	7.41	13387	7.40
采矿业	22	0.36	554	0.87	988	0.89	1564	0.86
信息传输、软件和信息技术服务业	329	5.36	6064	9.47	7390	6.68	13783	7.62
卫生和社会工作	1365	22.23	7188	11.23	15778	14.26	24331	13.46
教育	1359	22.13	8647	13.50	11345	10.25	21351	11.81

资料来源：根据《贵州省2022届普通高等学校毕业生就业质量年度报告》整理。

另外，全省2022届高校毕业生就业于十大工业产业的比例为10.36%，就业于六大产业基地建设的比例就更低了。

（二）青年参与打造六大产业基地的能力和素质有待提升

截至2022年末，全省14~35岁常住青年人口中大学本科及以上文化程度青年人数总量和在总人口中的比例、15岁以上人口人均受教育年限均低于全国平均水平。具体的,《贵州人口普查年鉴2020》数据显示,全省常住14~35岁青年人口约1138万人,大学本科及以上文化程度青年人数只有147.39万人,绝对数量和在总人口中的占比均低于全国平均水平;15岁以上人口人均受教育年限仅为8.75年,同样低于全国平均水平。如何把贵州省青年人口红利转化为人才发展红利,为全省高质量发展和现代化建设提供源源不竭的动力,是当前贵州高质量发展面临的重大课题。除了质和量供给不足外,结构性问题也比较突出,六大产业基地建设人才结构性过剩与短缺并存,传统产业青年劳动力数量较少,劳动力素质提高和转岗转业任务重,领军人才紧缺,先进制造业技术领域人才不足。

(三)青年就业技能与打造六大产业基地需求不匹配突出

产业转型升级过程中的需求变化,对劳动者技能水平提出了更高要求。一方面,产业结构升级调整与劳动力供给不协调。2022年,贵州省高校毕业生总量中超过一半是高职高专毕业生,产业升级导致高职高专毕业生供给大于需求。另一方面,高校毕业生就业能力与市场需求不匹配,高校毕业生普遍缺乏实操技能,技术进步加速了知识、技能和人力资本的折旧,导致高校毕业生的技能不能很好地满足市场需求。此外,农村劳动力中16~20岁组,最年轻劳动力的人力资本积累水平仅能够满足制造业平均受教育年限的门槛,其他年龄组劳动力人力资本积累水平均无法满足产业需求。在产业转型升级过程中,青年农民工越来越难以满足新工作岗位的技能要求,他们中的一部分转移到平台就业,程序化接单并提供服务,技能水平并不能得到提升,对其人力资本积累产生了负面影响。

(四)宽泛的就业途径挤占了打造六大产业基地的青年人才

从全国青年人才的流动空间分布和居留意愿来看,我国青年流动人才的净迁移率呈现"中部低、周围高"的空间格局,人口密度曲线呈现东高西低、南北较小幅度的倒"U"形趋势。东部地区拥有京津冀、长三角、粤港澳大湾区等众多经济发达的城市群,东部城市通过高薪、高福利等薪酬待遇吸引西部欠发达地区青年人才的流入，这在一定程度上加速了以贵州为代表的西部地区青年人才的流失，挤压了贵州省六大产业基地建设中高素质人才的来源，影响了产业的发展速度和水平。2022年，贵州省应届高校毕业生期望留黔就业的占78.28%，其中研究生为57.41%、本科生为78.73%、高职专科生为78.93%，与毕业生生源地结构对比，贵州省高校毕业生呈净流出，从人口迁徙理论来说，这部分流向外省就业的高校毕业生应该是当年毕业生中的佼佼者（见图2）。

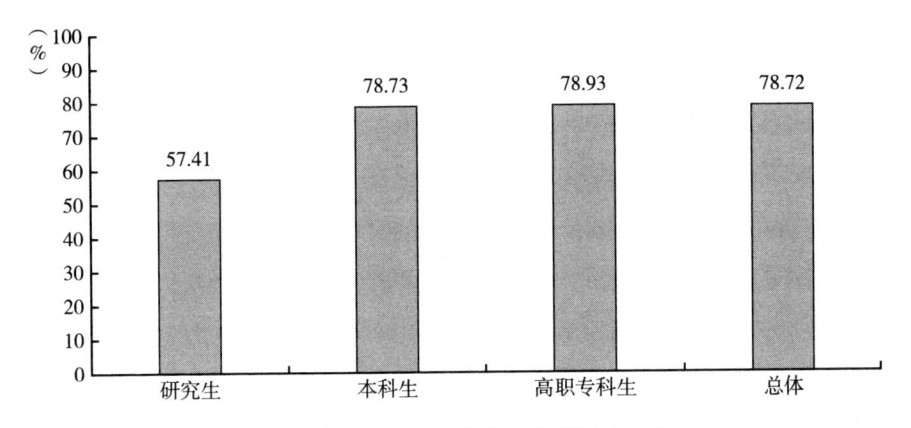

图2 贵州省2022届高校毕业生留黔就业期望

资料来源：根据《贵州省2022届普通高等学校毕业生就业质量年度报告》数据绘制。

同样的，还有来自其他行业的诱惑和挤压，特别是随着互联网经济的蓬勃发展，越来越多的青年加入灵活就业者的队伍。2022年，全省仅本科大学生灵活就业人数就占总就业人数的7.93%。

（五）高技能人才培养难以满足打造六大产业基地人才需求

产业基地建设所需的技术技能人才有两个重要来源，一是高等院校与职业院校的理工科专业应届毕业生，二是培训培养行业企业在职技术技能员工。高等院校在校生作为六大产业基地建设所需的重要人力储备资源，其人才规模与人才质量成为企业提升生产效率、促进研发创新重要的人力资本，所以贵州省高校能否为制造业提供充足的青年人才供给，成为影响六大产业基地打造与产业高质量发展的关键因素。2022年5月31日教育部发布的《全国高等学校名单》显示，贵州省共有高等院校75所，其中本科学校29所（占比38.67%），专科学校46所（占比61.33%），在全国综合排名第20位，贵州省高校的综合排名和数量在全国明显处于中等偏下的水平（见表5）。

表5 全国各省市高等学校分布（截至2022年5月31日）

单位：所

序号	省份	高校数量	本科学校	专科学校	序号	省份	高校数量	本科学校	专科学校
1	江苏	167	78	89	16	山西	85	34	51
2	广东	154	67	87	17	云南	82	32	50
3	山东	152	70	82	18	广西	82	38	44
4	河南	151	57	94	19	黑龙江	80	39	41
5	四川	132	35	79	20	贵州	75	29	46
6	湖北	129	68	61	21	重庆	68	26	42
7	湖南	128	52	76	22	吉林	64	37	27
8	河北	126	61	65	23	上海	63	40	23
9	安徽	120	46	74	24	天津	56	30	26
10	辽宁	116	65	51	25	新疆	56	19	37
11	浙江	109	60	49	26	内蒙古	54	17	37
12	江西	105	45	60	27	甘肃	50	22	28
13	陕西	96	57	39	28	海南	21	8	13
14	北京	92	67	25	29	宁夏	20	8	12
15	福建	89	39	50	30	西藏	7	4	3

资料来源：根据《全国高等学校名单》整理，中华人民共和国教育部网站，http://www.moe.gov.cn/jyb_xxgk/s5743/s5744/A03/202206/t20220617_638352.html。

同时，从专业设置上来看，产业需求信息不对称，不能很好地支撑六大产业基地建设。如全省46所高职专科院校主要围绕医药卫生、财经商贸、电子信息、土木建筑、教育与体育大类进行专业设置，没有针对六大产业基地或者十大工业产业进行有针对性的设置。综合来看，贵州省的高等学校无论是在数量上还是办学层次上都存在相对劣势，这将会让六大产业基地储备青年人才的培养在质量和数量的提升上受到制约。

四 提升贵州青年参与六大产业基地建设的政策建议

习近平总书记在庆祝中国共产主义青年团成立100周年大会上寄语青年"到新时代新天地中去施展抱负、建功立业，争当伟大理想的追梦人，争做伟大事业的生力军，让青春在祖国和人民最需要的地方绽放绚丽之花！"[1]贵州发挥比较优势，打造六大产业基地既符合国家发展战略，又充分彰显贵州资源、区位、特色产业优势，是贵州高质量发展的重要引擎。全省青年应勇挑重担，争做贵州高质量发展的生力军，为打造六大产业基地注入青春力量。

（一）增强青年参与打造六大产业基地的信心

全社会要贯彻青年优先发展理念，把青年发展与产业发展有机结合。在推进青年友好型成长型省份建设中，优化激励青年施展才华的就业环境，组织动员青年投身创新创业热潮、立足岗位建功立业。相信新时代的贵州青年定能用自己的行动，助推六大产业基地建设持续向前发展，让贵州制造继续向上生长，朝气蓬勃。与此同时，青年也要坚定制造强国的信心，努力学习科学知识、提升专业技能，特别是要刻苦钻研基础科学和六大产业基地建设紧缺的核心技术、卡脖子技术，"敢想前人不敢想的事，敢做前人不敢做的事"，将个人梦想融入强国梦想，与建设制造强国同频共振、同向而行，大力弘扬劳模精神，秉持工匠精神，努力为打造六大产业基地注入更为蓬勃的青春动能。在这个过程中，应充分发挥《关于印发贵州共青团投身"四新""四化"工作指引的通知》作用，号召青年将青春热血镌刻在贵州制造的丰

---

[1] 《习近平：在庆祝中国共产主义青年团成立100周年大会上的讲话》，中国政府网，2022年5月10日，https://www.gov.cn/xinwen/2022-05/10/content_5689538.htm，最后检索时间：2024年3月25日。

碑上，特别是在制造业青年中，要用好青年突击队等"青"字号工作品牌，激发技能青年的创造力，充分发挥其生力军和突击队作用。

（二）提升青年参与打造六大产业基地的能力

在全省大力建设六大产业基地的背景下，六大产业基地的发展速度和质量取决于能否培育一支规模宏大、具有高素质和强能力的青年人才队伍。大学毕业生作为六大产业基地建设的生力军，高校是学生从"学校"到"岗位"的连接点，在技能专业人才培养上，高校应紧扣六大产业基地建设需要，凸显应用特征，以人才培养为目标，根据专业发展及学生就业方向，确定相应的教学内容，探索专门定制"订单班"办学模式，培养"工匠型"技能性人才。加快发展适应需求、产教深度融合、中职高职衔接、职业教育与普通教育相互联通，贯通终身教育理念的现代职业教育（技工教育）。同时，搭建优质就业创业见习基地，为勇于追逐梦想的青年搭建大显身手、担当作为的宽广舞台。对企业在职青年，探索企业技能等级自主认定，扩大职业技能培训和职业技能等级认定覆盖面，畅通技能人才与专业技术人才职业发展通道，支持相应等级技能人才按规定申报专业技术职称，壮大技能人才队伍，为广大技能人才的成长提供充足空间。

（三）完善青年参与打造六大产业基地的平台通道

政府可以建立青年发展平台，为青年提供更多的发展机会和资源。例如，可以建立青年创业孵化器、青年人才库等平台，为青年提供更多的创业和就业机会。同时，也可以通过这些平台加强与青年的沟通和交流，了解他们的需求和意见，为他们提供更好的服务。一名青年要想成为合格的技能工匠，企业和学校之间的合作也是必不可少的一环。企业可以向他们提供实践的机会和资源，而学校则可以为学生开设专业的课程，给予理论支撑。通过两者相结合，来提升青年工匠的技能水平和专业素养，让他们更好地满足六大产业基地建设人才需求。高校是培养青年人才的重要基地，政府和企业应该加强与高校的合作，建立产学研一体化的人才培养模式。通过与高校的合作，可以为全省青年提供更多的实践机会和学习资源，培养更多符合经济发展需求的高素质人才。紧扣六大产业基地建设，围绕服务贵州"四新""四化"的重点项目、重点产业、重点事项，把教育链和产业链纳入产业发展总体布局，将产教融合贯穿企业生产发展全过程，推动生产资源、教学资源转化融通，更加紧密地对接区域产业发展。

（四）优化青年参与打造六大产业基地的发展环境

抢抓全省上下建设青年友好型成长型省份的机遇，将全省各地特别是贵阳贵安和遵义都市圈建成高品质生活宜居地，用宜居环境吸引青年人才落户；充分利用贵州的房价优势和落户政策吸引创新创业人才，为"贵漂"成为"贵定"提供良好的就业乐业环境。增强城市对农村人口的包容性，积极推进农村人口市民化，树立更加包容的城市治理理念，加快推进已达成共识的关键性改革，推进农村人口在城镇落户，促进青年农民工农转非，更多地到城市安居乐业。进一步完善人才政策体系，创新人才优惠政策，保障青年人才的安居乐业。通过强化人才服务保障等优势吸引工程人才、大学毕业生、技能人才等落户贵州，壮大贵州青年人才队伍。出台针对人才"回流"的政策，2022年底，贵州省农村劳动力期末跨省就业人数为578.53万人，其中大部分是年轻人，应尽快制定相关政策，积极引导在外经商务工人员回黔建设，为省外人才"回流"及留住"回流"人才提供保障。

（五）健全青年参与打造六大基地的人才培养体系

优化校企人才供需匹配机制，出台政策鼓励培养单位进行学科专业的调整。将产业的人才需求与学校的招生、师资配备、培养等对应衔接起来，以产业对人才提出的需求为导向，系统调整本科、高职、高专与中职等学校的专业设置，全面考虑研发人才、技术人才、技能人才等不同类别人才的培养和组合，保障人才按需供给产业。重视在职人才的培养提升，定期发布人才的需求数量与结构，为培养单位、人才服务机构以及潜在人才提供明确的需求，指导教育培养的改革和人才的自我提高，使得用人单位与人才个体树立

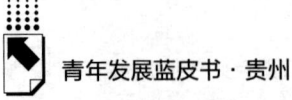

可持续发展的观念，高度重视产业升级与人才提升之间的互动关系。加大农民工群体的培养力度，为农民工接受正规的高职学历教育和技术技能提升提供了政策支持，打造"不唯学历""不唯出身""不唯资历"的"三不唯"人才评价体系，将人才培养与评价的门槛放低，为农民工群体创造更加公平的评价与回报体系。重视培养发展青年人才梯队，细分行业、分层次制定青年人才的培育计划，形成由高端人才领头、中青年骨干人才领航、青年储备人才续航的人才梯队。

参考文献

荀晓鲲：《当代青年农民工对中国制造业发展的影响因素探析》，《经济体制改革》2014年第2期。

贵州省大数据发展管理局：《贵州省数字经济人才发展白皮书（2022）》，2024。

李琴、谢治：《青年流动人才空间分布及居留意愿影响因素——基于2017年全国流动人口动态监测数据》，《经济地理》2020年第9期。

《全国高等学校名单》，中华人民共和国教育部网站，http：//www.moe.gov.cn/jyb_xxgk/s5743/s5744/A03/202206/t20220617_638352.html，最后检索时间：2024年3月7日。

B.16 贵州青年推动旅游产业高质量发展报告

宋鹏程*

摘 要： 青年是引领旅游消费和推动旅游服务转型升级的重要群体，是推动旅游产业高质量发展的重要力量。研究表明：贵州青年旅游个性化强，注重选择旅游成本低、品质高的旅游产品，出行时间较为灵活，他们主要通过数字化途径获得旅游服务信息，较为关注贵州打造世界级旅游目的地等。因此，在贵州大力实施旅游产业化背景下，应充分发挥青年在业态创新、扩大消费、提升传播效率等方面的作用，一方面通过挖掘旅游特色资源，促进文旅融合发展，加大旅游产品供给力度，释放青年旅游消费潜力，推动旅游业态升级，提升旅游市场消费活力；另一方面发挥青年传播力，运用数字传播途径，用青年喜闻乐见的方式对贵州旅游业进行展示宣传，吸引更多青年共赴美好"黔"程。

关键词： 贵州青年 旅游产业 高质量发展

2021年2月，习近平总书记在贵州考察时提出，希望贵州在新时代西部大开发上闯新路，在乡村振兴上开新局，在实施数字经济战略上抢新机，在生态文明建设上出新绩[①]。贵州牢记习近平总书记殷切嘱托、感恩奋进，贵州省第十三次党代会明确提出围绕"四新"主攻"四化"，将旅游产业化列入"四化"主攻方向，要求大力推动旅游产品、

---

* 宋鹏程，贵州省社会科学院机关党委组织与统战科科长，研究方向为马克思主义基本原理。
① 李自良、王丽、潘德鑫：《牢记嘱托闯新路——贵州在追赶中转型提质观察》，《贵州日报》2022年4月4日，第1版。

旅游品牌和旅游服务提质升级，围绕打造国际一流山地旅游目的地、国内一流度假康养目的地，加快建设多彩贵州旅游强省。2023年9月，贵州旅游工作会议提出，要聚焦资源、客源、服务三大要素，坚持问题导向、需求导向、目标导向，加快推动旅游业高质量发展，奋力打造世界级旅游目的地。[①] 青年是引领旅游消费和推动旅游服务转型升级的重要群体，是推动旅游产业高质量发展的重要力量。近年来，贵州在大力实施旅游产业化过程中，广大青年不断发挥主人翁精神，积极投身贵州旅游产业发展，为贵州旅游注入青春活力，争当全域旅游"宣传员"、景点景区"服务员"、绿水青山"保洁员"，在旅游产业化发展中不断贡献青春力量。

2023年12月至2024年2月，贵州青年发展研究院围绕青年推动旅游产业化开展专项调查，样本总量为33216份，问卷涉及贵州省9个市州，调查对象的年龄在18~35周岁，其中男性占比为42.72%，女性占比为57.28%。本报告围绕贵州青年旅游消费的现状、特征与推动旅游产业发展的积极作用进行分析，揭示贵州青年旅游消费的新需求、新趋势，并从贵州青年推动旅游产业高质量发展视角提出优化路径。

一 需求旺盛：贵州青年旅游消费体验的基本特征

我国旅游业快速发展，已成为拉动内需和建设国内统一大市场不可忽视的重要产业。当前，我国青年群体旅游市场消费潜力大、个性化需求强，已逐步成为促进旅游服务改善和推动旅游产业转型升级的重要力量。

（一）成本低与性价比高，受青年群体青睐

从贵州青年旅游消费调查来看，消费成本低与性价比高的旅游产品备

---

① 许邵庭、曾书慧：《深入学习贯彻习近平总书记重要指示精神 乘势而上扬长补短加快推动旅游业高质量发展》，《贵州日报》2023年9月15日，第1版。

受青年青睐。调研显示（见图1），经费预算是青年出游所考虑的第一因素，比例高达83.55%，随后分别是"时间不够"（11.23%）和"没有合适的出游伙伴"（5.22%）。在一次旅游出行的预算方面（见图2），预算在1000元以内的比例最高，占一半以上（52.25%），随后依次是1000~2000元（33.16%），2000~3000元（9.24%），3000元及以上（5.36%）。在选择住宿类型方面，选择比例最高的是民宿（37.77%），随后依次是经济型酒店（30.41%）、舒适型酒店（19.86%）、青年旅舍（8.85%）、高档型酒店（2.07%）、其他（1.04%）。大部分受访青年表示每年至少会进行一次省内旅游。在回答"您一年会开展几次省内旅游？"时，70.64%的青年选择0~1次，24.04%选择2~3次，3.28%选择4~5次，2.04%选择5次以上。从总体上来看，青年更喜欢经济型旅游，旅行中注重经济实惠，注重精打细算。

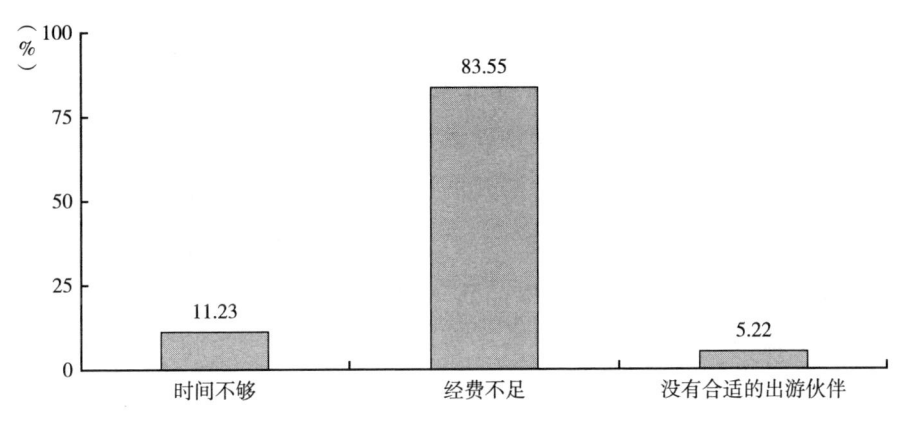

图1　影响贵州青年旅游出行的因素

资料来源：贵州青年发展研究院《贵州青年推动旅游业高质量发展调查问卷》统计数据。

（二）个性化体验感强，需求呈多元化之势

从贵州青年的旅游消费情况考察来看，他们对旅游的个体化体验感较强烈，且对旅游产品的需求日益多元化。调研显示（见图3），青年旅游的

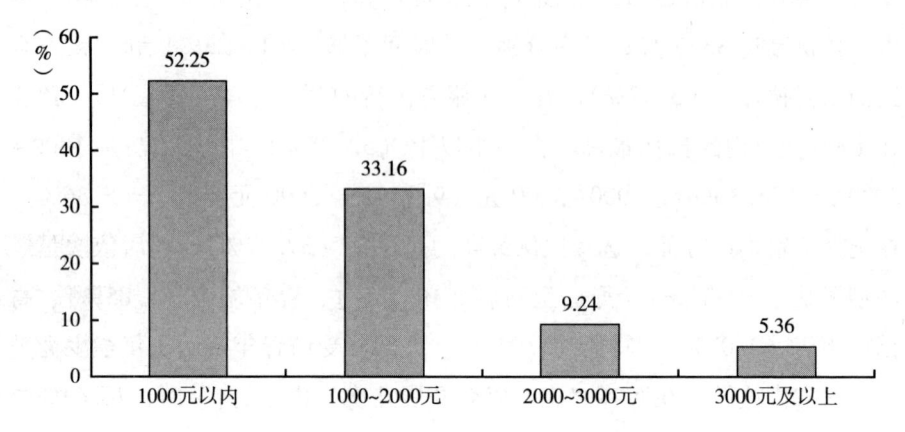

图 2　贵州青年一次旅游出行的经费预算情况

资料来源：贵州青年发展研究院《贵州青年推动旅游业高质量发展调查问卷》统计数据。

目的以"放松心情、缓解压力"（81.12%）、"开阔眼界"（66.07%）和"了解风土人情"（46.41%）为主。青年热衷贵州的自然风光、红色文化和民族风情。调研结果显示，黄果树瀑布（41.08%）、西江千户苗寨（39.43%）、梵净山（38.16%）和遵义会议会址（20.30%）是贵州青年最喜欢的旅游景区。青年注重旅行的体验感，受访青年表示，体现贵州特色的休闲娱乐产品不足（58.85%），运动、康养、文化等休闲娱乐产品多样性不足（55.07%）及高品质休闲娱乐产品不足（45.13%）等是贵州旅游休闲娱乐方面存在的最主要问题。这表明，贵州休闲娱乐产品供给相对不足，且在质量上缺乏特色和多样性，为此，青年认为当前贵州旅游应当大力发展更多的自然景观（62.28%）、更多的民族文化体验项目（61.31%）、更多的历史文化景点（48.37%）、更多的避暑观光项目（20.78%）。

（三）出行时间灵活，旅游的随机概率大

贵州青年旅游的出行时间相对灵活，"说走就走"旅游的随机概率较大。调研显示（见图4），33.62%的受访青年把寒暑假作为旅游的首选时

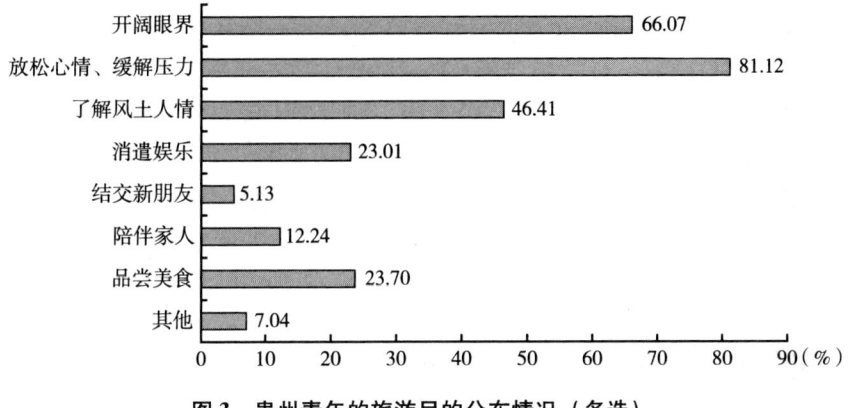

图3 贵州青年的旅游目的分布情况（多选）

资料来源：贵州青年发展研究院《贵州青年推动旅游业高质量发展调查问卷》统计数据。

间，随后依次是"无固定时间，兴起就出发"（25.48%），"法定节假日"（17.23%），"其他"（12.74%），"周末"（10.93%）。交互分析后发现，对于学生群体而言，寒暑假是旅游的最佳时间，比例为37.99%，远高于法定节假日（13.26%）。而对于全职工作者而言，绝大部分选择在法定节假日进行旅游。在公务员、事业单位职工、自由职业者、农民群体中，选择周末出游的占比较大，均超过15%，其中公务员群体选择周末游的比重最高，达到29.57%。

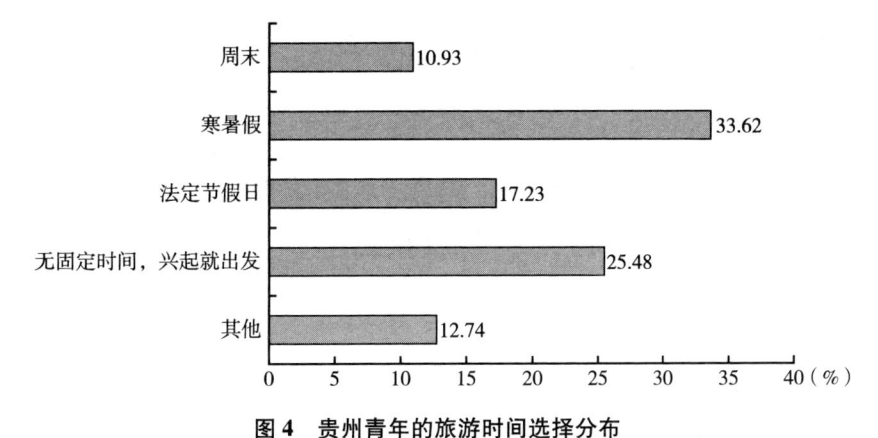

图4 贵州青年的旅游时间选择分布

资料来源：贵州青年发展研究院《贵州青年推动旅游业高质量发展调查问卷》统计数据。

299

（四）旅游信息网络化，对数字化服务需求增强

随着移动互联网、自媒体日益发达，贵州青年通过网络化渠道获取旅游出行信息越来越普遍，对旅游数字化服务需求逐步增强。调研显示（见图5），贵州青年通过B站、抖音、快手等短视频平台来了解旅游目的地信息的占比最高，达到了77.11%，其次是通过大众点评、小红书、微博等种草平台（60.30%），42.04%的受访青年会通过去哪儿旅行、携程、飞猪、马蜂窝等预定平台获取信息，而通过专门的旅游书籍或相关文章了解信息的占比较低，只有15.29%。同时，调研显示（见图6），美食必吃榜（51.88%）、游玩线路（50.40%）和住宿价格（44.09%）是受访青年最关注的三项旅游地信息，其他依次还有路程远近（43.12%）、物价水平（33.01%）、天气情况（17.23%）、民风民俗（13.66%）、网红打卡地点（8.96%）、当地特产（6.44%）。

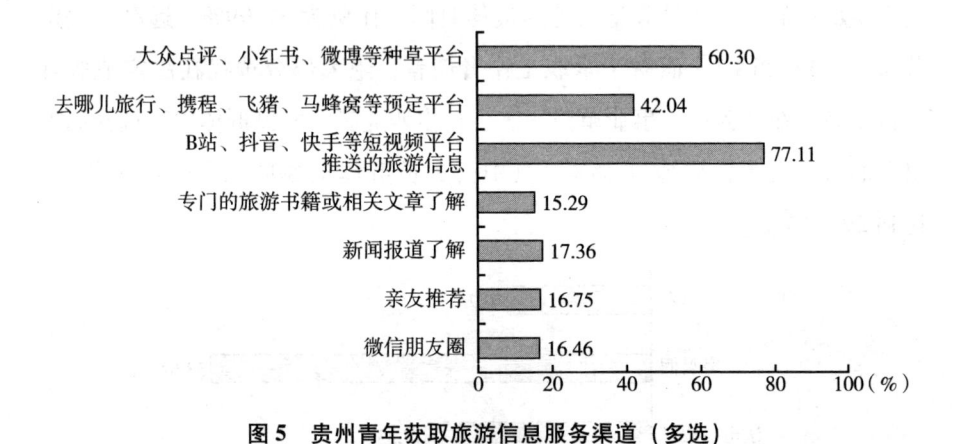

渠道	百分比
大众点评、小红书、微博等种草平台	60.30
去哪儿旅行、携程、飞猪、马蜂窝等预定平台	42.04
B站、抖音、快手等短视频平台推送的旅游信息	77.11
专门的旅游书籍或相关文章了解	15.29
新闻报道了解	17.36
亲友推荐	16.75
微信朋友圈	16.46

图5　贵州青年获取旅游信息服务渠道（多选）

资料来源：贵州青年发展研究院《贵州青年推动旅游业高质量发展调查问卷》统计数据。

（五）关心交通和餐饮，关注提升旅游品质

贵州青年在旅游消费体验过程中普遍关心交通和餐饮方面存在的问题

(多选)。例如,受访青年认为旅游交通方面存在高铁通达率低(47.44%),自行车道、步道等慢行交通设施不足(46.8%),旅游区与周边交通接驳不畅(40.15%)等问题;认为餐饮的多样化不足(55.7%)、服务质量不高(53.87%)、体现贵州特色的旅游餐饮不足(52.01%),以及旅游购物方面存在贵州特色旅游商品不足(61.53%)、服务质量不高(57.02%)、高品质购物场所不足(46.62%)等问题。同时,受访青年认为应从加大贵州旅游资源(含传统文化资源)的保护力度(58.50%),深挖贵州特色旅游IP、打造贵州旅游品牌(55.34%),进一步提升涉旅服务(36.41%)等方面来提升贵州特色旅游。此外,受访青年群体还关注贵州打造世界级旅游目的地。例如,他们认为提升旅游品质面临的挑战排名前三的分别是(多选):文化活动不丰富、体验感与吸引力不足(45.48%),旅游度假住宿设施数量与类型较少、缺乏高质量高等级酒店(35.85%),自然度假资源不丰富、环境和气候舒适性较差(33.90%)。这表明,贵州在大力推进旅游产业化过程中应加快补齐旅游服务中的短板,不断开发和拓展适应青年群体的旅游消费市场,大力推动旅游产品、旅游服务提质增效。

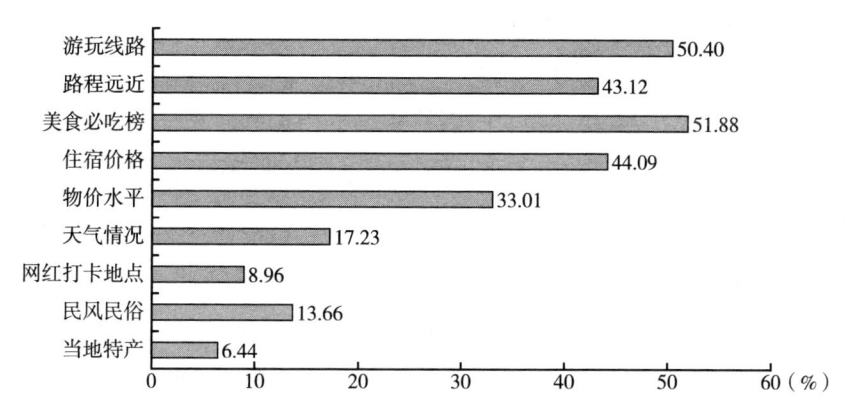

类别	百分比(%)
游玩线路	50.40
路程远近	43.12
美食必吃榜	51.88
住宿价格	44.09
物价水平	33.01
天气情况	17.23
网红打卡地点	8.96
民风民俗	13.66
当地特产	6.44

图6 贵州青年最关注的旅游目的地服务信息情况(多选)

资料来源:贵州青年发展研究院《贵州青年推动旅游业高质量发展调查问卷》统计数据。

二　主动作为：在旅游产业化中诠释青春使命担当

《中共贵州省委关于制定贵州省国民经济和社会发展第十四个五年规划和二〇三五年远景目标的建议》提出，要大力推进旅游产业化，加快发展以民族和山地为特色的文化旅游业，持续提升"山地公园省·多彩贵州风"品牌影响力。[①] 当前，青年不仅是主导旅游消费的重要群体，还是助力旅游服务质量提升与推动旅游产业转型升级的重要力量。从我们的调研来看，贵州在大力实施旅游产业化进程中，青年在带动旅游消费、加强旅游品牌宣传及提升旅游服务等方面发挥了积极作用，彰显了新时代贵州青年在推动旅游产业化中的使命担当。

（一）发挥青年带动作用，提升旅游市场消费潜能

青年是旅游消费的重要力量，青年在生活方式、消费观念等方面发挥着日益重要的引领作用，他们的消费行为和习惯深刻影响着旅游产品开发、旅游目的地打造，推动着旅游产品和服务向着高品质、高质量发展。从我们调研来看，贵州青年积极参与旅游消费，参加"青春遇见贵州·青年消费季"2023年贵州省青少年滑雪体验活动和"贵州青年消费季·四季欢购——爽爽贵阳，青春爽购"活动，在"青春联手·助力振兴"第三届中国青年年货节贵州专场活动中，青年主播通过线上线下售卖本地产品，累计销售额达715.52万元。同时，抓住青少年赴黔研学的热潮，带动旅游消费。共青团贵州省委通过线上+线下形式，吸引省内外青年赴黔旅游研学交流，拉动刺激经济消费，共964家研学旅行相关企业参与了研学活动，接待研学旅行活动60.42万人次。例如，新时代的贵州人——莫志林返乡创业，创办贵州念

[①] 《中共贵州省委关于制定贵州省国民经济和社会发展第十四个五年规划和二〇三五年远景目标的建议》，贵州省人民政府网站，2020年12月14日，http://www.guizhou.gov.cn/zwgk/zdlygk/jjgzlfz/ghjh/gmjjhshfzgh_5870291/202109/t20210913_70082489.html，最后检索时间：2024年3月26日。

乡人网络科技集团有限公司，通过"念乡人周周"网络账号展示贵州淳朴的乡村生活、传统地道的美食、丰富的民俗文化，成为网络上宣传贵州的一张亮丽名片。同时，通过"念乡人"系列账号，持续高效地助力糟辣椒火锅底料、酸汤火锅底料、糍粑、米粉、折耳根等贵州农特产品销售，衍生出产业链，推动黔山贵品走出大山。肖睿成是一名土生土长的贵州苗族人，从小就对苗族银饰有着极大的兴趣，还在上大学的他采取产品创新、推广创新、模式创新的方式，通过设计、直播、IP孵化和电商平台等途径，完成苗族银饰产品的销售转化，让古老非遗更好地融入现代生活，让苗族银饰"活起来"。近3年时间，他带动3000余名手艺人就业增收，实现营收累计超2000万元，让苗族银饰走出大山、走向大众。

（二）发挥青年传播作用，提高旅游产品的知名度

在传播贵州多彩文化和推介贵州旅游产品过程中，贵州广大青年争当家乡推介官，自信踊跃推介贵州，用有"温度"的话语、有"磁性"的声音向全世界的旅游爱好者"种草"贵州，用多种形式讲好贵州故事，传播贵州好声音。一是争当青年推介官。广大青年在微博、抖音、快手、视频号等新媒体平台，积极参与"青春遇见贵州·我是贵州青年推介官""青春遇见贵州·感受多彩魅力"等话题，网络话题和文化产品覆盖5.3亿人次。在青年从业群体方面，越来越多的"90后"和"00后"青年投身旅游产业，不断树牢服务意识、提升服务质量、增强服务本领，为游客提供舒心、放心、安心的高品质服务。在"服务创优"青春建功行动方面，贵州青年依托青年文明号、青年突击队、青年岗位能手等载体，通过深化"青年文明号"旅游服务集体创建评选活动，开展亮标识、亮承诺、亮监督"三亮"活动，将日常服务融入"吃、住、行、娱、购、游"全领域，成为展现贵州文旅形象魅力的先锋力量。例如，作为一名在大山里土生土长的贵州人，金牌导游——薛文宇一直奋斗在旅游行业第一线，他想让更多的人看到贵州的美，想让更多的人了解贵州的多彩文化。凭借对家乡的热爱、对工作的热爱，他每次带团都保持着热情饱满的工作状态，热情专

业地接待好每一位游客，将贵州的山水美丽画卷让远方而来的朋友细细品鉴。他通过自己的努力，获得游客的赞赏和认可，同时也让多彩贵州得到游客的赞誉。为了创新文旅推广方式，大方县文体广电旅游局副局长吴姣姣在自己的抖音账号"吴局长看大方"上发布以介绍大方文旅资源为内容的变装短视频，独具民族风情的视频内容、接地气的旅游推介，再加上独特的身份标签和清丽的外表，让"吴局长看大方"迅速收获网友们的喜爱，为大方县旅游业发展注入青春活力。二是加强宣传队伍建设。共青团贵州省委依托大数据、5G直播、新零售、区块链等前沿科技手段，建立由团员、青年志愿者、"返家乡"社会实践大学生组成的网络宣传员队伍，积极向游客介绍贵州的风土人情。依托9个驻外团工委加省主会场举办2023年"青春遇见贵州·感受多彩魅力"全国青少年赴黔研学旅行启动仪式，省内外1000余名青少年参与，招募了100名青年旅游推介官，推介贵州红色文化、旅游资源和研学路线，持续打响避暑旅游品牌；依托"青耘中国"，组织开展直播助农活动418场，助力"黔货出山"。组织开展贵州文旅知识趣味挑战线上竞赛、"我是贵州风物推介志愿者"黔籍在外大学生演讲大赛、"我心目中贵州旅游打卡点"推介短视频征集活动，示范引领更多青年推介家乡美景、宣传贵州旅游、直播介绍贵州美食，持续打造"青春遇见贵州"IP。

（三）发挥青年服务作用，构筑旅游体验感新高地

贵州青年大力弘扬"奉献、友爱、互助、进步"的志愿精神，就近到当地团组织报到，特别是西部计划志愿者、暑期"三下乡"大学生、返乡大学生等团员青年，积极加入服务旅游青年志愿者行动中来。一是积极参加大学生志愿服务西部计划，服务基层旅游产业发展。13000名大学生志愿者到基层开展志愿服务，发挥专业所长，参与到发掘和保护民族传统文化、自然风光和民族文化宣传推介等服务工作中。在"微笑小屋""微笑小岗"等志愿服务窗口为游客提供旅游推介、信息咨询、便民服务、文明引导等志愿服务，争当"微笑之星""服务之星""文明之星"。二是打造旅游志愿服

务品牌。贵州广大青年积极响应《贵州服务旅游青年志愿者行动倡议书》，争当服务旅游的青年志愿者——"小青椒"，在各地景区、"一场三站"以及"村BA""村超"现场，都有"小青椒"的身影，让来黔游客感受到了"小青椒"的微笑、热情和活力。青年广泛参与到"青春遇见贵州·感受多彩魅力"服务旅游青年志愿者行动中。近年来，青年志愿者在230个场站、高速出口以及143个4A级及以上景区开展志愿服务，累计上岗服务92755人（次），服务群众1855.16万人（次），切实发挥了青年志愿者主力军的作用。例如，全国青年文明号——遵义会议纪念馆宣传教育部，持续发挥青年"生力军"作用，利用旅游淡季，纪念馆宣传教育部青年带着临时展板和文艺节目进乡村、进社区、进军营，传播红色文化，弘扬长征精神与遵义会议精神，特别是组织讲解员定期走进学校，以革命传统教育创新德育、以红色文化浸润师生，把"大教育"化解成"小课堂"，开展爱国主义教育，受到广大基层干部群众的一致好评。三是做优"青清河"保护河湖志愿服务行动品牌，推动保护好黔山秀水。青年志愿者在梵净山、荔波小七孔、马岭河峡谷等景点景区开展巡河护河、环保宣传等志愿服务工作，不断凝聚社会力量爱护好黔山秀水。截至2023年底，全省各级共招募"青清河"保护河湖志愿者4.64万人，累计开展巡河等河湖保护活动15.70万人（次）。

（四）发挥青年创新作用，推动旅游产业转型升级

青年是推动旅游产品和服务不断迭代升级的重要动力。一方面，青年通过"打卡"和"种草"行为，在社交媒体上分享交流旅游攻略、旅游短视频等，不断拓展旅游边界；另一方面，越来越多的"90后"和"00后"青年投身旅游业，积极发挥创新创造优势，深挖家乡旅游资源，用自身的努力改变传统旅游业，推动旅游产品与业态日益丰富多样、旅游目的地建设与发展模式不断创新。同时，他们在旅游业中找到自身价值，实现自己的梦想。一是发挥智力优势，积极构建旅游新格局。一批青年文旅人才通过"旅游创客""乡愁顾问""青旅头雁"等平台，聚焦增强贵州旅游产业生命力、吸引力和竞争力，加强对贵州自然风光、文化资源、文化遗产的深入挖掘和

开发利用，围绕红色文化旅游带、世界名酒文化旅游带、国际天文科普旅游带、千里乌江滨河度假旅游带和民族文化旅游带等特色旅游，紧扣山地观光旅游、山地文化旅游、山地乡村旅游、山地休闲旅游、山地运动旅游及特色旅游产品加工业等旅游业态，着力构建"科技革命+文旅创新"贵州智慧旅游新格局。例如，马蜂窝的联合创始人之一——遵义青年陈罡，始终钟情家乡的山水，带领马蜂窝团队持续深耕贵州旅游市场，与贵州省文旅厅签署战略合作协议，共同致力实现贵州从"旅游大省"到"旅游强省"的转变。推进TPI（在线旅游资产）建设，共建国内微度假目的地样板，挖掘贵州文旅潮玩项目的主理人，与旅游院校联合培养新型文旅人才，推动贵州旅游新业态发展。万万青年旅行的创始人秦川，研究生毕业后回到贵阳，发现贵州拥有丰富的、待开发的户外资源，于是立足于贵州山地特色做户外路线规划，成立万万青年旅行，专注于青年群体，通过挖掘贵州小众景点，以徒步、桨板、攀岩、登山等活动形式带领游客体验周边游的乐趣。同时，积极探索新的业务方向，新上线"万万风物"农特产品平台，开展"万万读书会""亲子徒步营"等活动。通过与马蜂窝、一码贵州享趣睡、去游吧等平台合作，探索户外新玩法，丰富产品矩阵，扩大业务范围。目前，万万青年独立开发了200条以上的旅行线路，设计出汇聚众多贵州小众新奇景点的万万青年户外旅行地图。二是参与文化建设项目，青年文艺工作者积极参与贵州重点作品策划、创作、展演。一批由青年文艺工作者参与创演的作品荣获国家级奖项和项目支持，京剧《阳明悟道》、花灯戏《红梅赞》、侗戏《侗寨琴声》、木偶剧《长征路上的小红军》、舞蹈《笙·生不息》等唱响了贵州特色浓郁的"青春之歌"。青年积极参加2023多彩贵州旅游商品暨文创设计、非遗旅游商品定制设计大赛，涌现一批优秀青年原创设计师，提升了贵州旅游商品创意创新水平，助力旅游商品产业提质升级。

三 多措并举：发挥青年优势推动旅游业高质量发展

贵州在实施旅游产业化进程中重点聚焦"资源、客源、服务"三大要素,不断推动旅游产品、旅游品牌和旅游服务提质,这在客观上为青年提供了施展才华的舞台。因此,围绕进一步发挥青年在业态创新、扩大消费、提升传播效率等方面的作用,加快旅游产品、业态、模式创新和服务创优,激发引导更多青年投身于旅游产业化发展创新实践,为推动贵州旅游产业化高质量发展贡献青春力量。

(一)挖掘旅游特色资源,培育青年消费引领能力

青年是最富活力、最具创造性的群体,要发挥青年在理念、技术、产品、服务、宣传等方面的创造力,探索潮流新消费、新趋势、新场景如何与景区文化内涵更好地结合,推进跨界融合和线上线下融合。一是引导青年深度挖掘贵州丰富的文旅资源。以红色文化、民族文化、阳明文化、屯堡文化、桥旅融合、生态文明等为重点,进一步整合资源、凝聚力量、集群发展,打造"随意性"旅游目的地,把贵州的自然风光、红色历史、人文景点、乡村旅游等串联起来,发掘骑行、露营、登山、温泉、科普、中医药、康养、美食、地质等资源,推动"旅游+餐饮""旅游+研学""旅游+酒文化""旅游+演艺""旅游+桥梁""旅游+体育"等业态融合,用好"小车小团""支支串飞"等新模式,使孤立的观光景点实现有机关联。同时,加强品牌建设,着力打造"村BA""村超""红飘带"和路边音乐会等体旅、红旅、文旅融合品牌。二是加强文旅高层次人才队伍建设。围绕打造具有核心竞争力的文化创意和精品旅游产业,对在创新创业、经营管理方面有较大发展潜力的文旅青年人才,给予综合资助。加快引进一批青年文旅领军人才、高层次人才,引入专业文旅项目运营管理团队,吸引更多优秀青年文旅人才落户贵州、扎根贵州、建设贵州。坚持自主培养人才,引导和支持省内高等学校、职业院校优化旅游相关专业设置,加强校企联动,推动专业升级。

(二)运用数字传播途径,发挥青年旅游宣传能力

青年不仅是文化体验的参与者,也是文化价值的传播者。一是加强贵州

文旅资源传播路径建设，适应社交媒体时代青年获取信息新习惯，针对青年偏好通过信息化、数字化渠道获取出行信息的特点，用年轻人喜闻乐见的方式去表达呈现，创新旅游营销模式，加大线上旅游宣传推介力度，持续强化在小红书、抖音、B站、微信、微博、快手、今日头条等新媒体上的内容推送，保持景区热度和关注度。加强与马蜂窝、驴妈妈、飞猪、携程旅行、腾讯旅游等知名服务平台的深度合作，丰富文旅新媒体的内容形态，推动平台共建、信息共通、资源共享，提高贵州文旅宣传的内容质量和服务水平。二是充分用好"互联网+"手段发展云端旅游、直播带货，加强与网友的互动，增强传播体验性、趣味性和互动性。大力发掘、启用热爱旅游、热爱家乡的民间宣传力量，用好用活"贵州文旅推荐官"宣传营销矩阵，持续开展黔籍在外大学生"旅游推介官"招募活动，办好贵州"文明旅游志愿者形象大使大赛"。三是依托驻外团工委、大学生春晖社等载体，发挥"抖音"等网络平台、青年正能量"网红"引流作用，带动更多青年宣传贵州，提升多彩贵州旅游吸引力。在中小学教育中，要加强省情教育，重点让学生了解、认识、热爱贵州的自然珍宝、文化瑰宝和丰富的红色资源，组织学习、观看、体验贵州"红飘带"（长征文化数字展示项目），增强热爱祖国、热爱家乡的情怀，增强文化自信。

（三）促进文旅融合发展，提升青年旅游服务能力

聚焦年轻群体，不断满足青年个性化、多元化的旅游需求。一方面，提供更多高品质的旅游产品、旅游业态和旅游服务，满足青年个性化、多元化的消费需求；另一方面，立足贵州省内市场，强化文旅资源整合、产品研发和政策推动，通过省市联动、市州互动、部门协作、政企结合，大力发展度假旅游和康养旅游，培育省内旅游消费新亮点。一是通过区域联动、文体融合等一系列举措打造夜间消费场景，推进夜经济载体建设，加快打造"流光溢彩夜贵州"夜间经济品牌。深入挖掘贵州特色美食，通过社交App、短视频、直播等方式进行重点推广宣传，打造贵州美食名片。同时，要牢牢把握青年对科技创新成果应用的普遍性和前沿性特点，不断

优化旅游活动的组织形式、宣传方式和服务模式，加大互联网、大数据、人工智能等现代信息技术在旅游服务中的应用力度，配套推出符合青年消费能力、适应青年消费习惯的旅游产品和服务，着力打造沉浸式及互动性、体验感强的文旅新场景、新业态，精心打造高品质消费体验场景。二是针对青年对贵州文旅资源和产品了解不多的问题，要大力开发具有贵州特色的文创商品。用好非遗技艺，打造有文化、有特色、有创意的文创商品，推动非遗文化融入A级景区，融入旅游休闲街区，创造出更多符合青年口味的文创商品。不断丰富"红飘带"周边文创产品，延伸产业链，推出系列高品质文创产品，吸引更多青年前往观看和消费周边文创产品。三是针对贵州本地青年游客，推出适合休闲度假、清凉避暑、青少年科普、亲子研学的旅游产品，积极打造周边游、乡村游、生态游、科普游、采摘游、亲子游等新型旅游线路"矩阵"，把文旅资源串点成线、连线成片，让青年不必去"远方"就能有放松身心、休闲娱乐的好去处。四是针对外地青年游客推出"一日游""两日游""三日游"线路产品，持续用好自然景观，大力发展民族文化体验项目，策划推出更多体验感好、吸引力强的文体活动，对旅游线路进行精细打磨，以特定主题为基础，将文化遗产、自然风光、民族文化、美食等代表性景点串联起来，让游客在短时间内了解和感受贵州的特色。同时，进一步完善基础设施配套服务，提高服务保障能力。提升公共交通运营效率和管理水平，加快交通干线与景区连接线建设，加强旅游景区连接公路建设，加强自行车道、步道等慢行交通设施建设，拓展机场、高铁站、汽车站等客运枢纽旅游服务功能，优化自驾服务设施。加强游客服务中心、通景道路、旅游停车场、旅游厕所等基础设施建设。推动游客服务中心数字化智能化转型，构建贵州文旅大数据服务平台，升级改版"一码游贵州"，探索开发景区云上游、云上博物馆系统。提升住宿餐饮业服务质量，做优服务品质，充分调动和发挥社会力量，加强社会监督，改善住宿餐饮消费环境。持续加强业务培训，提升旅游从业人员服务意识、专业技能和综合素质。

参考文献

银元：《为旅游业高质量发展注入青春活力》，《中国旅游报》2023 年 5 月 9 日，第 3 版。

杨晶：《让青年成为推动旅游业发展的重要力量》，《中国旅游报》2023 年 11 月 7 日，第 4 版。

实 践 篇

B.17
贵州共青团引导青年投身社会治理共同体建设调研报告[*]

周 舟[**]

摘 要： 贵州共青团引导青年投身社会治理共同体建设是推动高质量发展的现实需要，是促进社会进步的关键举措，是实现青年价值的重要途径。研究发现，当前贵州共青团在引导青年投身社会治理共同体建设的过程中，不断优化组织体系，提供队伍保障；坚持思想引领，奠定行动根基；立足地方实际，服务发展大局；搭建平台载体，帮助青年成长；利用示范项目，打开治理新局。但也面临内生动力缺乏，仍需扩大参与；媒介运用不深，仍需深化运用；治理挑战较大，团干任务较重等困境。亟待从筑牢思想根基，强化行动引领；整合优化资源，凝聚多元力量；激发内生动力，增强行动自觉；深化媒介运用，提高治理效能；提升团干素养，加

---

[*] 本文为基金项目：2023~2024年贵州省青年发展研究课题"贵州共青团投身社会治理共同体建设的困境及路径研究"（项目编号：QNYB2368）的阶段性成果。

[**] 周舟，中共黔西南州委党校公共管理教研部理论科科长、副教授，研究方向为地方治理。

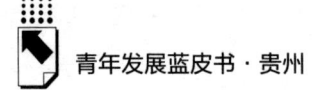

强人才保障等方面优化贵州共青团引导青年投身社会治理共同体建设的路径。

关键词： 贵州　共青团　青年　社会治理共同体

一　引言

党的十九届四中全会提出："建设人人有责、人人尽责、人人享有的社会治理共同体。"这既是新时代我国社会建设的必然要求，也是增进民生福祉的客观需要。习近平总书记指出"青年是整个社会力量中最积极、最有生气的力量，国家的希望在青年，民族的未来在青年"[①]。我国现已步入建设社会主义现代化国家新征程，各项社会事业发展进步，但各类社会问题和矛盾交织叠加，对社会治理提出新的挑战，建设社会治理共同体是发挥多元主体优势应对社会挑战的客观要求。共青团是中国共产党领导的先进青年的群团组织，是党的助手和后备军。[②] 在党和共青团多年发展历程中，已形成"党有号召，团有行动"的党团互动模式，这为共青团引导青年投身社会治理共同体建设提供了政治引领，奠定了行动基础。青年具有思维活跃、体力充沛等优势，是社会治理共同体建设的新生力量和重要群体，青年的社会参与直接作用于社会，具有明确的社会价值目标以及社会行为导向。

近年来，随着贵州经济社会的快速发展，党委政府高度重视青年社会参与，2019年出台的《贵州省中长期青年发展规划（2019—2025年）》中，"青年社会参与"被列为青年发展的十大领域之一。随着贵州共青团引导青年投身社会治理共同体建设的实践不断推进，越来越多的青年群体、青年社会组织活跃在公共服务供给、社会问题化解、基层服务一线等场域，其创新

[①]《习近平总书记在纪念五四运动100周年大会上的讲话》，2019年4月30日。
[②] 周金伟：《新时代共青团参与基层治理的动因、要义和路向》，《中共山西省委党校学报》2023年第6期，第49页。

探索、实践模式、行动方式为促进社会进步注入了青年智慧和主体合力。贵州共青团引导青年投身社会治理共同体建设是发挥青年作用、运用青年力量参与治理、解决问题、化解矛盾的发展之需、破题之要、关键之举，也是本报告聚焦的核心实践主题。

二 贵州共青团引导青年投身社会治理共同体建设的现状分析

截至2022年末，贵州省常住人口3856万人，14～35岁常住青年人口1155万人，占总人口的近30%（高于全国平均水平28.4%）[①]。贵州青年不仅是贵州经济发展、社会进步的重要力量，而且是参与社会治理、落实地方发展战略的潜在核心。2020年，贵州省在全国率先提出建设"青年友好型成长型省份"，2022年"建设青年友好型成长型省份"被写入贵州省政府工作报告，培育凝聚更多青年人才推动贵州高质量发展，为中国式现代化的贵州实践贡献青春力量。2023年，共青团贵州省第十五次代表大会工作报告指出："要做强体系、做实项目、做大文化，加强'青年志愿者'品牌宣传推广，有效引导广大青年在社会治理共同体建设中发挥不可替代的作用。"在此背景下，贵州共青团引导青年投身社会治理共同体建设的实践日益丰富，基本现状主要阐析如下。

（一）优化组织体系，提供队伍保障

贵州各地不断推动基层团组织建设，通过多种举措优化组织体系，扩大共青团的覆盖面（见表1），在数量、年龄、性别、学历等方面优化团干队伍结构，积极建立志愿服务、就业创业、文体艺术等团属青年社会组织，丰富团结引领青年的载体，提供联系服务青年的保障。如贵阳市优化"专职兼职"相结合的干部队伍，以队伍优化带动组织作用发挥，截至2022年底，

---

① 资料来源：贵州省统计局。

全市有团委415个，团工委89个，团总支226个，团支部7495个。① 安顺市积极推动在教育、金融等多个领域成立团工委，现已成立了教育团工委、金融团工委、驻外大学生团工委等，扩大了团组织的覆盖面，提升了团组织的影响力。

表1　贵州省部分市（州）团组织情况

地区	团组织类型	数量(个)
贵阳市	新社会组织团组织/非公企业团组织	358/2037
铜仁市	团属青年社会组织	36
黔南州	团属青年社会组织	270
遵义市	青年类社会组织	25

注：数据截至2022年底。
资料来源：陈玲玲：《2023年贵州青年社会参与现状分析报告》，载吴大华、史麒麟主编《贵州青年发展报告（2023）》，社会科学文献出版社，2023，第117~118页。

经过多年努力，贵州青年志愿服务体系日趋完善，已制定《贵州省青年志愿服务基金会项目评审管理办法（试行）》《贵州青年志愿服务新高地建设规划（2022—2025）》等规章制度。已成立贵州省志愿服务联合会，启用了"贵州志愿服务"在线云平台，增强了参与志愿服务的便捷性，提高了志愿服务效能。青年志愿服务已成为新时代贵州共青团的重要品牌。

综上所述，贵州共青团不断优化组织体系，为引导青年投身社会治理共同体建设提供了组织保证和队伍支撑。

（二）坚持思想引领，奠定行动根基

1. 以思想树人

共青团作为党的助手和后备军，以习近平新时代中国特色社会主义思想为引领，坚持"听党话、跟党走"的行动指南，坚定不移地推进青少年思想

---

① 陈玲玲：《2023年贵州青年社会参与现状分析报告》，载吴大华、史麒麟主编《贵州青年发展报告（2023）》，社会科学文献出版社，2023，第117~118页。

道德教育。贵州各地共青团深入开展了"学习二十大、永远跟党走、奋进新征程"等主题实践活动；举办了"学习习近平总书记重要讲话""奋发作为争当先锋"等大型主题学习活动；在"五四""六一""一二·九"等节日纪念日开展各类主题活动，每年定期对各级团组织、少先队辅导员、西部计划志愿者等开展业务培训，多措并举加强对青少年、青年社会组织的思想教育。

根据研究需要，2023年12月至2024年2月，通过实地调研和问卷线上平台两种方式，向省内部分党政机关人员、各级团干部（以下简称团干）、青年社会组织人员、志愿者、团员青年等发放了调查问卷1075份，收回有效问卷1020份。受访者中，女性占比为60.59%，男性占比为39.41%，51.67%的受访者年龄在26~35岁，41.08%的受访者是本科及以上学历。

问卷中关于"您参加共青团组织活动的类型"的调查，结果显示，37.25%的受访者选择了"思想引领"，8.82%的受访者选择了"组织建设"，12.06%的受访者选择了"帮扶救助"，10.29%的受访者选择了"创新创业"，29.61%的受访者选择了"志愿服务"，1.97%的受访者选择了"其他"（见图1）。

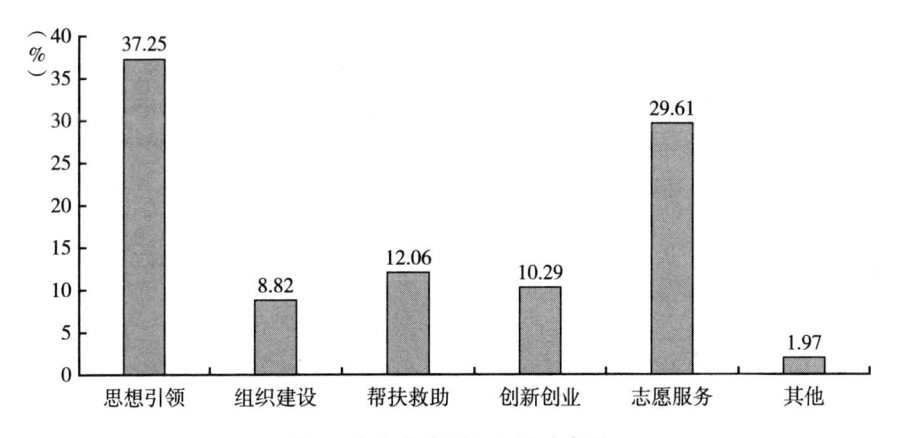

图1 参加共青团组织活动类型

资料来源：《贵州共青团引导青年投身社会治理共同体建设情况调查问卷》统计数据。

问卷中关于"您认为共青团引导青年投身社会治理共同体建设最核心的功能是什么"的调查，结果显示，52.45%的受访者选择了"引导青年跟党走"，8.33%的受访者选择了"推动组织制度建设"，10.59%的受访者选择了"培育青年社会组织"，11.76%的受访者选择了"帮助青年就业创业"，12.75%的受访者选择了"促进青年能力提升"，4.12%的受访者选择了"其他"（见图2）。

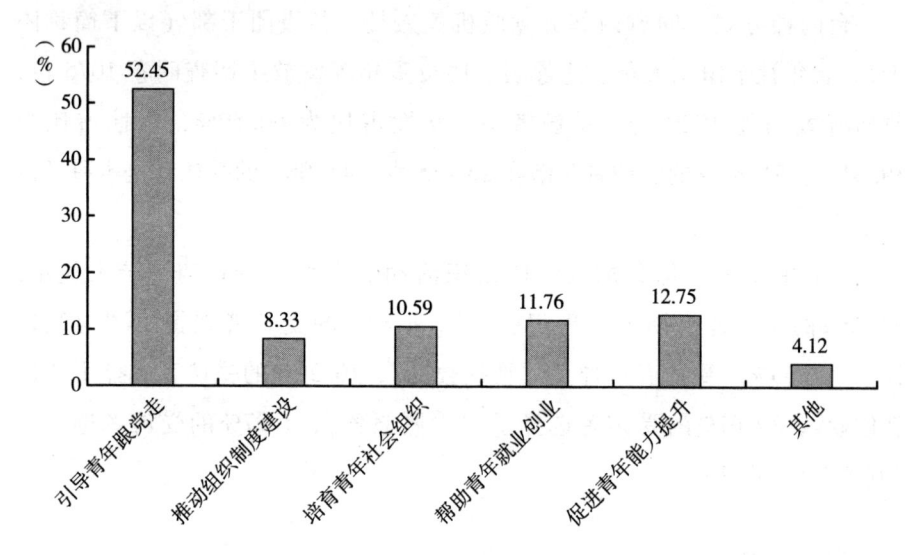

图2 共青团引导青年投身社会治理共同体建设最核心的功能

资料来源：《贵州共青团引导青年投身社会治理共同体建设情况调查问卷》统计数据。

综上所述，贵州各级共青团创新思想宣传方式，结合青少年的特点和实际，分类加强思想道德建设，为青年、青年社会组织投身社会治理共同体建设提供了思想引领。

2. 以理念育人

共青团通过学习培训、开展活动、典型案例等方式宣传投身社会治理共同体建设的相关理念，其要义包括以下几点。一是强调共青团引导青年投身社会治理共同体建设的关键是共建，要求青年群体、青年社会组织在协商、互利和合作的基础上积极参与，促成多元主体的集体行动。二是强调共青团引导青年投身社会治理共同体建设的重点是共治，要求青年群体、青年社会组织把握其中的共同性、公共性以及多元化特点和协同化特征。三是强调共青团引导青年投身社会治理共同体建设的目标是共享，要求青年、青年社会组织坚守公共精神，以集体的方式共同行动、互利共赢、分享成果。

3. 以榜样领航

贵州省共青团通过推选"中国青年五四奖章""全国优秀共青团员""贵州青年五四奖章""全省优秀志愿者"等方式，选树先进典型，通过微博、微信公众号等渠道，推送榜样事例、宣传榜样事迹、传播青春能量，号召青年向榜样学习，从中汲取奋斗的力量。

（三）立足地方实际，服务发展大局

1. 助力青年就业创业

近年来，贵州各地共青团始终聚焦地方中心工作，不断加大共青团的大局贡献度，带领广大青年在改革发展稳定一线积极作为。把青年群体高质量就业摆在更加突出的位置，省政府印发《省人民政府关于促进高质量充分就业的意见》《关于进一步促进贵州省高校毕业生等青年就业创业的实施办法》等政策文件，共青团贵州省委着力实施促进大学生就业行动"六项计划"，推进和保障青年群体更好地就业创业。在2022年度全国共青团重点考评工作中，贵州"促进青年就业"工作排名全国第一位。[①]

问卷中关于"哪类共青团组织的活动最能吸引您"的调查，结果显示，排名前三的分别是：37.06%的受访者选择了"就业指导"，26.37%的受访者选择了"志愿服务"，10.29%的受访者选择了"学习培训"（见图3）。

综上所述，就业创业事关青年的经济收入、社会融入、个体价值，在越发激烈的就业竞争和越发紧张的创业环境中，青年更加关注就业创业问题，贵州各地共青团始终聚焦这一重点，全方位、多领域地帮助青年就业创业。

---

① 钟鑫、李菁菁：《2023年贵州青年就业观念、就业准备分析报告》，载吴大华、史麒麟主编《贵州青年发展报告（2023）》，社会科学文献出版社，2023，第43~44页。

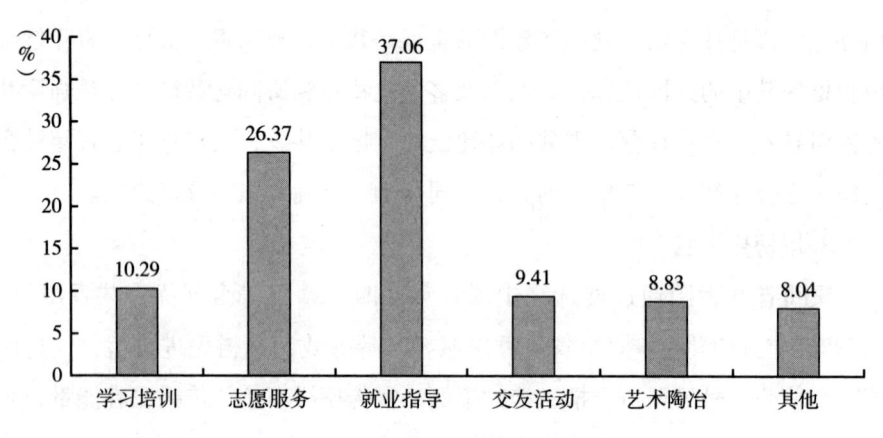

图3 共青团组织活动吸引情况

资料来源：《贵州共青团引导青年投身社会治理共同体建设情况调查问卷》统计数据。

2. 促进青年社会参与

贵州省民政厅数据显示，全省社工队伍、志愿服务组织数量不断增加，为共青团引导青年投身社会治理共同体建设提供了主体的支撑和青年的支持（见表2）。

表2 贵州省社工队伍、志愿服务组织情况

类别	数量
持证社工(人)	3247
设立乡镇(街道)社会工作和志愿服务站(个)	153
培育社会工作机构(家)	105
设立志愿服务站点(个)	15120
志愿服务站点覆盖率(%)	77.3
已标识的志愿服务组织(个)	393
全国志愿服务信息系统实名注册志愿者(万人)	675
志愿团体(万个)	4.4

资料来源：《今年50家省级慈善组织累计募集善款11亿元》，贵州省民政厅官网，2021年12月15日，https：//mzt.guizhou.gov.cn/ztzl/rdzt/mtjj/202112/t20211215_72043264.html。

实践中，贵州各级共青团持续擦亮"大山小爱"等公益品牌、"青春长征"等活动品牌，组织青年、青年社会组织参与"多彩贵州·青春绿动"

"希望工程·陪伴行动""文明城市创建有我"活动、易地扶贫搬迁安置社区服务、大型赛会服务、听证会、座谈会等。扩宽青年社会参与的渠道，不断促进青年的社会参与。

（四）搭建平台载体，帮助青年成长

1. 回应青年诉求

贵州印发《贵州省中长期青年发展规划（2019—2025年）》，各地共青团结合发展实际，协同各成员单位落实规划内容，发挥共青团联系青年的桥梁和纽带作用，搭建青年与人大代表、政协委员的沟通交流平台，提高青年在党代表、人大代表、政协委员中的占比，增加青年参政议政机会（见表3）。

表3 贵州省部分市（州）青年代表情况

单位：人，%

地区	代表类型	青年代表人数	占比
贵阳市	十五届人大代表	37	10.11
遵义市	省级青年党代表	7	12.07
黔西南州	省级青年党代表	4	8.33
铜仁市	省级青年党代表	4	8.33

资料来源：陈玲玲：《2023年贵州青年社会参与现状分析报告》，载吴大华、史麒麟主编《贵州青年发展报告（2023）》，社会科学文献出版社，2023，第119页。

除此之外，贵州各地共青团积极为青年搭建婚恋交友平台，引导树立文明、健康、理性的情感观和婚恋观。通过多种方式收集青年需求，回应青年诉求，帮助青年在投身社会治理共同体建设中提升素养、更好成长、发挥作用。

2. 强化学习宣传

近年来，贵州各地共青团在引导青年投身社会治理共同体建设时，通过报刊、官网、新闻、微信公众号等多种平台载体加强对"青年志愿者"品牌的宣传推广，让"青年志愿者"成为可信可亲的群体。广大青年志愿者联合公检法等部门组织青年进社区、进校园、进家庭，向广大青少年开展消防安全、禁毒防艾、未成年人保护、民法典等宣传活动数万场，发放各类宣传资料数万册。并组织青年参与相关知识竞赛、文艺汇演等活动，推动"青少年零犯罪零受害社区（村）"建设，丰富学习宣传方式，发挥品牌辐射作用，护航青少年成长与发展。

3. 发挥青年作用

贵州各地共青团不断提升资源整合能力和社会动员能力，积极引导青年通过"青年之家"等实体平台提供社会服务、开展治理活动，并联合工会、妇联共同打造群团之家，建好"新市民·追梦桥"服务中心平台，举办小手拉大手亲子活动、微心愿等一系列关心关爱群众的志愿服务，助力搭建好"五桥五家"，更好地发挥群团组织作用。同时，贵州各地共青团联合志愿者协会共同运营"地标性"图书馆，常态化举办读书会、趣味游戏、亲子交流等各类活动，吸引数万人参与。除此之外，贵州各地共青团多措并举引导青年投身社会治理共同体建设。如贵阳市实施"社区青春行动"，组织市属青年社会组织有序参与各项社会治理活动。遵义市利用当地丰富的红色文化资源，充分打造具有红色文化氛围的青少年活动阵地，以做大文化为指引，推动青年有效参与。毕节市创新运用"团建+积分"的方式，提升各级共青团、青年社会组织、青年等参与社会治理的积极性。黔西南州构建"社工+义工+志愿者+N"的志愿服务体系，扩大了志愿服务的覆盖面和影响力。铜仁市整合社会资源力量，推动公益服务从"输血式"升级为"造血式"。贵州各地共青团聚焦社会治理需求，创新社会治理方式，引导青年在社会治理共同体建设中发挥积极作用。

（五）利用示范项目，打开治理新局

贵州各地共青团以做实项目为抓手，引导青年投身社会治理共同体建设。按照团中央《2023年中央专项彩票公益金支持青年社会组织服务社区青少年"伙伴计划"示范项目实施方案》要求，共青团贵州省委评选出170余家青年社会组织承接"伙伴计划"示范项目，该项目示范带动全省各地共青团积极投身社会治理共同体建设，开展以思想引领、成长关爱、社会融入、权益保障、犯罪预防等为主要内容的社会治理服务的示范项目，经过实践，项目成效逐渐显现。

通过对黔西南州的重点调研发现，截至2023年11月，当地的"伙伴计划"共28个项目点，其中"伙伴领航站"26个，"团团活力圈"2个，分布在全州各地（见表4）。

表4 黔西南州"伙伴计划"项目分布情况

单位：个

县(市)名称	数量	县(市)名称	数量
兴义市	7	普安县	1
兴仁市	3	晴隆县	2
安龙县	3	册亨县	3
贞丰县	7	望谟县	2

资料来源：共青团黔西南州委。

黔西南州"伙伴计划"自实施以来，开展了思想引领、课业辅导、卫生健康、助残优抚、禁毒宣传、陪伴行动、文体活动、传统节日活动等，共计开展活动281次，服务时长1051小时，服务8753人次，发动志愿者737人次，资金执行26.36万元，活动满意度达95%以上。[1]

除此之外，贵州各地共青团通过"伙伴计划"等项目，展现了广大青年在学习宣传、组织动员、沟通协调等方面的青春风采，体现出服务社会、赢得尊重、个人成长的青年价值。

三 贵州共青团引导青年投身社会治理共同体建设的主要困难

共青团引领青年群体参与社会志愿服务，引导和号召青年人积极参与社会事务和社会治理。贵州共青团引导青年投身社会治理共同体建设虽已取得一定成效，但也面临一些困难。

---

[1] 资料来源：共青团黔西南州委。

（一）内生动力缺乏，仍需扩大参与

共青团引导青年投身社会治理共同体建设，需要青年、青年社会组织等多元主体的参与，但动力不足、行为消极的现象仍有出现。由于省内青年社会组织大多处于培育阶段，其资金来源、日常运转及成长发展主要依靠官方项目支持，受到资源条件的约束，不少青年社会组织对社会治理的关注和参与较少，处于较为边缘的位置，因此在权威性推动和自主性生长之间找到平衡，寻求更有效的价值呈现方式①是其作用发挥、主动作为的关键。同时，有的青年面临就业困难、发展较慢、认同缺乏等问题，在自身发展较不顺畅时，对参与共青团组织的社会治理活动表现出策略性选择和被动式应对。

问卷中关于"您所在地共青团开展社会治理活动的频次"的调查，结果显示，49.51%的受访者选择了"经常开展"，40.39%的受访者选择了"偶尔开展"，7.45%的受访者选择了"很少开展"，2.65%的受访者选择了"不开展"（见图4）。

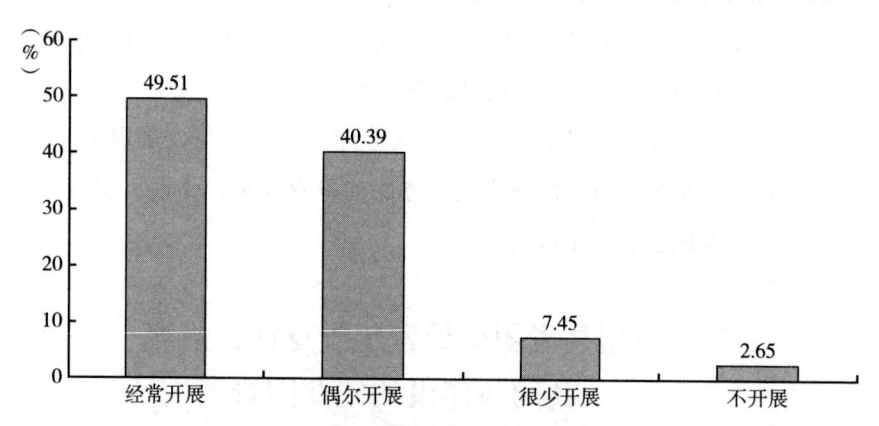

图4 共青团开展社会治理活动频次

资料来源：《贵州共青团引导青年投身社会治理共同体建设情况调查问卷》统计数据。

---

① 万玲：《社会组织参与基层治理的动因、困境与实践路径——基于对J社区的观察与分析》，《领导科学》2022年第6期，第107~111页。

为深入了解受访者参与共青团组织的社会治理活动情况，问卷中设计了关于"您参加共青团组织的社会治理活动的频次"的问题，结果显示，25.78%的受访者选择了"经常参加"，38.14%的受访者选择了"偶尔参加"，35.10%的受访者选择了"很少参加"，0.98%的受访者选择了"不参加"（见图5）。

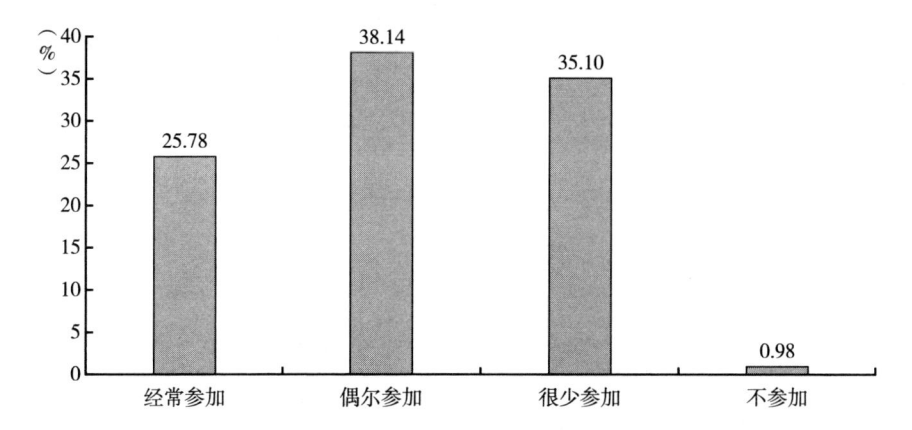

图5 参加共青团组织的社会治理活动频次

资料来源：《贵州共青团引导青年投身社会治理共同体建设情况调查问卷》统计数据。

数据表明，贵州各地共青团虽然经常开展社会治理活动，但在青年社会组织和青年自身发展较为受限、成长空间狭窄的情况下，较易缺乏内生动力和参与热情，主体的参与意愿和行为受到影响。

（二）媒介运用不深，仍需深化运用

"我国社会结构正在发生深刻变化，互联网深刻改变人类交往方式，社会观念、社会心理、社会行为发生深刻变化。"[1]中国互联网络信息中心（CNNIC）发布的第52次《中国互联网络发展状况统计报告》显示，截至2023年6月，我国网民规模达10.79亿人，其中50%以上为青少年群体，且比例还在上升。青年是互联网最主要的用户和最活跃的群体，互联网已成

---

[1] 《习近平在经济社会领域专家座谈会上的讲话》，2020年8月24日。

为共青团开展青年工作的主要阵地,成为共青团引导青年投身社会治理的重要载体,但在此过程中,有的团组织,尤其是基层团组织,由于资金、技术、人才等资源条件的限制,存在数字工具运用不够、网络平台搭建不广、在线交流沟通不深、新媒体内容创意不足等短板。

问卷中关于"您关注团组织的新媒体内容吗"的调查,结果显示,35.98%的受访者选择了"一般",44.71%的受访者选择了"不太关注"(见图6)。

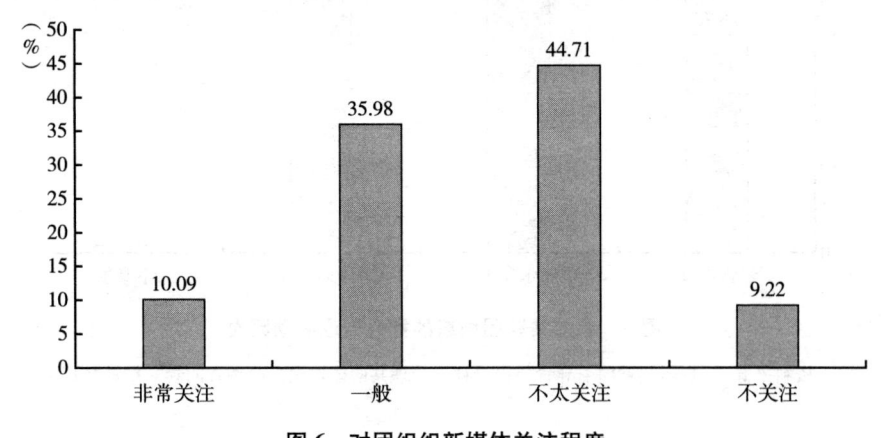

图6 对团组织新媒体关注程度

资料来源:《贵州共青团引导青年投身社会治理共同体建设情况调查问卷》统计数据。

数据显示,多数受访者不太关注团组织新媒体发布的内容,这就需要深入思考共青团如何在互联网时代借助数字工具、信息平台、新媒体等载体增强活动的吸引力,如何运用青年能接受的语言和工具开展服务,如何引导青年正确使用网络空间提高参与质量等问题。以此,不断拉近与青年的距离,赢得青年的信任和支持,更好地引导青年在互联网空间中规范自身行为,运用互联网优势提升社会治理效能。

(三)治理挑战较大,团干任务较重

伴随着经济社会的发展,一方面,人民的美好生活需要日益强烈,不仅

对生存发展物质文化有更高要求，并且在获得感、幸福感、安全感方面有更多需求。另一方面，社会中的各种问题、矛盾交织叠加，跨界性加大、联动性增强，社会治理的挑战较大，更加需要多个主体的联动共同推动问题的解决、矛盾的化解。青年是参与社会治理的重要力量，然而青年的社会参与离不开共青团的引导，离不开团干的组织协调，在引导青年投身社会治理共同体建设中，团干的任务较重、考验较多、压力较大，对团干的能力素养也提出了更高的要求。如何提升团干的能力水平关系共青团引导青年投身社会治理共同体建设的成效，也是关注的重点和发展的关键。

四 贵州共青团引导青年投身社会治理共同体建设的路径选择

（一）筑牢思想根基，强化行动引领

1. 持续加强思想引领

贵州各地共青团应将习近平新时代中国特色社会主义思想融入学习培训当中，进一步帮助青少年树立正确的价值观。在社会治理共同体建设的活动计划、项目运行、品牌打造、考核评价、总结提升等各个环节持续加强思想引领，充分动员和引导青年群体、青年社会组织等多元主体积极投身社会治理共同体建设，在社会服务供给、社会诉求回应、社会问题解决中奉献青春力量。

2. 充分发挥优势作用

在共青团引导青年投身社会治理共同体建设中，应彰显共青团的群众属性和政治属性，充分发挥其优势作用。一是对照党建目标规划制定团建目标，建立健全相关的制度机制，实现党团共建的常态化运行、制度化实施。二是明确共青团的角色职能，处理好与党委、政府、青年之间的关系，打造结构合理、程序优化、人员精干的扁平化组织架构，发挥共青团的引导、组织、教育等作用，大力引导和促进青年群体、青年社会组织等投身社会治理

共同体建设。三是加强共青团与其他部门的联动协作，减少甚至避免信息不对称、职能交叉重复、权责不明、工作推诿等情况，通过职能的清晰、权责的明晰提升共青团引导青年投身社会治理共同体建设的效力。

（二）整合优化资源，凝聚多元力量

1.理顺与青年社会组织的关系

青年社会组织是连接共青团与青年的纽带，发挥"催化剂"和"黏合剂"作用，有助于共青团弱化行政色彩、更新工作理念、紧跟时代潮流、团结青年群体。共青团要正确处理与青年社会组织的关系，既要通过政策制度、项目倾斜对专业性强、管理规范的青年社会组织予以支持，强化对青年社会组织的活动指导和价值塑造，又要通过学习借鉴、项目合作实现对组织松散、自主能力较弱的青年社会组织的引导、激励和评估。

2.加强基层团组织建设

一是推动社会治理重心向基层下移，将更多资源、力量、服务置于基层，遵循"减上补下"原则，适当调整上级团组织富余力量至基层团组织，将审批权限、资源配置、资金扶持等向基层团组织倾斜。二是以基层团组织改革为契机，强化基层团组织队伍建设、作风建设和制度建设，增强政治功能和社会功能。三是推动在智能制造、卫生医疗等领域成立行业团工委，针对大型企业和院校单位等重点产业链组建"团建联盟"，加强对乡镇和农村的小微企业团建，通过"大""小"结合、纵深推进，扩大团组织的覆盖范围，增强组织密度。四是学习借鉴其他地区的有益经验，构建以"团组织+青年社团"为主的组织体系，建立健全"团干+社工+志愿者"的运行机制，打造符合基层团组织性质、青年广泛参与的社区工作项目，团结各行各业的青年群体为社区建设、社会治理出谋划策、贡献力量。

（三）激发内生动力，增强行动自觉

1.推动青年社会组织发展

青年社会组织既承担服务青年的任务，又在某些场合代表青年发声，是

共青团与青年之间的重要连接。但在社会治理共同体建设中，青年社会组织面临资金、人员、技术等多方面的困难，对外部资源的依赖性较大。因此，应加大引导和推动力度，使其更加主动地关注社会治理的需求，增强服务供给的有效性和社会治理的针对性，进一步发挥青年社会组织的能动作用、纽带作用、服务作用。

2. 为青年进步提供平台

青年是社会治理共同体建设的关键主体，但青年在成长的过程中面临就业困难、发展较慢、认同缺乏等困境，一定程度上影响了其投身社会治理共同体建设的意愿和动力。因此，贵州各地共青团要用好新工具、打造新平台、开拓新领域。一是坚持"青年优先发展"理念，按照青年友好型成长型省份、城市的建设目标，瞄准青年期待和实际需求，发挥青年工作联席会议机制的运转效能，协调联动各成员单位，规划开展实施各项活动，推动各类利好政策在青年中落地落实。二是加强对青年的就业指导和学习培训，加强共青团、教育、人社、民政等部门的联系协作，形成齐抓共管的工作格局，掌握用人单位的需求，更新人才培养的要求，促进青年的充分稳定就业。三是用好"青年学习社""青年之家""团代表联络站"等服务阵地，积极推荐优秀青年成为各级党代表、人大委员、政协委员等，畅通青年诉求表达渠道，为青年参政议政、建言献策提供更多的机会，提升"共青团与人大代表、政协委员面对面"的活动质效。

（四）深化媒介运用，提高治理效能

1. 持续增强活动吸引力

一是坚持"人民至上"的价值理性和"有效治理"的行动逻辑。坚持问题导向，针对活动缺乏新意、吸引力不够、参与度不足等问题，应找到问题产生的原因，进而在有效解决问题、增强活动吸引力、提供优质服务等方面实现提升。二是强化宣传的实效性，分类开展多层次的宣传。把共青团引导青年投身社会治理共同体建设元素融入共青团工作宣传片，在省级及以上平台进行宣传，提高宣传的知晓率和扩大覆盖面；青年群体、青年社会组织等主要参与者可围绕服务目标群体，选择合适的平台媒介进行宣传推介；各级共青团可引导学校、社区、个人等服务对象通过微信朋友圈、快手、抖音等平台进行多渠道的正向宣传。三是通过观摩学习、互动体验、成效展示等方式增强活动的吸引力、传播力、影响力。

2. 充分运用现代工具

一是贵州各地共青团要抓好互联网领域的意识形态工作，用好微信、微博、微电影、门户网、抖音等线上媒体和平台，打造多位一体的媒体宣传矩阵和多元参与的主体格局，推动传统阵地和新兴媒体的同频共振。二是加强与各地主流新媒体平台的沟通联系，引领平台舆论导向，激发网络正能量，扩展共青团新媒体版图。三是建立"网格+网络"架构，借助职能部门以及基层开发的网格系统以及团属青少年立体关护平台系统，开展"青年进社区""共青团员进网格"等活动，打造共青团引导青年投身社会治理共同体建设的工作闭环。

（五）提升团干素养，加强人才保障

1. 注重多渠道提升团干的能力

一是贵州各级共青团要把握青年成长特点和社会治理规律，准确定位职责作用和权限范围，重视团干的能力培养和素质提升，既要通过有针对性的学习培训、岗位技能比拼、基层调研锻炼等方式提升团干自身的综合素质，又要重视上下层级的沟通和横向部门的联动，通过多样化途径帮助团干开阔视野、积累经验、提升能力。二是推动团干的岗位交流、挂职锻炼、工作历练和实践考验，并将提升团干能力的好做法和好经验向基层团组织、高等院校、非公企业、社会组织等推广。三是扩宽团干来源，重视对各行各业优秀青年人才的储备、培养和使用，发挥"蝴蝶效应"，吸纳影响力大、政治素质过硬的优秀青年作为兼职团干，提高团干队伍的综合能力和整体水平。

2. 建立健全考核评价指标体系

贵州各地共青团应对照工作职责和任务清单，量化团干履职的考核评价指标，结合实际制定不同层级团组织的考核评价标准和体系，客观公正地检视团干和团组织的工作绩效与得失。并在团干评优评先、团组织评星定级等事项上加大对考核评价结果的应用、追踪和问效，在动态监测与反馈中发现新机遇和新价值。

五 总结

贵州共青团引导青年投身社会治理共同体建设是凝聚青年力量、发挥青年作用、提升社会治理效能的关键之举，也是一项系统工程，其中涉及党委、政府、市场、社会、群众等多元主体，涉及主体参与、活动开展、项目运转、作用发挥、制度保障等多个环节。贵州共青团进一步引导青年投身社会治理共同体建设，需将有效建设作为行动目标，将解决问题作为突破方向，将完善政策作为有力保障，并做到长期坚持和与时俱进，这样才能突出重点、彰显特点、展现亮点，进而不断彰显共青团的组织力、号召力、凝聚力。

B.18 贵州共青团"春晖行动·风筝计划"服务外出务工青年返乡发展调研报告

吴丹 费娴 李雪艳[**]

摘　要： 全面推进乡村振兴是新时代建设农业强国的重要任务，外出务工青年大量外流使农村空心化问题日益严重。本文从价值共创的视角出发，基于贵州共青团"春晖行动·风筝计划"服务外出务工青年返乡发展的案例考察，探索"政府—共青团—春晖使者—务工青年"多元主体融合发展促进乡村振兴的可持续路径。研究表明，春晖行动"尽孝、感恩、反哺、回报"的理念是青年返乡发展、凝聚价值共识的重要媒介。资源活化、主体亮化、迭代优化、经验转化、系统强化这五方面举措，在帮助外出务工青年实现返乡发展的同时，能够创造乡村社会价值与商业价值。本文构建了一个以共青团为核心，涵盖外出务工青年返乡发展的前因、过程与结果的价值共创机制，为共青团助推贵州经济社会高质量发展提供了有益参考。

关键词： 春晖行动·风筝计划　外出务工青年　乡村价值共创

一　引言

　　全面推进乡村振兴、加快建设农业强国，是党中央着眼全面建成社

---

[*] 本文为基金项目：2023~2024年贵州省青年发展研究课题"贵州共青团服务外出务工青年成长发展路径研究——以深入实施'春晖行动·风筝计划'为例"（项目编号：QNZD2302）的阶段性成果。

[**] 吴丹，贵州民族大学团委讲师，对外经济贸易大学国际商学院企业管理专业博士研究生，研究方向为青年发展、职业心理与组织行为；费娴，贵州大学公共管理专业硕士研究生，共青团思南县委副书记，研究方向为公共行政与区域发展；李雪艳，贵州民族大学传媒学院硕士研究生。

贵州共青团"春晖行动·风筝计划"服务外出务工青年返乡发展调研报告

会主义现代化强国作出的战略部署①。各地要立足国情农情，遵循规律，因地制宜推进农业农村现代化。贵州作为劳动人口输出大省，据2020年第七次全国人口普查结果显示，贵州流动人口有959.01万人，另据不完全统计，贵州农村外出劳动力575.9万人，以青年人口居多。青年大量外流，极大地限制了贵州实现农业现代化的步伐，要巩固拓展脱贫攻坚成果同乡村振兴有效衔接，贵州对人才的渴求比以往任何时候都更为迫切。

自2015年《政府工作报告》提出推动"大众创业、万众创新"以来，国家出台了一系列相应的惠农创业政策，为青年返乡发展提供了更多可能。2023年《青年发展蓝皮书》在"对进城务工青年高质量发展的建议"中提到：要围绕《中共中央 国务院关于做好二〇二二年全面推进乡村振兴重点工作的意见》中明确的"加快推进以县城为重要载体的城镇化建设"目标，精准定位那些能力突出的进城务工青年，积极吸引和动员他们返乡就业创业并带动更多优秀农村青年在乡村振兴中贡献青春力量。这与贵州"春晖行动·风筝计划"的理念不谋而合，"春晖行动·风筝计划"是贵州共青团深化改革，以"人才大汇聚"带动"资源大汇聚"，完善社会化服务体系，延伸工作手臂，以"亲情、乡情、友情"为纽带，以"尽孝、感恩、反哺、回报"为理念，通过"血缘、地缘、业缘"的社会网络功能重点凝聚离乡在外的成功人士和社会贤达之力，为贵州经济社会高质量发展贡献青春力量的重要举措。

对贵州而言，以"春晖行动·风筝计划"为着力点为外出务工青年返乡发展搭建舞台、提供平台是实现农业农村现代化的重要契机。特别是2022年以来，受新冠疫情等因素影响，经济运行不确定因素增多，城市部分行业特别是接触性服务业用工需求下降，一些农民工选择返乡就业。针对这一情况，农业农村部门大力发展乡村产业，截至2022年6月底农业农

---

① 《为加快建设农业强国而努力奋斗（深入学习贯彻习近平新时代中国特色社会主义思想）》，人民网，2023年5月4日，http://jl.people.com.cn/n2/2023/0504/c349771-40401420.html。

村部门发布的数据显示，返乡农民工就地就近就业达到90.7%，到2021年底，有1120万人返乡入乡创业创新，其中有70%是返乡创业的农民工。① 因此，深入剖析外出务工青年返乡发展的动因，在制定有效措施以优化外出务工青年引回与培育路径的同时，积极探索外出务工青年返乡发展与乡村价值共创的有效模式，凝聚价值共识、优化架构模式、实现价值共赢，成为贵州共青团"春晖行动·风筝计划"助推乡村振兴的重难点问题。

二　研究设计

本文采用单案例研究的方法，综合考虑案例的典型性、可追踪性和数据可得性等因素后，选择思南县作为研究对象，具体考察外出务工青年返乡发展的动机和过程，并着重研究他们返乡之后如何通过共青团这一重要组织媒介实现与乡村的价值共创。

2023年8月，研究团队在贵州思南县开展了为期一周的驻村调研，随后半年的时间一直保持追踪调研，对该县外出务工青年返乡发展与乡村价值共创的路径进行深度剖析。其间多次与当地团干部、村干部、"春晖使者"、返乡就业或创业青年进行正式与非正式访谈。

数据分析是随着调研进程不断进行的。案例研究的数据分析是一个迭代而非线性的过程，包含了初步的叙事分析、关键概念提炼与返乡发展举措的归纳、理论模型构建这三个阶段，表1展示了最终的数据结构，其中资源活化、主体亮化、迭代优化、经验转化与系统强化是帮助外出务工青年返乡发展的五项举措，同时还包括返乡发展的前因与结果。

---

① 《发展富民产业　落实帮扶政策　农民工返乡就业创业机会多》，光明网，2022年9月20日，http://m.gmw.cn/baijia/2022-09/20/36035157.html。

表1 主轴式编码形成的主范畴与对应副范畴

主范畴	副范畴	初始范畴
青年返乡发展动因	民生福祉	响应国家政策
		解决民生问题
	社会网络	地缘关系
		血缘关系
青年返乡发展动因	主观意愿	农业"蓝海"
		名利双收
		感恩反哺
资源活化	组织保障	政策扶持
		项目牵引
		资金支持
	制度嵌入	"党—团—社"有机衔接
		项目互嵌
主体亮化	丰富供给	政策指导
		发展建议
	紧盯需求	延伸阵地
		下沉抓手
	密切联系	情感纽带
		春晖助力
迭代优化	技术更新	数字技术
		专业指导
	信息共享	岗位推荐
		交流座谈
经验转化	状态改变	投入调整
		身份转变
	工作属性	紧跟趋势
		学用结合
系统强化	领导带动	关心成长
		精神感召
	人才升级	业务培训
		成长定位

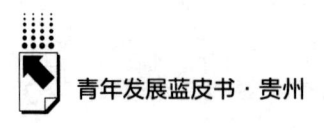

续表

主范畴	副范畴	初始范畴
价值共创	社会价值	提升村民收入
		带动村民就业
		改善人居环境
		建立地方标准
	商业价值	完善产业链条
		打造生态经济
		引入商业资源

三 研究发现

基于数据分析，文本归纳出贵州共青团"春晖行动·风筝计划"服务外出务工青年返乡发展与乡村价值共创的全过程，主要包含外出务工青年返乡发展动因、发展举措、乡村价值共创这三个方面。

（一）外出务工青年返乡发展动因

数据表明，外出务工青年选择返乡发展，主要包含了三个层面的内在发展动机，一是民生福祉，二是社会网络，三是主观意愿。

首先，从民生福祉的角度来看，外出务工青年返乡发展是积极响应国家政策号召、帮助农村百姓解决民生问题的一大举措。DGZ 是一名返乡创业青年，他说"从我们中国国情来说，农业本身应该大力发展，现在乡村振兴是大趋势，我觉得回村发展农业也是一个趋势。"农村劳动力输出，导致农村大片耕地荒废，外出务工青年返乡创业就业，能够为当地乡村振兴引来"源头活水"，注入"青春活力"。一方面，能够吸纳农村剩余的劳动力，另一方面，能将农村闲置的土地合理利用起来。"在我们公司就业的，大部分就是村里面的留守妇女或者老年人，如果我不来做这个产业，这个产业就会闲置甚至荒废，我把这个产业接下来做，就能带动他们就业。"（创业青年

DGZ，男）。

其次，外出务工青年返乡发展受社会网络的影响，其中血缘、地缘关系尤为突出。一方面，30~40岁的返乡青年正处于"上有老下有小"的阶段，需要面临子女教育、老人医疗的现实问题，小学、初中是树立人生观、价值观的关键时期，父母不在身边，子女一不小心就会误入歧途，所以他们"也想回来多管一下孩子，照顾一下老人。"另一方面，家乡永远是每个离乡在外游子的软肋，在这个年龄段回乡，他们是带着"本事"和感恩之心回乡，也相信"任何人都会有这种家乡情怀，不管这个人的能力大与小，他都有一些家乡情怀在里面"（创业青年DGZ，男）。

最后，从个人主观意愿层面来看，青年返乡创业就业，一是看中了农业这片"蓝海"，基于当地的发展现状和资源优势，虽然农业发展的周期长、见效慢，但是"民以食为天"，从长远看发展农业产业也是一个"有利可图"的行业。二是希望"名利双收"，跟着国家乡村振兴这个战略指挥棒走，在挣钱的同时还能反哺家乡，带动村民就业，这会让返乡创业青年"更有成就感"。三是感恩反哺，村里的年轻人很多都曾经受到"春晖使者"和"春晖助学基金"的资助，当这些年轻人毕业后面临就业难题时，基于感恩，他们更愿意返乡到曾经资助过他们的"春晖使者"开办的企业就业，因为"他们觉得自己可以回来帮忙，可以帮助公司发展壮大"（返乡就业青年CFM，女）。

（二）外出务工青年返乡发展举措

贵州共青团服务外出务工青年返乡发展的举措主要是依托"政府—共青团—春晖使者—务工青年"多元主体协同合作发挥作用。根据贵州省思南县"春晖行动·风筝计划"的数据，该过程突出了共青团的桥梁纽带作用，涵盖资源活化、主体亮化、迭代优化、经验转化、系统强化这五个方面。

1. 资源活化：制度先行，以项目为牵引，做好顶层设计

外出务工青年返乡需要通过制度要素实现宏观层面的顶层设计。①青年返乡初期，常因信息不对称、资源能力欠缺致使他们"不敢回乡"，因而需要提供坚强的组织保障。首先，国家已经出台了一系列土地政策，帮助青年解决返乡创业的用地问题。其次，资金的来源主要有三个方面：一是国家财政补贴、贷款贴息等政策支持；二是结合县乡两级的产业发展，以合适的项目为牵引，给予项目资金的支持；三是协调农商银行等金融部门对青年返乡创业给予一定的贷款支持。②为了更好地实现资金和政策保障，必须优化基层治理模式，嵌入制度。一方面，思南县建立了"党—团—社"有机衔接的管理模式，在党支部的政治引领下、团支部的组织号召下，以及新时代春晖社的精准助力下，帮助当地实现资源、政体、人才共建共享共治的新模式。"党—团—社"有机衔接的管理模式为当地提供了新的制度供给，村级党组织的活动场地向团员青年开放，既拓宽了团员的活动场地也成功拓宽了团支部联系青年、服务青年的渠道。另一方面，对工作内容进行整合，项目之间进行合理互嵌。例如，"扬帆计划"是共青团服务青年实习就业的一项品牌项目，思南团县委将"扬帆计划"与春晖行动的理念进行融合，同时还增加了本地特色品牌"雏雁计划"的内容，将感恩反哺、就业实习与青年发展相结合，守正创新，打造品牌，为外出务工青年返乡实习就业提供保障。

2. 主体亮化：共青团作桥梁，利用春晖资源，做好供需对接

共青团是党的青年工作的重要承担者，同时作为"政府—共青团—春晖使者—务工青年"多元主体的核心，充分发挥了党和政府联系青年的桥梁纽带作用，能更好地协调各方力量，切实地把党和政府的关怀送到青年中去，凝聚各方合力，激活要素价值，帮助资源实现更高效的自由流动。一是丰富供给。共青团作为党的助手和后备军，紧紧围绕党的中心任务来开展工作，团干部了解党的政策和当地产业发展状况，能为返乡青年提供政策指导，也能因村因地制宜帮助返乡青年找到合适的发展渠道。二是紧盯需求。共青团通过"党—团—社"有机衔接，"团支部和新时代春晖社同挂牌、同办公，拓宽了团支部联系青年的渠道"（团干部FX，女）。通过延伸工作阵地，在各领域建立团支部，将工作抓手下沉到基层，紧密联系外出务工青年，建立务工

台账，精准掌握务工人员的技术技能以及这一特定群体个性化、多样化和不断升级的需求。三是密切联系。"春晖使者"以"亲情、乡情、友情"为纽带，践行"尽孝、感恩、反哺、回报"的理念，积极地为家乡发展引才引资引智，帮助家乡共谋发展，共青团主动联系"春晖使者"，对返乡青年和地方发展的需求进行靶向供给，撬动社会资本持续投入。

3. 迭代优化：技术赋能，聚焦数字科技，丰富信息载体

返乡创业青年的人力资本整体水平较低，他们虽然积累了一定的社会经验，但是学历水平相对较低，大部分返乡青年没有受过专业技能提升培训，专业知识缺乏，在创业机会识别、企业经营管理能力、电子商务运用能力等方面尤其突出，因此，外出务工青年返乡发展需要实现技术更新和信息共享。①农业现代化离不开专业技术的支持。一方面，在农产品产量很低时，"'春晖使者'会帮我们找技术人员，指导我们解决这些问题。"另一方面，随着"东方甄选"等电商品牌的走红，农产品的数字化营销不断崛起，直播带货也成为农产品推广销售的主要方式，"在 CS 企业的直播间里，旁边有人会对着一台大电脑实时分析那些数据，进直播间有多少人，增长多少人，后台会实时进行数据分析"（团干部 FX，女）。②丰富信息载体。每年年末的"春晖行动——我与家乡共发展"座谈会是外出务工青年共谋发展的重要契机，"这个座谈会上会召集思南籍在外务工人员，通过召开座谈会倾听他们的诉求，他们在就业创业中遇到什么问题，如果这些问题是在政策范围内可以解决的，会收集这些问题，合理地进行解决"（团干部 FX，女）。除此之外，县人社局和当地对口帮扶单位也会为外出务工青年推荐合适的返乡岗位。

4. 经验转化：工作主导，紧跟时代步伐，发挥技能优势

务工青年在城市的工作经验和技能积累为他们返回家乡创业提供了重要的支持。这些技能和经验可以通过创业活动转化为生产力，促进当地产业的发展和提升农民收入水平。一是学用结合。在外务工时所学的"一技之长"也是他们返乡发展的"安身立命之本"，能够学以致用是推动他们返乡发展的一大因素，所以村干部在游说青年返乡发展时，也会"根据他们本身所从

事的行业来对他进行规划"。二是紧跟趋势。要加快建设农业强国，必须要推进农业农村现代化，外出务工青年"要回来养猪，就要规模性地搞养殖，比如现在的生猪代养"（村干部YZJ，男）。除此之外，直播带货、农村电商等都是农村因地制宜开发的新业态，青年人容易接受新兴事物，更要紧跟时代步伐，多措并举才能在农村立稳脚跟。三是投入调整。创业青年DGZ表示"在35岁的年纪创业，更主要的一个心态是求稳，自己更倾向于做一些长效的投入。"如前所述，外出务工青年的返乡原因常常是基于"上有老下有小"的现实困境，他们返乡发展是在权衡利弊之后做出的决策，因而更倾向于从事风险低、可持续性强的行业，所以求稳是他们考虑何时返乡以及返乡后所从事行业的重要因素。四是身份转变。外出务工青年返乡创业后身份地位会发生变化，"这个老板之前自己在广东是做泥水工，回来以后成立了一个建筑施工队，他自己已经是老板了，就还可以带动一批人去搞建筑"（村干部YZJ，男）。他们以前是给别人打工，现在是自己当老板，从"打工人"摇身一变成为"企业家"，经济实力和社会地位相较之前有很大提升。

5. 系统强化：关注青年主体，以情感为媒介，激活人才动能

"春晖使者"创办的企业在支持外出务工青年返乡发展时更关注青年自身的成长，"软硬结合"持续激活人才动能。①人才升级是返乡青年成长的"硬本领"。在地企业肩负起了带动当地经济发展的使命，所以更明白"授人以鱼不如授人以渔"的道理，因而企业更能找准外出务工青年返乡就业的发展定位，对不同年龄层的员工进行差异化发展规划，"40岁以下的要尽量把他们培养成产业工人。"企业也会创造机会送员工到发达地区学习，提升返乡就业青年的业务能力。②企业领导的带动作用是返乡青年成长的"软环境"，会对青年的工作表现产生重要影响。社会交换理论认为当个体感受到来自工作情境的支持时，会回报以良好的工作表现，领导对员工成长的关心既能提供榜样示范作用，也能激发员工的工作热情，领导身上的这种特质会传递给返乡就业的青年，进而增加他们对企业的忠诚度，降低离职率。在ZC创办的企业里，很多员工从建厂起就在这里工作，大家都是心甘情愿地在厂里工作，没有特殊情况，都不会从厂里离开。"我们的团队，从

电商的运营、客服、主播，全都是我们董事长自己培养的，给他们购买相关的书籍，让他们晚上看书，并且亲自到会议室指导他们"（返乡就业青年CFM，女）。受到这种精神感召，"现在更多的年轻人愿意回来反哺家乡，他们也想为整个家乡的发展贡献一份力"（村干部RRY，男）。

（三）外出务工青年返乡发展与价值共创

"春晖行动·风筝计划"在服务外出务工青年返乡发展的过程中，既为乡村创造出社会价值，也为自身带来了不同形式的商业价值，符合价值共创的典型特征。

外出务工青年返乡发展为乡村及当地村民直接创造出多元社会价值，主要包括提升收入、带动就业、改善人居环境与建立地方标准。首先，外出务工青年返乡发展为当地创造出经济价值。外出务工青年返乡发展的核心逻辑与直接目标就是要在当地立稳脚跟，因此外出务工青年返乡后无论是创业还是就业都会为当地带来直接或间接收入，创造出经济价值。其次，外出务工青年返乡发展为周边村民创造出更多的就业机会。从当地干部的表述中可以看出，ZC的企业"不仅在三道水村开了厂，还在思南开了一个分厂，它的厂也有上下游的一些配套企业，目前也在养殖黄牛，它的产业越做越大，也可以吸引更多的人就业创业"（团干部FX，女）。最后，外出务工青年曾在大城市生活，思想和理念较先进，具有长远眼光，为使产业实现规模经济，他们愿意花时间和精力为当地建立地方标准，如创业青年LB就基于当地的气候条件编写茶叶加工规范和管护规范，并且愿意"无条件免费开放出来"，让更多在当地从事茶产业生产和加工的企业受益。

外出务工青年返乡发展也可为当地企业创造潜在的商业价值，主要表现为完善产业链条、打造生态经济和引入商业资源。首先，外出务工青年返乡发展要充分利用当地的资源禀赋，由"点"出发，初创期依托当地的优势产业"打造一个主要的农产品"，随着企业不断发展壮大，通过整合供应链上下游企业拓宽市场，在集群发展的基础上，主动融入产业，形成附属农产品加工、生产的产业链条，逐步形成集聚效应，推动产业发展由"点"到"线"。

其次，从绿色环保的角度，尝试打造生态经济，优化资源供给，物尽其用。如周寨村的红薯产业，从育苗、红薯种植到养护，再到加工、生产及销售，它是一个生态闭环的产业。最后，外出务工青年返乡发展既深化了对当地农户乃至农产品市场的理解，也积累了相应的知识与经验，为当地经济发展带来新的商业机会，撬动了当地的财富。对于返乡青年来说，农村市场有着巨大的发展空间，无论是吸引新的产业投资还是推广生态农产品直播带货，客观上都具备探索新市场的功能。加之"春晖行动·风筝计划"能够把外面的优质资源引入进来，这些资源聚合在一起，也会为乡村带来商业化的资源与收益。

四 外出务工青年返乡发展与乡村价值共创的理论模型

通过对贵州"春晖行动·风筝计划"服务外出务工青年成长发展的典型过程进行深入分析和阐释可知，在青年返乡发展动因的推动下，外出务工青年在春晖行动"尽孝、感恩、反哺、回报"的理念感召下凝聚价值共识，优化架构模式，实现价值共赢。依托"政府—共青团—春晖使者—务工青年"多元主体的协同作用，创造出融合社会价值和商业价值的共享价值。本文构建了一个以共青团为核心，涵盖外出务工青年返乡发展的前因、过程与结果的价值共创机制，如图1所示。

首先，青年个人返乡发展的动因是凝聚价值共识的基础。一般来说，外出务工青年在发展过程中随着年龄的增长，乡土情结加重，与此同时，由于经济实力和资源人脉的积累，会让他们返乡选择行业时，更多地考虑家乡的民生福祉问题。外出务工青年最开始离开家乡时，以挣钱养家为主要目的，通过提高收入来改善家庭生活条件，但是随着阅历的提升，心态从原本的"求快"逐渐变成"求稳"，行业的稳定性及收益的可持续性越来越成为外出务工青年关注的重点。当青年自身的发展方向或职业规划在某种程度上契合或融入家乡的经济社会发展时，就容易触发其返乡的动机并限定其返乡后的发展方向与行业类型，即不把个人的返乡发展简单地视为"生存型发展"，而是视为一项个人价值的体现，有具体的发展目标和实践路径。这种

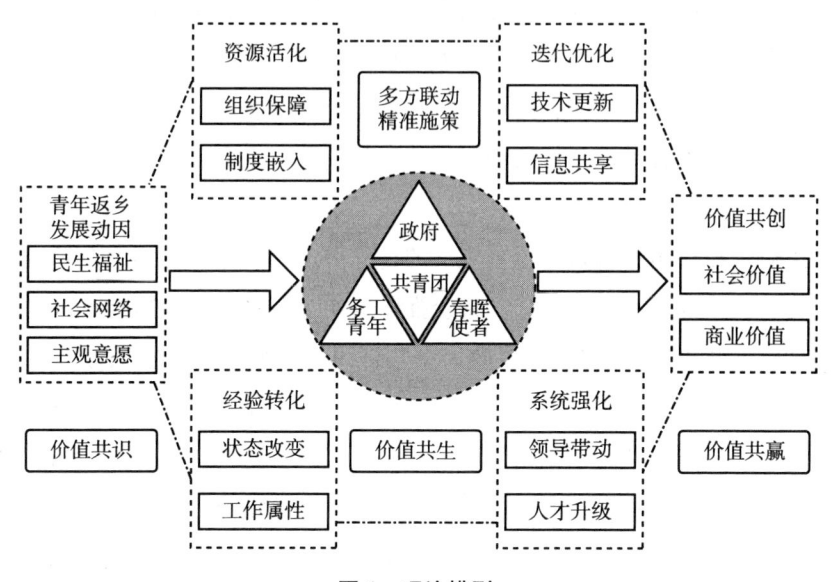

图 1　理论模型

由青年个人返乡发展的动机影响家乡经济发展、由家乡经济发展带来乡村商业价值实现的传递机制在"春晖行动·风筝计划"的案例中得到了充分体现。正是外出务工青年在个人返乡发展伊始就对社会价值创造进行了思考，才使得该群体在推进个人发展的同时进行了多重价值创造的探索与实践，在实现个人发展的同时也为乡村创造了商业价值和社会价值。

其次，外出务工青年返乡后通过资源活化、主体亮化、迭代优化、经验转化、系统强化这五项举措得到有效发展，其中：外出务工青年返乡发展导致同时涵盖社会价值与商业价值的共享价值创造过程得以实现，两种价值在不同情境下会有更具体的表现，但都是因青年返乡而新增的价值，而不是对原有价值的再分配。一方面，外出务工青年返乡发展的直接结果就是创造社会价值，这是返乡的初衷与目的，是由最初设定的目标所决定，如本案例中"春晖行动·风筝计划"服务外出务工青年返乡发展的首要目的就是带动当地经济发展，而不是创造商业价值；另一方面，外出务工青年返乡发展经历了资源活化、迭代优化、经验转化、系统强化这四个举措，利用共青团的桥梁纽带作用，盘活商业资源，遵循市场化的逻辑来发展乡村产业，在此过程中，共青团作为"政府—共青团—春晖使者—务工青年"多元主体的核心，在密切沟通的过程中伴随着知识与经验的分享。因此，这种融合发展模式既会提升外出务工青年社会价值创造的效率与效果，也会以多种形式创造出商业价值。

最后，在外出务工青年返乡发展的过程中，外出务工青年返乡发展受资源活化、迭代优化、经验转化、系统强化这4个关键举措的影响，这也是乡村实现价值共生的重要路径，"政府—共青团—春晖使者—务工青年"多元主体之间有效协同会更好地支持和促进外出务工青年返乡发展与乡村共享价值的生成。其中，共青团的桥梁纽带作用既能准确把握青年需求，如掌握外出务工青年的技术技能、岗位需求以及返乡创业的堵点、痛点，又能协调政府和"春晖使者"资源，既有利于社会价值更便捷地嵌入当地产业链条，又扩大了产业范围，还为发展新业态提供了更多可能性，扩展了共享价值创造的空间，逐步实现价值共赢。"党—团—社"有机衔接和项目互嵌的模式能够确保资源的自由流动，为青年返乡发展指明了方向，促进共享价值创造的效率与效果提升。而共青团与"春晖使者"联结越强，一方面，获得的商业支持就会越多，可以调动的资源范围也会越广，青年返乡发展的路径自然就越拓越宽，不同资源优势与产业组合后的创新性也会越强；另一方面，"春晖使者"与共青团的联系越紧密，也使得春晖行动的理念能够向返乡就业青年扩散，从而在整个企业内得到采纳与效仿，提升整个公司甚至相关产业的价值创造水平。

五 面临的主要困境

（一）青年外出务工导致留守问题凸显

从实地调研的结果看，外出务工青年返乡发展受社会网络的影响，其中血缘、地缘关系显得尤为突出。青年外出务工，导致农村留守问题日益凸显。留守儿童有教育引导的需求，留守老人有生活照顾和精神关爱的需求，留守妇女有自立自强的需求。农村青年虽然外出务工，但"人在外，心系家"，他们担心子女的教育问题，特别是在树立人生观、价值观的关键时期，需要家长的正确引导。留守老人独居在家，精神匮乏，缺乏精神疏导的同时基本生活也难以得到保障，生活无人照料，生病就医无人照看。青年常年在外，从侧面折射出家庭教育的缺失、家长主体责任的缺位，是基层社会治理中家庭家教家风建设的一大阻碍。

（二）外出务工青年渴望反哺家乡的愿望亟须实现

"春晖行动·风筝计划"系住的是"亲情、乡情、友情"，受春晖行动的感召，很多外出务工青年都希望早日返乡，为家乡的发展贡献自己的力量，但是迫于生存的压力，又不得不外出务工，挣钱养家。在某种程度上，反哺故土是他们心甘情愿做的事情，这与青年的利益相融相通，也得到了青年的认同。"春晖行动·风筝计划"紧握情感、美德、乡愁三条"风筝线"，既增进了在外青年对春晖行动的情感认同，又增进了游子反哺家乡、帮助乡亲的利益认同，更加激发了外出务工青年心系贵州、情牵故土的乡土故园情怀，他们渴望家乡有更多的发展机会，为他们提供更多施展才华的舞台。

（三）青年返乡发展的差异化支持环境有待提高

外出务工青年返乡发展，在不同的时期常常面临不同的问题。在返乡初期，常因信息不对称、资源能力欠缺致使他们"不敢回乡"；返乡后，又因知识匮乏、能力不足、持续投资资金欠缺等因素导致他们"不能回乡"。从调研的结论看，外出务工青年返乡发展能够提升村民收入、带动村民就业、改善人居环境、引入商业资源，为乡村创造社会价值和商业价值。但是外出务工青年返乡发展，依然会面临知识匮乏、能力不足、资金短缺等问题。例如，外出务工青年WWL返乡后想要利用新媒体短视频的流量优势，为村里的农产品和农业产业做宣传。但是在初创期，由于缺乏短视频运营的专业设备、专业技术团队和技术指导，她只能自己利用手机进行简单的拍摄，在网

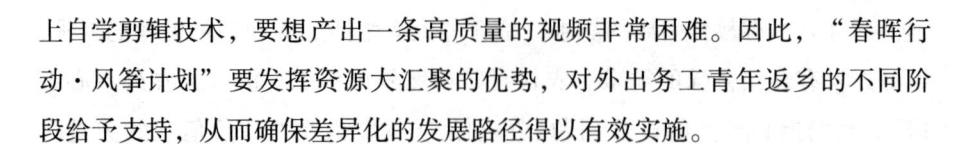

上自学剪辑技术，要想产出一条高质量的视频非常困难。因此，"春晖行动·风筝计划"要发挥资源大汇聚的优势，对外出务工青年返乡的不同阶段给予支持，从而确保差异化的发展路径得以有效实施。

六 对策建议

（一）搭平台，传承美德基因，厚植青年返乡发展土壤

自古以来，中华民族都有重孝道、讲仁爱、知感恩、倡反哺、怀家国的美德基因。春晖行动传承中华民族的美德基因，倡导"尽孝、感恩、反哺、回报"的理念，是"两个结合"在贵州实践中的生动案例，增进了在外青年的情感、价值和利益认同。"春晖行动·风筝计划"通过实施"春晖家园计划""春晖行动——致公学生培养计划""春晖健步行动计划"等，以春晖资源撬动整合更多社会公益资源，解决留守老人老有所养、留守妇女留而有业、留守儿童留而不孤的问题，对践行社会主义核心价值观、加强家庭家教家风建设，具有积极的时代意义。一方面，"春晖行动·风筝计划"引导外出务工青年强化家庭教育的主体责任。注重子女思想品德和心理健康教育，家长身体力行，用正确行动、正确思想、正确方法教育孩子养成好思想、好品行、好习惯。另一方面，用春晖理念涵养家风建设。树立良好家风，有助于营造全社会崇德向善的浓厚氛围，在良好家风熏陶下产生辐射效应，对其他社会成员起到正向引导作用，有助于推动形成相亲相爱、向上向善、共建共享的社会主义家庭文明新风尚。

（二）聚合力，稳步迈向共同富裕，激发青年返乡发展热情

新时代新征程上，"春晖行动·风筝计划"是革新团资源动员机制的有效探索，也是广泛动员社会力量投身强国建设的有效举措，为推动全体人民共同富裕、促进物质文明和精神文明相协调发挥积极作用，紧紧围绕党和国家建设的中心以及服务贵州高质量发展的大局，打好"乡情牌""乡愁牌"，

牵紧"亲情、乡情、友情"的情感线。第一，发挥"春晖·乡村振兴智库"专家、"春晖使者"等人力资源的作用，为家乡带回一批具有现代农业发展新理念、掌握团队管理新方法、熟悉农业产业化经营新模式，与现代乡村产业需求相适应、与乡村建设发展相协调，并且能够引领一方、带动一片的"新质"青年。第二，通过项目牵引，为返乡青年提供土地、人才、资金等支持，常态化为青年返乡发展提供助力，帮助政府优化政策指引和乡村投资环境，为外出务工青年打通返乡发展的壁垒。第三，依托春晖行动驻外联络处、"青·乡友服务站"建设，畅通外出务工青年沟通咨询的渠道，为在外务工的青年做好政策解读和返乡就业创业指导，让春晖行动"找得到，联得紧，关键时候引得回"的工作主线深入每个外出务工青年的内心，切实做到管理到点、服务到家、宣讲到位，推动更多青年返乡与家乡一同实现价值共创。

（三）重培育，瞄准新兴业态，提升青年返乡发展能力

在贵州围绕"四新"主攻"四化"的大背景下，"春晖行动·风筝计划"积极发挥社会动员作用，以组织化和社会化相结合的动员方式，化服务对象为工作力量，化人口红利为人才红利，牵引和鼓励他们返乡来黔，进一步挖掘返乡发展的新业态和新模式。第一，借助电商直播和短视频平台，培育形成一批叫得响、质量优、特色显的农村电商产品品牌，让年轻人有更多施展才华的舞台，激活外出务工青年返乡发展的潜能，为农民增收、农村致富赢得更多机遇。第二，着力将春晖行动的理念与"雏雁计划""扬帆计划""引航计划"等服务青年就业创业的品牌项目相融合，升级品牌内涵，与各地区单位、企业进行常态化对接，为青年返乡发展拓宽渠道，提供更多实践锻炼、增长才干的机会。第三，利用好"春晖·乡村振兴智库"专家、"春晖使者"等资源，始于人才、落脚产业，为外出务工青年返乡发展提供常态化技能培训，帮助他们及时进行技术更新，了解行业前沿。

B.19
贵阳市推进全国青年发展型城市建设试点报告

罗 凡*

摘　要： 青年发展型城市是推动中长期青年发展规划纵深实施、促进青年高质量发展的重要抓手，为进一步促进人才全面发展提供了坚实有力的保障，让青年和城市互为贡献者和受益者，切实提升青年在城市生活的获得感、幸福感、安全感。贵阳市自列入首批全国青年发展型城市建设试点以来，始终坚持"党管青年"原则，积极贯彻"青年优先发展"理念，着力打造"五个一"特色亮点，推动"爽爽贵阳"与"有为青年"双向奔赴、共同成长。在推进全国青年发展型城市建设试点工作中，贵阳市虽取得一定成效，但仍面临一些问题，需从坚持思想政治引领、强化政策项目支撑、围绕青年发展立法、实施两项青年计划、推进青年卡平台建设、围绕"急难愁盼"问题、打造"青春梦想之城"等方面，进一步巩固深化全国青年发展型城市建设试点成果。

关键词： 青年发展型城市　青年优先发展　贵阳市

习近平总书记指出，"全党要把青年工作作为战略性工作来抓"[1]，为做好新时代青年工作指明了前进方向、提供了根本遵循。建设青年发展型城

---

* 罗凡，贵州青年发展研究院副院长，贵州省社会科学院民族研究所助理研究员，研究方向为民族社会发展、青年发展。
[1] 《高举中国特色社会主义伟大旗帜　为全面建设社会主义现代化国家而团结奋斗——在中国共产党第二十次全国代表大会上的报告》，中华人民共和国中央人民政府网站，2022年10月25日。

市，让城市对青年更友好、青年在城市更有为、青年在城市更好成长，对城市可持续发展、提升城市对青年人才的吸引力和感召力具有重要意义。近年来，贵阳市深入学习贯彻落实习近平总书记关于青年工作的重要思想，积极践行青年优先发展的理念。自2022年6月被列入首批全国青年发展型城市建设试点以来，贵阳市聚焦"让贵阳对青年更友好、青年在贵阳更有为"，坚决扛起国家首批试点之责，全力打造全国青年发展型城市示范标杆，推动"爽爽贵阳"与"有为青年"双向奔赴、共同成长。

贵阳市简称"筑"，位于贵州中部，是贵州省省会城市，是全省政治、经济、文化、教育、科技和交通中心。2023年，贵阳地区生产总值达到5154.75亿元，同比增长6%，省会城市经济首位度达25.2%，数字经济占地区生产总值比重超过50%，绿色经济占比达49%。[①] 贵阳市获评中国十大"大美之城""2023年中国十大旅游目的地必去城市"，2021年成功创建"全国民族团结进步示范市"，连续3年荣获"中国最佳表现城市"，连续4次荣膺"全国文明城市""国家卫生城市"，连续8次蝉联"全国双拥模范城"，获批国家信息消费示范城市、"科创中国"试点城市、国家技术标准创新基地等试点示范，成为承载全国大数据领域试点示范最多的城市之一，为建设青年发展型城市奠定了坚实的经济社会基础。尤其是国发〔2022〕2号文件的出台，为贵阳实施"强省会"、推动青年人才大汇聚提供了重大机遇。

2023年，贵阳市常住人口超过640万人，新增高校毕业生留筑人数创新高，达12万人，其中省外高校毕业生来筑人数较2022年翻一番。近三年，青年人才占新增人口数比重超过60%。[②] 由于新增人口以技术技能型产业青年为主，因此，贵阳市青年发展型城市政策举措主要定位于服务广大普通青年，实现"以产业聚集青年人才，以青年人才引领产业"的发展格局。建设青年发展型城市，为青年人才打造愿意来、留得住、能安心就业创业的

---

① 数据来源：《2024年贵阳市政府工作报告》。
② 数据来源：《2024年贵阳市政府工作报告》。

良好环境，不断发挥青年在城市建设中的中坚力量，是实现城市可持续发展的必然要求。

一 贵阳市推进全国青年发展型城市建设试点的主要做法

自2022年6月贵阳市成功入选首批全国青年发展型城市建设试点以来，贵阳市委、市政府高度重视，市政府工作报告专门提出，要推进全国青年发展型城市建设试点，让"爽爽贵阳"与"有为青年"双向奔赴、共同成长。贵阳市坚持以党建为引领，扎实推进《贵阳贵安青年发展型城市建设试点实施方案》各项任务落实，以试点建设为契机，统筹把握青年和城市"两个主体"，有效激发青年与城市之间实现双向促进、合作共赢。

（一）坚持"党管青年"原则，汇聚青年发展型城市建设试点青春合力

贵阳市坚持"党管青年"原则，把党的领导贯穿青年发展型城市建设全过程，充分发挥党总揽全局、协调各方的领导核心作用，不断健全和完善党委领导、政府负责、各部门齐抓共管、全社会广泛参与的工作格局。

1. 强化党建引领，凝聚发展力量

贵阳市积极推进青年工作，在全省率先出台《贵阳市中长期青年发展规划（2020-2025年）》，连续三年将中长期青年发展规划、青年发展型城市建设写入市政府工作报告[①]，多次以市委常委会形式专题研究青年工作尤其是青年发展型城市建设工作。在市委市政府的统一领导下，由市长担任市中长期青年发展规划联席会议第一召集人，高位推动青年发展型城市建设工作。通过"三个狠抓"工作机制，重点攻克各单位各部门在推进青年工作

[①] 2021年、2022年、2023年连续三年将中长期青年发展规划写入贵阳市政府工作报告；2022年、2023年、2024年连续三年将青年发展型城市建设写入贵阳市政府工作报告。

中"不想、不愿、不会"的问题，形成一体化推进的强大合力。一是狠抓领导到位，克服"不想做"。健全中长期青年发展规划联席会议机制，联席会议成员单位涵盖54家，构建了横向到边、纵向到底的组织领导体系，紧盯"领导抓、抓领导"，让领导带头研究青年问题、协调青年政策、落实青年实事项目。二是狠抓考核到位，克服"不愿做"。将青年发展型城市建设相关工作纳入各责任单位年度综合目标考核，通过发挥考核指挥棒的作用，督促指导各单位进一步凝聚青年发展型城市建设的强大合力。三是狠抓推动到位，克服"不会做"。围绕建设青年发展型城市，市委常委会专题研究2次、市中长期青年发展规划联席会议专题研究6次、召开联络员会议3次，不断督促54家市直部门和10个县（市、区）扎实推进青年工作，同时，根据各单位工作特点和区域优势对所属部门开展建言献策，充分调动各单位对推进全国青年发展型城市建设试点工作的积极性、主动性和创造性。

2023年8月，贵阳市顺利通过评估组对全国青年发展型城市建设试点的中期评估，得分96.5分，获得第一梯队A等次（优秀），在全国45个试点城市中排名第5，在西部排名第1。贵阳贵安的比较优势和发展潜力，正吸引越来越多的青年赴筑追逐梦想。

2. 加强顶层设计，完善政策体系

2022年6月，《贵阳贵安青年发展型城市建设试点实施方案》（筑委厅字〔2022〕45号）出台，明确了主要任务、特色工程和重点措施，切实推进青年发展型城市试点建设，把青年发展摆在市委、市政府工作全局中更加重要的战略位置，促进青年更好成长、更快发展，扎实推进青春建功"强省会"。坚持高起点谋划、快节奏推进、高标准建设，立足青年发展需求、着眼贵阳贵安建设需要，紧紧围绕"2+7+5"工作思路推进青年发展型城市建设，聚焦提高机制畅通度、制度完备性、政策含金量，制订37条重点工作举措，高标准高质量建设青年发展型城市，把青年优先发展理念落实到城市规划、建设、管理全过程。

"2+7+5"是推进青年发展型城市建设的主要任务，"2"即塑造"工业强市，青聚力量""数字活市，青创未来"两大特色；"7"即深入实施城市规划环境、城市教育环境、城市就业环境、城市居住环境、优生优育服务、身心健康环境、城市安全环境等"让城市对青年更友好"七大优化工程；"5"即组织动员青年引领城市文明风尚、投身创新创业热潮、立足岗位建功立业、有序参与社会治理、助推生活品质提升等"让青年在城市更有为"五大专项行动。以此部署青年发展重点任务，落实落细重点实事项目，优化完善政策举措，为贵阳贵安持续高质量发展蓄势、蓄能，实现青年发展与城市发展的有机融合、良性互动。

3. 坚持多跨协同，推进高效联动

及时调整中长期青年发展规划联席会议成员单位，构建完善的横向到边、纵向到底的组织架构，打破各单位、各部门之间的政策壁垒，破解"小马拉大车"难题。发挥市县两级青年工作联席会议统筹协调作用，建立青年发展型城市建设情况监测评估机制，对好经验、好做法、好典型及时宣传、推广，引导社会各界积极参与青年发展型城市建设，形成全社会关注青年、关心青年、关爱青年的良好氛围。

（二）贯彻"青年优先发展"理念，展现青年发展型城市建设试点青春活力

1. "两大特色"突出重点，建设贵阳贵安特色青年发展型城市

贵阳市立足省会特色和资源禀赋，提出"工业强市，青聚力量""数字活市，青创未来"两大特色，旨在培养一批创新型、实用型的管理、技术、技能产业青年人才，形成"以产业聚集青年，以青年引领产业"的良性发展格局。"工业强市"方面，坚持把新型工业化作为第一推动力。2023年规模以上工业增加值同比增长9.6%，工业支撑作用持续显现；七大产业加速集聚、链式发展，总产值同比增长10.5%；战略性新兴产业占规模以上工业总产值比重达32.7%；新开工亿元以上项目79个，建成57个；工业投资占固定资产投资比重较2022年提高2.9个百分点，达27.4%，工业技改投资同比增长37.8%；建成可用标准厂房1540万平方米，使用率约70%；完成11个重点企业电力设施建设；"园区事园区办"48项基础事项全面落地。

"数字活市"方面，围绕"大数据"战略，聚焦"一硬一软"两大产业发展，持续不断优化青年就业发展平台。电子信息制造业总产值同比增长29.3%；软件和信息技术服务业收入突破800亿元，同比增长20.6%；贵阳大数据科创城集聚企业818家；华为云营收突破500亿元；引进生态伙伴44家；大数据交易所年交易额超过20亿元；上线运营全国首个政务数据专区。①2023年，贵阳贵安新增大数据人才25445人，挂牌贵阳贵安大数据产业人才实训基地13个，实现实训大数据产业人才约1.6万人次。②

2. 实施"让城市对青年更友好"七大工程，促进青年高质量发展

坚持将青年优先发展的理念融入城市发展战略，聚焦青年发展城市规划环境、教育环境、就业环境、居住环境、优生优育环境、身心健康环境、安全环境等七大方面，强化青年服务，让服务青年更加有力度、深度和温度，努力为青年解决后顾之忧，不断增强青年在贵阳贵安的获得感、幸福感、安全感，让广大青年愿意来、留得下、不想走。

一是着力优化青年优先发展的城市规划环境。在城市规划、建设、管理全过程体现青春元素、照顾青年特点，打造富有青年特色的城市名片。积极推进商业综合体、城市地标、网红商业街等发展，如建成青云市集、民生路、曹状元街、阿云朵仓、繁花市井等特色街区，策划推出"520购物节"系列活动，进一步满足青年品质化、多元化、便利化的消费需求。优化城市公园绿地规划布局，建设城市旅游休闲场所，营造青年发展优美宜居城市环境。有序推进城市轨道交通规划建设，城市功能日趋完善，"青春号"轨道交通专列正式上线运营，轨道交通3号线开通运营，贵阳地铁迈入"线网时代"。完善自行车道、人行道、城市绿道等慢行交通，保障青年安全、便捷、经济、高效的出行需求。深化城市"一圈两场三改"，不断完善"15分钟生活圈"功能配套。优先完善青年发展公共文化服务体系，持续推进图书馆、文化馆等公共文化场所建设，对青年免费或优惠开放友好运动场

---

① 数据来源：《2024年贵阳市政府工作报告》。
② 数据来源：共青团贵阳市委提供。

馆，补齐青年发展公共文化设施短板。

二是着力优化公平且有质量的城市教育环境。落实中央"双减"要求，进一步减轻义务教育阶段学生作业负担和校外培训负担，建设高质量教育体系。持续加强城市义务教育学校建设，有序增加城市学位供给，保障进城务工青年随迁子女、易地扶贫搬迁户等新市民适龄儿童少年就学需求。积极履行政府责任，广泛动员社会参与，建好贵州希望实验学校，有序推进希望工程升级版各项工作。充分考虑普通高中办学效益、学龄人口变化、高考综合改革需要等综合因素，新建、改扩建一批规模适度的普通高中，优化普通高中布局。紧密结合经济社会发展和产业结构布局，持续改善职业教育办学条件，稳定和扩大职业教育办学规模，优化职业教育布局。

三是着力优化激励青年施展才华的城市就业环境。完善促进青年就业创业政策体系，加强对灵活就业、新就业形态的支持，促进青年自主就业。开展"筑人才·强省会"在黔高校毕业生就业创业行动，由43位市领导领衔包保75所在黔高校，精准开展送岗位、送政策、送服务，多渠道促进青年就业创业，2023年高校毕业生留筑规模超过12万人，创历史新高。开展"春晖行动·风筝计划"，聚焦社会优秀人才、外出务工乡友、高校大学生三类人群，以情感、乡愁、美德为"风筝线"，通过开展就业创业政策宣讲会、人力资源项目对接会、"春晖亲缘招商"、人才招聘会、"千校万岗""扬帆计划"等活动，搭建就业创业平台，常态化多形式开展就业创业服务工作。建成"青年之家"196家，累计开展各类活动3688场次，直接服务青年2.68万人次，丰富和畅通青年社会参与的渠道和方式，帮助青年主动自信地适应社会、融入社会。

四是着力优化保障青年基本住房需求的城市居住环境。加快完善多主体住房保障体系，加强对人才保障性租赁住房出租和运营管理的全过程监督，为青年提供精致舒适、温馨便捷的安居之所。2023年，筹集人才保障性租赁住房20004套（间），累计筹集人才保障性租赁住房36179套（间）。打造观山湖区翡翠·天骄人才公寓、高新区玫瑰园保障房等一批示范性人才保障性租赁住房小区，为青年人才提供安心、舒心的租房保障。打造青年人才

"筑梦驿站"，为创新创业青年提供一站式临时住宿、就业创业指导、政策咨询、社会融入等服务，解决求职青年住房难题。加快打造集教育、工作、社交、娱乐、居住、消费等于一体的青年社区。

五是着力优化缓解青年生育养育难题的城市生活环境。加强对青年婚育观、家庭观的教育和引导，多措并举做好未婚青年婚恋交友、婚前保健服务。切实提高优生优育服务水平，推动相关经济社会政策与生育政策配套衔接，出台《贵阳贵安婴幼儿照护服务"十四五"发展规划》《贵阳贵安优化生育政策促进人口长期均衡发展的若干措施（试行）》，减轻青年生育、养育、教育负担。开展城企联动普惠托育行动，切实解决青年生养难题。建立健全婴幼儿社会保障制度，完善婴幼儿医保、社保服务，切实推动将3岁以下婴幼儿照护费用纳入个人所得税专项附加扣除，缓解青年育幼后顾之忧。完善学前教育保障机制，优化学前教育资源配置，推进学前教育普及普惠发展，支持幼儿园提档升级，有效缓解青年子女教育难题。

六是着力优化促进青少年身心健康发展的城市环境。切实抓好青少年心理健康教育，持续构建完善青少年心理问题高危人群预警及干预机制，采取有效措施解决或缓解青少年在学业、职业、生活和情感等方面的压力。持续加强城市青年公共体育场所和设施建设，新建中高端商业综合体3个，改造升级夜间经济街区5条，全市公共文化、体育场馆向社会免费或低收费开放，满足青年多样化生活需求。依托马蜂窝玩法嘉年华、山地潮玩大会等多项文体旅活动，包括山地体育、水上运动、创新农旅、非遗文化、电子竞技、音乐体验、户外露营等丰富的"年轻态、新玩法"，让青年在精彩纷呈的活动中亲身体验贵阳贵安"六爽"[①]的独特魅力。

七是着力优化有效保护青少年权益免受意外伤害和非法侵害的城市安全环境。加强青少年法治宣传教育，形成系统化、常态化青少年法治教育机制，切实预防青少年违法犯罪。健全未成年人行政保护与司法保护衔接机

---

① "六爽"：贵阳贵安坚定不移"强旅游"，围绕"爽爽贵阳"城市品牌，打造爽身、爽心、爽眼、爽口、爽购、爽游"六爽"城市名片。

制，加强监护缺失、受到监护侵害的未成年人权益保护工作。建立健全基层青少年维权工作机制，深化"青少年维权岗"创建活动，维护青少年合法权益。开展未成年人普法教育，对未成年人开展"一站式"服务，实施"花蕾护航·女童保护"志愿服务项目，保护青少年远离性侵害。2023年，开展法治安全教育2123次，指导开展演练215次，面向中小学生青少年选派法制辅导员910人，开展普法志愿服务活动135场，普法宣传讲座74场，儿童安全教育讲座74场，大型宣传活动28场，禁毒防艾宣传89场，覆盖人群33550余人，切实提升青少年自我保护意识和法律意识。

3. **实施"让青年在城市更有为"五大行动，推动城市高质量发展**

围绕"强省会"重点任务，以"青春建功强省会"为工作主线，大力实施青年引领城市文明风尚、投身创新创业热潮、立足岗位建功立业、有序参与社会治理、助推生活品质提升等"五大行动"，激励广大青年到"急难险重新"任务中历练攻坚。

一是积极组织动员青年引领城市文明风尚。面向广大团员与青年开展学习习近平新时代中国特色社会主义思想主题教育，持续开展社会主义核心价值观教育，组织青年积极参与形式多样的精神文明创建活动，选树一批"新时代好少年"和"全国向上向善好青年"，宣传推广青年榜样，引领青年精神文明新风尚。发动贵阳贵安共青团系统把婚事新办主题活动与文明实践活动结合起来，组织开展16场涵盖婚事新办、集体婚礼、婚恋交友的文明新风主题活动，累计服务约1784人。围绕中国传统节日等时间节点，分时段、分批次组织青年新人举办集体婚礼，倡导"低彩礼""零彩礼"，推进婚姻领域移风易俗。

二是积极组织动员青年投身创新创业热潮。深入实施青年人才"引、育、用、留"四大工程，牵引和鼓励青年人才返乡来筑，以推进重大改革事项调研为契机，盘清贵阳贵安青年区域分布、行业分布等底数，以及就业创业基本现状，以引导就业观、送政策、送岗位、送服务"一引三送"为重点，探索建立青年就业创业综合服务体系，持续推进"筑人才·强省会"在黔高校毕业生就业创业行动，促进"人才大汇聚"，大幅提升在黔高校毕业生"留筑"比例。把打造孵化基地作为促进和帮扶青年群体自主创业的重要内容，鼓励各孵化基地吸纳青年创业企业和项目入驻，对新认定国家级、省级、市级创业孵化基地分别按照100万、50万、50万元给予补助，对符合创业担保贷款条件自主创业的，可申请最高20万元的创业担保贷款，帮助更多青年在贵阳贵安实现创新创业梦想。2023年，累计发放青惠贷3000多笔，金额达33000余万元，执行年利率集中在4%左右，服务创业青年2300余人。开展各类招聘、宣介活动625场，用人单位参与2.87万次，提供就业岗位68万个（次），289万人（次）在线观看"直播带岗"，投递简历15.4万份；打造31个创业孵化基地促进和帮扶青年群体自主创业，在孵创业实体超1700余个，其中35岁以下青年创办的创业实体约1200个；贵州网络视听产业园建设"青年之家"工作阵地，为视听行业的青年人才提供更加广阔的舞台和成长空间。

三是积极组织动员青年立足岗位建功立业。一方面，深入实施高层次创新型青年人才培养计划，鼓励青年人才持续提升自身创新能力。2023年，贵阳市在97个创新型城市中排名第25位，创新能力跻身西部19个国家创新型城市前三位，研发人员达42286人，同比增加7044人，增长幅度为19.99%，占全省比例为51.12%，研发人员数量位居全省第1；获批建设1个全国重点实验室、2个国家级科技企业孵化器，新增1个国家"高等学校学科创新引智基地"、4个国家产业技术基础公共服务平台；成立贵州绿色产业研究院、乌江实验室、国家技术转移东部中心贵州分中心，大自然科技股份有限公司植物纤维弹性制品工业设计中心成为贵州省首个被认定的国家级工业设计中心；新增1人入选国家"千人计划"、2人入选"海外优青"、260人入选省级人才培养计划。另一方面，积极引导贵阳贵安各行业青年参与"青年文明号""青年岗位能手""优秀共青团员""优秀共青团干""五四红旗团（工）委""五四红旗团（总）支部"等评选活动，激发青年在建设"强省会"中的使命感和荣誉感，构建青年立足岗位、建功立业格局。2023年，组建1413支"青年突击队"到乡村基层一线参与乡村振兴、基层治理等服务工作，评选"青年文明号"75家、"青年安全生产示范岗"11

家、"贵州省青年岗位能手" 2 名，评选表彰市级五四红旗团委 61 个、五四红旗团支部 141 个、优秀共青团员 167 名、优秀共青团干部 121 名。此外，5 人获贵州青年五四奖章、全国乡村振兴青年先锋、全国"两红两优"个人荣誉表彰。

四是积极组织动员青年有序参与社会治理。持续统筹实施大学生志愿服务西部计划、农村特岗教师（医生）、"三支一扶"计划等基层服务项目和高校毕业生到企业就业项目，引导和鼓励青年到基层工作。2023 年，组织 2400 余名大学生志愿者到贵阳贵安乡村基层一线开展服务工作，服务期限为 1~3 年，积极参与乡村振兴、"强省会"行动等重点中心工作；组织"特岗计划"乡村教师到 10 个县（市、区）开展乡村振兴、基层青年工作以及支教工作，为贵阳贵安基层经济社会发展输送青年人才队伍；鼓励动员 1581 名青年积极投身城市"一圈两场三改"、农村"五治"、生态环保公益实践、社会基层治理等重点任务，开展特色活动 320 场，覆盖 8.4 万余人次，相关工作经验在《中国共青团》《中国青年》上推广。积极推进青年社会组织参与基层社会治理项目，持续支持行为规范、运作有序、公信力强的青年社会组织与公益服务项目。

五是积极组织动员青年助推生活品质提升。紧扣青年所盼所需，率先推出"贵州青年卡—青年综合服务平台"，为贵阳贵安青年提供多元化综合服务。倡导绿色出行、垃圾分类、"光盘行动"、节水节电、巡河护林等绿色生活方式，增强节约意识，践行绿色消费。鼓励优秀青年文化人才参与书法、摄影、民间艺术、杂技艺术、文艺评论、非遗传承等方面文化作品的创作，支持青年文化产品生产、发行和推广。

（三）打造"五个一"特色亮点，激发青年发展型城市建设试点青春动力

围绕"让贵阳对青年更友好"，贵阳贵安形成了"五个一"的工作亮点和创新做法，为青年提供全方位、多角度、深层次、立体化的服务保障，确保青年在住房上更"省心"，在生活上更"开心"，在业务办理上更"舒

心"，在问题解决上更"暖心"。

1. 搭建"一平台"，拓宽青年服务渠道

面对青年对政务服务、民生保障的体验感和精准化提出更高要求这一现状，贵阳贵安结合数字政府建设，紧扣青年所盼所需，在全省率先打造具有贵阳特色、符合青年特点的"贵州青年卡—青年综合服务平台"，集成大量政策、服务、福利、活动，为青年提供线上与线下、政府与市场结合的一体化综合服务，逐步形成了针对贵阳贵安青年群体的青年卡服务生态，实现了多使用场景的突破，让青年在指尖上就可以获取资讯和办理事务。该平台包含了青年政策、青年服务、青年福利、青年有为、青年组织五大板块，其中，青年服务主要包括向青年提供人才公寓申请、就业信息推送、职业技能培训、学习资源共享、活动场馆预约、心理健康咨询等内容；青年福利包括为青年提供吃、住、行、游、购、娱等优惠服务；青年有为整合各类公益性活动资源，为青年提供参与志愿服务的信息和渠道。为更好地实现"青年卡"服务功能，共青团贵阳市委就青年安居、婚恋交友等问题在贵阳贵安开展问卷调研，广泛收集青年意见，最大限度地服务青年，提升青年满意度。截至2023年12月，青年卡申领人数达20.5万余人，访问人数达87.7万余人次，其中，2023年申领人数为19.4万余人。2023年6月，央视《焦点访谈》播出《"数"立标杆 算启未来》专题节目，以"贵州青年卡贵阳综合服务平台"为例，实景展现贵州数字政府"一网通办"移动端平台通过大数据匹配，打破数据壁垒，实现数据共享，为青年提供精准服务。11月13日，《中国青年》创刊100周年系列特刊，全文刊载了贵阳搭建青年卡综合服务平台的好经验好做法——《贵阳：政策"加速度"，服务"一卡办"》。

2. 成立"一中心"，推动青年工作落实

依托贵阳青少年宫成立"青年发展服务与促进中心"，为全国青年发展型城市建设试点提供必要的组织保障和人力支撑。2023年7月，正科级事业单位"青年发展服务与促进中心"成立，旨在深入开展促进青年社会融入、青年志愿者行动、青年就业创业等工作。自该中心成立以来，已服务

31个创业孵化基地促进和帮扶青年群体自主创业;开展"支持青年社会组织参与社区垃圾分类宣传实践示范项目""青清河""小林长"巡河护林志愿服务行动,线上宣传达到72.4万人次,青年志愿者线下参与超过9000人次。

3. 出台"一揽子青年政策",健全服务保障机制

建立健全贵阳贵安青年发展政策,出台涵盖青年重点关注的落户、就业、创业、住房、教育、医疗、人才补贴等27项政策措施。《贵阳贵安青年优先发展若干政策措施》围绕"青年就业创业环境""青年教育环境""青年城市居住环境""青年优生优育城市服务""青年参与社会治理"等青年发展8个方面,针对性地出台相关政策措施,建立全方位的服务保障机制,提升青年生活品质,指引青年培养方向,创新青年培养模式,强化青年服务管理,促进青年就业创业,奋力构筑聚才"洼地"、用才"高地"、留才"福地",为建设青年发展型城市营造良好的政策环境。出台"三个最"落户政策,即"最宽松",专科以上高校毕业生实行"零门槛"落户;"最方便",针对青年群体"上班没空办、下班没处办"的问题,实行户籍站点7×24小时全天候实时受理;"最快捷",青年居住证办结时限从15日压缩至1个工作日。以"最宽松、最方便、最快捷"的政策措施,为青年提供户籍"一网通办",打造青年人才集聚高地。推出青年住房"三步曲",第一步免费住,打造"筑梦驿站",为到贵阳贵安创业就业的青年群体提供7~30天免费住;第二步廉价租,累计筹集人才保障性租赁住房任务3.6万套(间),给予符合条件的青年租房补贴;第三步低价买,出台《贵阳贵安人才住房保障措施(试行)》,为符合条件的青年群体提供备案价10%的购房优惠。以"免费住、廉价租、低价买"的政策措施,让青年实现"一键申请",切实帮助青年解决住房难问题。截至2023年,"筑梦驿站"累计入住31636人次,青年公寓累计入住11046人次。

4. 培育"一批青年发展型单位",改善青年生活环境

为提升青年满意度,促进青年更好成长、更快发展,围绕促进城市发展和青年迫切发展需求,结合青年发展型城市建设试点相关工作任务,出台

《贵阳市青年发展型社区、村寨建设实施方案》《贵阳市青年友好型街区、商户建设实施方案》，培育认定青云市集、花溪十字街等一批青年发展型街区，白云区云尚英才、观山湖区翡翠天骄青年大厦等青年发展型社区，深受广大青年追捧。特别是青云市集已升级成为集休闲、娱乐、美食于一体的兼具传统、复古和工业风的网红集市，深受青年喜爱，被认定为省级青年友好街区。2023年11月，贵阳贵安15家青年发展型单位被贵州省中长期青年发展规划联席会议办公室认定为省级青年友好街区，丰富了青年服务渠道，改善了青年生活环境，进一步推动广大青年提高参与意识、增强动手实践能力、积累经验，逐步成为党和政府社会治理的中坚力量，构建"青年发展型单位促进青年成长，青年反哺经济社会进步"的协同发展机制，努力让城市对青年更友好、让青年在城市更有为。

5. 实施"一批重点项目"，解决青年关切问题

聚焦普惠托育、便民服务、医疗卫生等青年关切的急难愁盼问题，围绕"教业文卫体、老幼食住行"等群众关心的民生问题，通过规划主导、清单主责、群众主体、基层主治，积极创新举措，建成一批基础公共服务设施，全力办好民生实事项目。在实施教育保障工程方面，2023年，新建改扩建中小学、幼儿园25个，新增学位2.6万个，高中扩招学位3000个，保障适龄人口入学需求，创建市级示范幼儿园15所、"公办强校"187所，引进全国知名学校2所，开展学生心理健康教育和千万师生阳光体育运动。在实施便民服务方面，全面建成"15分钟生活圈"140个，免费开放公共图书馆12个、文化馆11个、纪念馆（陈列馆）4个，建成城市主题书房6个，新建（更新）多功能运动场27个、智能健身驿站15个、全民健身路径工程66个、村民健身广场10个、老化健身场地设施82套。在实施医疗及普惠托育方面，在云岩区、南明区、花溪区、乌当区、白云区、观山湖区等6个城区各建成一所示范性公办托育机构，市域内托育机构达到536个，通过备案数达到106个，托位数24956个，每千人口婴幼儿托位数达4个；建成"向日葵亲子小屋"国家级项目2个、省级项目1个，3岁以下婴幼儿照护服务省级试点1个。

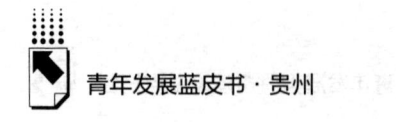

二 贵阳市推进全国青年发展型城市建设试点存在的问题

贵阳市根据《贵阳贵安青年发展型城市建设试点实施方案》要求，围绕"2+7+5"青年发展工作思路，深入推进青年发展型城市建设试点工作，虽取得一定成效，但对照相关要求还存在以下几个方面的差距。

（一）青年价值观念引导有待提升

贵阳市在推进全国青年发展型城市建设试点工作中，始终坚持"党管青年"的原则，引导青年积极参与到青年发展型城市建设中，形成全社会关注青年、关心青年、关爱青年的良好氛围。但是，随着市场经济的深入发展，青年的思想观念、价值趋向正在发生变化，青年群体中存在的一些消极思想有待进一步引导。

（二）青年发展政策供给有待优化

贵阳市促进青年发展的政策供给还不足，专门针对青年群体的普惠性政策较少，在支持青年创业上政策吸引力不够，青年找不到相关政策的情况仍然存在。青年创业服务方式创新力不足，保障青年创业的环境有待进一步优化，青年的获得感和满意度还需进一步提升。在推动青年创新、青年就业、青年服务等方面，运用法治思维和法治方式的能力有待提升，青年发展领域专项立法有待探索。

（三）项目化服务青年的力度有待加强

贵阳市在推进全国青年发展型城市建设试点工作中，面对青年多元化的思想观念、生活方式，在与时俱进、守正创新中引领、组织、服务青年的能力还需进一步提升。尤其是在项目化服务青年方面，落实引领凝聚青年、组织动员青年、联系服务青年的基本职责还需进一步加强。

三 贵阳市巩固深化全国青年发展型城市
建设试点成果的路径思考

建设青年发展型城市，需要让城市与青年"同频共振"，让青年有获得感、幸福感、安全感，这样才能全身心地投入到奋斗事业中，实现区域协调发展，促进城市与青年可持续发展[①]。贵阳市要紧紧围绕《贵阳贵安青年发展型城市建设试点实施方案》工作目标和具体任务，按照"2+7+5"的工作思路，落实落细重点实事项目，优化完善政策举措，为贵阳贵安青年搭建健康成长和建功立业的平台，进一步优化青年发展环境，提升青年投身城市发展的主动性和贡献度，全面建设宜居宜业的青年发展型城市。

（一）坚持思想政治引领，做好青年与城市专项调研

一是把稳青年思想之舵。为党育人是共青团的政治责任，坚持把思想政治引领作为建设青年发展型城市的首要任务，积极抓好面向团员和青年的主题教育，牢牢把握"学思想、强党性、重实践、建新功"的总要求，深入开展学习贯彻习近平新时代中国特色社会主义思想主题教育，团结引领青年坚定捍卫"两个确立"、坚决做到"两个维护"，为强国建设、民族复兴作出贡献。二是扎实做好谋事之基。大兴调查研究之风，以问题和目标为导向，开展破解复杂难题的对策性调研、推动落实的督查式调研等，通过调查研究查找青年发展工作短板弱项，找出破解难题的路径和方法，进一步推动全国青年发展型城市建设试点工作落地落实。

（二）强化政策项目支撑，培育青年与城市同频共振

一是完善体制机制建设。用好中长期青年发展规划联席会议机制，通过

---

① 陆杰华、张依芸：《建设青年发展型城市 让城市与青年"同频共振"》，《人口与健康》2023年第12期。

联席会议机制共同研究青年问题、协调青年政策、落实青年项目,切实推动贵阳贵安全国青年发展型城市建设试点工作纵深实施。二是强化政策项目支撑。积极争取各地各相关部门支持,围绕青年所急所需所盼,借鉴深圳、成都等青年发展型城市成功经验,出台一批含金量高的普惠暖心青年发展政策;加大青年项目实施力度,积极申报国家、省级青年发展示范项目,撬动更多社会资源投入服务青年的项目中。三是做实做优"两大特色"。联动大学生服务队与重点工业企业深度对接,促进产教融合、校企合作,引导青年助力工业发展;深入实施"十百千万"大数据人才培养计划,壮大专业化青年人才队伍。四是营造城市青年氛围。继续将青年优先发展理念融入城市发展战略,在城市规划、建设、管理过程中充分体现青春元素、全面照顾青年特点,塑造青年场景和青年品牌[1],打造凸显贵阳贵安特色、蕴含青年元素的全景式城市新地标。

(三)围绕青年发展立法,探索青年与城市互促路径

以维护青年发展权益、促进青年成长发展为立法方向,结合青年在就业、婚育、健康、社会融入等方面的现实需求,对已有青年立法的省、市进行实地调研,邀请相关领域专家学者及人大常委会法工委等相关单位开展专项研讨。同时,开展关于青年领域专门立法的网络问卷调查,探索制定青年发展促进条例,为青年成长发展提供更为全面的法治保障,使青年在新时代更好发展、更有作为。

(四)实施两项青年计划,促进青年与城市双向奔赴

一是实施青年就业创业计划,大力实施人才兴市战略,以超常规举措推进引、育、用、留"四大工程",优化升级人才政策,提升"人才卡"含金量,严格执行"三个最"落户政策,吸引高校毕业生留筑人数持续攀升。

---

[1] 刘慧卿、张云龙、高旭:《关于大连创建青年发展型城市的对策建议》,《辽宁经济》2023年第11期。

深入实施共青团促进大学生就业行动,统筹实施低收入家庭学生就业帮扶计划、大学生实习"扬帆计划"等促进就业项目。二是实施青年公共服务提升计划,推进"贵阳优质学校+贵安分校"办学模式,打造贵安基础教育品牌。推进学前教育普及普惠发展,持续巩固"双减"成果,推进义务教育阶段优质均衡发展。推进"新高考、新教材、新课程"改革,深入实施县域高中振兴行动。

(五)推进青年卡平台建设,实现青年与城市相融相促

继续探索推进"青年卡"综合服务平台建设。在供给端,不断优化"青年卡"的开发、推广、应用模式,完善充实各项服务内容,加大青年政策、项目、福利、活动的集成融合力度,广泛引入更多社会主体为青年提供多元化服务,让青年在指尖实现"政策一网通晓""服务一网通办""福利一网通享"。在需求端,建立动态反馈机制,及时了解青年的新变化、新特点,根据青年需求动态调整升级服务;拓宽宣传渠道,不断增加"青年卡"的知晓率和使用率,使"青年卡"在全省范围内得到进一步推广使用。

(六)围绕"急难愁盼"问题,抓实青年与城市民生实事

常态化开展贵阳青年实事,用心用情用力帮助青年解决"急难愁盼"问题,促进青年更好成长、更快发展。文化惠民方面,加快推进新型城市公共文化空间建设,持续打造"城市主题书房";大力实施青年健身工程,让青年乐享健身之趣。人居环境方面,持续实施人才保障性租赁住房建设及青年驿站建设、打造希望工程升级版、推进15分钟生活圈建设、开展城企联动普惠托育行动等实事项目,切实为青年提供就业、住房、子女教育等各类配套服务。

(七)打造"青春梦想之城",助力青年在城市奔跑逐梦

一是提升贵阳贵安城市荣誉感和影响力。充分发挥"爽爽贵阳"资源优势,大力宣传城市文化、展现城市风貌,以文旅融合展示贵阳贵安城市魅

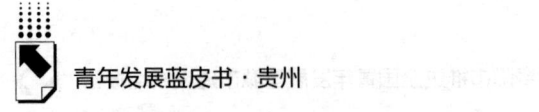

力，激发青年在城市生活的热情和荣誉感。二是促进青年参与城市治理。构建多元有序的社会参与渠道，广泛听取青年心声、汇聚青年智慧、发挥青年所长，投身社区治理。三是丰富青年生活载体。发展以青年为主体的经济新业态，打造符合青年诉求的社交场景、消费场景、文娱场景，丰富青年业余生活。四是持续打造创业梦工厂。完善青年创新创业政策体系，加大对青年创新创业的资金、技术支持力度，激发青年创新创业的热情。

B.20
黔西南布依族苗族自治州推进全国青年发展型城市建设试点报告

杨星 齐亮[*]

摘　要： 青年发展型城市是青年创新创造活力与城市创新创造活力互相激荡、青年高质量发展和城市高质量发展相互促进的城市发展方式。黔西南州高度重视青年工作，始终坚持党管青年原则和"青年优先发展"理念，将青年发展工作纳入黔西南州"十四五"规划、党代会报告、政府工作报告，以推进全国青年发展型城市建设试点为契机，通过完善机制丰富政策、优化青年发展环境、搭建青年建功平台，逐步形成了能够激发青年创造思维、创意灵感、创新活力、创业激情的青年发展环境，到2023年底，黔西南州已基本形成了青年"宜居、宜业、宜创、宜商"的良好城市环境。本报告从抓好调查研究、增强人才培育、强化政策保障、扩宽参与渠道四个方面提出巩固黔西南州推进全国青年发展型城市建设试点成效的对策建议，为持续巩固青年发展型试点城市建设、促进青年融入城市发展提供保障。

关键词： 全国青年发展型城市建设试点　黔西南布依族苗族自治州　青年发展

贵州省黔西南布依族苗族自治州（以下简称黔西南州）位于滇黔桂三

---

[*] 杨星，贵州青年发展研究院副院长，贵州省社会科学院党政办公室文秘科科长、助理研究员，黔西南州兴义市敬南镇白河村驻村第一书记，研究方向为马克思主义中国化、青年发展；齐亮，共青团黔西南州委办公室副主任（挂职）。

省交汇处，州内居住着汉、布依、苗等35个民族。全州户籍人口374.41万人，14~35岁青年130.63万人，占户籍人口的34.89%。黔西南州作为"加油"文化的发源地，有着崇文重教、育才兴学的优良文化传统，晚清四大名臣之一张之洞的父亲张锳在担任兴义知府期间为读书人"添灯加油"的故事传为佳话，勉励一代代青年奋发图强、出人头地，逐渐形成了黔西南的"加油"文化。党的十八大以来，黔西南州深入贯彻落实习近平总书记关于青年工作的重要思想，树牢青年优先发展理念，贯彻实施《贵州省中长期青年发展规划（2019-2025年）》，作为全国45个青年发展型城市试点中唯一的少数民族自治州，以全国青年发展型城市建设试点为契机，紧紧围绕"城市对青年更友好，青年在城市更有为"目标，积极探索"青年+"模式，优化城市发展环境，完善细化政策措施，搭建青春建功平台，形成"黔西南为青年'加油'，青年在黔西南'出彩'"的浓郁氛围，以此激励和引导青年主动参与城市治理、助力乡村振兴、建功城市发展，吸引了一大批优秀青年建功黔西南，推动了城市与青年双向奔赴，促使黔西南对青年更友好，青年在黔西南更有为。2023年8月，全国青年发展型城市建设试点中期评估中，黔西南州"推动青年发展元素纳入国土空间总体规划"等三项工作被团中央列为试点建设首批典型经验和创新举措，核定黔西南州94.5分，等次为A档（优秀），在全国45个试点城市中排第15名。

一 黔西南州推进全国青年发展型城市建设试点的主要做法

黔西南州深入贯彻落实习近平总书记关于青年工作的重要思想和对贵州工作的重要指示批示精神，大力弘扬"守正笃行、久久为功"的"加油"文化精神特质，深入推进青年发展型城市建设，加快打造青年心生向往、人生出彩、情感归属的友好城市，让广大青年在黔西南州这个有预期有未来的地方各显其能、尽展其才。

（一）强化党的全面领导，为建设青年发展型城市提供坚强组织保障

自试点建设启动以来，黔西南州委、州政府坚持以推动中长期青年发展规划纵深实施为牵引，积极主动作为，做到加强组织保障、精细精准分工、汇聚工作合力、抓好政策落地四个方面，确保了试点总体顺利、态势良好。一是高位推动，加强组织保障。黔西南州委高度重视青年工作，高位推动全国青年发展型城市建设试点，在2022年5月、2023年3月、2023年11月先后3次召开常委会研究试点工作，为试点建设工作提供组织保障。二是高点谋划，精细精准分工。黔西南州认真总结前期青年工作经验，结合青年发展规划与实际情况，前期由团州委牵头研究制定了试点方案，经各部门协商议定，由州委办、州政府办于2022年9月1日印发《黔西南州青年发展型城市建设试点实施方案》，并进行目标任务责任分解，细化部门分工。三是高效互动，汇聚工作合力。首先，黔西南州创造性地成立由州委、州政府分管联系领导为组长的黔西南州青年发展型城市建设试点工作领导小组，建立试点统筹协调机制。其次，为确保"领""带"不空，黔西南州印发《关于成立黔西南州青年发展型城市建设试点工作领导小组的通知》，并分别于2022年7月、2022年12月、2023年4月3次召开联席会议部署推进试点工作，召开联席会议，加强全州各成员单位的工作对接，努力为各区（县、市）和州直部门增强互动，提升建设成效，创造良好的环境。最后，由领导小组不定期与54家成员单位进行联系沟通，共商工作计划，共推项目实施，促使成员单位高度重视青年发展，各成员单位通过为青年出台政策、实施项目等方式清单化、项目化、闭环化推进"七个着力优化""五个组织动员"行动，形成党委领导、部门联动、群团担当的青年工作格局。四是高标落实，抓好政策落地。首先，党代会报告、政府工作报告专门安排部署，连续3年将青年发展工作写入政府工作报告，其中，2024年黔西南州政府工作报告指出"持续推进全国青年发展型城市建设试点""巩固全国青年发展型城市建设试点工作成果"。其次，将青年发展纳入"十四五"规划。黔

西南州高度重视青年发展，将青年就业、青年人才等纳入《黔西南州国民经济和社会发展第十四个五年规划及二〇三五年远景目标纲要》。再次，出台专门的青年发展规划。州委州政府出台《黔西南州中长期青年发展规划（2022-2026年）》，提出青年发展十大领域重点工程，同时在黔西南州人才、就业、科技创新等各专项规划中充分体现青年发展。最后，突出政策成果导向。黔西南州坚持把政策服务作为促进青年发展的主要方式，新增出台29项青年发展政策，覆盖住房、就业等"7+5"政策领域建议9个。其中，州住建局出台《做好青年住房保障工作的实施意见》，州住房公积金管理中心出台《黔西南州住房公积金管理中心贯彻落实住房公积金阶段性支持政策十条措施》《黔西南州住房公积金管理暂行办法》，州总工会牵头出台《黔西南州总工会关于积极推动用人单位开展爱心托育服务工作的实施意见》《关于做好青年劳模（工匠）人才创新工作室创建工作实施方案》《黔西南州社会工作者管理办法》，州卫生健康局出台《优化缓解青年生育养育难题实施意见（试行）》，州文体广电旅游局牵头出台《黔西南州建设山地民族特色体育强州行动方案》《黔西南州全民健身实施计划（2021-2025年）》，州法院出台《关于加强青年发展法治保障的实施意见》，州司法局出台《关于进一步加强未成年人社区矫正工作的实施方案》，州人社局出台《关于青年（高校毕业生）就业创业政策汇编》《关于实施好2023年高校毕业生创业扶持计划的通知》《关于做好2023年度青年就业见习万岗募集计划的通知》《关于认真做好2022年"三支一扶"人员期满就业工作的通知》，州教育局出台《黔西南州青少年足球人才培养实施方案（2022-2025年）》《关于印发〈学前教育普及普惠发展提升工程实施方案〉等八个实施方案的通知》，黔西南银保监分局出台《关于进一步做好黔西南州青年金融服务的通知》，州委组织部出台《黔西南州非公领域"重点人才引进计划"评选管理办法（试行）》《黔西南州博士（专家）工作室评选管理办法（试行）》《州直事业单位"人才编制池"管理使用办法》，州生态环境局出台《黔西南州环保设施和城市污水垃圾处理设施向公众开放制度》，州委统战部出台《关于加强自由职业青年群体统战工作的实施意见》，州残联、州财政局出台《黔西南州残疾人大学生及残疾人子女大学生助学项目实施办法》，州市监局出台《关于优化市场准入服务助力青年发展的政策措施》，团州委出台《关于实施青年马克思主义者培养工程西部计划专项的意见》等青年发展政策。

在党委的统筹协调下，黔西南州青年发展型城市建设试点工作取得了显著成效。一是进一步提升青年工作联席会议机制协调效能。截至2023年12月，青年工作联席会议新增州级成员单位10家，构建了包含54个州直部门的联席会议工作体系，召开联席会议3次，州委办、州政府办印发《关于调整黔西南州中长期青年发展规划联席会议成员的通知》，调整联席会议召集人由党政主要领导担任。此外，黔西南州积极发挥联络员机制，加强联席会议办公室和各成员单位之间的沟通联络，完善月调度机制，确保每月精准掌握各行业各领域工作开展情况，营造青年工作你追我赶良好氛围。二是青年发展进一步得到关注。黔西南州将青年发展项目纳入政府民生实事项目。将"大力保障青年住房，开工（筹集）1840套保障性租赁住房"纳入政府"十件民生实事"，争取到中央和省级专项补助资金3220万元用于项目建设。三是进一步健全青年工作督促机制。为强化督促落实，黔西南州将试点工作纳入州直单位服务高质量发展绩效考核范围，纳入《2023年州级督查检查考核计划》，进一步压实各成员单位和各县（市）工作责任。四是青年工作经费进一步得以保障。通过前期工作成绩和论证，已将试点工作专门经费纳入2023年财政预算，同时，团省委也有资金划拨用于开展试点工作。五是进一步创新推动县域试点建设。黔西南州坚持按"一县一品"思路整州推进试点建设，全州8个县（市）结合本地实际按照"一县一品"思路打造青年发展亮点品牌，比如，兴义市聚焦"吃、住、行、游、购、娱"等维度，打造"青年理想生活集"工作品牌。以住房保障为重点，绘制青春地图，把文化、美食、交友等青年所需所想串联起来，构建青年理想生活。安龙县突出青年运动，打造"青春活力城市"工作品牌。依托户外运动示范公园等运动平台，举办自行车赛、篮球赛等运动赛事，提升青年体质，增强城市活力。望谟县将民族文化与城市青年深度融合，打造"WarM

布依青文创"工作品牌。以青年为主体，打造民族文创产品、宣传民族特色美食、建设民俗特色酒店，传承少数民族文化，铸牢中华民族共同体意识。8个县（市）各有特色亮点，全州青年发展氛围越来越浓。

（二）紧盯"七个着力优化"，为建设青年发展型城市提升城市发展活力

黔西南州为持续提升城市发展活力，紧盯"七个着力优化"，按照试点方案、预期成果清单、政策举措清单和实事项目清单，细致谋划和开展实施方案，按照有目标有抓手有效率的工作标准展开青年工作，所有项目预计到2024年5月全部完成，有效带动青年参与黔西南州的建设与发展。

一是着力优化青年优先发展的城市规划环境。黔西南州以城市一刻钟便民生活圈"首批省级试点城市"为契机，在5个基础条件较好的社区开展试点建设，完善城市设施，优化商业布局，推进青春公园、青春足球场、州博物馆、州图书馆等场所建设，逐步形成满足青年需求的社区便民生活圈，建成"城市一刻钟便民生活圈"15个。

二是着力优化公平且有质量的青年发展型城市教育环境。结合"文教兴州"发展战略，黔西南州共新（改、扩）建笔山书院、加油书院等学校30所，58个单体项目，有序增加城镇学位供给，在全省率先建立"金州教育云平台"，通过大数据实现教育资源配送与共享，以教育信息化带动教育现代化，有效推进民族地区教育均衡发展。搭建"千兆到学校、百兆到桌面"的高速网络，实现100%学校光纤网络"校校通"。启动实施年度专业调整工作，取消10个专业，批复15个新增专业（全日制6个、非全日制9个），截至2023年底全州中职学校专业共计85个。选派师生参加贵州省职业院校师生技能大赛暨全国职业院校技能大赛选拔赛，获省级一等奖8个、二等奖22个、三等奖81个。全州共开展技能学历双提升培训47939人，超额完成3.1万人任务数。

三是着力优化激励青年施展才华的城市就业环境。丰富拓展青年就业创业综合服务体系，搭建就业供需服务平台，开展青年职业技能培训1.8万余

人次,举行线上线下招聘会508场次,举办"青年人才夜市"6期,开发就业见习岗位1936个,建设创业孵化基地25个,发放创业担保贷款4.81亿元,投放"青惠贷""青扶贷"1.67亿余元,帮助2.8万名青年就业创业。

四是着力优化保障青年基本住房需求的城市居住环境。以构建"多主体供给、多渠道保障、租购并举的青年住房安居体系"为抓手,全方位保障青年住房需求,完成黔西南州城市青年住房状况抽样调查研究1次,全州提供公租房房源9万余套,其中18~35岁青年在保17983套,占比近20%,开工(筹集)1840套保障性租赁住房,完成投资2137万元,优先保障青年入住;继续落实住房公积金"又提又贷"等惠民政策,为青年发放住房公积金贷款4531笔18.18亿元,青年提取公积金54240笔16.14亿元,有效减轻了青年住房压力。

五是着力优化缓解青年生育养育难题的城市生活环境。创立"花 young 联盟"品牌,在全州组织超过3600名适龄青年交友活动,引导民族地区青年树立正确的婚恋观;建成8个县(市)危重孕产妇救治中心,在州医院、州妇幼保健院各打造1个托育服务中心、婴幼儿照护服务工作示范点,填补了黔西南州无公立托育机构的空白,全州共有托幼机构219家,托位数11715个,每千人口拥有托位数3.92个,达到省级3.3个目标任务。完成叶酸补服免费发放34785人,孕前优生健康检查27912人,新生儿遗传代谢病、地中海贫血和听力筛查34888人,对高风险对象及时采取干预措施。规范开展产前筛查和产前诊断服务,完成无创基因检测8161人、地中海贫血基因检测3203人。落实出生缺陷三级防治措施,扩大新生儿疾病筛查范围。加大养老服务设施建设投入力度。按照彩票公益金55%用于养老服务的要求,安排彩票公益金758万元、争取世行贷款项目资金4000余万元,对部分养老机构进行提质改造。

六是着力优化促进青少年身心成长发展的城市健康环境。开展黔西南州青少年足球夏令营、黔西南州校园足球联赛等丰富多彩的青年体育文化活动,获省体育局批复社区健身路径或三人制篮球场60个;建成社区多功能运动场30个;建成公共体育场馆19个,完成州体育公园信息化建设,设施设备日趋完善。参加2023年贵州省青少年田径、篮球17个项目的锦标赛，获得金牌22枚、银牌34枚、铜牌58枚。依托2023国际山地旅游暨户外运动大会，通过举办2023万峰林半程马拉松赛、"青春加油"万峰林半程马拉松体验赛、2023中国·安龙笃山国际攀岩周等户外运动赛事吸引青年参与，充分展现黔西南州的城市魅力，激发城市发展新动能，让更多青年认识黔西南，爱上黔西南。制定《黔西南州教育局关于做好全州中小学生心理健康工作实施方案》，全州七年级均实现心理健康课程全覆盖，青少年素质和心理健康教育得到进一步加强。

七是着力优化有效保护青少年权益免受意外伤害和非法侵害的城市安全环境。结合"和谐稳州"发展战略，加强法制宣传教育，为青年发展提供安全稳定的社会环境，州委政法委、州公检法、州教育局等部门在全州各学校选派法治副校长176名，开展法治进校园活动231场次，为未成年人提供法律援助168人次。州公安局联合州卫生健康局、州教育局、州民政局、兴义市等探索成立"公安+"未成年人关爱中心，加强家庭教育指导、心理疏导，助力青少年健康成长。加强安防系统建设，提升校园整体安全防范水平，配备2179名学校保安员，建立331个校园周边治安岗亭，1715所学校安装的一键式紧急报警和内部视频监控接入公安机关，加强校车安全管理，设立1168个"护校岗"。

（三）狠抓"五个组织动员"，为建设青年发展型城市提振青年发展信心

一是组织动员青年引领城市文明风尚。开展青年马克思主义者培养工程，创建10个民营经济人士理想信念教育实践基地，坚持党建带团建，认真组织5174个团支部、12万名团员开展团员和青年主题教育，专门召开会议部署推动，加强分层分类指导，着力促进青年发展。黔西南民族职业技术学院在第六届全国大学生讲思政课公开课活动中获评全国一等奖。

二是组织动员青年投身创新创业热潮。完善青年双创服务和保障体系，鼓励更多青年投身创新创业热潮。建设创业孵化基地25个，发放创业担保

贷款 4.81 亿元；黔西南州农商行、贵州银行等投放"青扶贷"9493 万元、"青惠贷"15404 万元。黔西南民族职业技术学院组建的"星问"团队在 2022 年"学创杯"全国大学生创业综合模拟大赛中荣获全国总决赛特等奖。

三是组织动员青年立足岗位建功立业。结合"产业强州"发展战略，坚持把乡村振兴、基层治理等作为青年成长的舞台，组织 9600 余名青年志愿者参与乡村振兴基层治理及山旅会、马拉松等重大赛会志愿服务；引进 300 余名亟须紧缺高层次专业技术青年人才助力黔西南州发展。举办黔西南州青年教师教学竞赛、青年律师领军人才训练营等赛事培训。一大批有为有志青年踔厉奋发、建功立业。比如，黔西南组队参加 2023 年贵州省青少年机器人竞赛，勇夺 9 个冠军，冠军总数位居全省第一。组队参加"青春遇见贵州"2023 年贵州青年体育邀请赛，荣获街舞团队齐舞一等奖。

四是组织动员青年有序参与社会治理。积极开展"共青团与人大代表、政协委员面对面"工作，提高青年参与社会治理的能力与水平，收到模拟政协提案 300 余篇，报送建议提案 20 余篇，通过"情景模拟+角色扮演"的方式，组织 100 余名新市民青年参与模拟法庭法治宣传教育活动。

五是组织动员青年助推生活品质提升。在贵州省委的指导下，联合兴义市举办"青春遇见贵州"之青年理想生活集系列活动，倡导青年健康绿色生活模式。常态化开展绿色环保、"厉行节约 反对浪费"、光盘打卡等志愿服务，参与青年达到 2 万余人次，不断引导青年养成绿色低碳生活方式，倡导文明新风。

（四）聚焦"五个创新探索"，为建设青年发展型城市提高工作创新能力

一是创新探索青年发展型城市理论研究机制。黔西南州组织有关专家研究制定青年发展型城市建设标准和评价体系，目前已建设。邀请有关领域专家领导把脉总结黔西南州试点经验，邀请贵州省社科院"全国青年发展型城市建设试点的路径研究——以黔西南州为例"课题组到黔西南州开展调研。邀请城市党政领导出面宣介解读，在《中国青年报》上发表文章《黔

西南为青年"加油" 青年在黔西南"出彩"》。通过举办"'青'诉心声·共话未来"黔西南州青年发展型城市建设试点论坛，全州各界青年代表紧紧围绕黔西南州青年发展型城市建设建言献策。

二是创新探索与青年发展相适应的城市公共服务空间和设施建设标准。一方面，在城市规划过程中体现青春元素，将青年优先发展理念纳入《黔西南州州域国土空间总体规划（2021-2035年）》，指导各县（市）在县市控制性详细规划中突出青年元素，尤其是在公共设施建设方面体现青年特点。提纲挈领地明确"推动青年发展型城市建设，加强青年公共体育场所和健身设施建设，提质升级体育公园，建设户外百姓智慧健身房、社区健身路径或三人制篮球场等项目；持续推广青春公园等户外青年休闲运动场地建设。""加大对州博物馆、图书馆、兴义国家地质公园博物馆等场馆的投入使用，持续完善青年发展公共文化设施，不断提升青年文化生活品质。""推动存量房转为公租房、安置房，加大市场化长租房、保障性租赁住房土地供给，促进二手房市场交易，更好解决新市民、青年人等住房问题。"另一方面，黔西南州通过丰富青年发展型城市功能，不断提升青年满意度。印发《黔西南州青年发展型社区、青年发展型街区、青年友好单位、青年友好场馆建设实施方案》，围绕青年关注的创业创新、沉浸体验、体育运动等建设新地标和栖息地，探索建设一批青年发展型社区、青年发展型街区、青年友好单位、青年友好场馆。全州现有省级青年友好运动场馆（基地）7个，印发州级建设方案，建设实施州级青年发展型社区8个、青年发展型街区8个、青年友好单位2个、青年友好场馆8个。

三是创新探索营造良好城市与青年融洽的互动氛围。黔西南州在城市主干道、交通枢纽等醒目位置设置宣传标识标牌和景观坐标33个，撰写新闻稿、简报210余篇，比如，在青年聚集的梦乐城购物中心大楼每天滚动播放宣传标语，在万峰林机场周边道路设置标识标牌，在体育中心等场所设置景观坐标，各成员单位在办公区域或办事大厅通过LED屏显示青年发展有关标语，征集确定黔西南州青年发展型城市建设试点LOGO，"青年优先发展"的观念深入人心。在青年参与方面，一方面，拓宽青年建言献策渠道，举办青年会客厅活动，青联委员代表、西部计划志愿者代表、"春晖使者"代表、创业青年代表、新兴青年代表、高校学生代表、社会组织代表等各界青年代表参加。另一方面，通过项目化运作方式，支持青少年参与社会治理。在团中央、团省委的支持和指导下，在晴隆县阿妹戚托小镇和安龙县天菇社区实施"伙伴计划"，在兴义市龙盛社区、贞丰县珉城社区实施"社区青春行动"，组织500余名青年志愿者参与社区"一中心一张网十联户"网格化治理。

四是创新探索黔西南州"青年+"品牌创建。打造"青年+服务"，鼓励青年参与社区治理。社区是社会的"基本单元"，是基层治理的"神经末梢"，社区工作的出发点和落脚点最重要的是服务群众、造福群众，让社区居民生活得更好。开展"青年+服务"，让更多青年积极投身社区工作，宣传党的方针政策，开展业务技能培训，为"一老一幼"、残障人士等群体提供志愿服务。打造"青年+桥梁"，激励青年助力乡村振兴。青年发展型城市建设试点，建设的主体不仅包括城市、县城，还包括县城以外的乡镇和农村，不仅事关新型城镇化发展，更是推进乡村振兴的主要阵地。搭建"青年+桥梁"，让更多青年在广袤的农村发挥"生力军"和"突击队"作用，助力乡村振兴。打造"青年+引领"，推动青年建功城市发展。青年是创新发展的源泉，是城市决胜未来的关键，城市的发展离不开青年，青年为城市带来活力，城市为青年提供舞台。推动"青年+引领"，让更多青年在城市建设中引领时尚、开创未来，不断提升青年的参与感、贡献度，推动青年与城市双向奔赴、共同发展。

五是创新探索"七个一"载体推动试点建设。围绕"七个一"深入推进青年发展型城市建设，让黔西南对青年更友好，青年在黔西南更有为。一是坚持"一个原则"，全面推进试点建设；二是制定"一个规划"，系统抓好青年工作；三是出台"一揽子政策"，充分释放政策红利；四是办好"一批实事"，解决青年关切问题；五是实施"一批项目"，优化青年发展环境；六是举办"一批活动"，吸引凝聚青年参与；七是搭建"一批平台"，鼓励青年加油出彩。

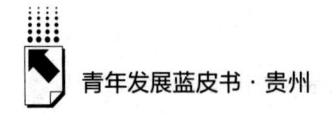

二 黔西南州推进全国青年发展型城市建设试点存在的困难

第一，工作认识不足。对青年发展型城市建设试点工作内涵认识不够，对试点工作与各行业系统工作之间的联系理解不深，围绕"有利于青年发展"这一主题出台的政策、开展的活动相对较少。

第二，宣传氛围不浓。对试点宣传工作的重要性认识不足，亮点做法和经典案例总结提炼宣传不够，挖掘各领域工作亮点不够深入，在城市整体氛围营造上缺乏创新。

第三，主题活动较少。试点建设以来面临省内各地出现新冠疫情等客观原因，组织青年活动场次相对较少，青年知晓率、参与度不高。部分成员单位和县（市）在开展就业、招聘、促进消费、技能培训、志愿服务等活动时，与试点工作有机结合不够，导致工作力量相对分散。

三 巩固黔西南州推进全国青年发展型城市建设试点成效的对策和建议

青年发展型城市建设试点并非是独立开展的一项工作，而是持续推动中长期青年发展规划向纵深实施，是让青年有获得感、幸福感、安全感，是让青年更加安心、更加舒展地拼搏奋斗，是新阶段青年工作的持续探索和实践。因此，持续推动青年发展型城市建设，能有效巩固优化工作机制，持续推动出台标志性政策、充分发挥共青团组织的桥梁纽带优势，有针对性地为地方青年提供更符合其发展的规划、教育、就业、居住、生活、健康等城市环境，帮助青年解决急难愁盼问题，更好地满足青年发展需要。

第一，抓好调查研究，找准青年心声，为建设好青年发展型城市找到真问题。建设青年发展型城市就是要满足青年的发展需要。一是要充分发挥共青团、青联组织代表和反映青年普遍利益诉求的作用，积极开展"共青团倾听日""共青团与人大代表、政协委员面对面"等活动,及时了解青年的所思、所想、所盼。二是要持续开展青年发展情况评估,通过线上调研和线下访谈相结合的方式,面向全州青年开展专题调研,了解青年需求,尤其是就业、住房、教育等青年最关心的领域。三是在打造青年发展型城市的过程中要用好专家智库力量,提供专业指导和智力支持,围绕建设过程中的关键性问题,进行课题设计和研究,不断提供理论研究成果,为政策制定提供参考。

第二,增强人才培育,提升青年能力,为建设好青年发展型城市夯实发展力。青年发展型城市的发展离不开青年,城市让青年更宜居、更宜业。一是完善人才引用机制。提供青年人才引进、培养、交流、激励机制,推动人才培育与引进深度融合的"双循环"机制,培养一批优秀青年创业典型,构建青年就业创业的"社交圈"。二是完善人才培育机制。要持续完善就业指导和职业技能培训,针对就业难的青年群体,要做好需求台账,因类施策,有针对性地开展就业帮扶和技能培训,为青年职业发展提供成长成才的路径,让青年对城市更加依赖。三是完善人才服务机制。充分发挥共青团的平台优势,持续完善返乡创业就业服务中心、青年人才驿站,巩固提升"青创农场""青创+"等青年创业特色品牌,在产业、高校、企业、政府间搭建合作桥梁,聚焦"青年求职、创新创业、社会保障"等方面制定政策措施,为青年就业创业开辟"快车道"。

第三,强化政策保障,聚焦青年难点,为建设好青年发展型城市做好"心"服务。建设青年发展型城市就是要优先解决影响青年健康成长、分散青年干事精力的"急难愁盼"问题,通过政策保障持续促进青年高质量发展。一是完善生活配套。通过优化城市功能布局,加强教育、医疗、青年驿站、保障性租赁住房等配套建设,为青年人打造完整宜居的生活配套,让青年"住有所居"。二是抓好城市品质提升。有针对性地打造青年运动场所、青春公园等公共设施,布局符合青年文化观念的阅读空间、时尚餐厅等特色场所,策划举办与"加油文化""乡情文化"等相关的文体活动,让青年的奋斗与城市的发展更加紧密,使城市发展更加时尚、更富活力。三是创新做好政策宣传。利用"视频号""直播+"等新媒体方式，对涉及面广、社会关注度高的法规政策和重大措施，不断提高政策传播实效，打通政策落地的最后一公里，提高青年对政策的知晓度和利用率，促进这些务实举措主动走到青年身边。

第四，扩宽参与渠道，激发青年动力，为建设好青年发展型城市汇聚青年人。建设青年发展型城市就是要动员广大青年立足岗位建功立业，积极引导青年适应社会、参与社会、融入社会。一是健全青年参与机制。相对于省级部门，城市各部门的沟通交流更加紧密，在青年社会融合和社会参与方面更贴近青年。因此，要发挥青年主体性，激发青年主动性，设计符合青年特点、满足青年需求、方便青年参与的信息发布、政策制定、鼓励激励等机制。二是用好社会化平台。针对不同青年群体，拓宽青年联系渠道，利用青年服务中心、就业服务站、青年团体等社会化平台，提供就业、婚恋、医疗、志愿等全方位的社会化青年发展服务，持续构建社会化工作体系。三是发挥城市特色活动影响力。举办具有黔西南州自身特色的知识讲座、读书会、体育赛事等活动，除了吸引本地青年外，还应吸纳本地市民和其他地区青年积极参与，营造热爱学习、加强锻炼、摒弃陋习的良好氛围，让更多青年在城市建设中引领时尚、开创未来，不断提升青年的参与感、贡献度，推动青年与城市双向奔赴、共同发展。

B.21
铜仁市碧江区全国青年发展型县域试点建设报告

陈讯 廖治伟*

摘 要： 近年来，铜仁市碧江区以全国青年发展型县域试点建设为契机，紧扣全国青年发展型县域试点建设目标，以满足县域青年多样化、多层次发展需求为导向，大力推动青年发展融入高质量发展大局。一是建立健全"四大工作机制"，积极开展"七大行动"、大力实施"五大工程"，不断提升县域城镇功能品质与青年需求的契合度，持续优化青年发展社会环境，有力有序推动试点工作。二是着力构建试点工作体系，大力探索青年发展政策，全力搭建青年建功平台，不断优化青年成长成才环境，切实提升青年获得感、幸福感和安全感，推动碧江区青年发展型县域试点工作纵深发展，取得了显著成效。

关键词： 青年发展 县域试点 碧江区

一 引言

习近平总书记在党的二十大报告中指出："当代中国青年生逢其时，施展才干的舞台无比广阔，实现梦想的前景无比光明。全党要把青年工作作为战略性工作来抓，用党的科学理论武装青年，用党的初心使命感召青年，做

---

* 陈讯，贵州省社会科学院城市经济研究所副所长、研究员，研究方向为农村社会学、政治社会学；廖治伟，共青团铜仁市碧江区委组织宣传部负责人。

青年朋友的知心人、青年工作的热心人、青年群众的引路人"①。党的十八大以来，习近平总书记高度重视共青团和青年发展工作，深刻回答了新时代培养什么样的青年、怎样培养青年等方向性、全局性、战略性重大课题，饱含着对青年一代的亲切关怀和对青年发展的高度重视，为新时代青年运动和青年工作指明了前进方向、提供了根本遵循。②

当前，我国正处于稳步深入推进新型城镇化建设关键阶段，以城乡统筹、城乡一体、产城互动、节约集约、生态宜居、和谐发展为基本特征的城镇化建设取得了巨大成就。2020年第七次全国人口普查数据显示：我国青年常住人口城镇化率达71.1%，高于整体常住人口城镇化率7.2个百分点。③ 由此可见，城镇已经成为青年人口最集中、发展最活跃的区域，也是做好党的青年工作的重要领域。2022年4月，中央宣传部、住房和城乡建设部、共青团中央等17部门联合印发《关于开展青年发展型城市建设试点的意见》（以下简称《意见》），明确提出"城市对青年更友好，青年在城市更有为"的城市发展理念，初步构建"7+5"的青年发展型城市政策框架。2022年6月，按照《意见》要求及工作部署，全国中长期青年发展规划实施工作部际联席会议办公室对外公布全国青年发展型城市建设试点和青年发展型县域试点名单，其中，碧江区作为铜仁市唯一入选试点名单。铜仁市碧江区认真贯彻落实习近平总书记关于青年工作的重要指示，始终坚持党管青年工作原则，践行青年优先发展理念，不断完善各项工作机制和政策体系，推动试点工作在碧江区纵深实施，加快实现青年与城市的高质量互促发展，努力打造青年发展型县域"碧江"样板，取得了积极成效。

---

① 习近平：《高举中国特色社会主义伟大旗帜 为全面建设社会主义现代化国家而团结奋斗——在中国共产党第二十次全国代表大会上的报告》，2022年10月16日。
② 王新伟：《打造青年友好型街区 建设人才成长型城市 谱写沈阳全面振兴新突破青春华章》，《中国青年报》2023年6月8日，第1版。
③ 中华人民共和国国务院新闻办公室：《新时代的中国青年》，人民出版社，2022。

二 碧江区入选全国青年发展型县域试点建设的重要意义

习近平总书记深刻指出："青年工作，抓住的是当下，传承的是根脉，面向的是未来，攸关党和国家前途命运。"中国共产党立志于中华民族千秋伟业，必须始终代表广大青年、赢得广大青年、依靠广大青年，用极大力量做好青年工作，确保党的事业薪火相传，确保中华民族永续发展。各级党委和政府、各级领导干部以及全社会都要充分信任青年、热情关心青年、严格要求青年，关注青年愿望、帮助青年发展、支持青年创业，做青年朋友的知心人、青年工作的热心人、青年群众的引路人。[①] 铜仁市碧江区委、区政府历来高度重视青年工作，在铜仁市委、市政府的坚强领导和省联席办的精准指导下，以入选全国青年发展型县域试点建设为契机，紧扣全国青年发展型县域试点建设目标，以满足县域青年多样化、多层次发展需求为导向，大力打造碧江区青年宜居、宜业、宜游、宜乐的自然环境和社会环境，为谱写中国式现代化贵州实践篇章贡献青春力量。

（一）为贵州从县域层面优先发展青年探索宝贵经验

碧江区位于贵州省东北部，地处湘、黔两省交界处，是铜仁市中心城区，素有"黔东明珠"之美誉。国土总面积1008平方公里，辖15个乡（镇、街道）、104个村（社区）、1个省级高新区，常住人口45万，有汉族、土家族、侗族、苗族等26个民族，少数民族占总人口的67%。《国务院关于支持贵州在新时代西部大开发上闯新路的意见》（国发〔2022〕2号）明确了贵州在新时代西部大开发上闯新路，铜仁市碧江区举全区之力建设全国青年发展型县域试点，从县域实践层面制定优先发展青年政策，大力推动青年发展政策优化集成，在激发青年创业创新主

---

① 《在矢志奋斗中谱写新时代的青春之歌》，《人民日报》2022年5月4日，第1版。

体性、引导青年社会融入与社会参与包容性、促进青年成长成才可持续性等方面先行先试，为贵州省优先发展青年探寻新路径，积累宝贵经验。

（二）牢记殷切嘱托注入青春活力感恩奋进历史使命

2021年2月，习近平总书记在贵州视察时明确指示要坚持以高质量发展统揽全局，赋予贵州在"西部开发闯新路、乡村振兴开新局、数字经济抢新机、生态文明出新绩"上新的重大使命。铜仁市碧江区先后获得"中国传统龙舟之乡""全国生态文明先进县""全国社会管理综合治理先进集体""全国市辖区旅游综合实力百强区""全国绿色发展百强县""全国村庄清洁行动先进县""中国最美生态旅游目的地城市""中国西部百强区""2017~2020年度平安贵州建设示范县"等称号。在新的征程上，铜仁市碧江区牢记习近平总书记殷切嘱托，锚定全国青年发展型县域试点目标，全面推进青年成长型县域试点建设工作，团结带领广大青年争做伟大事业的生力军，为贵州建设青年友好型成长型省份探索县域实践经验。

（三）开创魅力之城新未来和放飞青春梦想重要抉择

铜仁市碧江区有较好的共青团工作和青年工作的基础。2021年，铜仁市碧江区入选第二批全国县域共青团基层组织改革试点，碧江区党政主要负责同志亲自部署、强力推进，在团中央开展的县域共青团基层组织终期评估中碧江区被确定为优秀等次，共青团铜仁市碧江区委荣获"全国五四红旗团委"表彰。2021年，铜仁市碧江区第三次党代会上明确全力创建国家级高新区、宜居宜业首善区、乡村振兴示范引领区、国家级旅游度假区、全市改革创新先行区、武陵山区域性中心城市"五区一中心"奋斗目标。碧江区举全区之力建设全国青年发展型县域试点，不断吸引青年创业创新，为实现"五区一中心"奋斗目标、开创魅力之城注入了青春活力，为青年成长成才和放飞梦想创造了条件。

三 碧江区全国青年发展型县域试点建设生动实践

为深入贯彻落实习近平总书记关于青年工作的重要思想，按照《中长期青年发展规划（2016-2025年）》要求和落实贵州省委、省政府关于《贵州中长期青年发展规划（2019-2025年）》实施的有关要求，为推动《意见》更好地落实，铜仁市碧江区不断完善青年工作的"四大机制"，积极开展"七大行动"，大力实施"五大工程"，持续优化青年发展社会环境，稳步有序推动全国青年发展型县域试点实践工作，取得了积极成效。

（一）坚持青年优先，组织保障坚强有力

（1）加强党的全面领导。碧江区委、区政府高度重视青年工作，碧江区委常委会定期听取并研究青年工作开展情况。成立了以碧江区委、区政府主要领导为双组长，区委分管领导为常务副组长，区四家班子有关联系领导为副组长，区直有关部门主要负责同志为成员的区青年发展型县域试点工作领导小组，制定出台《碧江区贯彻落实〈贵州省中长期青年发展规划（2019-2025年）〉实施方案》《碧江区青年发展型县域试点实施方案》，积极构建"党委领导、政府主责、共青团协调、各方齐抓共管"工作格局。

（2）构建部门协作联动。碧江区加强党对青年工作的全面领导，不断深化各部门协作联动，大力推进全国青年发展型县域试点建设。以建设宜居宜业青年理想城为抓手，以抓好抓实青年工作为目标，各部门立足全国青年发展型县域试点实施方案，按照落实"青年工作项目化、项目清单化、清单责任化"总体要求，配套制定出台了子方案12个，聚焦"7+5"政策领域，编制印发《碧江区促进青年发展政策措施汇编》，惠及青年发展政策举措共100项。

（3）完善跟踪督查机制。碧江区将全国青年发展型县域试点工作纳入全区重点工作督查和高质量年度考核内容。在推进全国青年发展型县域试点

建设工作中，一方面，制定出台了预期工作成果清单、政策举措清单、实事项目清单"三张清单"，并定期跟踪、督查督办工作推进情况；另一方面，建立常态化调度机制，试点各成员单位定期向领导小组办公室报告工作推进情况，每半年召开联络员会议，切实解决全国青年发展型县域在试点工作中遇到的问题。

（4）及时总结经验推广。碧江区在全国青年发展型县域试点建设工作中，依托区级媒体，开设"全国青年发展型县域试点"访谈节目和"青年发展型县域·优秀青年事迹"专栏，介绍服务青年的有力举措和在碧江奋斗的有为青年事迹。主动邀请中央、省、市相关媒体聚焦试点建设情况，及时总结成功经验并大力宣传推广，如通过《中国青年报》、共青团新闻联播、《贵州日报》、天眼新闻等媒体及时报道碧江区青年发展型县域试点的主要做法和成功经验。

（二）聚焦青年发展，县域环境乐善友好

（1）发展环境持续优化。碧江区委、区政府制定印发了《铜仁市碧江区"强中心城区"五年行动工作方案》，将青年优先发展理念融入城市发展战略，在城市规划、建设、管理全过程体现青春元素、照顾青年特点，打造富有青年特色的碧江城市名片。同时，将扎实推进全国青年发展型县域试点写入《碧江区委三届五次全会报告》《碧江区委三届六次全会报告》《碧江区委三届七次全会报告》《碧江区政府工作报告》，并纳入《中共铜仁市碧江区委全面深化改革委员会2023年工作要点》。紧紧围绕便利青年生活和满足消费需求，大力建设4个商业综合体，建成金码头、麒龙国际等一批夜经济街，着力打造中南门古城、红董露营基地、漾头茶园山等一批旅游基地。

（2）教育资源持续优化。近年来，碧江区持续加大基础教育投入力度，着力化解城区"大班额"、公办幼儿园不足难题，逐步实现进城务工青年随迁子女入学待遇同城化。截至2023年12月底，新建、改扩建学校18所，铜仁二中整体搬迁，新增学位8000余个，推动5所公办学校面向广大青年子女开展暑期托管服务，利用闲置办公场所建成政府机关托育中心，实施

"碧江有我 金榜题名"跨鳌奖学项目，为176名优秀高考学子发放奖学金260.6万元。开展"茅台助学""金秋助学"等助学项目，资助大学生544人，金额达241万元，生源地信用助学贷款3021人，发放助学款3261.8136万元，实施"希望工程·陪伴行动"项目，在6个易地扶贫搬迁安置点开设"希望小课堂"，服务青少年8521人次。

（3）就业政策持续优化。碧江区建立健全青年就业公共服务体系，聚焦高校毕业生、新生代农民工、失业青年等群体，扩大创业就业容量，加强对创业就业的指导和职业技能培训，帮助青年实现知识更新、技能提升，为青年提供更多的高质量创业就业机会。同时，依托碧江高新区、苏铜产业园、莞铜产业园，为青年创造良好的就业环境，加强就业指导和职业技能培训，定期举办青年专场招聘活动。2022年以来，碧江区开展各类青年培训2592人次，完成1821名青年转移就业，组织开展各类现场招聘会24场，提供各类就业岗位2.58万个。

（4）住房条件持续优化。碧江区建立和完善以公租房、保障性租赁住房和共有产权住房为主体的住房保障体系，出台《碧江区促进房地产业健康发展有关政策措施》《碧江区城镇住房保障家庭租赁补贴实施细则》等政策措施，给予在碧江区购买新建商品住宅35岁以下青年200～500元/平方米购房奖补，为来碧江就业创业的大学生政策内每月每平方米住房租赁补贴12元，如2022年以来，通过购房奖补申请在碧发展青年763名，累计金额1834.81万元。同时，碧江区针对青年临时居住需求，建设6家"青年驿站"，为来碧就业创业青年提供一站式5天内的免费住宿、政策咨询、区情介绍、就业信息、生活资讯等综合性服务。

（5）婚恋生育观念持续优化。碧江区紧盯青年婚恋交友、青年生育抚育热点、难点问题，探索建立结婚率、离婚率和生育率动态监测分析制度，注重青年婚育观、家庭观教育引导，举办形式多样的青年交友联谊活动，有效扩大青年社交圈。同时，碧江区还聚焦青年赡养、抚育难题，补齐基础设施短板，不断健全基本养老服务和养老志愿服务体系，完善普惠性学前教育保障机制和发展普惠托育、婴幼儿照护服务。新建区中医院、区妇幼保健院新院、艾滋病医院、川硐区域医疗次中心，成功创建省级健康促进区、省级慢性病综合防控示范区。截至2023年12月底，碧江区建设托育服务机构30家，可提供托位2340个，完成58389名婴幼儿（0~6岁）参保，建成日间照料中心等各类养老服务场所76个、互助幸福院15所，拥有养老床位1921张。开展青年性健康教育和优生优育知识主题宣传47期，发放健康教育资料70248份，开展健康教育讲座808次，参加讲座16598人次。

（6）身心健康持续优化。碧江区不断完善公共文化基础设施，大力打造青年身边的便利型体育锻炼场地，建立青年友好场所免费向青年开放，定期举办龙舟赛、足球赛、篮球赛等参与高、反响好的体育赛事。同时，碧江区非常注重青少年文明健康生活方式的养成，制定统一的心理健康教育课程标准，在学校普遍设置心理健康辅导咨询室，促进青年身心健康。常态化开展青少年聚集场所周边的烟草（含电子烟）销售专项整治和加强禁烟、结核病、艾滋病防治等主题宣传活动。2021年以来，建成莞铜篮球公园、花果山社区青年活动中心、金滩（桥头）智慧健身房、南岳清水湾至清水桥段健身步道、花果山桥头至兴市桥段健身步道、兴市桥至三江公园段健身步道、许韵兰公共阅读空间、进士书屋配套等青年友好场（馆）8处、353个体育设施项目，建设旅游基地7个、青年友好场馆7处，举办承办各类活动80余场次，参与青年3500余人次；创建54所无烟学校，开展校园周边环境整治和系列专项整治行动，检查企业278家。

（7）治安环境持续优化。碧江区出台了《碧江区侵害未成年人案件强制报告制度落实实施细则》，探索建立未成年人保护工作联络员制度和强制报告制度，成立区未成年人保护中心，建立碧江区未成年人联席会议制度，汇聚检察、公安、卫健三方力量成立全市首家未成年人"一站式"询问救助中心，切实维护未成年人合法权益。全面落实孤儿、事实无人抚养未成年人基本生活保障制度。同时，碧江区大力实施社会工作专业服务购买项目，提高青年就业率，促进青年积极参与基层社会治理，开展"青少年维权岗"创建活动，建成市级"青少年零发案社区"2个，建设青少年安全教育阵地1个，常态化开展青少年生命教育、性与生殖健康教育、安全教育。截至

2024年2月,已建成1个区级公共法律服务中心、15个乡级公共法律服务工作站、104个村级公共法律服务工作室;向孤儿、无人抚养未成年人等发放基本生活费和助学金累计992万余元。

(三)注重青年成长,逐梦平台广阔有为

(1)创建文明风尚工程奉献青春。碧江区整合辖区红色教育基地,以用好"青年讲师团"和"红领巾宣讲员"队伍为路径,通过"青年马克思主义者"培养工程、主题团日活动和"青年大学习"网上团课等方式,用党的创新理论教育引导青年,坚定共产主义崇高信仰。健全青年志愿服务组织,有效开发青年服务项目,争取全市志愿服务项目孵化基地落地碧江,成立区青年志愿者协会,实施万名大学生志愿服务西部计划乡村振兴基层项目,招募西部计划志愿者147名。同时,2021年以来,碧江积极承办省、市、区等大型志愿服务活动,1500余名青年志愿者参与碧江区志愿服务工作,招募青年志愿者参与新冠疫情防控1200余人次;实施"活水计划"参与"99公益日"活动,募集资金53.66万元。发挥先进典型榜样引领作用,253个集体及个人获全国、全省、全市、全区表彰。

(2)构建创新创业工程成就青春。碧江区制定出台了《碧江区建设良好人才生态先行示范区攻坚行动实施方案》《碧江区人才引进管理暂行办法》等政策措施,大力营造引才、留才、用才、聚才的城市氛围。积极开展事业单位公开招聘(引进)、特岗教师招聘、"三支一扶"等工作,引进亟须紧缺人才201人。通过组织引导碧江区内企业参与贵州省人才博览会、现场招聘会、政府门户网站发布岗位招聘信息等方式,帮助企业引进亟须紧缺人才91人。充分发挥春晖行动"尽孝、感恩、反哺、回报"的理念感召和"亲情、乡情、友情"的情感纽带作用,推动碧江籍在外人才返乡投资兴业、建设碧江。2021年以来,碧江区共举办区级"春晖行动·风筝计划——我与家乡共发展"座谈会6场,吸引122名碧江籍在外人才返乡创业就业。同时,碧江还成立了"青创广场",为有想法、有技术、有资源的青年创客解决创业初期场地、资金困难。创新青年自主创业贷款担保方式,降低贷款门槛，扩大发放范围，为高校毕业生提供创业担保贷款2523万元，为2.4万余户小规模纳税人退税减税11.4亿余元，兑现企业优惠政策7264万元。

（3）搭建建功立业工程激昂青春。碧江区围绕"四新"主攻"四化"主战略，大力实施农村特岗教师、"三支一扶"等项目，引导青年投身建设一线，鼓励青年扎根基层锤炼本领。例如，2021年以来，已选派117名优秀年轻干部到村专抓乡村振兴工作，70名青年农业专家为产业项目提供技术指导服务，3500余名青年干部结对帮扶脱贫户，聘请"春晖使者"投身农村和易地扶贫搬迁社区开展创业就业、助学助教等服务。同时，大力开展"强中心城区"青年人才培训，2021年以来在碧江区委党校开展各类主题培训班86班次，培训党政机关、企事业单位等青年干部6915人。不断丰富青年文明号、青年安全生产示范岗、青年突击队等"青"字号创建评选时代内涵，弘扬职业文明、培育先进集体和优秀人才，已有14个集体被授予市级表彰称号。

（4）实施社会治理工程挥洒青春。碧江区不断深化"共青团与人大代表、政协委员面对面活动"，畅通建言通道，引领青年有序参与政治生活和社会公共事务。充分发挥共青团在社会治理中的积极作用，规范青年社会发展组织，畅通青年参与社会治理途径，引导青年积极参与"一中心一张网十联户"治理架构，例如，2021年以来，碧江区3800余名青年担任网格员和联户长，1000余名青年志愿者在一线参与新冠疫情防控工作。同时，还组建青年志愿者队伍45支，组织开展法律咨询、心理疏导、政策宣传、爱国教育、阳光助残、就业指导等志愿服务活动180场次，服务群众1万余人次，服务时长1.5万余小时，以及开展"扬帆计划""返家乡"活动，组织500余名大学生参与基层治理服务工作。建立基层社工站12个，培育青年社会组织6个。

（5）创造生活品质工程畅享青春。引导青年树立绿色发展理念，倡导绿色生活方式，结合青年消费特点，以中南门历史文化旅游区、梦幻锦江为中心，建设全市首个青年友好街区——中南门青年友好街区，大力发展青年夜间经济，开发城市夜游精品路线，打造夜间城市书房，常态化举办青年文化艺术节、马拉松、黔绣非遗表演、音乐节等青年喜闻乐见的活动。联动商超，推出"青享惠"项目，已有180余家商超积极响应，2000余名青年获得真金白银的消费实惠，释放青年消费活力。成立"青年市集"，以年轻、多元的方式向广大青年提供集特色美食、时尚精品、购物娱乐等于一体的购物体验。广泛建设"青年之家"并实现15个乡（镇、街道）"青年之家"建设全覆盖，常态化开展社区青春行动，组建"碧青圈"青年社群，推动青年群体主动融入城市，定期举办青年联谊会、沙龙等活动80余场次，吸引2200余名青年参与。

四 碧江区全国青年发展型县域试点建设经验与不足

铜仁市碧江区被确定为全国青年发展型县域试点建设后，在贵州省委省政府、铜仁市委市政府的坚强领导和大力帮助下，全面推动试点工作建设，取得了积极成效。2022年，共青团铜仁市碧江区委在全市共青团系统年度考核中综合考核优秀，在全市共青团青年友好型成长型城市建设考核中获得第一名。2022年11月，碧江区委副书记、区长张勇在贵州省中长期青年发展规划联席会议第四次全体会议上就推进全国青年发展型县域试点进行交流发言。2022年12月，共青团铜仁市碧江区委书记张洁潆代表碧江区作为全国8个受邀代表之一在2022年（第二届）中国青年梦想季青年发展友好自贸港建设论坛上做经验交流发言，也是作为贵州省唯一试点县（区）代表在全国青年发展型县域试点交流会上发言。2023年12月，碧江区探索打造全国青年发展型县域试点经验做法被《贵州改革》刊发并推广。但碧江区在全国青年发展型县域试点建设中取得成功经验的同时，也存在一些不足。

（一）碧江区全国青年发展型县域试点建设的成功经验

（1）构建青年试点工作机制。碧江区在全国青年发展型县域试点建设过程中，充分遵循青年成长成才规律，大力构建青年试点工作机制，加大统筹经济社会发展成果和资源向青年发展领域投入力度，以增强青年获得感、幸福感和价值感为目标，以青年更好地生活和就业创业为指向，有效回应青年需求和关切，不断增强碧江区对青年的吸引力和吸纳力。一方面，成立了碧江区委书记、区长为双组长的试点工作领导机制，建立党政主要负责同志担任第一召集人的区联席会议机制，制定出台《碧江区青年发展型县域试点实施方案》，让政策资源切实惠及青年群体；另一方面，碧江区不断强化跨部门协调联动机制，构建了常态化、项目化和责任化调度模式，并定期召开青年发展联席会议，跟踪督查督办试点工作，研究部署和解决青年发展难题，将试点工作向纵深推进。

（2）推动青年发展政策集成。碧江区牢牢把握党管青年原则，紧扣国家青年发展战略，立足区情，联合发改、住建、人社、教育、民政等44个区直属部门，系统梳理和制定了针对青年的发展政策，印发了《碧江区促进青年发展政策汇编》，建立了青年政策和青年工作职能部门的政策协调联动机制，不断优化政策执行环境，整合政策执行资源，增强政策执行合力，推动青年发展政策集成。同时，构建一整套建设量化指标体系和评估督查机制，绘制青年成长型县域建设蓝图，使项目有机互补、相互衔接，大力破除政策实施中的"中梗阻""低效率""观望症"现象，确保政令畅通、执行有力、监督有效。

（3）完善青年保障服务体系。碧江区针对青年普遍关心的就业创业、住房、子女教育、婚恋、卫生健康等领域，不断制定和出台相关政策举措，大力完善青年成长成才保障服务体系。加强对青年就业引导，加大对创业青年金融和财税政策扶持力度；完善引才吸才育才留才机制，全力减少东部沿海地区对高素质青年人才的"虹吸效应"。一方面，要加大对青年住房保障力度，降低租住成本，切实落实青年高层次人才子女就近入学（转学）政策；另一方面，要充分发挥群团组织纽带作用，为青年广泛开展公益性交友服务，为青年提供生育、抚育子女健康服务等，使物质激励与温情关怀相结合，不断吸引青年人才。

（4）改善青年成长成才环境。碧江成立铜仁市首个未成年人"一站式"询问救助中心，高标准建设青少年安全教育阵地，创建"青少年维权岗"，建成"青少年零发案社区"2个。探索构建"共青团+青春合伙人"体系，选聘高校专家学者、青年企业家等当好青年"合伙人"，助力青年成长成才。同时，建立青年创业广场，为青年创客和企业家提供沟通交流、资源共享"智享"平台，"线上"与"线下"相结合为青年创业创新服务，稳步推出"青享惠"项目，大力发展青年夜经济，大力建设铜仁中南门古城、麒龙国际会展城两个省级青年友好街区，打造青年友好示范商铺50余家，建立沉浸式"青年市集"等，不断释放青年的青春活力。

（二）碧江区全国青年发展型县域试点建设存在的不足

（1）价值观念引导有待提升。碧江区全国青年发展型县域试点建设紧扣试点工作要求，始终坚持把青年工作作为战略性工作来抓，青年发展的社会环境得到前所未有的改善，青年创业就业、婚恋、住房、健康、社会保障等急难愁盼问题得到了进一步解决。但是，在经济全球化、移动互联网冲击下青年群体中仍存在一些消极的思想观念，尤其是青年非主流价值观负面影响较大。因此，进一步培育和引导青年树立积极向上的价值观有待进一步提升。

（2）施展平台建设有待加强。碧江区在全国青年发展型县域试点建设中不断完善青年工作的"四大机制"，积极开展"七大行动"、大力实施"五大工程"，使广大青年在急难险重任务中不怕苦、不畏难，勇挑重担、主动作为等精神得到了大力提升。但是，受传统就业观念的影响，青年群体择业意向主要向"考编"、国企或新兴企业岗位倾斜，民企或工种辛苦、薪资少且不稳定的行业就业意愿低，尤其是在高等教育大众化背景下就业岗位供需不足，就业压力持续增大，青年群体需要更多的平台和发展机会，因此，为青年成长成才创造更多发展平台有待于进一步加强。

（3）政策保障服务有待优化。碧江区在全国青年发展型县域试点建设中相继出台了系列实施方案和细则，青年发展政策得到逐步完善，青年的获得感、幸福感和价值感得到进一步增强。但是，因创建全国青年发展型试点工作时间短、见效相对缓慢，其青年政策制度化和系统化仍处于起步和经验探索阶段，从某种程度上来说并不能完全满足青年发展需求。同时，随着经济社会的发展，社会分工越深入，对青年素质的要求就越高，尤其是青年就业结构性矛盾长期存在，因此新兴职业社会保障有待健全，青年政策保障服务有待进一步优化。

五 碧江区全国青年发展型县域试点建设对策建议

（一）加强青年价值观教育和引导

深入开展共产主义、中国特色社会主义和"中国梦"学习宣传教育活动，重点开展习近平新时代中国特色社会主义思想学习教育活动，将线下与线上相结合，对青年思想道德实施分类教育和引导，有效遏制腐朽消极的思想观念。同时，建立健全青年诉求机制，激发青年主体性和内生动力。一方面，大力宣传和鼓励青年追求上进，摒弃"佛系""躺平"等消极颓废行为，积极投身到多彩贵州现代化碧江实践建设中建功立业；另一方面，加强青年理想信念教育引导，在青年中着力培育和践行社会主义核心价值观，抵制"丧"文化、"饭圈"文化、"畸形消费"文化等，弘扬社会主义核心价值观，争做有为青年。

（二）构建青年成长成才服务平台

加强党对青年工作的全面领导，认真落实青年工作联席会议机制，切实发挥联席会议制度的协调作用，不断整合各方力量，调动各方资源，构建沟通顺畅、运转高效的运行机制，为青年发展创造良好的社会环境。一方面，针对青年创业创新、宜居、医疗卫生、教育、社保等制定出台支持政策，完善引才吸才育才留才机制，尤其是优化创业就业环境和金融、财税等支持力度，为青年搭建施展才华的平台；另一方面，充分发挥群团组织纽带作用，为青年广泛开展公益性交友服务，为青年提供生育及抚育子女健康服务等，使物质激励与温情关怀相结合，不断吸引青年人才。

（三）完善青年发展监测督查体系

以解决青年关注的切身利益问题和营造友好成长环境为目标，构建青年发展动态监测指标体系，及时回应和解决青年利益诉求，建立青年工作跟踪服务机制。一方面，建立对青年思想道德、教育、健康、婚恋、就业创业、文化、社会融入与社会参与、合法权益与社会保障等评估机制，以评促建、以评促改，将全国青年发展型县域建设向纵深推进；另一方面，建立健全"区—乡（镇、街道）—村（社区）"三级联动督查体系，持续完善党委领导、政府主责、共青团协调、各方齐抓共管青年事务的责任机制，加大督导力度，确保青年工作各项政策措施落到实处，取得实效。

附录一
2023年度贵州青年发展大事记

才海峰[*]

1月3日

团省委围绕"抓住重点群体、重点领域促进高校毕业生更充分更高质量就业""加强专门学校建设、预防青少年违法犯罪"主题,举行贵州省2023年"共青团与人大代表、政协委员面对面"活动,通过人大代表、政协委员渠道反映青年普遍性、发展性权益,为青年发展发声代言,让青年在经济社会发展中拥有更多获得感。

1月10日

"春晖行动·风筝计划——赋能乡村振兴"培训暨"我与家乡共发展"座谈会在思南县三道水乡周寨村召开。

1月12~13日

由团省委青少年发展服务中心、省青少年发展基金会主办,共青团贵定县委、共青团麻江县委承办的"2023年新春'创在乡土'电商直播培训班"开班。

1月14日

团中央召开共青团十八届七中全会视频会议,中国电信大楼贵州分公司设分会场,团省委书记史麒麟同志参会,副书记杨德智、二级巡视员邓守成同志列席。

---

[*] 才海峰,贵州省社会科学院民族研究所助理研究员,研究方向为民族理论与政策。

附录一　2023年度贵州青年发展大事记

1月19日

省委常委会议听取工青妇工作汇报，团省委书记史麒麟同志列席并做工作汇报。

2月4日

由共青团贵州省委、贵州省青年联合会主办，共青团贵阳市委、贵阳市青年联合会、花溪区委宣传部承办的贵州青年消费季·四季欢购——"爽爽贵阳，青春爽购"推介会在花溪区十字街举行。

2月13~16日

团中央调研组赴贵州开展调研。

2月17日

中长期青年发展规划实施工作部际联席会议第五次全体视频会议召开，观山湖区（中国电信股份有限公司）设分会场，团省委书记史麒麟同志参加并作为唯一省级团委代表做交流发言。

3月1~3日

由团省委、省教育厅、省少工委主办，团黔南州委、黔南州教育局、黔南州少工委承办的贵州省少先队辅导员风采大赛暨少先队活动课交流展示活动在都匀举办。

3月5日

雷锋精神代代传——2023年贵州"3·5"学雷锋纪念日省级学雷锋志愿服务行动在遵义市播州区举行。

3月6~8日

团中央青年发展部赴贵州开展调研。

3月13日

团省委副书记李剑同志参加"省12355青少年服务台法律援助站"挂牌仪式并致辞。

3月16日

"青年马克思主义者培养工程"西部计划专项省级培训班（第二期）开班。

3月20日

由共青团贵州省委、贵州省学生联合会主办，团省委学校部、团省委青少年发展服务中心、省青少年发展基金会承办的"就业起跑线"2023年贵州共青团大学生就业创业指导首场讲座在贵州财经大学举行。

3月20~21日

共青团学习贯彻党的二十大精神研讨班在中央团校举办，团省委书记史麒麟同志参加。

3月26日

"我为花溪添朵花"志愿服务活动在花溪区召开，团省委书记史麒麟、副书记李剑、二级巡视员邓守成参加。

4月3日

"微光行动·希望工程"体彩旭日助学活动2022总结暨2023启动仪式在贵阳举行。

4月7日

共青团贵州省委、贵州省青联在"青年之家1号店"组织召开"贵州省青年企业家共话高质量发展"座谈会。

4月11日

2023年（第三届）中国青年梦想季启动暨中国青年创新发展高端峰会在海南省海口市举办，团省委副书记杨德智同志参加。

4月12日

共青团中央、教育部、财政部、人力资源和社会保障部联合召开电视电话会议，部署2023年大学生志愿服务西部计划重点工作，团省委书记史麒麟、二级巡视员邓守成在中国电信股份有限公司（贵州分公司）参加。

4月13日

"黔青展翅·职等你来"——"民营企业·千企万岗"大学生就业专项行动招聘会启动仪式在贵州民族大学召开。

4月26日

共青团贵州省第十五次代表大会在贵阳隆重开幕。省委书记、省人大常委会主任徐麟出席开幕会并讲话，团中央书记处书记傅振邦到会祝贺并讲话。省委副书记、省长李炳军，省政协主席赵永清，省委副书记、省委政法委书记时光辉，省领导李元平、吴强、时玉宝、陈少波、王雷、李豫贵、董家禄、赵德明出席。

4月28日

共青团贵州省第十五届委员会第一次全体会议召开。省委副书记、省委政法委书记时光辉出席会议并讲话。

5月4日

省委书记、省人大常委会主任徐麟同志到贵州财经大学、贵安新区科创城调研青年友好型成长型省份建设，召开青年座谈会并指导共青团工作。

5月8日

"贵州高质量发展·青年人才说"青年人才座谈会在贵阳举行。

5月13日

团省委副书记李剑同志在团校主持召开"青春志愿行 奋进新时代"在黔研究生支教团交流座谈会。

5月15日

第23届"贵州青年五四奖章"暨2022年度全省"两红两优"表彰大会在贵阳召开，团结引领全省广大团员青年向优秀看齐、向先进学习，努力在全省经济社会高质量发展中创先争优。会上宣读了《关于颁授第23届"贵州青年五四奖章"的决定》《关于表彰贵州省五四红旗团委（团支部）、贵州省优秀共青团员、贵州省优秀共青团干部的决定》，为受表彰的个人和集体代表颁发了奖牌和证书。

贵州青年发展研究院在共青团贵州省委、贵州省社会科学院挂牌成立，下设办公室、研究中心、信息宣传中心、青年马克思主义者培训中心、青少年权益维护中心等5个职能部门。

5月17~19日

2023年贵州共青团统战工作培训班在省团校成功举办。

5月19~21日

薪火公益计划·希望合唱团暨贵州希望工程升级版"星星计划"音乐教师培训在从江县举行。

5月22日

团省委、省邮政管理局联合举行中国共产主义青年团贵州省邮政快递行业工作委员会揭牌暨全省行业优秀青年集体及先进个人表彰大会。

5月24日

共青团贵州省委在黔东南州凯里学院举行贵州省青少年"民法典宣传月"暨"青春普法益起来"省级示范活动。

5月25日

数博会"青数聚·亚洲青年大数据创新创业论坛"在贵阳国际生态会议中心召开。

5月31日

由共青团贵州省委、贵州习酒股份有限公司主办的2023"习酒·我的大学"逐梦奖学金全国启动仪式在贵州贵阳举行。

贵州少先队主题队日示范活动在白云区举行。

6月3日

第十八届挑战杯全国大学生课外学术科技作品竞赛贵州省赛终审决赛开幕式在贵州师范学院举行，来自全省各高校2000余名参赛师生代表参加，本届大赛由团省委、省社科院、省科协、省教育厅、省学联主办。

6月4~5日

共青团贵州省代表会议在贵阳召开，190名代表参加会议。会议选举产生了38名出席共青团第十九次全国代表大会代表，通过了《关于成立共青团贵州省第十五届委员会专门委员会的决定》，对学习宣传贯彻省第十五次团代会精神进行了安排部署。

6月10日

由共青团贵州省委举办的2023年"希望工程·陪伴行动"现场观摩会在黔东南州凯里市举行。

6月16日

省委副书记、省委政法委书记时光辉同志在省委大楼1楼第五会议室出席团十九大贵州代表团代表座谈会。

6月19~22日

中国共产主义青年团全国第十九次代表大会在北京召开，团省委书记史麒麟、副书记李剑同志参加。

6月25日

由共青团贵州省委、贵州省禁毒委员会办公室主办的全省青少年"平安贵州·青春同行"6·26国际禁毒日主题宣传省级示范活动在毕节市赫章县举办。

6月26日

2023年贵州省"希望工程1+1——幻方助学计划"公益活动暨省级助学金发放仪式在毕节市织金县城关小学举行。

6月27日

"青春遇见贵州·感受多彩魅力"全国青少年赴黔研学旅行推介活动在贵安新区北斗湾开元酒店召开。

6月29日

省委常委会第60次会议在省委召开，团省委书记史麒麟同志列席并汇报习近平总书记同团中央新一届领导班子成员集体谈话重要讲话精神、团十九大精神及贯彻落实措施。

6月30日

由共青团贵州省委、省教育厅主办，共青团安顺市委、市教育局承办的2023年贵州省中学（中职）共青团干部团务技能大赛省级决赛在安顺市第一高级中学举行。

7月8日

团中央书记处书记夏帕克提同志在中共贵州省工委旧址、全国青少年贵州活动营地调研少先队工作和社会实践活动。

7月8~11日

国际青年贵州行参访活动顺利举办。来自波兰、马其顿、赞比亚、菲律

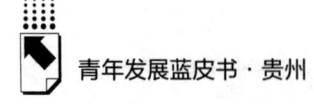

宾、中国等国家和联合国开发计划署、联合国儿童基金会等国际组织的30余名青年代表走进贵州，实地感受贵州绿色转型发展，探寻贵州生态之美。

7月9日

生态文明国际论坛绿色发展国际青年论坛在贵阳国际生态会议中心2楼4号会议厅召开。

7月11~12日

由共青团贵州省委、贵州省青年联合会举办的"学习二十大 永远跟党走 奋进新征程"——"青年五四奖章"获奖者（集体）事迹分享会分别在黔南州平塘县、荔波县召开。

7月16~19日

团省委书记史麒麟、副书记杨德智到广东省进行学习考察并开展粤黔共青团东西部协作暨"青春遇见贵州·感受多彩魅力"青少年赴黔研学旅行推介。

7月17日

2023年贵州省"青春自护·有你有我"未成年人暑期关爱保护行动启动仪式在凯里市青少年活动中心举行。

7月19日

"2023年贵州省万名大学生志愿服务西部计划乡村振兴基层项目志愿者省级培训"开班。

7月21日

由共青团贵州省委驻北京工委主办的"青春遇见贵州·感受多彩魅力"北京青少年赴贵州研学旅行集中出发仪式暨共青团贵州省委驻北京工委"春晖行动·风筝计划"相关项目活动举行。

7月22日

团省委书记史麒麟在贵州中医药大学大礼堂主持2023年贵州省大学生志愿服务西部计划志愿者出征仪式。

7月26日

由中国少年儿童发展服务中心、中国青少年宫协会主办，全国青少年贵州活动营地承办的全国少年儿童红色实践教育经验交流会在贵阳召开。

8月10日

《贵州青年发展报告（2023）》推进座谈会在贵州省社会科学院召开。

8月14~18日

由团省委、省政协提案委、省学联共同组织的"2023年贵州青少年有序政治参与路径研究"培训班在省团校顺利举办。

8月23~25日

团中央书记处书记胡百精同志率队赴贵州开展调研。

8月28日至9月1日

由省委政法委、团省委联合举办的贵州省青少年法治建设培训班在省团校顺利举行。

2023年贵州省"12355青少年服务台心理咨询师"专业能力提升培训班在省团校顺利举办。

9月17~21日

"领头雁计划清华精英工作坊暨第六期项目启动仪式"在清华大学举办，贵州省16名优秀乡村青年学员参加培训。

9月19日

"青春遇见贵州"架起粤黔东西部青少年研学交流的桥梁——粤黔东西部协作交流活动在贵州营地举行。

9月22日

面向全省团员和青年开展学习贯彻习近平新时代中国特色社会主义思想主题教育动员部署会在贵阳召开。

9月25日

团省委联合省政协提案委、省学联在遵义市开展"坚定信仰·青春领航"青少年模拟政协提案省级示范交流活动。

10月10日

贵州省第四届志愿服务项目大赛开幕式在黔南州都匀市举办。

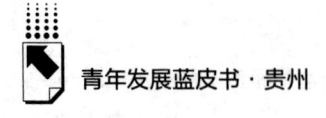

10月11日

团省委直属机关团工委、省交通运输厅团工委联合开展"黔青知行汇——从万桥飞架看中国奋斗"主题研学活动。

10月13日

"学习二十大,争做好队员"贵州省"十·一三"建队日系列活动在观山湖区第一小学举行。

10月18日

副省长董家禄同志到贵州大学调度指导第十八届"挑战杯"竞赛相关筹备工作,并主持召开第十八届"挑战杯"竞赛筹备领导小组会议。

10月27~31日

由共青团中央、中国科协、教育部、中国社科院、全国学联和贵州省人民政府共同主办的第十八届"挑战杯"全国大学生课外学术科技作品终审决赛在贵州大学举行,经过激烈角逐,贵州高校获奖202项创历史新高。

10月28日

团中央书记处书记胡盛同志到国家大数据(贵州)综合试验区展示中心、全国青少年贵州活动营地、贵州大学文化书院调研,到贵州大学西校区体育馆巡馆看展,并出席第十八届"挑战杯"全国大学生课外学术科技作品竞赛开幕式。省委副书记、省委政法委书记时光辉同志,副省长董家禄、张敬平同志陪同巡馆看展并出席开幕式。

10月31日

世界青年发展论坛青年发展型城市主题论坛及"青城市集"青年发展型城市交流展在深圳举办,施昆同志参加主题论坛并调度筹备"青春遇见贵州·光谱更加广阔"贵州专题展。

11月3日

2023年贵州技能大赛——贵州省青年职业技能大赛决赛开幕式在贵州电子科技职业学院举办。

11月13~16日

由共青团贵州省委、贵州省卫生健康委、贵州省疾病预防控制局联合举办的"2023年贵州省青年群体防艾培训班"在贵州师范学院顺利举办。

11月14~17日

团中央第六指导组到贵州开展调研。

11月15日

花溪区青岩古镇青年友好街区启动仪式暨"青春长征"花溪红色研学路线发布仪式在青岩古镇举行。

11月16日

省委书记、省人大常委会主任徐麟同志在贵州大学讲授思想政治理论课。

11月17日

团省委书记史麒麟、副书记杨杨在贵阳会见国务院参事汤敏同志一行，会商"领头雁·向黔进"农村青年致富带头人培训等工作。

11月20日

贵州省中长期青年发展规划联席会议2023年第四季度联络员会议在贵阳召开。

11月21日

由省纪委监委机关、团省委联合举办的"清廉贵州·贵州青年说"2023年贵州省年轻干部廉洁教育微课程竞赛决赛在贵阳举行。

11月22日

贵州省政府新闻办召开《贵州青年发展报告（2023）》新闻发布会。该书由团省委和贵州省社会科学院联合编制，对2022年以来贵州省青年工作的重要特点、《规划》"十大领域"的典型做法等进行了详细总结和系统研究。

11月28日

贵州省大学生社区实践计划省级示范活动暨第二届观山湖区大学生社区实践交流会暨志愿服务项目展在贵阳职业技术学院举行。

12月1日

共青团贵州省委、贵州省卫生健康委、贵州省疾病预防控制局、贵州中

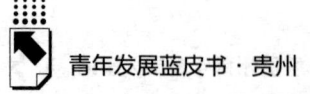

医药大学、贵州省学生联合会在贵州中医药大学联合举办"凝聚青春力量，合力共抗艾滋"——2023年全省青少年"世界艾滋病日"主题宣传活动。

12月4日

全国少工委八届四次全会在北京召开。中央党校（国家行政学院）校长（院长）、全国少工委名誉主任陈希出席会议并讲话，团中央书记处第一书记阿东主持。团省委书记史麒麟、副书记杨杨参加。

12月4日

"12·5"国际志愿者日省级志愿服务示范活动在黔南州荔波县举行。

12月5日

团省委、省司法厅在黔东南州凯里市第七小学共同举办2023年贵州省青少年"12·4"国家宪法日宣传示范活动。

12月5日

面向广大团员和青年开展学习贯彻习近平新时代中国特色社会主义思想主题教育工作推进会在北京召开。团中央书记处第一书记、团员和青年主题教育领导小组组长阿东出席会议并讲话。团省委书记史麒麟、副书记李剑参加。

12月7日

贵州省2023年高校学生会（研究生会）服务学生项目大赛启动仪式在省团校举行。

12月8日

贵州省中长期青年发展规划联席会议第五次全体会议暨县域共青团基层组织改革工作会议在贵阳召开。省委副书记、省委政法委书记、联席会议第一召集人时光辉出席会议并讲话，副省长、联席会议召集人董家禄主持。

12月11日

2023年贵州省高校团支部"微团课"竞赛决赛开幕式在贵阳学院举行。

12月18日

面向全体青联委员、学联代表及贵阳贵安共青团系统的"强国志·青年说——青春建功强省会"主题宣讲展示活动在贵阳举行。

12月19日

贵阳市青年联合会第十一届委员会全体会议暨贵阳市学生联合会第五次代表大会在金阳会场开幕。

2023年贵州青年诚信文化宣传教育活动暨贵州省第二届全国乡村振兴青年先锋事迹宣讲报告会在贵州开放大学举行。

12月25日

第六届"茅台王子杯"全国广场舞总决赛暨"茅台王子·明亮少年"公益基金捐赠仪式在黔东南州榕江县举行。

12月26日

省委副书记、省长李炳军到贵州财经大学为高校师生讲授思想政治理论课。

12月27日

中组部、团中央第22批、23批赴黔博士服务团工作总结座谈会在贵阳召开，省委组织部副部长王勋国出席，团省委副书记李剑同志主持。

附录二
第27届"中国青年五四奖章"贵州省获奖名录

才海峰*

为充分发挥青年典型模范带头作用，激励广大青少年踔厉奋发、挺膺担当，以永不懈怠的精神状态和一往无前的奋斗姿态投身全面建设社会主义现代化国家新征程，2023年5月4日，共青团中央、全国青联决定，授予马晓云等30名同志第27届"中国青年五四奖章"，授予航空工业沈飞某型舰载机研制罗阳青年突击队等19个青年集体第27届"中国青年五四奖章集体"。贵州1人1集体获"中国青年五四奖章"。

1.贵州荣获第27届"中国青年五四奖章"事迹介绍

杨安仁，男，布依族，1992年3月出生，群众，现任贵州鸿发生态农业科技有限责任公司董事长。曾获"创青春"全国大学生创业大赛金奖、贵州省脱贫攻坚青年先锋、第十二届梁希林业科学技术奖科技进步二等奖、第七届中国国际"互联网+"大学生创新创业大赛金奖、全国首届"乡村振兴青年先锋"标兵、2022年新时代贵州人、2022年全国向

---

* 才海峰，贵州省社会科学院民族研究所助理研究员，主要研究方向为民族理论与政策。

上向善好青年等荣誉，2023年5月，荣获第27届"中国青年五四奖章"。

杨安仁自2016年起与中国林科院合作进行相关科技攻关工作，突破了枯萎病世界级难题，获得抗病品种，相关研究达到国际先进水平；曾多次主持及参与国家及省部级课题，获得国家科技入库成果2项，参与制定国家标准1项、行业标准2项，3次获得国家级创新创业大赛金奖、1次一等奖、2次银奖，获得第十二届梁希林业科学技术奖科技进步二等奖，多次获得省部级奖项。近年来，他带动民族地区近2000人就业，带动2000余农户致富，直接安置就业人数1000余人，年度工资总额达1003万元。其中，安排农村劳动力就业800余人，户均增收4.63万元。

2. 贵州荣获第27届"中国青年五四奖章集体"事迹介绍

贵州省交通规划勘察设计研究院股份有限公司交通事业部桥梁设计分院大桥组现有员工22人，35周岁以下青年占比为68%，是一支极富战斗力的年轻团队。近年来，该团队先后承接了平塘至罗甸、瓮安至开阳、六枝至安龙等30多条高速公路、200余座特殊桥梁设计任务。排名世界前100座最高桥梁中，大桥组设计的就有18座。平塘大桥、花渔洞大桥等先后荣获国际桥梁大会（IBC）"古斯塔夫·林德撒尔奖"、国际咨询工程师联合会

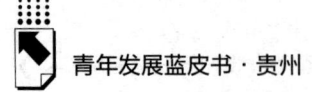

（FIDIC）全球工程项目"杰出奖"、国际桥梁与结构工程协会（IABSE）全球杰出"基础设施奖"和鲁班奖等世界级大奖，有力地提升了贵州省在世界桥梁界的影响力。

"勇于担当、无所畏惧、积极进取、团结协作"是他们的鲜艳底色，大桥组凭借过硬的专业技术能力，为贵州全面建成小康社会、决胜脱贫攻坚贡献了巨大的力量，为建设交通强国、加快地方经济社会发展发挥了重要作用，攻克了山区悬索桥设计中的抗风稳定、高低塔设计、主梁节段一岸吊装、主缆耐久性等一系列重大技术难题，高质高效地完成了一项又一项的设计任务。

附录三
第五届"十佳贵州诚实守信好青年"名录

才海峰*

2023年,共青团贵州省委、贵州省发展和改革委员会、中国人民银行贵州省分行发布了第五届"十佳贵州诚实守信好青年"名单。经过资格审查、组委会审核、专家评议、公示等程序,王奉涛等10名在赤诚大爱、忠诚为公、实诚待人、至诚侍亲、讲诚践诺5个方面表现突出、事迹生动感人的先进青年典型被认定为第五届"十佳贵州诚实守信好青年"。获评青年多来自基层一线,有的在履行社会责任、从事社会公益时真诚忘我、不求回报、无私奉献;有的践行初心使命,忠诚为公,矢志为民;有的踏实本分、言出必行;有的对待父母、配偶至诚至真,孝老爱亲;有的在工作中讲诚践诺,重承诺,守信用。他们在一点一滴的实际行动中生动展现了以诚立身、守信践诺的人生信条,在引领青年诚信风尚中发挥了积极作用。

1. 王奉涛,男,汉族,贵州师范学院体育学院专职体育教师。他创新教学方法,指导学生5次代表中国参加国际级跳绳比赛,共获8个项目第一,培养21名世界冠军;12次代表贵州参加国家级比赛,共获224个项目第一,培养421名全国冠军;指导学生参加中国国际"互联网+"大学生创新创业大赛并荣获"金奖"。他长期关注贵州省中小学和特殊学校体育教育工作,带领学生利用专业服务社会、缓解社会痛点问题。2013年开始关注

---

* 才海峰,贵州省社会科学院民族研究所助理研究员,主要研究方向为民族理论与政策。

乡村体育教育，2014年带领学生在毕节开展"星跳公益"体育关爱留守儿童活动，至今帮扶乡村学生超过60万人；2014年开展视障青少年"燃梦计划"，首创"视障青少年花样跳绳教学体系"，帮扶视障青少年超过2.8万人，其中6人获得全国跳绳联赛冠军，助力11人考上理想大学。

2. 张冰雪，女，彝族，贵阳海关所属贵阳龙洞堡机场海关旅检三科副科长、三级主办兼任贵阳海关团委副书记。2014年参加工作后，她主动加入贵州稀有血型志愿团队，累计献血1400毫升；2015年起参加贵阳都市女性慈善公益联合会组织开展的知心姐姐信箱回信、敬老院慰问等活动；兼任贵阳海关团干后牵头负责关区志愿服务工作，与一所以留守儿童及农民工子弟为主要生源的学校（现已分流至公立学校）、贵阳特殊儿童教育学校、贵阳市儿童福利院建立对接帮扶；整合贵阳海关有效资源，打造以青少年儿童为主要服务对象的"关爱天使"志愿项目，被评为2022年省直机关5个优秀志愿服务项目之一；结合机场海关主要职责及地域特点，创建以政策宣讲、空港问询以及"知心信箱"为主要志愿服务内容的"海蓝星"志愿服务品牌，以身作则，带动贵阳海关广大青年投身社会公益、承担社会责任。

3.程彦伟，男，汉族，黔南州发展和改革局西部开发服务中心建设服务科科长。该同志从2017年开始负责黔南州社会信用体系建设工作，主持起草了《深化全州信用信息共享共用工作方案》等诚信建设重要制度文件，积极组织推进信用信息共享应用。2022年，黔南州城市信用监测在全省三个自治州中排名第1，在全国40个纳入监测地州盟中排名第8；全州高质量考核中未出现信用指标扣分问题。他积极组织开展诚信宣传，主动申请将

"诚信建设"纳入黔南州事业单位新进人员岗前培训课程，推动机关干部发挥诚信建设带头作用；积极组织推进政务、商务诚信建设，2022年，黔南州营商环境考核政务诚信度指标平均得分97.26分，排名全省第2；商务诚信度得分97.54分，排名全省第1；积极加强信用主体权益保护，截至2023年8月末，通过信用中国系统帮助158家企业完成行政处罚信用修复。

4. 孙怡，女，汉族，中国人民银行贵州省分行征信管理处市场监管科科长。该同志始终秉持"弘信求实，开拓创新"的工作理念，辛勤耕耘征信事业14载，为全省社会信用体系建设做出积极贡献。重点参与省政府关于征信体系建设专项文件制定工作，夯实贵州省征信业发展制度基础。积极探索金融生态环境测评工作机制，相关工作获省直部门创新项目一等奖。牵头开展征信市场乱象治理，完成400余家违规企业的清理整顿，相关做法得到了《金融时报》《人民日报》《贵州日报》的关注并报道。积极参与贵州省地方征信平台建设，为征信赋能实体经济发展贡献力量。策划开展"诚信小书角""诚信小课堂""诚信教育基地"等征信宣传精品项目和征信作品征集大赛、宣传推介会等多项全省大型活动，传播诚实守信正能量。

5. 张伟，男，汉族，贵州黔通工程技术有限公司总工办临时负责人。该同志自2017年毕业以来，一直从事桥梁试验检测和结构监测工作，先后负责、参与完成过赤水河红军大桥、红水河大桥、锦江特大桥、重庆太洪长江大桥等多座大桥梁荷载试验检测，以及坝陵河大桥、北盘江大桥、红枫湖大桥等多座桥梁结构健康监测工作。桥梁试验检测、监测关乎交通命脉和人民生命财产安全，作为第三方检测认证机构的试验检测工程师，他在开展工作中，始终坚持"公平公正，诚实守信"的职业操守。他曾说："如果我不学会就上桥，那我不仅是自己骗自己，同时也是骗了国家、骗了人民，就辜负了当初选择试验检测这个行业的初心。"

6. 陈天鹏，男，土家族，印江土家族苗族自治县肉牛产业协会副会长。2018年，他怀揣1000多万元回到老家，在离村庄5公里的后山建起了5000平方米的养牛场，自己探索"养牛经"，承诺带动村民创业致富，采取群众为自己代养牛的方式，降低代养户资金投入风险，群众零投资只投工。他一直坚持"只要群众愿意养，无论养的效果如何自己都回收"的诺言，并且牛如果出现意外或生病死亡，群众不需担责。多年来，他用实际行动兑现自

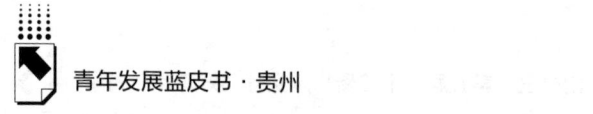

己的承诺，赢得群众支持和信任，成功地让更多群众加入代养牛产业，共同致富。

7. 杨梅，女，汉族，遵义市播州区石板镇天旺村村委会副主任。该同志出生在普通的农民之家，2017年，其母突发脑梗塞导致生活不能自理，

自此她每日下班后便会推着母亲外出锻炼，回到家中还要给其按摩。2019年其母亲在锻炼时不慎摔倒导致无法站立，结婚不久还怀着孕的杨梅同志除了上班外还要照顾母亲洗澡、穿衣、排便等。2020年，其父突发自身免疫性溶血等多种疾病，需24小时有人照顾，她只好把孩子交给老家的婆婆照看，她则一边上班一边和弟弟轮流照料父母，在工作、医院、家庭之间奔波。她虽身处艰难，却仍然勤勤恳恳地工作，不抛弃不放弃家人，以积极乐观的心态应对生活的挑战。

8. 李华锋，男，汉族，贵阳银行毕节分行威宁支行市场营销部经理。该同志工作中积极上进、踏实肯干、不断进取，生活中孝顺父母、爱护妻儿。2020年，他的妻子在产后复查中发现患上绒癌，一家人在新冠疫情期间开始了两年的抗癌之路，最终妻子化险为夷战胜了病魔；当全家人还沉浸在妻子康复的喜悦中时，命运再一次和他们开起了"玩笑"，2022年底，其父亲确诊患有肺鳞癌、前列腺癌晚期，他们一家再一次走上了抗癌之路。家庭的连续变故给他的工作和生活都带来了很大的影响，在人生的至暗时刻，他们一家相互扶持鼓励，不离不弃，李华锋带着对家庭的责任和爱，在照顾好家庭的同时兢兢业业做好自己本职工作，并在工作中屡创佳绩。

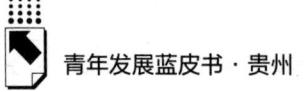

9. 谢细军，女，汉族，贵州省第一女子监狱办公室副主任。从警11年，始终在公文服务、宣传服务、志愿服务上深耕细作，她策划的原创短视频、漫画等作品被司法部、人民网、学习强国等平台采用，撰写的调研报道《短刑期罪犯改造难点与重点》在全省监狱系统荣获三等奖；撰写的《司法为民"不退休"社区演绎"夕阳红"》在全省老干部工作创新大赛中荣获一等奖。她也在志愿服务领域扛起了监狱民警的担当，是罕见病信息网、天使综合征官网两个平台的写作志愿者，她利用休息时间先后采访了8个罕见病家庭，用视频和文字讲述了20个罕见病孩童艰难生存的故事，致力于通过文字的力量让"罕见病不罕见"。先后荣获个人三等功、先进个人、优秀共产党员等称号。

10. 袁小梅，女，汉族，贵州小龙女土蜜蜂养殖基地负责人。怀着对家乡建设的责任和儿时的梦想，袁小梅放弃了在福建的工作回老家发展养蜂产业。小龙女土蜜蜂养殖基地的健康发展，调动了村里妇女的积极性，村民自主学习、钻研养蜂技术。目前，袁小梅带动了19家农户开展蜜蜂养殖。其中，有12家是女性牵头建设，不少蜂农家庭年收入已突破6万元。2021年5月7日，外交部发言人华春莹在社交媒体上以图文并茂的方式为纳雍女孩袁小梅点赞。她谈道："由于对有机蜂蜜长久的坚持和热爱，中国西南部贵州省纳雍县的一个年轻女孩创造了年产值近百万元（约合154537美元）的养蜂业来推动她的山区家乡的发展。"袁小梅养蜂致富后不忘记回馈家乡，多次组织基地员工到水东镇养老院进行志愿者服务，在端午节、中秋节、春节等传统节日为老人们送去节日的祝福。

致　谢

本书是在贵州省中长期青年发展规划联席会议办公室指导下，由贵州省社会科学院、共青团贵州省委员会组织，贵州省中长期青年发展规划联席会议成员单位协助，贵州青年发展研究院具体负责编撰完成的贵州省第3本青年发展蓝皮书。

《贵州青年发展报告（2024）》是一本展现贵州青年发展现状和青年工作实绩的权威性、前沿性和原创性蓝皮书。本书于2023年10月启动，在编撰过程中充分汲取各方智慧，广泛调动各方力量，组建若干个专题研究小组，联动多家单位深入开展实地调研，以科学客观的数据和事实为支撑，完成了各篇报告的撰写。同时，吸纳了"2023~2024年贵州省青年发展研究课题"最新理论研究成果。几个月以来，本书历经专家咨询、职能部门意见征求、文稿撰写修改等环节，在社会科学文献出版社的大力帮助下顺利出版。对给予本书支持和帮助的组织和个人，我们表示衷心的感谢！

由于本书涉及内容较多，时间仓促，难免存在不足之处，恳请读者谅解。同时，希望广大读者和从事青年研究的同仁们提出宝贵意见，我们将不断完善和提升，以期打造更加优秀的作品！

本书编委会
2024年3月

社会科学文献出版社

皮 书
智库成果出版与传播平台

❖ 皮书定义 ❖

皮书是对中国与世界发展状况和热点问题进行年度监测,以专业的角度、专家的视野和实证研究方法,针对某一领域或区域现状与发展态势展开分析和预测,具备前沿性、原创性、实证性、连续性、时效性等特点的公开出版物,由一系列权威研究报告组成。

❖ 皮书作者 ❖

皮书系列报告作者以国内外一流研究机构、知名高校等重点智库的研究人员为主,多为相关领域一流专家学者,他们的观点代表了当下学界对中国与世界的现实和未来最高水平的解读与分析。

❖ 皮书荣誉 ❖

皮书作为中国社会科学院基础理论研究与应用对策研究融合发展的代表性成果,不仅是哲学社会科学工作者服务中国特色社会主义现代化建设的重要成果,更是助力中国特色新型智库建设、构建中国特色哲学社会科学"三大体系"的重要平台。皮书系列先后被列入"十二五""十三五""十四五"时期国家重点出版物出版专项规划项目;自2013年起,重点皮书被列入中国社会科学院国家哲学社会科学创新工程项目。

权威报告・连续出版・独家资源

皮书数据库
ANNUAL REPORT(YEARBOOK) DATABASE

分析解读当下中国发展变迁的高端智库平台

所获荣誉

- 2022年,入选技术赋能"新闻+"推荐案例
- 2020年,入选全国新闻出版深度融合发展创新案例
- 2019年,入选国家新闻出版署数字出版精品遴选推荐计划
- 2016年,入选"十三五"国家重点电子出版物出版规划骨干工程
- 2013年,荣获"中国出版政府奖·网络出版物奖"提名奖

皮书数据库　　"社科数托邦"微信公众号

成为用户

登录网址www.pishu.com.cn访问皮书数据库网站或下载皮书数据库APP,通过手机号码验证或邮箱验证即可成为皮书数据库用户。

用户福利

- 已注册用户购书后可免费获赠100元皮书数据库充值卡。刮开充值卡涂层获取充值密码,登录并进入"会员中心"—"在线充值"—"充值卡充值",充值成功即可购买和查看数据库内容。
- 用户福利最终解释权归社会科学文献出版社所有。

卡号: 541489627461
密码:

数据库服务热线: 010-59367265
数据库服务QQ: 2475522410
数据库服务邮箱: database@ssap.cn
图书销售热线: 010-59367070/7028
图书服务QQ: 1265056568
图书服务邮箱: duzhe@ssap.cn

法律声明

"皮书系列"（含蓝皮书、绿皮书、黄皮书）之品牌由社会科学文献出版社最早使用并持续至今，现已被中国图书行业所熟知。"皮书系列"的相关商标已在国家商标管理部门商标局注册，包括但不限于LOGO（ ）、皮书、Pishu、经济蓝皮书、社会蓝皮书等。"皮书系列"图书的注册商标专用权及封面设计、版式设计的著作权均为社会科学文献出版社所有。未经社会科学文献出版社书面授权许可，任何使用与"皮书系列"图书注册商标、封面设计、版式设计相同或者近似的文字、图形或其组合的行为均系侵权行为。

经作者授权，本书的专有出版权及信息网络传播权等为社会科学文献出版社享有。未经社会科学文献出版社书面授权许可，任何就本书内容的复制、发行或以数字形式进行网络传播的行为均系侵权行为。

社会科学文献出版社将通过法律途径追究上述侵权行为的法律责任，维护自身合法权益。

欢迎社会各界人士对侵犯社会科学文献出版社上述权利的侵权行为进行举报。电话：010-59367121，电子邮箱：fawubu@ssap.cn。

社会科学文献出版社